U0942566

典藏纪念版

北京联合出版公司
Beijing United Publishing Co.,Ltd.

目录

设定附录

楔子

她，从黑暗中睁开了眼睛。

魅是由天地气蕴凝结出的生灵，它们从虚无中产生，先有了灵魂，再按着自己的期望凝聚出实体，也许是一只鸟，也许是一棵树，但更多的时候，它们希望成为一个人，一个完美的人。

她就是这样的一个魅灵。她没有经历过童年与少年，当她一睁开眼睛，破茧而出，就已然是最青春美丽的带露仙葩。她在水面照着自己无瑕光洁的身体，看着光华闪闪的湖面和湿润白雾飘过的草地，以为这个世界也和自己一样美丽。

当她在世间游历时，她却深深地失望了，她没有想到绝大多数的人都长得这样平凡无奇，甚至丑陋。那个黑黝黝的农夫，那个肚皮乱晃的店老板，那个吊眼斜眉的流浪汉，这个世界就是由这样一群人构成的，为了一点饭食或铜锱，他们臭汗四溢地奔忙着。而大地上也不总是花朵和清风，也常见黄沙、污泥和白骨。她开始有些后悔来到这个世界上，于是想找个没有人的清静山谷躲藏起来。

但她在山谷中待了三个月便开始后悔了。虽然这里有清可见底的湖水，有白鹿与黄鹂，却总有一种奇怪的感觉纠缠着她。那种感觉是她当初还是一个飘忽的灵魂时所没有的——她是那么渴望能对一个人说话，然后听那个人说话。她终于明白自己已经不可能回到过去孤独的世界中去，她已经是一个人了，是人就会孤独。

于是她重新来到了市井间，可是没想到在人群中她更加孤独，因为没有人会认真听她说什么，所有人都注视着她的美貌，像欣赏一幅画或打量一件商品。她开始害怕，她想融入人群又想远离。她在城市之外的小路上徘徊着，不知该做什么，这时候，一位金鞍骏马的男子来到了她面前。

牧云勤是位好武的皇帝，这是牧云氏的传统，祖训要求大端的每一代皇帝都能亲自领兵出征。所以牧云勤弓马娴熟，他出巡从来都是策马急行，把大队抛在身后，也不惧怕刺客。还是皇子时他就曾一马当先地率军冲入叛军敌阵，于万军之中砍杀，几个刺客对他来说像是笑话一般。

本来牧云勤已经冲过了那女子的身边，却突然勒住了马，他自己也说不清那是为什么。回头看去时，他突然觉得，原来自己之前坐拥天下，却不过是个可怜的贫夫而已。

这一次注视，决定了天下的兴亡。

之一 牧云笙

Mu YunSheng

【01】

当那一个冬日，婴儿的啼哭响在大雪笼罩的宫廷，宫女内侍、王公大臣、皇妃国戚乃至城中的百姓，都在奔走相传一个消息：“六皇子出世了。”

那一刻，曾经人人都以为，他注定要成为未来大端朝[1]的皇帝的。

那是因为一桩世间最传奇的婚典——六皇子牧云笙的母亲，有着天下最美的容颜，也是明帝牧云勤最眷爱的妃子。

当她在的时候，六宫粉黛与之相比都失去了光芒神采。甚至连皇后也要靠她向明帝进言才能得到一夕恩宠。

但她并不快乐，当她知道自己怀上了婴孩时，就更加忧愁。

“如果有一天，你终须在我和皇朝之间做出选择，你会选什么？”她问牧云勤。

“你为何这样说？现在不是一切很好吗？”

她幽幽地叹息一声，望着窗外星光，不再说话。

自牧云笙降生的那一天起，灾难就开始纷纷降临到世间来了。

从他出生那一天起，狂雪就开始落下，却不曾停息，整整三个月。北方瀚州[2]的草原被雪覆盖了，游牧部落开始向南迁移，终于化成反叛。

一年后，东南方越州[3]暴雨成灾，无数人流离失所。流民得不到粮食，开始

---

[1]端朝：皇族姓氏为“牧云”，自开国即与牧云氏结为兄弟的穆如氏世代掌握兵权。为了使子孙后代始终保持骁勇好战的血性，第三代皇帝庄帝牧云昶留下了“弓马不习、战阵不胜者，非我族裔”的铁令以督促两姓子孙，所以端朝历代皇帝即使不能亲自纵马拼杀，也一定熟读兵书、精研武备。

[2]瀚州：九州之一，在北陆，东西分别与宁州和殇州相邻。在端朝，瀚州的地位比之在其他王朝时更为重要，因为端朝是由牧云一族建立的王朝，而瀚州是牧云氏的故土，是绝不能失守之地。

[3]越州：九州之一，在东陆的东南，与都城天启所在的中州距离遥远且交通不便，聚居着多种彪悍的边疆民族，山区与地下还生活着相当多的河络部族，他们并不是人族王朝的属民。因而对历代王朝而言越州都是时常发生异动之地，最难治理。

抢掠州县。

又三年后，海边地震，有一个小岛奇怪地升了起来，海啸冲击了海边州县，海怪上岸食人，澜州[1]东部两郡沿海千里渔村变为荒滩。

人们开始传说，六皇子牧云笙，是根本就不应该出生的人。

皇极经天派[2]的占星圣哲们发现了原因所在：牧云笙的母亲，并不是真正的人族，而是一个天地气蕴凝结而成的魅灵[3]。

明帝曾是那样爱她，为了她不惜打破“平民女子不得为妃”的礼制，把上百位反对的大臣逐出京城，与国亲重臣反目，因她而引起的风暴在十年前震动天下。

然而，一切都已经过去了。当年一顾倾国的风光无限，都只是传说。明帝也老了，不再有与顽固如城墙的礼制对抗的力量。当世人都传说她其实是一个妖魅、将会误国误天下，当这种传言震响四方，开始要动摇明帝的威信时，明帝下旨把她囚在了高楼中，终生孤独度过。

小小的牧云笙有时站在楼下，远远看到他的母亲斜倚在楼栏上，呆呆地望着远方的云彩，手中的扇子偶尔扑动一下，有时会轻轻露出微笑，仿佛回忆起了往日的时光。但时光终是不在了，她的幸福和美丽一样远去。

直到她死去，那时她仅仅三十二岁。

临终前，她对小笙儿说：“不要去迷恋太美的东西，因为它们都太短暂了。”

【02】

小笙儿一天天长大，这位皇子的聪慧与才华令人惊讶，人们担心诸位皇子在他面前都会失去光彩，尤其是——明帝曾那样爱过小笙儿的母亲。

---

[1] 澜州：九州之一，西接中州，南邻越州，北与羽族聚居的宁州隔海相望。

[2] 皇极经天派：九州世界的星辰是创世神“墟”的碎片，是九州的次神，根据星辰的位置和相互关系等，可以预测人的命运、事件的走向，这种学问被称为“占星学”或“星相学”。皇极经天派是一个著名的星相学流派，与玄天步象派齐名。

[3] 魅灵：即魅，九州世界里的六个智慧种族（人、羽、河络、夸父、鲛、魅）之一，是由天地间散逸的精神游丝汇聚后形成的具有全新个体意识的生命。魅最初是纯精神体，没有肉体，称为“虚魅”；虚魅没有五感（视、听、嗅、味、触），只能在精神层面与其他生灵交流，所以为了融入社会，他们往往以其他种族为模板，通过吸收外界物质为自己制造一个身体，这个过程被称为“凝聚”。凝聚出肉体的魅称为“形魅”，仍保持了强大的精神力，这使得他们有成为秘术师的先天优势。但由于其他五族都认为自己是神的造物，而魅是由精神游丝自行积聚产生，身体也是后天自造的，所以魅总是受到其他种族的歧视，这使得他们在人世中行走时总是隐藏自己的身份。

其他的皇子与他们的母亲背后都有庞大的家族势力，都是支持帝国的巨柱。而牧云笙，只有一个曾因为太美而被世人指责为魅灵的母亲。

或许是反对的力量太强，或许是当真相信牧云笙是天命所弃之人，明帝铁了心要让牧云笙变成平凡的人。他不给他请太傅，不带他去巡游四方，想让他变成因为不见阳光风露而枯萎的幼苗。小笙儿日渐长大，不会弓马，不懂韬略，天天只会在纸上乱画，但即使是这样，他的画中，气蕴锋芒仍然渐显，使小小的皇城无可遮盖。

也许是从来只生活在自己的世界里，小笙儿任性无羁，不读诗典，不习礼法，终日只喜欢和女孩子们厮闹一处。

这位六皇子也许是宫中女孩子们最不怕的人物了，因为少年从来不会用皇子的威势去命令谁、呵斥谁，他从小和这些女孩子一起嬉闹长大，玩到兴起时，滚打成一团，从来也没有皇子侍臣之分。他的秦风殿，也是这处处恪谨威严的宫中唯一毫无法度的所在。所以虽然宫中所有人都说六皇子是个荒唐少年，将来必做不得皇帝，但女孩儿们反而更亲近他，因为反正也不会是将来的皇上，更不必拘束了。

衍华宫[1]中大半女孩儿都亲近他，不知何时，好多双水灵灵的眼睛巴巴地盼着他长大，能真正尽情地待他好——虽然她们还都相信，小孩子是天神在深夜放进女人腹中的。

牧云笙也乐得天天和女孩们厮闹在一起，不习弓马也不读史籍，而唯一能让他离开女孩们、独自安静专注的，是他的画卷。这六皇子为君治国之道一窍不通，却画得一手好画，竟是天纵奇赋，画中才气纵横，连宫中国画名师也自愧不如。

到少年时，牧云笙的美人图卷已与其他名家大师的工笔泼墨并称于世。宫里的小侍诏——王侯入宫伴读的女儿们，都以能有一幅他为她们画的肖像为荣。他画的时候，总是一群女孩儿在门外张望着，羡慕着那个他案前幸福地坐着的人。他也只有在为她们画像之时才能安静专注下来。他不画花鸟，不画松竹，只爱画美人，那笔下女子也一个个飘然若仙，堪谓一绝。

无数眼睛关注着那终日无忧无虑的小笙儿，许多声音在说着："这孩子是极聪明的，可惜却流连于温柔天地、水墨江山，只怕终非帝王之材呢。"他也从来不会察觉到，那成人的世界里，笑容背后的阴影。

[1]衍华宫：端朝牧云、穆如两家的近支子嗣读书的场所。端初即建立了制度，从公侯贵族家中遴选年龄相近、才貌出众的子女为牧云、穆如两家的后代伴读，称为"子侍诏"。

【03】

阳光在殿中的青石板上布下耀眼的格阵，一个黄纱衣女孩轻盈地跳进殿来，那是伴读兰珏儿。她的手背在后面，美丽地笑着，踮脚走向殿中案前那沉思的少年。

那少年正在案前凝视着自己的画卷。阳光照在绢布上，又映在他的脸上，那眉宇间，一时却显出了几分王者沉笃的风度。

“珏儿，又给我偷什么好吃的来了？”牧云笙看见那俏丽的影子移上了他的画布，就丢了笔，笑着来捉她。

“嘻，你还会缺人给你送好吃的吗？我带的可是你最喜欢的东西。”兰珏儿却把双手藏在身后。

“我最喜欢的？我最喜欢的是兰珏儿的手，来让我咬一口……”

她笑着跳开了，把手一伸：“看，画稿，一千年前的啊。”

“谁画的？”牧云笙眼睛一亮，伸手去拿，早已知道她下一个动作就是转身逃跑，腿倒比手快，先迈了出去。他天天和女孩儿们玩蒙眼捉人，步法真是练得灵敏无比，没几步兰珏儿就被他抱住了。

他挠她几下，她就笑软倒在地上。牧云笙拿过画稿，展开来看，眉头却渐皱了起来。

“又是赝品……这印章仿得倒真好，可惜这个题诗露馅了，看这一撇，真迹哪里会是这样的……还有这侍女衣上的颜色……”

“啊？”兰珏儿嘟着嘴跳起来，“又是假的啊？我还以为这次你一定高兴呢，你的眼睛要是不那么利，不是会快乐很多？”

“哈哈，可找到赝品也是我的快乐之一，尤其是那帮宫廷画师们把它们当宝一样献来的时候，我喜欢看他们煞白的脸色……”

“你干吗老欺负那些老头啊。”兰珏儿嗔笑着拉住他的袖子，眼珠一转，“我……”

“又有什么坏主意？”

“我知道一个地方，有很多画，你要不要跟我去看？”

“走啊走啊。”

兰珏儿笑眯眯地拉着他出了门，故意多绕几个弯，好让御园中女孩儿们看到牧云笙现在和她在一起。绕来绕去，来到御园偏僻处，走过一道门，眼前是一座几近荒废的小型殿阁。

“有锁……”

“我有钥匙！”兰珏儿笑着蹦起来，手中清脆地响着，“那天从老韩常侍那儿偷了一大把，配好了一处一处地试，结果就发现这么个地方。”

他们推门走了进去，尘灰味扑面而来。

【04】

“原来是仓库啊。”牧云笙挥手扇着风。

“是啊，好多好玩的东西啊。”

“嗯，有……老鼠！蜘蛛！”牧云笙故意四下乱指。

“哇！”兰珏儿一把抱住牧云笙，眼也不敢睁，也不知她当初是怎么一个人跑进来乱翻的。

“好了好了，都被你吓跑了。”牧云笙笑着拍着她的头。

兰珏儿还是紧紧地拉着他，两个人在箱柜杂物间寻着宝。

“咦，有戏服？”

“这边有好多瓷器啊。”

“哦，一大箱子手炉啊。”

“我上楼去瞧瞧……你去过吗？”

兰珏儿点点头，又摇摇头。

牧云笙走上楼梯，二楼更是一股腐味，不过还算干净，似乎新被人打扫过。

牧云笙四处乱翻着，兰珏儿忽然拉拉他的袖子。他转回头看她，她的脸有些红，眼睛忽闪着。

“那边有很多画。”

她拉着牧云笙走过几重大柜，另一侧窗边摆着几张木案，上面堆着许多画卷。

牧云笙拿过几卷展开，果然都是临摹本，有些还是当年宫女侍诏伴读们的习作。他又从另一堆卷稿中拿过一帧展开，背后的兰珏儿却尖叫了一声。

那是张春宫图。牧云笙却仿佛饶有兴趣似的，一张张翻看过去。兰珏儿满头是汗，红着脸紧紧抓住牧云笙的衣角，从牧云笙的肩后望过去。

牧云笙皱起眉头，终于开口：“原来还有这样画的……可画得却不好，人形走样，笔也用得太滑，远近也无主次……”

“是……是吗？原来你……你在研究画工？”兰珏儿抬头望着他。

“嗯，我要画能画得比他们好得多……咦，你怎么了？生病了吗？你的脸好红，满头大汗的……”

“你千万不要对人说我带你看过这些啊，我会被我父亲打死的。”

“哎呀，兰珏儿，”牧云笙忽然想到什么似的，“不如我帮你画一张吧……”

“才不要啊！啊哈……”看牧云笙作势伸手来吓，兰珏儿像小兔儿一样蹿了出去。

他们在充满尘灰的阁楼上打闹，用画卷互相丢掷，腾起烟尘一片。

忽然间牧云笙看到了什么，他站住了，定在那里。

在刚才，转身之间，好像有人在一旁注视着他，他甚至能感觉到那眼神。

牧云笙回过头去，背后当然没有人。

他正要转回头，忽然间，他看见了她。

兰珏儿见牧云笙看着墙边，脸色苍白，像是傻了一样，上来好奇地问：“你到底怎么了啊？”

牧云笙不答话，只怔怔向前走去，一直来到墙边。

那里，案下，散开着一幅画。

画上是一位女子，立于风雪之中，背景是苍茫的江河远山，而她那姿态，像是正远望茫茫，不知去路间，猛听到一声召唤，惊回头时，望见那唤她之人，眼中半是悲凉，半是欣喜，竟是轻轻点睛处，凝落着百感交集。

牧云笙身心俱撼，呆立在那里，痴痴望着，口中只喃喃道：“这画……”

他大叫一声，倒退出去，跌撞奔下楼宇，人事不省。

【05】

等他醒来，女孩们围在他身边，关切无比。

“你没事吧……怎么了？玩得太累了？兰珏儿吓死了，还在哭呢。问她出什么事她也不说……光哭。”

牧云笙静静地站了起来，不顾旁边惊异的目光，走向殿外。

外面月已初升，晚风习习。他的脑海一片空白，他刚才究竟看见了什么？

她是活着的……就活在那幅画里。这样的一位美丽女子，为何会孤立寒江之畔？又是谁有这样神俊之笔，将她的灵魂映入画中？

那一瞬间，他分明看见她眼神的转动，她正有太多的话想要诉说。

这绝不是一幅普通的画。可自己习画多年，鉴品无数，却为何会有这样一幅自己从未听说过的绝世珍品留在这里？

牧云笙想再回去看那幅画，可来到那堆存陈物的楼阁前，却发现这里早被皇后下令清扫一空，所有旧画已被堆在门前，点火烧毁。牧云笙怔怔地看着那火焰，呆立良久。

【06】

从那之后，牧云笙仿佛突然魔怔了，天天把自己关在殿中，也再不去找女孩子们戏耍，只把画纸铺来，然后提笔望着白纸，愣上好几个时辰。有时偶尔落上几笔，又立刻揉卷了纸，丢在一旁。

他想重画出当日所见那女子的神韵，却是再怎么也无法重现。从此更是终日痴痴迷迷，走路时、进食时，会突然冲回殿中作画，或是折下树枝，即时就在地上开始勾画。

他这一痴迷于画稿，所有其他皇子的宗党不由得高兴了。传言立刻四起，说六皇子得了痴症，如此疯癫，将来必然不可能再与其他皇子相争帝位。

亲近小笙儿的臣工包括宫中伴读女孩儿们都在为小笙儿犯愁。可是他天性心中没有江山，谁又能改变得了他呢。

【07】

那一天，牧云笙记不清是哪一日了，只记得阳光明灿灿的，风徐徐吹起城边的柳叶。在他的记忆里仿佛所有的人都在笑着，仿佛一切都那么美好。

这天是他命运改变之日吗？直到迟暮之时他也无法确信。

牧云笙看到了那人，白发高冠，苍老干瘦。

“这是世上极致的宝物，我要把它给予能看清它的真实的人。而他要用他最珍视的东西来交换。”

“这珠子究竟有何妙处？”他的父皇，明帝牧云勤好奇地问道。

“要展示此宝，首先请陛下在太华殿[1]外搭起十丈高台，一分不能多，一分不能少。在高台中用柔丝系一横杆，中开一小孔，与此珠径相同，也一分不能多，一分不能少。然后等到三日后越宛之交时分[2]，一分不能多，一分不能少，那时我方能展示此宝。”

明帝打量着这个人，然后点点头：“好，依你而言。但届时没人愿意与你换此

---

[1] 太华殿：天启东华皇城的最高殿堂，举行大朝会和王朝最重要的典礼之所。

[2] 越宛之交时分：九州世界曾有九时辰历法，划分一天为九时辰，以九个州的名称命名。后改新历，分为十二个时辰，以九个州和三个内海的名称命名十二时，自午夜开始依次称为殇时、瀚时、宁时、澜时、澜时、越时、宛时、滁时、雷时、云时、涣时、中时，每个时辰又分为时初和时正，各四刻。宛越之交在正午。

宝物，你就要被以欺君之罪处斩。”

三日之后，高台搭起，明帝与好奇的嫔妃皇子、官员们站在太华殿台阶上，看献宝老人登上高台，用一个形状古怪的记满刻度的工具不停地计算着什么，极小心地调整那系着横杆的丝线的长度，使横杆保持在某一高度，并使横杆的孔眼所对的角度与阳光的角度一致，然后将明珠慢慢填入横杆中的小孔。

人们看见，阳光从明珠中射过，地上现出一个小亮斑。

“这珠子看来能汇聚光线，从十丈之高射下的光，仍能汇成小点，倒也是稀罕物。”明帝点点头。嫔妃和众臣开始恭喜陛下得了个宝物，人们喧哗一团，没有人再注意那地面。

牧云笙那时正站在明帝的身边，清亮的眼睛紧盯着那个光斑。突然他看见了什么，紧紧拉着明帝的衣袖：“父皇，父皇，你看！”

明帝看去，地上却仍只是那个光斑。他拍拍小笙儿的头：“呵呵，很有趣是不是？一会儿把它送给小笙儿玩，好不好？”

“父皇，父皇，它在变大！”

明帝再次瞧去，果然，那光斑似乎大了一些。再看一会儿，那光斑变大的速度正越来越快。

明帝一挥手，止住旁边聊天的众人。大家全都安静了下来，屏息望着那光斑正变成一团方圆十数丈的光晕。

“那光里面好像有什么……”小牧云笙的眼睛里仿佛也映出了光亮。

众人只看见模糊的一团。但这光晕中的确是有明暗相混之处的，可见那珠中并非是纯无一物，似乎有着什么杂质。随着时间推移，那光与暗在交混着，似乎被搅动的含沙之水，又似乎混沌初开时的争斗。

日晷之影移动，越时和宛时交替的那一刻来临了。

那些光影突然清晰了起来，那一刹，在大殿高阶上观看的众人全部惊叫了！

那地上金线勾勒，分明是层层楼台，烟云缥缈，恍若仙宫突降人间，还能清晰看到楼阁之上，人们欢舞畅饮，衣带欲飞。那是一幅由光线画成的巨画！

所有人不约而同地退后一步，以为望见了海市蜃楼。

然后，更让人惊讶的事发生了……随着阳光角度的推移，那楼阁竟如立体一般转了角度，那之前只能见到侧面的画中人，竟渐渐可见面容。那阁间云气也像正缓缓飘移一般，观者仿佛在云上飘浮，看着下方的缥缈殿宇。而云气中，一重楼阁之后，竟又显出一重，隐隐约约，竟连绵错落，不知有多深远。

人们方见此景，哗然尖叫之声不绝，到了后来，竟然变得寂静无声，所有人都已呆在那里。

“这是什么？这是什么！”明帝惊喊着，忘记了皇帝的庄重。

“此珠流传在世间，已不知多少年了。珠中，是不知何人所刻下的一幅《海上牧云图》。”献宝老人走下高台，躬身说道，“据前人的记载，在不同的时辰、不同的星辰之光映照下，所看到的景物是不同的，而且光线的远近、握珠的角度，都会改变所映出的景色，甚至可以说任何一次所观到的画都是不相同的。数百年来，有人说看到了十九座楼阁，有人却说是三十一座；有人说楼中欢宴者有二十五人，却有人说是二十七人；有人拓出了画中题的诗词和楼阁上的匾联，共计一千一百一十三字；更有人说在一年明月[1]最盛之时，看到一位美丽女子挟弓而立，身后缓缓展开一双羽翼。没有人知道这珠中，还藏着多少奇景。”

小牧云笙却突然问道：“这样的奇物，怎可能由人力所制出？”

献宝人笑道：“传说是当年有人为了赌约，先是用至纯剔透之玉雕出了实物大小的宫阙，然后又集中全天下的术师[2]之力将其缩小至万分之一，置于深海取得的鲛泪珠[3]中。但又有人说这本是一神鸟的眼珠，因为在海上看到了这一奇景，所以映在眼中，死后此眼珠也长存不朽。更有人说那珠中本有一奇微之国，那些人物本是活的，只是珠中日月比人世要慢得多，所以他们千年长在。”

“果然是奇物。”牧云勤道，“你要什么赏赐？”

老者摇摇头：“我说过了，想拥有此物的人，要用他生命中最珍视的一样东西来交换。比如您，陛下，您想得到这颗珠子，就请用您的皇位来交换吧。”

“放肆！”明帝大怒，“你是疯子吗？”

“陛下不愿换就算了。那么，我将再去宛州[4]、瀚州、宁州[5]、澜州、越

---

[1]明月：九州世界有两个月亮，银白色的称为“明月”，灰黑色的称为“暗月”，双月相互缠绕运行，产生盈亏月相。明月对羽族影响很大，绝大多数羽族只能在明月最盛之夜展翼。

[2]术师：又称“秘术师”。九州世界的智慧种族中，精神体特别强大的个体可以从天地万物尤其是星辰中获得力量，施放出各种强大的法术，这样的人即被称为“秘术师”。

[3]鲛泪珠：又称“鲛珠”，是鲛人的眼泪在特殊条件下凝结成的珠状物。鲛族是九州世界里的六个智慧种族之一，也是唯一生活在水中的种族。鲛族的泪液成分与其他种族不同，一旦离开身体就会在水中或空气中凝结成固体，但大多混浊易碎。只有当各种条件都具备时，有万分之一的概率能凝结成发光的宝珠，因而即使在鲛族，鲛珠也是难得的宝物，被视为上天的恩赐。

[4]宛州：九州之一，在中州以南、越州以西，农商发达，是九州中最为富足之地。

[5]宁州：九州之一，在北陆东端，南与澜州一水之隔，是羽族的聚居之地。

州……寻访天下的主人。”

“天下的主人？”

“是的，我说过了，用你最珍视的东西来交换它，因为它能给你天下。”

“你在说什么？”明帝冷笑着，“你要我放弃了皇位来换这东西，却反可以得到天下？”

“是的。”

“赶出去！”明帝挥手。

老者笑着一挥手，高台在瞬间崩塌了，那明珠直坠下来，所有人都以为它将掉在地上粉碎了。少年牧云笙惊呼了一声，冲上前去要接那颗珠儿。巨大的木梁向他倒来，在人们的尖叫声中，牧云笙的身影消失了。

尘埃散去，人们看见六皇子还站在那里，手中捧着那颗明珠，正惊喜地打量。

老者向他走来：“这孩儿，你为何命也不顾了，要来拿这颗珠子？”

“我……当时我什么也没想，只觉得这样的奇物，若是就这样毁去了，是再用多少邦国也换不回来的。”

老者叹息一声：“没想到明白它的价值的人，却是这样的一个孩子。你可愿做此物的主人？”

牧云笙点点头，也不在乎背后明帝怒视的目光。

“哪怕要用你生命中最珍视的东西来换？”

少年不知此话有何深意，心想那些宫中古玩珠宝，怎比此物的灵奇，不论什么样的宝贝，也是值得换的。于是他点点头：“愿意。”

老者大笑：“好，这颗珠儿便是你的了。你既姓牧云，那么此物以后也就改名叫‘牧云珠’了。而你生命中最珍视的东西，将来上天自然会来取走。”

他转身而去，士兵们想上前阻止他，却不知怎的，连他袍袖也挨不到，眼看着他消失在门外。

明帝怒哼一声，拂袖而回，众人忙跟了回去。轰隆隆人潮退去后，偌大的广场上，只有少年牧云笙仍在专心致志地把玩那颗珠儿，想明白它的奇妙，而忘了世间一切。

【08】

之后的日子里，不论牧云笙如何将那珠子用光线照着，它却再也无法现出那一日的奇景了。看向珠子内部，也只能隐约看见些如云气变化般的朦胧，不知那些琼阁仙宫藏在何处。

而明帝却因为此事，更加不喜欢这个性格古怪、无视世间规矩的少年，不论他多么有天资，却只是使他同常人相比显得更怪异，更使人们猜忌害怕。

而未来的皇帝人选，人们也都逐渐锁定在勇武豪爽的皇长子牧云寒与熟读韬略的二皇子牧云陆身上。连那些平常喜欢和六皇子一起玩耍的侍读女孩，也都被身为重臣的父母暗中教训要少和六皇子待在一处，多去讨皇长子和二皇子的欢心。

少年的宫殿，也就越发冷清了。而他也不在乎，更乐得一人静心地画自己的画。

那一天，牧云笙作画甚久，废稿无数，他烦躁起来，一人走出大殿，在宫中乱走。突然觉得四界狭小，放眼望去，处处只见宫墙，奇怪着自己以前怎么从未有此感觉，想起小时候，可是觉得那些宫殿、广场、御园……全是巨大无比的。

他于是吩咐备了车马，要去城外鹿鸣苑游玩。

车队穿过市井，人人退避跪拜。牧云笙向窗外看去，只能看见一排排低伏的人头，他从来也没有看过真正的繁闹帝都[1]的景象。有心就这么独自去玩了，可内侍们定然是不许的。这许多的规矩，就算是做皇帝之人，也不能自在吧。

他少年天性，把那牧云珠放在眼前，透过它向世间看去。突然他的神情变了，猛地大叫："停下！"

侍卫不知何事，待停了车驾时，牧云笙一下冲出车去，奔向街边。早有侍卫们追上来喊："殿下，危险！勿近草民！"可牧云笙猛甩开他们，穿过街巷，直奔到城门边的草地上，然后呆呆地站在那里。

他痴站着，听不见周围一点儿声音。刚才透过牧云珠，他分明看到了一个与平常肉眼所见完全不同的世界，每个人都变成了另外一副样子，像是躯壳变得透明而直接照见了魂灵。房屋柱石也都变得透明了，你能清楚地看到它们内部奇怪的纹理流动。

而那一瞬间，透过变得透明的一切，他分明看见远处站着一个女孩，彩色的衣带像是云雾组成，变幻飘动。她向这边望来，那一张绝美的面容，那眼眸神情，与那天丢失的那幅画中的人一般无二。

少年再将牧云珠放在眼前观看，珠中却又变成了朦胧一片，什么也看不见了。

刚才的一切，难道是珠中的幻景？可不对，那分明是珠子折射出的世界的另一种面貌。

---

[1] 帝都：即天启，九州最大的城市、东陆的政治中心，燹、晁、贲、胤、夔、晟、端等人族王朝皆以之为都城，故被称为"万年帝都"，端时官方称谓为"中都"，但"帝都"作为惯称亦经常使用。另外还有上都（瀚州）、西都（宛州），三都并存。

【09】

那夜在寝殿之中，他取出那珠子，放在眼前看着，渐有睡意。蒙眬中却看到了许多奇异的景色，有城郭，有群山，有森林，都是他全然没有见过的，壮美而又仿佛就在面前。

在幻境中，他大步走去，却仿佛身子毫无重量，可以随意飘飞；而这世界也仿佛是无穷大的，不论他飞多快，前面总有无尽的天地与奇景。

他甚至可以看到许多地方，或是城镇，或是山野，有人在行走忙碌着，但是他靠近他们，却无法与他们说话，他们也仿佛根本不知道他的存在。

他在珠中游历，却如同孤身一人在这世界上，不由得心中苍凉。望见远处海上云中隐约显出重重高大的殿宇，他飘飞而去。

不知飞了多久，才来到那云雾中的海上楼台之上。这里玉砌雕栏，宛如一尘不染的仙国。一女子正倚栏而立，袍带凌风飘舞，怔怔地望着海面。

“你在看什么？”他方出口，却又自己笑了，因为那珠中的人，都是听不到他说话的幻影。

可那女子却回过头来，惊异地望着他：“你？”

牧云笙惊得倒退几步，却随即无法再说出一句话——眼前女子，竟然和他在那幅古画中看到的一模一样！

“你……你……你竟然在这里？”

女子一愣：“你认得我？”

“我在画中见过你。”

女子露出了惊喜的神色：“那你告诉我，我是谁？”

牧云笙愣了一愣：“我……我不知道……”

女子低下头去，寂寞与忧郁回到了她的脸上：“我在这里许多年了，我不知道自己从何而来，也不知道自己为何会存在着，没有人和我说话。”

“那……这里是何处？你……莫不是位仙子？”

女子幽然笑着摇头：“这世上哪有神仙？全是人们想象出来的。我若是神仙，又怎么会孤独地待在这里。”

“这儿……是哪里？”

“这是珠中的幻境，里面蕴藏着人心中最不愿被抛去的记忆。那些曾经在这世界上发生过的往事和存在过的灵魂，总有一些因为刻骨铭心，变为了不散的精神印迹，它们被映射在这颗珠中，珠中折射世界一切光，你凝望着它，却也被它所凝望。你的心思与记忆，也会被映在此珠中。”

“我不太明白……”少年摇摇头。

“我并不是真实的生命，只不过是前人的一段记忆，一个虚幻的影子。”

“你是说……曾有一个像你一样的人，生活在这个世界上？而你，只不过是人们对她的记忆，是她映在这珠中的一个倒影？”

“是啊。”女子看着天空幽幽叹息，“也许是数天前，也许是数百年前，这些我却无从知晓了。”

“但你即使是一个影子，却应该也有着她的记忆，记得你的从前。”

“我只有一些很模糊的记忆，记得我站在一座高山之巅，望着大海，海边停泊着巨大的船队。可是，我却想不起我的名字、我的身份，也不记得我有任何的亲人或朋友。”

“你没有名字吗？”牧云笙叹息了一声，觉得女孩有些可怜。

他坐在殿前的台阶上陪着她看云，两人看了许久许久，但云海起起落落，天色却从来没有变化过。

“我好想再看一次日升和日落时的霞光啊。”女孩叹息了一声，“可惜……这里的时间是永远不会过去的，你不会变老，但一切也不会有变化，我再也看不到星辰，看不到风雨雷电，看不到四季的流转。”

她望着牧云笙：“我在这里待了不知多少岁月，从来没有人能陪我说话……你能常来看看我吗？”

牧云笙点点头。

【10】

牧云笙每夜在珠中漫步，和女孩共同游历那珠中的奇景。不知过了多久，仿佛过去了数月数年，醒来时眼前残烛尚且未熄，窗外正报更鼓，现实中才过去一个时辰。

每夜珠境之中，少年都把他白天见过、听过的事情讲给女孩听，女孩也会给他讲她所记得的事情，那些事都是牧云笙闻所未闻的。

她说在海之东几万里的地方，有一个空颜国，那里的人没有脸面，没有五官，也就没有表情。

又向南几千里，有一个万象国，那里的人可以任意变换面孔，于是无所谓美也无所谓丑。

再向南几千里，是不动国，那里的一切动作极慢，有如静止，一百年对他们来说不过是一瞬间。

而西方几万里处，有一个倏忽国，那里的人寿命极短，黑夜生的不知有天明，天明生的不知有黑夜。爱与苍老只在一瞬间。在这里，旅人也会快速地生长衰老，包括欢喜与厌倦。

再向北几千里，是相对国，一面的大地是另一面的天空，相对国的人仰望可以看到头顶的对方，但他们被牢牢吸在自己的大地上。

又向东几千里，是逆转国，那里的人由土中而生，生来便苍老，渐年轻，变为孩童，身子缩小，寻一女子作为母亲，钻入其脐中，重归虚无。

在南方万里之外，有冰人国，人由冰中生，寒冷时为冰的身体，春季阳光一出即化了。

之西几千里处，是影子国，那里人和影子伴生，光消逝时影子死去了，人也就孤独而死。

又之南几千里，是轻鸿国，那里的一切没有重量，飘在天空中。

又之东几千里，是双生国，男和女相爱后，就并生在一起，无法离弃。一旦分开，也就死去了。

牧云笙听得目瞪口呆："这些是你胡思乱想出来的，还是你真的去过？"

女孩叹道："我也不知道这些记忆是真是假。它们是那么真切，仿佛我曾经亲眼看到过，可我又完全记不得，我是如何去的那些国度。"

"现在人们所造之船，要到离岸数百里处的深海打鱼尚艰险，又怎么可能载你去万里之外，游历无数奇境异国呢？"

"我想，也许，那个曾经的我，是生活在遥远的海外，而这珠子，也许正是从大海上被人带来此处的吧。"

"我能帮你离开这颗珠子吗？带你到外面真实的世界中去。"

女孩摇摇头："我没有实体，只是一个虚影，离开了这珠子，我也就不存在了。除非……"

"除非什么？"

"除非有伟大的术师可以凝聚出一个身体，来容纳我的灵魂。"

"这需要高超的法术吗？那我去帮你寻访一个这样的术师好不好？"

这时，牧云笙突然被心中的一个念头击中，高兴地说："等你有了身体，我们造一艘大船，我带你去寻找你的家乡吧。"

少年被这个想法所激动着，仿佛心中一下透亮了，明白了自己一生应该去真正追求的事情。

女子凝望着这少年："你真的愿意这样做吗？可是……这希望太渺茫了，大海这么大，这和从无际的森林中寻找一片叶子有什么区别呢？"

"但那一定是最美丽的一片叶子！"少年说，"若是人一生可以去做这样一次寻找，不是比老死在出生的地方要有价值得多吗？更何况……有你的相伴呢……"

女子微微一笑，低下了头。她那一瞬的神情，使少年的心已经凌风高高扬起在天空之中。

【11】

巨大的浑天仪在深暗的天幕下缓缓移动，仿佛模拟着天地的演化，人们仰望着，心生敬畏。观星台名唤瀛鹿，台基方圆一百四十九丈，有二十七丈高，是天下第一高台，如同一座山峰，当年无数人力花了近五十年时间才完成。台上有十二组联动浑天仪，最大的直径十一丈，人在它的脚下，显得分外渺小。

多少年来，无数人的命运在这里被决定，罪臣的生死、战争的日期、臣将的任命，历代皇帝感到困惑时，都会来占星寻求答案。那浑天仪巨轮的毫厘之差，也许就能使一个家族、一个国家走向截然不同的命运。

今天，明帝将问询天意，作为选立太子的参考。

皇子们跪拜在浑天仪下，此时所有人都必须心诚敬祷，不得出声谈笑，更绝不可抬头观望浑天仪，因为皇极经天派大师们说，人观望正在运算中的浑天仪，会使未来产生微妙的改变。

可是六皇子牧云笙并不相信这一点，听着头顶的巨轮咯咯咯的响声，想着这巨轮就要决定他和那珠中女孩是不是能在一起，他忍不住偷偷抬头向那浑天仪看去。

漫天的星辉灿烂如银色大海，而青铜色的浑天仪轨缓缓划过天空，那铜轮上刻着古图腾与圣哲的徽饰，仿佛皇皇几千年正从天空淌过。当星光穿过刻度的缝隙时，一切就闪耀起来，那是古代的魂灵舞动在天穹。

此刻只有少年一人看到了这景象，因为其他人都不敢抬头去望，包括经天派的星哲大师们，他们驱动起浑天仪后，就低头退到远处，再也不敢抬头观看。

星轮终于缓缓地停止了。

八十几岁的经天派圣师苓鹤清亲自上前察看刻度，然后进行最后的推演。每推断出一位皇子的命运，答案就被写在一张锦卷上，送到大端朝皇帝的手中。

明帝牧云勤一张张观看着那些锦卷，牧云笙的心也快紧张得无法跳动了。然而，最后那张关于他的锦卷却迟迟没有送来。

经天派圣师亲自走下台阶，来到明帝身边，与他耳语着什么。似乎出了什么事情，人们都开始不安地张望，小心地交头接耳。

终于，明帝站起身来面向众人，面色有些沉重，他挥挥手：“典仪已毕，都退下吧。”自己先大步走下了瀛鹿台。

大雅礼乐声中，众人纷纷议论着离去。只有牧云笙愣愣地站在原处。内侍来请他离开，他却挥挥手让他们先去车马处等候。

待人们散尽，牧云笙奔到经天派圣师的面前：“老圣师，关于我的未来，究竟是怎样的？”

苓鹤清向他深施一礼：“六殿下，你的前程与星河同辉，你将来会开创前人所无法开创的伟业，真正成为天下的主人。”

少年一愣，没想到是这样的星命。

“只是……”苓鹤清长叹了一声，“假如你站到世间权力的顶峰，便会把灾难带给世间，你会成为世人所痛恨的人，众叛亲离，流离失所，孤独终生。所以天象所示，你登上帝位之时，也就是天下大乱之日。我对陛下，也是这样如实说的。”

牧云笙愣了一愣，却突然觉得荒谬无比。他放声大笑：“那我只要不当什么皇帝，世间就自然太平无事了吧。原来天下安危，竟然都系于我手。哈哈哈哈，当真是有趣至极！”

少年举袖旋舞，对天吟唱，醉酒一般踉跄向观星台下走去。那层层叠叠巨大仿佛无穷尽的台阶上，只有他肆意纵歌的小小身影。

【12】

那天晚上，少年久久不能入睡。一闭目，就看见巨大的浑天仪在他面前旋转，仿佛从天至地，无处不是精确咬合的齿轮与机关。

他又握着珠儿入梦，进入那幻境，来到女孩身旁。

女孩见了他，欣喜地迎来：“你每次离开，都要许久才能回来。没有人陪我一起看云说话，我可要愁死了。”

“可我分明才离开不到一天。”

“可这珠境之中，却已过了不知多少时日了。”女孩叹了一声，“以前没有人可以与我说话的时候，我天天独自一人，也不知不觉就过了那么多年。可现在知道有个人会来到我身旁，那等待的时光，竟是每一刻都漫长无比呢。”

她抬眼笑着望向牧云笙，少年顿时慌乱了，低了头不知往哪里看好。生怕一注视少女的眼睛，就会沉醉过去。

“你……还是记不起你的名字吗？”少年说。

少女愣住了，却低下头去，有些忧伤。

少年慌了："我是想说……那……那我帮你起一个吧？"

女孩扬起头，眼中晶亮地望着他："真的吗？"

少年望着女孩的眼眸，心中像是有波纹一层层地荡漾开来。

"你……你就叫作'盼兮'吧。"

"盼兮？"女孩子凝神想了想，突然笑了，"我喜欢这个名字呢。"

"是啊，这个典故是来自于……"

"我不需要知道这个典故，我喜欢就行了。我终于有了名字了，我终于是我了！不论世上是否还有人叫过这个名字，但我是世上独一无二的，不是吗？"少女展开双手，袍纱轻扬，像是要在空中舞蹈。

"是……你是独一无二的。"少年痴痴地说。

他忍不住伸手去拂少女的发际，手却陷入虚无之中。

"你又忘了我只是一个影子。"女孩笑着说，"不过以后，我一定要成为一个真正的人，让你可以摸到我，好吗？"

"可是，做一个真正的人有什么好呢？"皇子问，"那样就有了血肉滞挂，不能再凌空飞舞，只能足踩在大地上，沾尘染淖。"

"你不知道……"少女转身望向天际，眼神热切，"我多希望能知道足踩在实地的感觉，多么希望感受到自己的重量，希望能明白冷暖、闻到花香，希望能品尝百味，不论是甜是苦，希望……"她低下头，略带羞涩，"……希望能被一个所爱的人真实地拥抱，那一瞬的幸福，是我愿意用一生来换的。"

"所爱的人……"少年喃喃念着，"若能用一生去换到一瞬的热爱，那是多么好……但这世上许多人，都没有这种幸福……"

"你觉得你也找不到这种幸福吗？"

"我……我去哪里找呢？"

女孩的笑声像风铃摇曳："可是世人最想要的东西，不正在你身边吗？你得到了它，整个天下都是你的了，就不用再去寻找了。"

"你是说……皇位？"少年笑了，"我从没觉得做皇帝是一种幸福，也没有想过要去争那个位子。我只想和你一样，能有时间去寻找自己真正想要的。"

"不……"少女的神情忽然变得忧郁，"等你长大了，也许就不这样想了。"

"为什么？为什么你们都觉得可以预言我的未来？"少年有些不平，"对了，你说……通过星相，真的可以预言人和世间的未来吗？"

“星相……”盼兮突然笑了，“你一说星相，我心中就泛出许多事来了，都是关于星相的。”

“你也懂得这些吗？也许当年那个真正的你，也是个占星师呢？”

“或许吧……如果要观天来推算命运，说来可就话长了……”盼兮说，“你知道浑天仪吗？”

“知道……皇极经天派的大师们就是用它来推断未来的星命的。”

盼兮一挥手，一具比瀛鹿台的还大上数十倍的测天之仪就出现在他们上空，几乎整个天穹都是那些齿轮机栝半透明的虚影。

“浑天仪也有许多种，不过一般来说，测天之仪越大，就越精确。在许多年前，星相学家们用它们来推算天地的过去，比如计算天上星辰一万年前所在的位置，知道了星辰的位置，也就能推算出一万年前的大地的气候。而关于人的命运，有一种理论，说世间的任一点微小际遇变化，都会影响整个天地的运转与走势，从而在星图中表现出来，所以计算出未来的星图，也就能反推众生的命运。”

“听起来太玄奇了。如果这些都要靠观测和运算，那怎么可能有这样的人能做这样宏大的计算而不出错呢？”

“所以演化出许多不同流派和算谱。有的流派认为一切都是注定的，未来不可更改；有的大师却认为人可以通过演算来改变一切事。”

“演算？”

“是的，其实所谓法术，并不是什么神的力量，这世界上也未必有神。所谓秘术家，只不过是他对这世界的秘密的了解比其他人多一些而已。”

“这世界的秘密？”

“对，但它其实不像你想象的那么神秘。法术的原理极为简单，有悟性的话，人人都能明白的。”盼兮笑着说。

“如何个简单法？”

“我来问你，如果发现天黑了你看不清东西，你会如何做？”

“点灯。”

“可你如何能做到从没有光到产生出光？”

“这……蜡烛、纸、木柴，点着都会起火啊。”

“如果没有火种呢？”

“火石……甚至钻木都可以取火的……虽然我没试过。”

“那，是谁最先知道钻木可以取火？”

“这……是个人都知道吧。”

“不，万事万物都有个开始，必然会有第一个。你想象在远古蛮荒之时，当那第一个人把一根木头凭空生出火来时，其他人会如何看他？”

“以为他在变戏法？”

“哈哈，正是了。所以所谓法术，也只是多数人还不知道其原理的方法。”

“你是说，只要人们知道这方法，所有人都可以成为术法家？”

“嗯，可以这么说……但是，法术就像作诗和习武一样，每一个人都能学，但能不能学会学好则是另外一回事。星辰力术这种东西尤其深奥，所以很多人不得其道。”

“星辰力术？”

“也就是世人所说的法术，但懂行的人都知道，这些法术的力量来源不是什么莫须有的神仙，也不是凭空产生的，而是借用了自然与星辰的力量。”

“这些力量在哪里？”

女孩望向远方，缓缓道来：“最初的时候……没有天也没有地，只有混沌的一团，但在混沌之中，开始孕育墟荒[1]二力，也就是分散与聚合的力量。这两种力争夺混沌中的所有微尘，于是那无穷的微尘有的互相靠近，有的散开，一切从静止开始运动，从此就再也无法停下。它们动得越来越快，靠拢的越聚越紧，越聚越多，于是产生了星辰；分散的越散越远，越散越疏，于是产生了星辰间的空旷领域。”

“可是，不是说是盘古开的天地吗？”

“呵呵，混沌中也许是产生了强大的力量，人们愿意把这力量想象成一个巨人，给了他一个名字，称为盘古。”

“所以其实不存在创造了世间的神灵？那么，也不存在什么注定的命运吗？”

“是啊，我们的世界，每一个人、每一样事物，都是由无数最微小的尘粒组成的。能使这些微粒分散组合的力量，也就是产生与改变这世界的本源之力。”

“你是说，这些微粒，可以聚合变成一个人，也可以分散开，聚合变成其他的任何什么东西，它们是千变万化的？”

“正是。”

“可是如果同样是微粒构成，为何我们是活的，而有些东西是死的？”

---

[1]墟荒：九州世界确有墟荒二元。创世理论通常认为世界最初是一团混沌的物质，后来产生了一个独立的精神体，被称为“墟”，即精神的主神；相对地，物质的主神被称为“荒”。墟撞击荒的中心，使荒破碎，产生了大地、星辰和世间万物。盼兮这里说的是对创世的另一种理解。

“这……我也说不太清楚，也许……就像作画，墨汁和笔本身都是死物，但一旦到了画纸上，它们就能展现大千世界。这世界上有那么多不同的东西，有山水云雾，有树石花鸟，有你和我，就像同样的墨可以画出不同的画一样。明白了这些，你才可以知道如何将万物变化。”

“原来是这样……看来法术的原理果然是简单，就像如何把沙子捏成不同的物品，并给它们以灵气。还真与作画有共通之处呢。”

盼兮一笑：“说起来当然简单，懂得运用却是极漫长的过程。就像人人都会握笔，又有几人能成为名画大家呢？这世间的大部分修行者都迷失了，他们执着于得到一本本法术的秘籍并死背那些符咒法门，按前人的经验行事，却根本不去想这些力量是从何而来、这些符咒是如何能起作用的，就像你点灯时也不会想为什么灯芯能燃烧一样。”

“所以他们都不是什么真正的术法家，因为他们根本只会临摹？死背咒语，其实并不知道这一切是为什么？”

“是啊。”

“那你能告诉我更多吗？我想知道人如何能改变世界。”少年眼中放着光芒。

女子欲言又止，停了半晌才说：“可是……知道了一切力的本源，并不代表你能无所不能。相反，一切新的创造，都需要不断地尝试，一点计算上的小小失误，都可能毁掉你自己，甚至毁掉世界。”

“那么，你能相信我吗？”

女子望着少年的眼睛，许久，忽然笑了：“我不告诉你还能告诉谁呢？难道要我带着这些记忆，再一千年一万年地孤独沉默下去吗？”

【13】

少年在珠中幻境里停留了不知多少日子，听女子讲述世界的奥秘。

“这世上不同的法术流派都有其不同的算谱，用来计算力的平衡与能量的方向。比如羽族[1]的元极笏算，以十二为进制；河络族[2]的五炎珠笏算，以五为进

[1] 羽族：九州世界里的六个智慧种族之一，也是唯一一个能飞行的种族。羽族的翅膀是感应明月或暗月之力凝聚而成的光翼，平时并不出现。

[2] 河络族：九州世界里的六个智慧种族之一，主要生活在地下洞穴及隐蔽的山间谷地，以宛州东南部和越州中西部为主要聚居区。河络族人的身高大约为人族的三分之二，开采、冶炼、锻造、物品加工、工程建筑等方面的技艺居六族之首，他们制造的武器代表着九州兵器的最高水准。

制；皇极经天派的彻明笏算，以七为进制；玄天步象派的溯本笏算，以二为进制。而我所教你的，与他们都不同，这种算法叫九阙笏算，是以九为进制，原理说来不难，要用起来却是千变万化，不是心思专注之人，是很难贯通的。所以你一定要全心投入，把一切俗事杂念抛在脑后。许多伟大的术法家，都是古怪孤僻的痴人，就是这个原因。记住，如果你不能将你的一生与灵魂投入其中，就宁愿不要运用它，否则一点些微的计算失误，都会带来极可怕的后果。”

“我明白了。”少年心中此刻充满了各种古怪的符号与算式，急于去试验，“我在这珠境中已经不知多久了，外面也不知怎样，我该出去看看了。”

“外面……”女子也神往地看着天际，像是要看穿那看不见的珠壁，“我也多么想能到外面的世界去，过真正的生活。”

“那你告诉我，如何能帮你凝聚一个身体？”

“这太难了，不是你现在可以做到的。”女子摇摇头，“不过我只需要借你一点灵魂之力的导引，就可化出一个虚影，借你的五官去感受这世界了。但是……这样的话，会耗费你的心神……可能会影响到你的身体甚至寿命……”

“完全没有关系！”牧云笙笑着说，“我这一生，能遇到你，已经是太幸运了。”

“幸运……遇见吗……”女子喃喃念着，低下头去，“我也希望……这相遇是一种幸运……”

【14】

牧云笙从梦中醒来，看见宫女们正围在他身边。

“六殿下，你这一觉睡得好久。”

“啊？”少年一惊，“过去多久了？”

“你足足睡了六个时辰呢……叫也叫不醒你，我们差点就要叫太医来了……”

少年愣了愣，自己在那珠中参悟天地的法则，只怕过去六年也不止呢。

待人都散去，少年呆望着手中珠儿：“盼兮，你什么时候才能出来，真正站在我身旁呢？”

“小傻子，我不就在你身边吗？”一声轻笑。少年惊得站起来，转身一看，少女果然已经站在他的面前。

“你……你……你有了真身了吗？”牧云笙上去搀她，手却伸入虚影之中。

“唉，笨啊，我说了我还只是一个幻影嘛。而且也只有你能看得见我，因为我只依附于你的心神之中，用你的眼耳去感知世界。”

“你是说，其实你并不在我眼前，而只是在我的心中？”

“对啊。”少女笑着。

“那么……我想什么……你不是也都知道……”少年突然有些脸红。

“嘻嘻，那是自然。不过你又能想什么呢？人心说来复杂，但其实也简单。无非是‘爱欲痴恨’四字了，有什么是看不穿的呢。”

少年缓缓点头，叹道：“是啊，这么一想也就释然了，有什么是别人看不穿的，又有什么是自己解不开的呢？”

女孩轻喊：“哎呀小笙儿，只怕我要把你带坏了。你可别胡思乱想了，毕竟你是皇子，占星大典不是还推算你会成为未来皇帝的吗？”

“你这莫不是笑我？你明明说并没有注定的命运。”

女孩走到窗边，伸手去接那阳光，光却穿透她的身体：“其实世事就像流水一样，如果你是一片树叶，自然是随波逐流，高处的飞鸟就可以看清你的未来去向。但如果你是一艘船，谁又能知你是否会逆流而上？”

“正是。世人都以为看穿了我的命运，我却偏要逆流而上。”少年注视着天际，阳光映在他的眼中。

“可是做皇帝有什么不好？既然大势会把你带向远大前程，你又何必抗拒它？”

“你不明白……不是自己想去做的，就算成了皇帝，也不会快乐。”

“那你想做什么？一个痴痴迷迷不被世人所理解的术法家？”

“我要成为一个伟大的画师。”少年也来到窗前，猛地推开窗扇，光与风扑面而来。

“画师？”

“对，我要按我的想法绘出一个最奇丽的世间。”

女子凝视着这少年，他正望向宫墙之外，碧蓝无垠如长卷的天穹上，云卷云舒，仿佛胸中已有万千宏景。可她眉头却凝起忧愁。

“你可记得你曾与我说过，在皇极经天派的占星大典上，那圣师与你说的古怪的话……”

“是的……他说，假如我站到世界之巅，就会把灾难带给世间。”

盼兮轻叹了一声：“你不明白他的意思吗？如果你想成为一个伟大帝王，那么就请收起你对画的痴迷，还有……远离一切可能使你迷失的东西。”

“使人迷失的东西？”少年皱起眉头。

“比如……这世间分明存在而人们却看不见的一切。”

“就像你吗？”

“其实，这世上有很多事，我能看见，却不知是不是该让你也看到。如果你一旦知道了这世界的真相，也许只会害了你。”

“不，我要看到你所能看到的一切。”少年上前一步，注视着少女的目光，仿佛也想看穿她似的。

盼兮叹了一声：“我只知道，天地中弥漫着力量，但这是普通人所看不见的，却又无处不在，大地，星辰，都会散发出这种力量。我作为没有实体的灵魅，可以轻易地感应这种力量，我们也能很容易看穿每一样东西的内在，但你们却不行。其实一棵草、一只蚂蚁，它们所感到的世界，和你所感到的，也是截然不同的。你通过眼睛看到的东西，就像是锦盒外的图案，你以为这盒盖上的花鸟山水就是世界，其实你根本没有看到盒内装的东西。”

“可我要如何才能看到呢？”

“你闭上眼睛，什么也不要想。”

牧云笙依言闭目，盼兮轻轻地靠近他，她的虚缈身影融入了少年的身体中。

少年闭着眼睛，初时只见一片黑暗，但渐渐地，光与影在他眼前开始游动变化。

“你能辨别光的所在吗？”女孩的声音在他心中轻轻地问着。

“是的，我看见了……我能感到烛光的所在，它开始是朦胧的一团，后来越缩越小，也越明晰。”

“现在我的灵识和你的融为一体，我会帮你看到我所能看见的东西，只要你相信我……”

“我相信。”少年说。

“你不怕……被我用魅惑术占据了心神，从此丢失了你自己吗？”

“我不怕。”

“为什么？为什么这样轻易地相信别人呢？”

“不为什么，仅仅因为相信，就这么简单。”

女孩许久无言，缓缓沉入他的身心深处。少年看见面前的光影变化越来越快了。

“那是什么？我看见，好大一团光，在地面上升起……”

“那是大地，传说大地是天上巨大星辰坠入大海后凝结而成的，所以它和天上星辰一样，内部炽热无比，充满力量，这力量无处不在，像流水一样贯穿在每样事物中，你明白了它的运行，就自然会懂得天地万物是如何造化而成的。”

少年抬起头，看见天上星辰扑面而来，仿佛距离瞬间不复存在，也感觉不到自己的躯体，仿佛它已化为无穷大与无穷小，溶在星河之中。他这才明白灵魂所看到的世界是什么样子的，那和肉眼所见的完全不同，无数微尘组成的光流在寰宇间流动，凝成万物，并在其中流转不息。

少年觉得看到了星河千万年的流转，可睁开眼时，只是一瞬。但世界对他来说已然不同，他似乎已明白日为何而出，叶为何而落，原来世间万物千奇百怪，却都不过就像一盘棋，黑、白二色就引发无穷的变化。

“我明白了。”少年望着东方瑰丽的霞光。

“你明白什么了？”少女轻轻站在了他的身旁。

“原来这世间不过也是一幅巨画，只是我们身处画中，不知它的宏伟而已。”

“你会成为一个伟大的画师的。”少女凝望着他，轻轻说。

“为什么？”

“不为什么，仅仅因为相信，就这么简单。”少女低头微笑，“我在你的身体中时，也明白了作为人族所感受到的世界是多么妙不可言，我竟然能感觉到光的冷暖，能用手指分辨出木头、石块与花草，能听到万物发出的声音……你知道，这一切对一个魅来说是多么不可思议。如果不是因为你毫无保留地容纳我的心神，我也不可能感觉到这些。”

“盼兮……”少年轻轻地说。

“为什么……听到你叫我的名字，我会感到心中有什么在颤动呢……”少女微微笑了，“我明明本没有心的。”

少年默然，二人突然都不再说话了。她能参悟星辰的运转，却对人心是一片懵懂。他笔下有万里山河，却会因为轻轻一言而心乱。

【15】

“知道了万物生成的原理，你就明白世上法术是如何产生的了，比如说现在要让你把一块石头变得轻如鸿毛，你如何做呢？”这一天，盼兮继续教授着少年。

“这……万物的重量，只是来自于星辰与大地的吸引，只要使天空星辰的引力和大地的引力相平衡，那物自然就轻了。”

“说得简单，天上星辰遥远，如何使它们的力量被放大呢？”

“我知道这世上有羽族，可以以光凝翼而飞，想必也是这样的道理。他们的光翼，并非是像鸟那样用来御风而行，而是用来召引星辰的力量，使他们变得更轻。”

“是了，你明白了这中间的道理，剩下的就只是想出办法去实现了。”

“用什么东西可以导引天地间的力量，使之变化与平衡呢？”

“这些力量其实就流过你的体内，你的身体就是这天地相生中的一环，虽然微小，但只要你知道改变哪一点可以引发什么样的变化，自然就可以施用法术了。”

少年陷入沉思之中。

那几天，牧云笙一直不出宫殿，也好几天没睡了，只看着眼前桌上的一切。

那两团光在琉璃中凝聚，渐渐变成两根银色的羽毛。

他将那一对银羽握在双手中，突然一阵风吹来，竟将他卷了起来，吓得他丢开一根羽毛，才缓缓落在地上。

“我成功了！”少年欣喜地喊，“我做出可以平衡星辰与大地之力的东西了！它能使它附着之物变得轻盈，也许羽族就是这样飞行的吧。”

盼兮接过那羽毛，也欢喜说：“小笙儿，你果然做到了。可是羽人只要在月临大地之时，就能凝羽，你花上了数日，才制出两根，这可飞不起来，最多是让你重量变轻。”

“但我证明了原来你说的都是真的，这万事万物果真都是由最微小的尘和最简单的力演化生成。知道了这本初造物的秘密，我就可以改变我身边的一切。我也终会改变整个天下。”

女孩眼中却闪过一丝忧郁：“小笙儿，你要小心，也许人们并不会希望他们身边的一切被改变，也可能你所做的一切反会被人所痛恨。”

“我顾不得这许多了。”少年还沉浸在狂喜之中，“我知道我可以做到更多，我终会让天下人都像鸟一样在空中飞翔。我还会找到方法，让他们有吃不完的谷物和用不完的黄金，那么这世上岂不是就没有战乱和穷苦了吗？”

盼兮低头叹息了一声：“小笙儿，你太天真了。”

【16】

六皇子犯了痴症，所有人都这么说。这少年好像突然变得不爱和人说话了，整天像是在琢磨事情，一坐就是一整天，谁和他说话他就和谁急，哪怕是女孩子们。有时忽然想到什么，就冲进屋中拿起笔来乱画，可是画的也不是花鸟美人，而是不知什么乱七八糟的线条，像是什么图纸，还拿尺子去量，写上一长串谁也看不懂的符号，口中念念有词地掐指算着什么。大喊：“我的时间太少了，你让我先做点有用的行不行？”

内侍宫女们都去禀报南枯皇后道：“之前六皇子和宫女伴读们都嬉笑如常，现在六皇子痴症发作，别人都不理了，却有人看见，每天深夜，有一个女子的影子在六皇子宫中出现，与他嬉笑，清晨却又不见。人们都传说……传说……六皇子是被魅灵给迷惑了。”

皇后南枯明仪冷笑一声：“母亲死在冷宫，儿子看来也迟早要弄出点异端来。

请法术大师去看看，若真有魅灵，立时除了。我去禀告皇上，让六皇子早早完婚，封个边远小城送出去算了。”

【17】

牧云笙这日走出殿来，却看见女孩儿们在廊中窃窃私语，看到他，不像往日雀跃着迎上来，竟都拉着手跑散了去。

牧云笙唤她们也不应，望着这些女孩儿跑开的身影，他不知道是什么使这一切改变了。这少年忽然有种预感，以前那种群嬉笑闹、亲密无间的日子，是再也不会有了。

他追出一重院去，见兰珏儿站在竹林下，望着他眼中尽是怨色，不忍跑开也不肯上前。

“你们怎么了？跑什么啊？”

“恭喜六皇子，你大喜的日子就要来了！再过些日子，皇后就要给你赐婚了。”兰珏儿说完一扭身飞奔去了。

牧云笙呆呆地站在那里：“赐婚……”

他忽然意识到，身为皇子，这终生做伴之人，也是由不得自己做主的。

那心中之女子，或许只有离开了帝王家时，才能自由去找寻吧。

那夜，牧云笙无法入眠。他向着黑夜唤道：“盼兮……你在不在？”

过了半天，黑暗中传来郁闷的轻小声音：“凭什么你一唤我就要在呢？我偏不在。”

“可是你就在我心里，能跑到哪儿去呢？”

“哼，你是吃定我了吗？本姑娘也不一定要依附在你灵识中的，随便挑个上进的公子哥儿附了，不比待在一个攒着劲琢磨自己如何能不当皇帝的傻子心里面强？”

“我要选妃了。”

女孩子突然沉默了。

许久，她才用那虚无的纤指拨弄帐帘，轻轻说：“知道了啊。这不是很好吗，帝王家的必走之路。”

“我这一生，再不可能有别的选择了吗？”

“没有了。别想了，安心做你的皇帝吧。”

“你也说这话？你怎知我一定能做皇帝？”

“你做皇帝，也许比别人做了皇帝会好些吧。”女孩子望望殿顶，那里看不到星辰。

“为什么？”

“因为你不是个坏人啊。”

“可是当皇帝光有好心是没用的啊。其实我觉得那皇极经天派的圣师也说得没错，假如我当了皇帝，也许真要天下大乱了，因为我想的，是世人所无法理解的，而世人所想的，我也并不在乎。”

“如果有一天你非做不可呢？”

“如果有那样一天……你还会在我身边吗？”少年低下头，轻轻问。

【18】

这日，二皇子牧云陆来到秦风殿看望牧云笙。二皇子是最有可能被立为太子的人选之一，重臣们都与他亲近。但牧云陆优雅谦和，天生一种书卷气质，不像三皇子牧云武、四皇子牧云合那样有狼似的眼神，所以牧云笙倒觉得和他亲近。

谈了一会儿饮食书画，牧云笙忽然问：“二哥可有心爱的女子？”

牧云陆笑起来：“终年在外，哪像六弟可以天天在女孩堆中游嬉，二哥无此福分啊。”

牧云笙却看出他的眼神闪烁，笑道：“必是有的，只是不敢说与人知？”

牧云陆的笑容渐消，神情中有了一丝忧郁：“人生欢爱愉情，不过是过眼云烟，男儿当纵马天下，其他容不得多恋了。”

牧云笙追问着：“难道二哥不能与她成婚？”

“婚姻大事，有时可由不得自己的性子。”

“难道将来做了皇帝，还由不得自己性子吗？”

牧云陆有些吃惊，抬起头来望着牧云笙。

“做皇帝，可不是为了为所欲为啊。”

“那得到自己心爱的女子总是行的。”

“你也知，有时越是帝王，越是容不得‘性情’二字的。”

二人忽都陷入沉默。

只觉得殿中空气越来越晦重，牧云笙站起身来，想去找女孩们玩耍。

牧云陆问道：“六弟哪里去？”

“二哥，既然来了，闲聊无趣，我们去园中饮酒取乐。”

牧云陆笑起来：“六弟果然好情致。”

那夜他们喝了不少酒，可是牧云陆始终仪态端庄，言笑甚少，也不与宫女们嬉笑。牧云笙觉得好生无趣，难道这就是未来要做皇帝的人，一举一动都要顾及体统吗？忽然见牧云陆腰中长剑，醉中伸手去拔。牧云陆大惊，一把紧紧抓住他的手：

“六弟你要做什么？”

他神情如此之慌张，更引得牧云笙放声大笑：“二哥到这后宫之中，满园暖玉温香，为何还带着那宝剑，不怕寒光煞气冲了这美景柔歌吗？就借六弟一观又如何？”

牧云陆却死死不肯放手：“六弟你从未使过剑，可切莫伤了自己。”

牧云笙哼了一声不快而起，于乐女手中取过一支长笛，代剑而舞，口中胡乱吟唱：

紫庭雪牖银楼殿，明烛照天夜未眠。
琴箫婉漱璇玑阁，罗绮芬芳玳瑁筵。
晶壶宝瑟歌九奏，彩槛雕栏赋百篇。
歌催璧月澄轻素，九阙横斜天欲暮。
宫镜新开扫妆初，闲将往事轻回顾。
君不见贲帝挥鞭向九州，九州未定已白头；
君不见虞妃百计求紫绶，空遗媚骨委渠沟？
雄心未息墓树老，花颜已槁舞榭留。
长诗信史真疑梦，临风向月舞不休！

唱毕舞止，牧云笙摔倒在草地之上，醉卧大笑不止，听不清二哥说了些什么，只望见天上明月如落水中，流转朦胧。

牧云陆见牧云笙睡去，口中回念：“长诗信史真疑梦，临风向月舞不休……”忽然长叹一声，“小笙儿，你果然做不得帝王。”

之后几天牧云笙都沉睡梦中，大醉淋漓，不知说了多少胡话。连明帝都不再发作，只是叹一声：“小笙儿若是能醉此一生，倒也是幸事。”

【19】

苓鹤清从梦中醒来，听见天空中传来沉沉的声音，像是雷神的车轮。这老人突然有了一种不祥的预感。他奔出瀛鹿台下的宫殿，向高台攀去。

踏过无数石阶，他来到了浑天仪下。那巨人般的星仪正在缓缓转动着，无数的铜轴、齿轮、铁尺、金刻发出咯咯当当的相击声，这些声音融入那巨大的闷雷滚动声中，十几个数千斤的巨轮一齐转动，近千个小轮飞旋，正把那个标尺推向某个终点。

而驱动着这庞然大物的，却只是那小小的少年。他仿佛是这星仪的一部分，一手轻推盘上的铜球滚动，来控制金质仪盘的细微倾斜，从而调整这巨大怪物的运转，另一手还在飞快地做出古怪的手势，像是每个手势都代表一个数。

"住手！六殿下，你在做什么？"苓鹤清扑了上去，"浑天仪是不能随便转动的，刻度乱了，一切就再也算不准了。"

少年却一把推开他："你不烦我，就不会乱。"

"它……它转得太快了，会失控的！"

"五、四、三、二、一。"少年倒数着，突然一弹指，"到了。"

当的一声清亮巨响，仿佛连云幕都被震得波动起来。那无数的轮盘，突然全部像弹脱了崩簧一般，戛然而止。没有冲撞，没有急刹，没有摩擦，没有惯性，所有的力都平衡在了一点。一切因为力的消无而静止，这是一次完美的运算。

苓鹤清呆立在那里："这……这是什么算法？"

"我只是想来验证一下，我的算式真的是对的。看来，这浑天仪还算准确。"

"你在算什么？"

"算十年之后……"少年抬头看向那最终的刻度，"……的某一天，我会不会和她在一起！"

"不！"苓鹤清绝望地喊，"你不能用浑天仪来算自己的命运，任何人都不可以！因为自算会产生永不可确定的变数，那会毁掉全局，所有人的命运，整个王朝的命运，就再也没有人能算清了！"

"皇极经天派的算法不能，我却能。"少年看着那刻度，没有人知道那个符号对他来说意味着什么，"十年之后，就见分晓。"

【20】

这一天，郦王世子牧云德来中都天启城觐见。他是牧云笙的九叔牧云栾的儿子，也就是牧云笙的堂兄。

分封宛州的郦王牧云栾是明帝牧云勤的九弟，当年大家还是皇子时，曾为太子位有一番恶斗。牧云栾精明强干本更胜过牧云勤，但他为人个性决绝，对人好时可以割肉赠食，恨一个人时便手段残忍，毫不留情，死忠与仇敌一样多。眼见穆如世家与多数重臣更倾向温和的三皇子牧云勤，牧云栾便以退为进，放弃太子之位，主动请封赐宛州为王。那时三皇子一党也乐于以宛州一地换取皇位之争上少一个敌人，于是顺水推舟。

牧云勤称帝后，深以牧云栾为患，一面热诚安抚，所求无不应，一面对朝中及宛州各郡[1]军政官员的任用着意争夺。但牧云栾精于统御，这些年宛州之富庶，早超过中州[2]，各郡之中，也遍布郸王党羽。

而郸王世子牧云德却好似完全没有继承其父之才干精神，长得身形肥胖，其貌不扬，身上穿着华贵，却仍没有皇家的气质。众臣暗自摇头，明帝也心中暗笑，因为他与自己九弟素来不和，现在看到其子这样形状，完全不如自己的几位皇子，不由得颇为得意。

大殿会见后，明帝传旨在御园摆宴赏花。园中行走之时，盼兮偷偷对牧云笙说："这郸王世子周身华贵，却一派俗气，我很是讨厌他的眼神。"

那边牧云德的脸上，却露出了一丝冷笑。盼兮有些吃惊："难道他也看得见我，听得见我说话？"

这时明帝转头问牧云德："皇侄读了些什么书？可习得弓马？"

牧云德躬身道："臣儿也没有什么本事，诗书琴棋、刀枪骑射，样样都学了，样样也稀松，现在只能略背得下《行略》《武韬》等数本。"

明帝惊讶道："这几本书洋洋万言，你也能背得下来？"

牧云德笑道："请陛下任意出题。"

明帝命人取过书来，随意翻了几处，说出上句，牧云德立刻滔滔不绝接背下去，众人不由得惊叹。

明帝心恼，不想牧云栾之子竟然有如此本事。宴毕，众人又看牧云德与四皇子牧云合比较棋艺。结果不过数十手，刚近中盘，四皇子就已完败。明帝面有愠色。

一旁有棋艺高超的翰林老臣看出明帝不悦，笑道："世子棋艺高超，微臣也想请教。"他本想赢下牧云德为皇上争回一点颜面，不料牧云德行棋更加凌厉，又是中盘即败。

众人哗然，那老臣的棋艺已是国手的地位，居然被牧云德这样轻易击败，这世上不知还有谁能下得过他。

"那不是他下的。"盼兮偷偷地对牧云笙说。

---

[1] 宛州各郡：端朝将东陆四州各分为十二郡，连同畿辅（中都天启周围直辖区域）合称"四十九郡"。郡的长官为郡守，原为民政官员，但废帝（明帝牧云勤的伯父）撤各州折冲军府，将兵权归于各郡，郡守成为一方军政大员，而都察院派往各郡的监察官员——刺史也被赋予了监察军务的权力，权重远大于端初。

[2] 中州：九州之一，在东陆西北，人族的"万年帝都"天启即坐落于此，所以一直被视为九州尤其是人族的政治中心。

“为什么？”牧云笙在心中问。

“看到他旁边那个玄袍老者侍从了吗？下棋时他一直沉思，牧云德却东张西望，一点思考的样子也没有。和当世名家下棋还能这样，绝不可能，只会是他身后那老者想好了棋着，不知用何方法告诉了他。”

“我听人说郸王给他的儿子请了个精通术法的世外高人做师父，莫非就是他？”牧云笙想着。

“果然是这样……方才背书，三韬七略之中，任一本书任一句话都记在心中，这也绝不是只靠心力可以做到的。我赌这牧云德能死背下字句，却一定不知道解读。”盼兮笑着说，“你若是去考他释义，他一定就傻眼了。”

牧云笙心中笑道：“我自己也不爱读书呢，还考别人。”

那边三皇子牧云武不服，离座起身道：“愿与世子切磋箭技。”

牧云德冷笑道：“我的箭法粗疏，就请三皇兄指教了。”

众人来到草地，十丈外立起箭靶，三皇子连发三箭，俱中靶心。众人一片喝好之声。

轮到牧云德时，他却举起弓来，一箭射向高空，众人正不解时，竟有一只飞鸟被射落了下来。

牧云笙看见，那箭在空中时，居然像被风吹动一样变了方向。盼兮冷笑着：“这哪是箭法，分明是秘术。”

一边众臣纷纷叹息。郸王牧云栾竟然嚣张到派其子来帝都炫技，明显要向天下昭示众皇子还不如他的儿子。看来是宛州势力成熟，已然有恃无恐，开始打压皇帝的气势了。

明帝心中如塞上一块大石，再也强笑不出来，只暗叹皇长子牧云寒和二皇子牧云陆不在。以牧云寒的超群武艺，牧云陆的才气文韬，绝不会让这宛州郸王的世子如此轻易比下去，以致现在天启皇族颜面无光。

牧云德却借势进逼道：“今时艳阳当空，桃花开放，暖意融融，我愿借景献画一幅，以谢今日之皇恩。”

所有的人都将眼睛望向牧云笙去，六皇子画工上的天才举世皆知，如今牧云德竟要在牧云笙面前作画，岂不是明摆着要以一人打败明帝的所有皇子？

明帝知道牧云德必有高人传授，心已气馁，但别人已逼到面前，不能不战而认输，也只得说：“正好小笙儿平日也爱胡乱涂抹，那就一同来画画这今日的桃花美景吧。”

于是大家展开笔墨，都画面前的一树桃花。

牧云德画笔如风，连眼睛都不望着笔尖，转眼间桃花朵朵怒放。牧云笙看他手臂挥动，眼神却散漫，还偷瞧四周，知道这必是又有人控制着他的手在作画。他望着牧云德身后那玄袍之人，他果然正凝神看着纸面，手指暗暗挥动。牧云笙心想，这哪里是比画，不如直接改成斗法好了。心中一气，一点作画的兴趣也无，只看着白纸出神。

转眼牧云德画卷完成，片片花瓣分明可辨，远看仿佛真的是花落纸上，众人皆惊叹好画。再看牧云笙纸上时，却仍是空白一片。众臣们开始摇头叹息，六皇子虽然才气天纵，可是要想在片刻之内做成一画压过这幅桃花图，却是连国手大师也难做到的。

牧云德得意道："诸位请数，那桃枝上是多少花瓣，这画上也是多少，若差了一片，我便认输。"

殿中又是一片惊叹声，没有人敢不相信他的话。

明帝叹一声道："小笙儿，认输了吧。你连笔都没有来得及动呢。"

牧云笙看一看牧云德的画，心中却豁然开朗了。他微微一笑，不紧不慢，来到牧云德桌边打量起他的那幅画，冷笑道："这是画吗？"

"不是画是什么？"牧云德沉不住气怒道。

"简直就像是把桃枝放在纸上嘛。连一片花瓣都不差，工笔能画成这样，只怕无人能比了。"少年道。

牧云德听此美誉，露出得意笑容。众臣一看牧云笙都如此说了，也都只有随声附和，一片夸赞之声，明帝脸上，却是再也笑不出来。

"可是少了一点。"牧云笙说。

"什么少了一点？"牧云德惊问。

牧云笙举起笔像是要指，却把一滴墨滴甩在了那幅画上。

牧云德大惊："你……你这是故意坏我的画！"

"不，"牧云笙稳如静水，"是你的画就少了这一点。"

牧云德气得发笑："六殿下，你……你太调皮了。"

牧云笙忽然手腕一挥，笔尖在那墨点上轻触几下："画得再像，却是僵死之物，只少这一点灵气。"

众人围拢看去，那个墨点已然变成一只蝴蝶，似乎正在桃花之上将落未落的那一瞬，那翅膀将开未开之一刹，脱纸欲飞，而那花枝被这一点，便仿佛正在微微地颤动，顿时满画俱活。

众人静默了许久，突然爆发出喝彩之声。殿中欢呼雷动，像是赢得了一场战争似的。盼兮更是高兴得不行，在小笙儿身边跳着欢笑。

明帝也终于微露笑意。

牧云德惊道："这算什么？他只画了这一只小虫，怎就压得过我满树桃花？"

他背后那玄袍者叹了一声，扳住牧云德肩头："世子，服输吧。真论画境，我们与人家是溪流与大海的分别。"

【21】

宛州少主回到驿馆，气得踢翻案几，对那玄袍老者大喊："我与你学了这么多年法术，结果居然被人一个墨点就打败了。这样回去，有什么脸面见我父王？"

玄袍者却面如静水，不喜不怒："法术是可以靠苦练出来的，但意境就完全不同了。你是被六皇子的才华打败的，可你将来要做的是成为天下帝王，这一点才华却是无用的。"

"对了，"牧云德突然想起别事，"你有没有看见那六皇子身边的小魅灵？当真是美丽！我这么多年自以为收藏美女无数，可与她相比，竟然……你说这是不是……也是意境的分别？"

玄袍者这时却笑了："如果我没看错，那个小魅灵不是普通的游魅，而是珠魂所化，所以才能那样脱俗。她还没有能凝聚出实体，等她凝成血肉之躯之后，天下之乱才将真正开始呢。"

"我不明白，这美人和天下之乱有什么关系？"

"据说有古人制成奇珍宝珠，可以将前人的记忆心思吸入珠中。久而久之，这珠中就藏有了许多久远的秘密。而那珠魂其实是曾活在这世间的一奇女子的珠中倒影，初时她只是一个不知自己是谁的虚灵，但是渐渐地，她会吸收天地间的微尘，将自己凝为真正的人。所以当这灵魅凝为真人之时，就可能影响天下人的命运。"

"墨先生，你怎么会知道这些？"

"也是前辈所述。没想到今天居然在那六皇子身边看见她。所以世子殿下，趁着这魅灵还没有真正凝成，快些控制她的心神是为上策。你得到了她的帮助，就得到了天下。"

"但她现在在那六皇子的身边，那六皇子不是就成了我们最大的威胁？我们要快些动作。"

老者叹了一声："从我得到的密报，上次占星大典所测，六皇子的确是帝王之选。只可惜他天生狂放，自己不信天命，也绝不肯按星相所示一步不差地过自己的一生，所以一切仍是变数。"

【22】

这天，明帝把牧云笙唤到面前，阴沉着脸。

"听说你衍华宫也不去，也不习文练字，终日摆弄一些粉末药水，画一些古怪符号，你是堂堂皇子，这样荒唐嬉闹，将来还能成大器吗？"

一边南枯皇后摇头冷笑："果然有什么样古怪的母亲，就有什么样古怪的儿子。你母亲就是常弄一些妖异之术来迷惑你父皇，最后中了那些古怪的炼金之毒死了，到了你竟然也是不学好……"

牧云笙咬住嘴唇，紧掩愤怒。

明帝却任由皇后说着那些侮辱牧云笙母亲的话，仿佛与他无关似的，他再也不会想到要去维护那曾经爱过他的女子，只顾着教训："那天占星大典，圣师说你天命有成大业之象，但切记不可沉迷于异端，被妖魅所惑，否则反而会成为这世间的祸害，你怎的就不醒悟呢？"

牧云笙心想：我母亲也是你眼中的异端妖魅吗？原来你终是顾了你的江山大业，她才会那样年轻就离开人世。

他按压不住心中怨怒，冷笑道："什么天命？这世上哪有神灵？谁又配预言我的未来人生？"

"混账！"明帝怒立而起，把手中镶玉茶杯摔在地上。

少年冷笑，转身大步出殿。

"谁教了他这些话？又是谁调唆着他这样的胆子？"明帝看着少年离去的背影，气得浑身发抖。

南枯皇后上来扶住他："陛下息怒。我看六皇子身上确有一股邪气，没准真有妖灵魅惑，是得请圣师们来驱打驱打了。"

【23】

"小笙儿，如果有一天，我不在你身边，你会不会觉得寂寞？"

"你？你要去哪儿？你为什么要走？"少年吃惊地望着盼兮，不知她为何这样说。

女孩正望着窗外，天光流转，在她的脸上轻轻拂过。

"我终是要走的。谢谢你把我带出珠中的世界。但我不想再作为一个幻影在世间游荡，我要寻找一个地方，去凝出自己真正的身体。"

"可是，为什么一定要有真身呢？"少年问，"我听说，虚无的魅灵可以活五百年，若是凝为人，却只能活几十年。如果凝聚失败，还会变得丑陋残缺，不知要冒多少艰险，才能像普通人一样活着，这是为什么呢？”

女孩像被触动了心事，低下头去，喃喃地说：

“你还不明白吗？就为了……可以真实地看到自己，真实地触摸到这个世界。我心中洞悉这世间的奥秘，却终是个没有五感的虚灵，不能听不能看不能闻不能触，只能去感应别的心灵中的震颤。你是我最熟悉的人，我迷恋于感受你的喜怒哀乐，为你欢喜而欢喜，为你悲伤而悲伤。但我其实根本看不到你是什么样，也不知道你为什么这样心绪变换着，所以我一定要成为一个真正的人，作为一个真正的人来活一次……哪怕……只有短暂的几年生命，就要消散于天地间。”

“哪怕……只有几年的生命？”

“魅吸收天地间的微尘凝成人，不可能像在母体中孕育的人一样从婴儿开始生长。越追求完美，身体就越虚弱……寿命短暂是很正常的。”

“因为要变成最美的人，所以不惜一生短暂吗？”

“这样也好啊，对于我这样爱美如命的人儿来说，我不用看到自己老去时的样子，这是多么幸福啊。你也只会永远记住我最美丽的时候啊。”

牧云笙望着她，女孩的眼睛如深蓝的星空。他知道这女孩在还是初生的蒙眬灵识时就受了自己太深的影响，若不能追求绝美的境界，便不知一生有何意义。可是她这样决绝地放弃了本来可以漫长的生命，只为换来可以真实感受这个世界。

“没有法术可以让你永远美丽不老吗？”

盼兮摇摇头：“这世上不会有什么永远的东西，最终一切都是要失去的。天下没有不老的美人，也不会有不衰的王朝，这是天地的规律，人强求又有何用呢？”

“没有……永远的吗？”少年沉吟着。

“我不是怕……怕他们，而是……怕你……”盼兮喃喃着，“你遇到任何的痛苦，我想我心中都只会更十倍、百倍地难过。”

少年凝望着眼前的女孩。少女的双颊不知何时变得绯红了，低头绞着自己的手指，不敢看少年的眼睛。

她来到这个世间，孤独一人，只有这少年能看见她，与她说话，听她的心声。他倾心地喜欢她，她也就一心地只为了他好，愿付了自己去驱赶他一生中的苦痛与凄悲。她也不知自己是怎么了，但她心中欢喜，原来对另一个人好可以让自己这么欢乐，哪怕是为了他受多少苦竟也是情愿的。

而少年呆在那里，他以前从来没有听过这样的话。他身边美丽女孩儿无数，天天如小鸟群一样环绕在他的身旁，但他没有听过这样的一句话，她们都喜欢与他在一起，但她们都不是她。她独一无二，她会为他的欢喜而欢喜，为他的忧愁而忧愁，会整天整天地心中只想着他一个影子。而少年也一样，自她来到他的身边，他已经不自觉间改变了，以前他不知道自己应该去做什么，只想放荡不羁地度过每日，但是现在，他心中分明地知道，自己要去想明白一个将来，一个属于他和她的将来。

“也许有什么事要发生了，”女孩低下头，“也许，能预感到危险并不是一件幸福的事。”

她抬头望着少年：“我害怕……你能不能……抱紧我……”

少年点点手，伸出手去，女孩靠在他的肩头，他却无法感到半分温度与重量。女孩轻轻地叹息：“如果我有真实的身体……这一刻会是多么温暖和幸福啊……”

少年轻轻靠近女孩，却没有力量使她感到安宁。他想抱紧她，却无能为力。

门外传来了脚步声，士兵们拥来，把秦风殿围住了。

【24】

术法大师来到了殿外，大声道：“术师文祥，求见六殿下。”

盼兮惊慌地离开少年的怀抱，向殿后奔去。少年赶上去，想抓住她的手，却什么也握不到。

“害怕的事终于来了……小笙儿……我先去躲一躲，很快回来找你。”女孩说着，隐入夜色中。

术师文祥带着弟子们走入殿中，只轻轻躬身，便傲慢地四下张望。他在朝中地位甚高，极得明帝的信任，加之人们都知道明帝不喜欢六皇子，所以也就毫无忌惮。

“那东西去后面了，你们去找。”文祥向他的弟子们指着，那些穿着绣画符文长袍的术师便向殿后奔去。

“你们放肆！”牧云笙喊着，“谁允许你们在这儿胡闹？”

“在下有陛下的旨意。”文祥径直从少年身边走过，对他的弟子们喊着，“就在西南方不远，去，把符沙撒过去！”

“在那里！”有术师喊着，“用火符！烧死她！”他们喊叫着向一个方向奔去。

“不！”少年惊恐地喊着，“不要伤害她！”他冲向殿外，却被几个内侍拉住。少年愤怒地回身一掌抽在一位内侍的脸上，挣脱开来，向混乱处奔去。

园中，弥漫着一股古怪的符法使用后的焦味。少年的心也像被放在火上灼烤一般。

为什么、为什么？他们为什么要这样做？我们做错了什么事？盼兮在哪里？她死了吗？

那些术师四下搜寻着，还不时向暗中发出术法的光焰。少年疯狂地喊着，去推开他们："够了！够了！你们都停下！"

但没有人理会他，似乎他并不存在。

少年在黑暗中冲撞着，大喊着，渐渐地，他自己都听不清自己的声音了，只觉得眼前漆黑一片，在园中磕磕绊绊地走着，渐渐远离了人群。

周围变得安静下来，少年觉得自己的心也包裹在黑暗中，什么也听不见、什么也看不见、什么也不敢想，只有一阵阵揪心的痛。这一切是为了什么？他们做错了什么，盼兮只是想接近人的世界，了解人的心，她又做错了什么？她还会再相信世人吗？自己活下去又还有什么意思？

【25】

突然，他听见轻声的呼唤。少年身子一震，疾奔了过去。

女孩正虚弱地隐在石边，她看到少年，仍然向他轻轻地微笑。

"也许……我们要说告别了……"她的笑那样美，却像刀一样扎进少年的心。

"盼兮，不要离开我……"少年觉得无法再呼吸，他再也不会有这样一个朋友了，他不想一个人留在这里。

"他们弄伤了我，我已经快没有力量再融入你的心神了，你很快就会再也看不见我……但小笙儿，记住……有太多人想看到你死去或沉沦，你千万要小心谨慎，不要让他们抓到你的过失。只要你能扛过去，将来……整个天下都是你的……"

"我不要什么天下，我连你都无法留住！要天下又有何用呢？"少年狂喊着。

"小笙儿……别傻了……我并不会死……我只是暂时离开……"

"是真的吗？"少年擦着眼泪，生怕一时蒙眬丢失了她。

"我要走了……去找一个地方，凝聚出我真实的形体，那时……我再回来找你……"

"可盼兮……那……你什么时候能回来？"

"也许是很短，也许……"

少年觉得心像被土埋住了，看不到一丝光："盼兮，你答应我一定要回来。"

"我会的。我会结一个蛹把自己藏起来，直到血肉孕育，我成为一个真正的人，我再回来……我希望，你能真实地触摸到我，感受到我……"

"可是，你会去哪里？"

"我也不知道。想要凝出最美丽的身体，就要去寻找世上最美丽的地方孕育自己。可惜……我不知道我还能不能支撑到寻找到它……"

"盼兮……我带你去……"

“别傻了……你是皇子……别为了我做傻事。你好好地过下去，十年之后，你去世上最美的地方找我，好吗？”

少年深深点头。

女孩凝望着少年，轻轻地微笑，伸出手拂向少年的面颊，手指的虚影却陷入少年的额中。

“我多么希望，有一天，能真实地触碰到你……那种感觉，将是多么……好……”

她的笑容淡去了。少年看着女孩完全消隐在自己的怀中，“盼兮！”他高声喊着，却不再有回答。

小笙儿不敢收拢手臂，他怕一改变姿势，就真的什么也没有了，连一个她曾存在的证据也没留下。但是他又能挽回什么？他什么也做不了。

“盼兮……”

少年呆呆地伸出手，他的手仍做着环抱的姿势，却只有虚空。

【26】

这些日子，皇城中渐少了欢声笑语，那些伴读们进宫的次数也少了。这个王朝正面临着战争与饥荒。但牧云笙专心作画，未察觉外面时局渐变，只一心沉迷在自己笔下的画境中。

牧云笙的世界只在这宫闱中，软帐温纱，仿佛还回荡着盼兮的笑声，他以为这将是他的所有记忆。他不会去想外面的世界什么样，也毫无兴趣。他可以待在画室中，在午后的阳光下，静静地画山水美人图，一笔笔地细描，也许一天的光阴，只用来绘一双眼睛、一丝衣皱，唯恐落笔不稳，不肯有一点的偏失……忽然觉得眼前恍惚，画上山景人影晃动时，才发现早已夜阑，周围点起了无数火烛。他双眼流泪，看着明晃晃一个大殿，却无一个人影，想这一切都不是真的，他早沉入画境之中。

他的画稿是从不与人看的，但也从不收藏，一幅画画完了，落下最后一笔的时刻，他便觉得它失去了意义，拂落于地再不会记起。他不记得自己画过多少画，也不记得那些画都到哪儿去了，直到许多年后，牧云笙看见自己少年时的画稿在民间流传，有人万金以购，才想到原来的确是有人把自己画过的每一幅画都收起藏好，只是因为家国变乱，才流落民间。可是谁呢？是那些他记得名字却怎么也不记得面目的内侍们？还是某个女孩儿呢？

但有一幅画，牧云笙想留存，它却不见了。在一个春季的晚上，他终于画成了，挂起呆呆地看着，便那样睡去了。

再醒来时，墙上空空如也，仿佛什么也没有过。他呆了很久，没有大叫，没有找人翻遍宫殿去找寻。因为牧云笙想：太美的东西也许就会消失。他在痴狂中完成了这幅画卷，望着她的那一刻忽然所有的幸福和忧伤都涌上心头，这种心境他无法再体验第二次。所以画消失了，那似乎倒是本该如此。

一切，都真的是注定吗？从母亲的命运，到盼兮的命运，她们有什么错，为什么为世间所不容？只因为那传说中的天意不祥？

他在殿中如木人般倚墙独坐，墙外的斜阳照在他的身上，渐渐地移走，暗淡，换成了清冷的星光。

少年的眼中没有神采，就这样一个时辰、两个时辰……忽然他的眼睛眨动了一下，有什么正在少年的心中激荡开来。他猛地站起，推开了殿门。

门外的天空，星河满天，银辉倾泻，正像那天占星大典时一般。

“你错了……”少年缓缓抬手举向天空，“你别想阻止我，我会向世间证明……”他用尽全身力气大吼了起来，“没有什么上天的意旨，你——根本就不存在！”

他像一头愤怒的幼狮，对天穹发出了第一声咆哮。虽然声音弱小，但仍然是吼声。

【27】

少年大步走向巨大的瀛鹿台，他的身影在无数台阶前显得那么渺小，但没有什么能阻挡他把它们一级级踩在脚下。

圣师苓鹤清在星台顶上等候着他，他的身后，是流光飞舞的星海。

“殿下，你终于来了。”

“你在等我？”

“星辰会向我指示这个国度的未来。殿下，我仍要再重复一遍上天对你所昭示出的预言，一定要记住，不要因为一时任性而去做星命不允许的事情，否则你会把灾难带给世间，你会成为世人所痛恨的人。”

少年轻轻地笑了：“皇极经天派能通过浑天仪预测世上一切，那你能不能预测出，我下面要做什么？”

苓鹤清叹了一口气：“不能。”

“为什么？”

“因为有些人，他们是牵动星辰的人，而不能被星辰所左右。殿下，我不能在你还没有做那些事情之前就阻止你，但是请你明白，你一旦做了，就再也无法回头。你再也不可能成为伟大的帝王了。”

“伟大帝王？秉承天意？”少年仰天大笑，却突然止住，冷笑着说出那几个字，“那就让上天去死吧。”

他大步走向一旁终年燃烧着熊熊烈焰的铜鼎，抽出一根火把，然后走向浑天仪旁那十丈高的旗幅，伸手将它点燃。

十二面画着星辰轨迹的长幅巨旗变成了火焰的巨树，抬头仰望，就像是赤龙直怒冲进星空。

人们在远处观望神圣的瀛鹿星台，发现它的顶端光焰四射，如星辰降落人间，映红天际，全都跪倒膜拜。

少年丢下火把：“上天如果要证明它的存在，就尽管把责罚降下来吧！但是我一天不死，便要嘲笑它一天，我想做的事，它拦不了我。”

十二面巨大的火旗在他身后缓缓坠落下来，像是神使折翼，把火光投向大地。

【28】

瀛鹿台被焚，圣颜震怒。牧云笙很快被囚禁了起来。人们说，六皇子很可能再也不能走出那个园子了。

那皇城深处幽僻冷寂的园子，被紧锁起来，那个曾才华天纵的少年像是就此消失在了这个世界上。

但就像是深埋在这繁华荣耀的帝都最深处的一个蛹，没有人知道什么在里面孕育。

“盼兮，我会去找到你的。”那个声音在暗暗地说。

之二
苏语凝
Su YuNing

【01】

大端朝一统三陆九州气吞万里，到了明帝牧云勤这一代，已是三百余年。

牧云勤有十位皇子。皇长子牧云寒，痴迷于兵法武学，从小与当世名将们一起在校场习武演阵，到十六岁时，弓马枪法都难有敌手，却能与士卒同甘共苦，一起饮酒行军，且在军中也颇有威信。将帅们也都亲近这位性格爽朗、英气四射的皇子。每每校场点兵，看“寒”字大旗，山呼海啸，万人应和。

而二皇子牧云陆也是一位奇才，他不爱武艺，却精于文略，即兴成诗，也下得一手好棋，能与国手抗衡。最令人赞叹的是二皇子胸中的韬略，他熟读史书，对古人旧事常能有一番不同评说。于庙堂之上与群臣辩论，语锋锐利，雄视四方，已显王者风范。

人们都暗中评论说，若皇长子得继帝位，大端朝必能武力昌盛，再拓疆土，四方来朝，创旷古伟业。而二皇子继了帝位，则可政事清和，仓廪丰实，造繁华盛世。

却可惜，皇长子和二皇子都是这样的少年奇俊，却只有一个人能成为皇帝。

【02】

衍华宫中阳光煦暖，少女苏语凝坐在殿中，听不进太傅讲的书史，只偷望二皇子牧云陆。

少年皇子玉冠绣带，一支青竹笔握在手中，仰望屏风上的阳光，正若有所思。一举一动间，无不是少年清雅的风度。

皇长子牧云寒的位子却是空着的，他一早又习武去了。三皇子、四皇子、五皇子在二皇子的身边，同样的锦袍却像几个随从，完全被牧云陆的气质所压过。

苏语凝知道，偷偷望着二皇子的人并非自己一个。女孩们都清楚，皇长子太迷恋兵法武艺，能打天下却难以治天下。二皇子通读史籍，胸怀韬略，才是最可能成为太子的人。

但现在，人们望向二皇子之后，却很难不再望望她。因为那天占星大典，天象所示，她正是与二皇子姻缘相配之人。

苏语凝心中如鹿撞，从此再也不敢看二皇子的眼睛，怕他微微一笑时，自己就手足无措了。

她是澜州小官宦家的女儿，只是因为有幸在红霞贯穿微垣星宫的天象那一时辰出生，才被认为有皇后之兆，同其他几位同是那时辰出生的女孩一起被选入宫来。相比宫中出自贵族重臣之家的伴读女孩们，她的身世低微，所以一直低头做人，从来不敢奢望什么。

然而如今皇极经天派的占星大典之上，上天再次证实了她是天命所指，把她的命运和二皇子牵在了一起。只要二皇子不犯下什么大错，他就会是未来的太子，直至皇帝。而只要她不犯下什么大错，皇上也不会违背天意将她遣离二皇子身边。那么，将来……自己也许就是……

苏语凝不敢再想下去，她小小的心承受不了这样的重量。她一遍遍地对自己说：一切都还太早，不要太高兴，不要让别人看出你正高兴。她知道有多少忌妒的眼睛正看着她，尤其是那些王公重臣的女儿们。

能入宫伴读的女孩，大的已十四五岁，小的不过五六岁，大多来自显贵之家，只有六个是苏语凝这样因为出生时有奇异天象而从小吏平民家选来的。每个女孩子都明白，自己能入宫伴读，就意味着自己会是未来皇后、妃嫔的候选者，她们的一举一动、一颦一笑，都在皇族的打量之下。所以这些女孩儿无不是处处小心，仪容精细，常对着镜子练神态微笑，生怕在皇族面前一个行礼、一句对答做得不到位，就毁了自己的未来。而错失更是绝不能有，不然就可能连家族命运也要一起搭上。

她们终日在人前灿烂而娴静地微笑，其实内在早已心事重重。苏语凝初入宫时，对伴读女孩儿的心机之深，表面和睦无间、私下满腹计较惊讶不已。但日子一长，她自己也变得缄默谨慎起来。

【03】

课毕，少女伴读们私下聊天，议论众皇子的好处，不想又引发出一场论战。

“皇长子武艺出众，所有武将都称赞，将来必然三军拥戴，他不是太子谁是太子？”有个女孩说道。

“可是当皇帝需要的是治国政略，不是东征西讨。论史谈策，连众谋臣都说二皇子见识卓越，将来必是治国之才。”皇后的侄女南枯月漓撇嘴笑着。

“我听武将们说，如果将来皇长子为帝，大端朝一定武功赫赫，从此天下再没有异族敌国可抗衡。”又有女孩儿不服。

“可我也听文臣们说，如果二皇子治国，我朝民生必然比现在更加富庶，再无哀苦之声。”南枯月漓总是一副高傲凌人的气势。

苏语凝听众女孩说得热闹，不由得插嘴道："若论当皇帝，自然立嫡长居多。但皇帝只有一个，不做皇帝，也不见得就是输人一等。若只论人，我倒更喜欢二皇子些。"

忽然，她见众女孩子都转头惊讶地看着她，把自己方才说的话默默一转，心中直叫糟了：自己竟脱口直接把"喜欢"二字说了出来。其实她不过是孩子心性，所谓喜欢不过是觉得二皇子容易亲近，与男女之情无关。可在宫廷这样敏感的地方，是一个词也不能说错的。想到这儿，她浑身发冷，可再怎样也晚了。

果然南枯月漓怪声讥讽道："你才多大点年纪，奶气还没有脱呢！如此急于表白，学会讨好二皇子了？就算占星圣师说你与二皇子相配，那又如何？你只不过是那六个人里最与二皇子相配的人罢了，将来我们中间肯定还有更相配的！你不过是出生时天光有点发红，我们让你进宫来讨个吉祥，你还真以为自己就是天命的皇后了？"

众女都哄笑起来。苏语凝面红过耳，不由得羞愤道："那你……你不也说了二皇子无数好话。"

南枯月漓冷笑："我就算想当皇子妃，那又如何？只要皇后娘娘——我的亲姑母和皇上一说，这事立刻就成了。你不过是一个小小县令的女儿，再挖空了心思要贴近二皇子，只要皇后一句话，你也不过白费心机。"

"你……你……怎么平白诬人……我何时说要做皇子妃？"

"哈？虚伪！你们这些小官家的女孩，明明一心想着被皇子看中登上金枝，却又不敢承认，我还真是看不起。"南枯月漓招呼众女孩，"走走，我们那边玩去，不要理这个小小年纪就满嘴虚言的贼丫头。"

众伴读女孩中，南枯月漓家族最炙手可热，哪有人敢不听她的，立时就把苏语凝一人甩下。

苏语凝不想只是因为和她争了一句，就遭到如此恶言冷遇，气得转身就走，边走边抹眼泪。

那边南枯月漓回到殿中，却也气得乱转："我就知道这丫头人小鬼精，才多大岁数就一心谋划她的皇后之路了，果然就直奔着二皇子去了！这宝押得还真是不犹豫！那占星圣师说什么她的姻缘和二皇子最配，没准也是收了贿赂。"

"小姐不要生气啦，全是那个什么红霞贯星的破天象，宫里人全都被迷糊住了。那些小女孩子也都以为自己真的将来都是皇后、贵妃呢。"

"什么命定是皇后？我今天这样骂她，将来她要真能当了皇后，还不想法子整死我？我定要想法子把这些什么天命小丫头全赶出去！要到择太子妃至少还得四五年吧，她们这四五年一点错失都不会犯？我还有的是时间整治这些小妮子呢。"

【04】

对苏语凝来说，深宫中的冬天一下就到来了。忽然几乎身边所有的伴读都疏远了她，侍奉的宫女也换了人，新来的宫女整天没有好声气，洗脸水、饭菜端来的都是半凉的。苏语凝太小了，根本意识不到这后面潜藏的敌意，只觉得自己在宫中实在是太卑微了，她不明白父母为什么要欢天喜地地把自己送来这里。苏语凝连个说话的人也没有，越是孤单就越想家，夜夜在被窝里偷偷哭泣。

这天，有内侍来传消息，说众位皇妃与皇子请伴读们次日去三皇子住的妙怡园一同观鱼游乐。伴读女孩们都兴奋起来，讨论着要穿什么样的衣服，皇长子、二皇子会不会去，席前会不会行令对诗考查修养……几位与苏语凝一同进宫的女孩都说："要论诗才，苏语凝最好啦，二皇子都称赞呢。"南枯月漓听在耳中，笑一声道："苏语凝，那你要好好准备哦。一定要穿得漂亮一点。"

这天晚上，苏语凝从箱中找出她最喜欢也最舍不得穿的那件淡黄色纱笼烟袖的衣服，这衣服是她被召入宫前，父母特意花了相当于父亲半年薪俸的重金去欣然堂裁制的，只为了在皇宫中不失身份，有大典朝觐时能得体漂亮。母亲看着穿着这衣服的苏语凝笑得合不拢嘴，说："我家凝儿只要穿上这衣服往人中一站，周围有多少女孩儿也立时全要被比下去了。"父亲却说："凝儿进宫之后要矜持自重，别的事情不落人后，衣食上却不可和人攀比。这件衣服你要爱惜，你也知道咱家可添不起第二件了。"

第二天苏语凝早早起床，小心穿好衣袍，生怕弄皱了。来到门口与众伴读会合准备一起去妙怡园，却突然有人指着她的衣裳尖叫起来。众人一望，全围着她大笑。苏语凝一低头，却发现昨夜放在床边的新衣后腰上不知何时竟出了一个大洞，她立时吓呆在那里，觉得浑身都凉了。南枯月漓笑道："这就是题儿了，不如我们现在就此情此景，每人作诗一首如何？"

苏语凝耳边只有一片轰轰的笑声，她又羞又气，只觉天旋地转，强持着最后的力气，逃回屋中。心中想着：怎么办怎么办？家中费了那么多钱置的新衣，竟就这样破了……可皇妃、皇子们的宴请是不能不去的。她来不及多伤心，只能去寻衣裳换，打开箱子，她惊得掩住了口，却叫不出来。

箱中最上面那件外衣竟也是破的。她一件一件取出衣服，不知何时竟都被剪破了，有些是前几天穿着还好好的。开口想唤宫女来，突然想到这定是别人背后指使的，那宫女早就有恃无恐，自己出身寒微末吏之门，能入宫已是天大的幸运，哪里还敢与人相争？而且追问又能如何？不过是被人再嘲笑一次。

她呆坐在地上，心中凉到了底。父母送女儿进宫时又是期望，又是不舍，花了一半家财准备锦衣玉簪，母亲又将所有体己钱都给了她，生怕她在宫中穿得寒酸被人笑话，或是没钱打点下人被人欺负。可入了宫才知道，她和那些望族重臣的女儿们永远没法比。本来就已经因为出身低微而被轻视，现在又不知为何处处被孤立刁难。没有人想让她待在这儿，自己又为什么偏要到这宫里来？

她静静坐着流泪，心中空空一片，只有一个声音：“我要回家，我要回家……”外面有人来唤，急急敲门，苏语凝也只是呆呆不应。那人哼一声走了，唤着其他伴读女孩儿离去。

喧闹欢声渐渐远去，四周死一般寂静。苏语凝觉得这样才好。她把破衣服尽数包了，那全是父母卖了田地置的，不能丢弃。她只穿了一件素白内袍，就这么茫然走出门去，一心只想着回家，却又不知往哪里走，只沿着路茫然前行。沿着太漪池走了大半圈，平时走熟了的路，此时竟连方向也迷了。她无力地坐倒在地，心想这天地究竟有多大，自己究竟有多小，哪里走得回去？她再也止不住声，只埋了头嘤嘤哭泣。

忽然一个人站到了她的面前，关切地问：“你怎么了？”

【05】

苏语凝抬起头，看见了一位少年。他双眼明亮，有着如重墨绘出的眉毛和薄薄的嘴唇，但是却穿着朴素的布衣，有些地方还沾着泥。

苏语凝一时怀疑自己已经走出皇城几百里了，不然宫中怎么会有这样打扮的人呢？莫不是宫中的园丁小厮？

她偏过头，不想理会他。她这些心事，又哪里是能向人说得清楚的呢？

“定是那些女官内侍们骂你了吧？那些人满身都是规矩，的确讨厌。”

苏语凝无心和这少年辩解，只站起来慢慢向前走去，说道：“我想回家……”

“你家在哪儿啊？”

“砚梓。”

“砚梓郡？在澜州，离这儿近千里路呢。”

苏语凝心中突然想到，自己是不可能说离开就离开这皇宫的，那算是私逃，会株连全族。自己方才气急迷了心，抱了包袱跑出来，若是被人看见去告发，可是大罪。

想到自己竟然无处可去，只怕要被她们任意欺凌至死，她的眼泪又扑簌簌落了下来。

“我没有地方去了。”

那少年急了："别哭啊，我最怕看人哭了。"他也手足无措，突然拉住苏语凝，"不就是砚梓吗？我送你回去便是。"

他拉了苏语凝便跑，来到柱上拴着的一匹骏马前，要扶她上去。

苏语凝却惊得退后说："你疯了？带我出宫，你我全家都是死罪。"

那少年愣了一愣，突然大笑起来："牧云家还能小气成这样？我带他们一个小丫头走，他们还敢舍不得？你放心吧，我说带你回家，你就一定能回家。"

听到他直呼皇族的姓氏，苏语凝更是吓得不轻："你当真疯了！'牧云'两个字也是你能喊的？"

"你不是也喊了？"少年大笑起来，苏语凝发觉失言，脸色都白了。少年笑着自己先翻身上马道，"反正留在宫里也是死罪了，我现在要出宫了，你跟不跟我走？"

苏语凝呆呆地望着他，她很清楚哪怕死在宫中也是不能私逃的，但是突然有一个奇迹般的机会仿佛就在眼前，她一时也心乱了。那少年的笑容，仿佛给她无限的勇气，就是要冲一冲这巨大的囚笼。

那少年向她一伸手，苏语凝也不知自己怎么了，就借力坐上了马背。少年喊："抱紧我。"猛一催马，那马直向前朝未央门冲去。

苏语凝不曾乘过马，吓得紧紧抱住少年的腰，只觉得那马奔跑如电，自己稍一松手，就可能被甩下马去，顿时吓得什么也不敢想，紧闭了眼睛。也不知过了多久，马速才缓了下来。少年回头道："我要被你勒得喘不过气来了，你还是只抓着我腰带就好了。"

苏语凝发觉自己紧靠在少年温暖的背上，面色绯红，直坐起来，看四周竟然已是在宫外了。她惊道："你就这样直冲出宫来了？没有人拦你？"

"拦我？那些卫士就算想追，也得追得上我的青霜马啊。"

正说着只听后方马嘶，奔来的竟是一支虎贲[1]骑兵。

"不好了。再抱紧我！"少年纵马直向城门奔去。那城门守军也还不知出了什么事，青霜马便已经冲出城去。

那支骑兵也紧随着追出城外，只有十几骑，但冠插金缨马配红翎，全是骏马健儿，出了城，一声呼哨，散开一线，马蹄翻飞如电，直向他们包抄而来。

少年却骑术极妙，每每后方追近，他轻轻一抖缰，那青霜马一个急折，便从追兵两马间的缝隙突围出去，两匹战马挟着风，只差毫厘就要撞在一起，苏语凝都能感受到追马的鼻息喷来，吓得惊叫不止。

---

[1] 虎贲：即虎贲卫，羽林八卫之一，皇帝直属亲军，负责皇城宿卫。

奔了近一刻钟，离城渐远。追兵始终追不上少年，却也无法被摆脱。正在这时，前方突然传来了震人心胆的巨大号角声。

那是大军列阵时才会吹奏的长角，以风袋鼓鸣，十几里外都能听闻。少年抬眼望去，前方地平线上，一支庞大的骑兵大军正缓缓列开阵势。

“不会吧。”少年嘀咕一声，拨马向一边冲去，那大军缓缓向前推进，少年与追兵就从这无边军阵的面前掠过，眼见那万马踩踏大地的震动盖过了世上一切声响，大军第一列骑兵的面目都可分辨了。

“我们逃不了的……”苏语凝哭道。她没有想到宫廷律法如此严厉，自己出逃，居然会调动大军前来追赶。

“你胡说什么呢？”少年道，“关你什么事啊，是我逃不了才对。”

“他们是来抓你的？”

少年点点头。正在这时，大军阵中一匹红色烈马离群而出，直追他们而来。那马速之快，骑手身形之矫健，令大军中齐爆出一声欢呼。战马之上一位银甲少年，肩镶翠玉冠带紫金，背后明黄色披风如旗招展，转身就追近了少年。

可少年偏是不服，凭着骑术纵跃转折。二骑如猛虎扑鹿，眼见追近，忽又拉开，大军之中惊叹喝彩声一声响过一声。

少年气恼道：“不过就是凭着你的彤云马快！”从马背上摘下弓箭，回身就射。

苏语凝回头望那追赶的银甲少年，看着他的明黄龙纹披风，突然惊呼：“那是皇长子啊！”伸手就去推少年手中的弓，自己却失了平衡，直向马下摔去。眼见黄沙扑面而来，以为死定了，少年却探身一提，把她拉回了马背。大军阵中又齐声喝彩。

可借这机会，银甲少年已经追近了他们。他没有拔剑提枪，却大声笑道：“寒江贤弟，你这一箭可射得臭到家了，我想伸手去捞都没够着。”

那少年苦笑道：“这里有一位小宫女，一看是你，连命都不要了去夺我的弓。这可不算，他日猎场上比过。”

这时后面的虎贲骑兵也奔了上来，为首骑将气喘吁吁地骂道：“三弟，我喊了多少声‘今天西门外父亲要演兵’，你还偏往西门跑。你还是不要这样整天闲荡了，快些跟我们一样拜将入伍吧，那时，你再胡闹，我便好请了令箭打你的军棍。”

少年一梗脖子：“我今日要去砚梓，不走西门走哪里？你们演兵不会走远些？有本事直接开去平了宛州、瀚州的叛贼，天天在这儿演兵我都看腻了。”

苏语凝惊讶地听着他们的对话，突然明白了眼前的这位少年是谁。

这世上，也许只有一种人敢穿着家常的衣裳大摇大摆地在皇城中骑马，和皇子们称兄道弟、嬉笑怒骂，那就是穆如世家。

【06】

穆如世家，是这个泱泱帝国中，除了皇族牧云氏之外最强势的家族。他们和牧云皇族一起打下这片天下，与皇帝兄弟相称。

早在三百年前的北陆，穆如氏就是威慑瀚州的强悍部族，穆如一门东征西讨，屠灭部落无数。后来，西部霸主的穆如部与东部强盛起来的牧云部在雪炽原上大战一场，各死了无数勇士，双方族长都觉得若战胜对方，也必将流尽自己最后一滴血，于是结盟，约定共分草原。

后来草原一统，穆如氏又随牧云氏南渡天拓海峡，横扫东陆。得到天下后，太祖牧云雄疆要将瀚州一半分封给穆如氏，那时手握重兵的穆如氏族长穆如天彤大笑着说："少些。"太祖于是加封穆如氏为北陆王，穆如天彤仍笑说："少些。"太祖不得已走下宝座揽着穆如天彤的肩道："穆如兄弟，你喜欢这皇位，直说便是，我这就回草原去放马。"

穆如天彤跪地道："陛下，你的江山土地我不要，只要你别忘了这'天下'二字里有多少穆如家男儿的血。"双手捧上佩剑，要交出兵权。太祖感叹，接过佩剑，却将自己的佩剑"辟天"解下交到穆如天彤手中道："没有穆如氏，我们连草原也出不了，何谈天下。这江山，再不分你我。"于是取消封王，却赐穆如天彤麒麟族徽，授天子佩剑，封"大将军"，随时可号令全军，并道，"若有牧云后人不敬穆如氏，可持剑斩之，自立为帝。"

最功高威重的穆如氏拒绝受封，其他各将领也就只得拒绝王印封地，大端朝得以免去诸异姓王之患。但穆如一族，三百年来虽然代代执掌重兵，却忠心耿耿，从来没有出过挟兵自重之事，也几乎没有输过战事。

所以穆如世家世代执掌大军，持太祖佩剑对百官先斩后奏，这代表着江山也有穆如氏的一半。

而苏语凝眼前这个少年，看年纪想必就是大将军穆如槊的第三子——穆如寒江。

皇长子牧云寒看了看苏语凝，笑问："贤弟好有兴致，这小姑娘是谁啊？"

苏语凝吓得心都要不跳了，直想跳下马去跪地求饶，穆如寒江却一把攥住了她的手。

"是我老婆，怎么的？"他冲着皇长子没好气地说。

苏语凝身子一颤，不知是因为他的这句话粗俚，还是因为他手掌的热度。少女突然有了一种从未有过的感觉：这一次，她不再是孤独一人，有个人和她在一起。

牧云寒转头大笑："好好好，那我就不打扰你们了，告辞告辞。别玩到关城门才回来哦。”

“这可是你让我们走的哦，一会儿出了什么事，全在你的身上。”穆如寒江笑道。

牧云寒一时不知何意，只笑道：“当然……快走吧，别挡着大军演武了。”

【07】

夕阳西沉，树梢挑挂半金半墨的影子。两个少年行了许久，累了坐在河堤上休息。天启城已远，他们却不知能去何方。

“澜州离这儿还有多远啊？也许还要走半个月呢。你回去后就立刻举家搬迁吧。”穆如寒江说，“你出来了，再想回去可就难了。”

苏语凝咬紧嘴唇，摇着头，手指把穆如寒江的衣服绞紧。她心里明白，父亲是不会带她逃走的，她也不能让全家为此流亡。她突然开始后悔，后悔得心中发凉，恨不得立刻死了。哪怕当时投下湖去，也不该连累这许多人。

“你不要怕，”穆如寒江说，“我既然带你出来了，就不会让他们再捉到你。你看，连皇长子不是都开口让你走了吗？”

苏语凝头倚在他背上缓缓地摇着，不能了，不能再连累更多人了。好半天，她缓缓说：“你送我回宫去吧。”

穆如寒江转过身来看着她泪水泫然的眼睛，很想说什么，却又什么也没说出来。

他们坐在河堤边，看着今日最后的霞光。苏语凝很害怕一旦站起来往回走，这样的美丽就再也看不见了。宫墙之内，不能这样无遮无挡地眺望天际。

终于穆如寒江叹了一声：“你真的决定要回宫去？回去了，可就不知道什么时候再能出来了。”

“走吧。”苏语凝低头轻轻地说。

【08】

苏语凝回到了宫中。奇怪的是，竟然没有任何人来向她追问这件事，连南枯月漓也没有来借机责骂她。女孩子都远远地躲着她，好像怕着什么。

可安宁的时间是那样短暂。那一天，苏语凝远远望见南枯月漓和女孩们在亭中玩耍，想绕开，突然听到南枯月漓喊她，让她和一个宫女来玩拈花籽，却叫谁赢了便可打对方一掌。苏语凝十分不愿，南枯月漓却将眼一瞪：“就你最娇贵？不要扫了大家的兴致。”

苏语凝不愿引起纷争，只好勉强抓起花籽，心中恨不得早些走掉。第一局她赢了，只伸出手去在那宫女脸上轻轻扫了一下。第二局那宫女赢了，慢慢伸出手来，忽然偷眼瞧瞧一旁的南枯月漓，扬手重重打在苏语凝脸上。

苏语凝被打得差点摔倒，脸火辣辣的，眼泪当时就淌了下来：“你……你……”

“怎么啦？输不起？”南枯月漓跳上前来，“你可以再跑一次啊！居然皇长子、二皇子一齐帮你说情，还有穆如家的公子哥儿硬说是他拐的你——你面子真大，世上最尊贵的皇族公子们都喜欢你，是不是？今天不妨再跑一次啊，反正也没有人敢管你的。”

苏语凝看着那张挑衅的脸，突然心里对自己说：要忍耐，一定要忍住啊。为了父母的性命，为了不再让他人觉得自己是个要怜惜的苦命人，一定要忍住。有什么大不了的呢，挨几巴掌而已，不会死人的。

她突然微笑了起来：“那么，我们俩来玩吧。”

南枯月漓惊退了一步：“什么？你……好，我，我会怕你吗？”她挽起袖子。

第一局，南枯月漓输了。她涨红着脸，瞪着苏语凝。可苏语凝只是微笑着，虽然腮边还带着眼泪，却只是伸手在她的脸上轻拂了过去。

第二局、第三局……第七局，南枯月漓还是输。她的脸色越来越难看，周围的女孩子中传来窃语声，但苏语凝仍然只是轻轻地拍拍她的脸。

第八局，南枯月漓终于赢了。她像是等待了太久似的，扬起手臂，横扫在苏语凝的脸上，把女孩打得翻倒出去。这一下之重，周围女孩都惊叫起来。南枯月漓也不禁有点担心自己是不是下手太狠了。

但苏语凝慢慢从地上爬起，脸虽然红肿起来，却仍艰难地微笑着，伸过手去：“还玩吗？”

南枯月漓被这笑容弄得不安，但她也是任性之人：“再玩啊！谁也别跑！”

第二次、第三次、第四次……南枯月漓的巴掌重重地打在苏语凝的脸上，周围女孩子都靠在一起，觉得看不下去了。人群中有人带哭腔喊着：“苏语凝，别玩了，走吧，走吧。”可苏语凝仍然微笑着，若是赢了，只是一次次伸出手去，轻拂对手的面颊。

在南枯月漓也觉得这女孩疯了、不想再玩下去的时候，苏语凝又赢了一局。

她仍然缓缓地伸出手去，但南枯月漓望着这女孩的眼睛，突然有了一丝不好的预感。

苏语凝的微笑变成了冷笑，她的手颤抖着，缓缓举高：“请把脸伸近一点，好吗？”

周围的女孩子都惊望着苏语凝的手，却没有人阻止。

仿佛看见当初所打出去的力量全部在这一掌中被还了回来，南枯月漓已经感觉到了脸上的辣痛！她惊叫一声捂住脸，向后逃去，却绊到了石椅，几乎摔倒在地。

苏语凝的手还是扬在半空，好半天，人群都散去了，她的手才缓缓放下。

“有本事就杀了我吧，可你没本事……我不会走的！”她的脸上，仍然是与她的年纪极不相称的冷漠微笑。

【09】

帝都天启，天下的中心。它巨大的城郭在残阳下泛着古铜色的光泽，九座城门像巨兽一样吞吐着天下汇聚而来的人力与物资，也汇聚着野心与梦想。许多人看到城墙上的“天启”巨匾便已经满足，而却又有人希望能俯视那重重楼阙。

穆如将军府，便是这天启城中除皇城之外最庞大雄伟的府第。

少年穆如寒江坐在它的高檐屋顶上，一边看着城中的繁华盛景，一边想象着几千里外的江山长卷。

穆如世家与皇族称兄道弟的无上荣光，对于穆如寒江来说，就变成一种空虚。未来的路似乎早已注定，长大，拜将，领军，出入朝廷。这府第对他来说太小了，他望着墙外的天空想象着战争，红色云气的天空下，他执旗纵马狂奔，万军中杀出一条血路，远处的美丽姑娘，目光凝固在他的身上。

那股悍野之气在他胸中冲撞，练武读书对他来说太枯燥，他每每半夜从梦中醒来，发出狼的嚎叫，翻出院墙，天亮了很久后家人才能找到他。这少年往往正裸着身体，浑身是泥和伤口，在激流里游泳或是和比他大四五岁的少年殴斗。问他为什么逃掉，穆如寒江说，我做噩梦自己被关在笼子里，我要咬破笼子跑掉。

母亲觉得这是种狂症，请了名医来为自己的三儿子诊治。那名医道：“这是出生时魂魄被兽灵狂魅所侵，必是武将之家在战场上杀人太多所致，可在府中多植青木。至于三公子，请用铁链缚在屋中，日日食素粥与苦莲，磨去狂性，十三岁后方可允其出屋，不然狂灵生长，必然祸至全族。”

大将军穆如槊一听，冷笑一声：“虎狮纵会食人，也该放归山林为王，岂有拴上铁链作狗来养的道理！”命把那名医打出门去。然后他将穆如寒江唤至面前道，“你觉得这家是笼子，你可以不回家。但是你要记住，你不论是被人打了还是打死了别人，都不要指望搬出‘穆如’的姓氏来救你；你痛得饿得快要死了，也不可以向人下跪乞求。是个男人就要为自己做的事担当，我不怕你混迹群氓或是流落街头，我只是不要你成为只会借着长辈的权势钱财作威作福的公子恶少。你想在外活下去，全靠你自己。等你长到十二岁，我就送你去从军，没有人会知道你是哪家的孩子，吃最差的饭、受最苦的训，没有钢筋铁骨，在穆如军中就混不下去。那时候我才会决定，你配不配做我穆如槊的儿子。”

穆如寒江从此难得回家，天天在外撒野。像是有着天生的统御力，他的身边很快聚起了一帮孩子，没有人知道他是名将之后，只知道他是不怕打够兄弟的野孩子。

穆如寒江给这些孩子按比试出来的名次封了品级，编出军阵，天天操练打仗。有时急匆匆赶回府来，母亲心痛地忙端出新衣美食，穆如寒江却看也不看，只去翻父亲的兵书，看不懂的字就去抓人来问。其母埋怨穆如槊道："哪有你这样教孩子的？你恨不得把他养成虎狼，好上阵去拼命，就不心疼他是你的孩子？"

穆如槊笑道："如今人人只想做太平犬，我却要我儿子做乱世狼。"

【10】

那时各世传勋爵重臣家的适龄少儿均有入宫伴读的机会，为的是让皇子们和这些重臣之后、未来的继勋者们早些熟络。穆如寒江也应入宫读书，不得不穿上新衣，梳洗干净。这皇宫他觉得比自己家府第大得多，也好玩得多。那苍松翠柏，那巨大殿宇，那可容五十匹马并行的雪亮石道，那两人高的云州[1]玉吉兽像……真恨不得搬回家去。

来到课堂之上，穆如寒江不在乎自己身份可以与皇子同列，只顾找了后排去坐。宫中太傅内侍哪里敢管他，皇子们犯浑可以正言相诫，那是背后有皇上的旨意，可若是惹恼了穆如世家的公子，只怕皇上要加倍责罚自己的。所以穆如家的公子在皇城中，倒是比皇子们还自由些。穆如寒江看见前面一女孩，像是苏语凝，正要打招呼，只听一声清亮击竹声，众人全部立起。一位十来岁的少年从殿外迈步进来，洁白袍边绣银丝云龙，束发冠上一颗金色明珠颤动，相貌俊朗，略显清瘦，微笑着向殿中诸少年环顾，许多少女立刻就红了脸低下头去。

穆如寒江知道这就是二皇子牧云陆，也听说过他的文采气质都比一心习武的皇长子要强，他却不服，只因为皇长子热爱武艺军法，和他颇是脾气相通，经常在校场较量骑射，每次牧云寒总能让穆如寒江输得心服口服。今日见到二皇子，倒也觉得神形洒脱、气质不凡，比自己两个哥哥可俊雅得多。但一想他是要和皇长子争夺将来帝位的人，且二皇子母亲早已去世，是由皇后抚养长大，再想到那皇后叔父南枯箕扬威街头的模样，顿时心里就少了些好感。

清咳一声，太傅从屏后转出，众人见礼后各归其座。太傅开始慢条斯理地讲礼经德统，穆如寒江哪里听得进去，看苏语凝，却似乎不知他的到来似的，只看着二

[1] 云州：九州之一，在西陆，雷州以北。云州地脉特异，虽与中州隔涣海相望，却罕有人迹，极少数流出世间的特产在某种程度上昭示着那里有着不可思议的奇异。

皇子若有所思，心中更是气闷。再看前座两个大臣家来伴读的女孩子，也只望着二皇子的背影窃窃私语，他再也坐不下去，偷偷把纸团弹入前面女孩的衣领，喊声：“有毛虫！”待两个女孩尖叫跳嚷起来，他早趁机猫腰溜出门外去了。

来到外面，穆如寒江顿觉神清气爽，一头便扎向一旁园林去了，一个人爬树跳坡，折腾了一会儿，觉得有些无趣，便想寻伴玩耍。沿着太漪池一路走去，恐内侍们来参见烦扰，只拣那僻静无人处走。这皇家御园却是如此之大，穆如寒江走了许久，看见一面白墙挡住了去路，而那墙上的木门却紧锁着。

穆如寒江来到墙上窗孔前向里张望，却吓了一跳：里面的树木形状古怪，叶色繁杂，紫、红、墨、赭、金……密密层层，不见道路，倒像是被染了七彩的原始密林。

“皇宫中怎么会有这样的地方？那些树是怎么长成这样的？”穆如寒江好奇心大盛，他才不管什么规矩禁地，一纵身攀上墙头，就跳进这内园中。

园中传来花叶湿润浓馥的气息，许多奇异的果实悬在他的身边，却无人采摘。而那些怪树，穆如寒江总觉得它们会随时舞动起来一般。道路早被树木掩盖，他拨扯着枝叶一路向里钻去，没多久便发现自己迷路了。

这内园本应不大，可是穆如寒江在树间转了近一个时辰，还是辨不清方向。他索性把头一低，看准一处疾步冲去。奔了数十步，突然眼前一亮，一座小屋出现在他面前。

这屋像是园丁住的，白墙灰瓦，全不似皇宫中其他亭台殿宇的张扬气派。屋前摆着案几，一位少年正握着狼毫，面对着空白的画纸沉思。

穆如寒江轻轻走过去：“你是谁？怎么会住在这里？”

少年慢慢抬头，穆如寒江这才发现，他的容貌、气质分明不可能是普通人。那双眼睛中的神采，他似曾在哪儿见过。穆如寒江想起了皇长子牧云寒和二皇子牧云陆，他们都是被文臣武将称赞的少年奇英、将来能开创伟大朝代的人。他们的气质光芒，的确不是其他的皇子可以相比。但没有想到，在这荒僻的园中，竟还有一个这样的人，有着这样的眼神。

看见陌生人，那少年并没有惊讶，只是缓缓说：“我不在这里，又有谁能在这里呢？”

“听你的口气，好像你是这地方的主人似的。这可是在皇城里。”

少年一笑：“你放心，绝没有人敢踏入我的土地半步，这里是绝对属于我的。不过……”他望了望穆如寒江，“你的胆子却是不小。”

“莫非进了这地方，便要杀头？”穆如寒江冷笑。

“你猜对了。”那少年淡淡地说。

穆如寒江抓抓脑袋，他从小野惯了，对世上种种规矩总是嗤之以鼻，更是厌恶动不动就要杀人的法度。“谁要杀我？我有手有脚，才不会跪着让他们杀。我偏要进来再走，你能把我怎样？”

“你以为你还能出去？”少年问。

“你什么意思？难道你要杀我？”

少年只是一笑：“你回头看。”

穆如寒江一回头，却见远处耸着一面高墙，竟然仿佛一直接到天际，黑压压的，让人无法透气。

“这墙……怎么我进来时不是这样高的……”

“是皇极经天派的法术。我烧了他们的占星台，他们也自然再不肯让我出现在世上。”

“瀛鹿台……瀛鹿台是你烧的？”穆如寒江睁大眼，“不是说因为星辰坠下，神体降临，才有神火出现的吗？”

“若是我死了，世上的人也自然都会相信他们所说的了。”

“你……你难道就是……六皇子牧云笙？”

【11】

穆如寒江在宫中晃悠，苏语凝远远看见他，高兴得想冲过去说话，却又不知为什么只是不敢看他，低下头，盼着他走近一些。

在宫中所见俱如灰色，苏语凝在人前一定微笑，心中却冷淡如冰。不知为何，只有见到这个人出现，苏语凝才会觉得真正宽心。

穆如寒江走过，还假装没有看见眼前的大活人，转身要往旁边走。苏语凝急了，喊道：“穆如殿下。”

“你是谁？”穆如寒江呆望着她。

“你……你……”苏语凝立时眼泪就要落下来，要跪下道，“臣女冒犯了，罪该万死。”

“好啦好啦！”穆如寒江拉住她大笑起来，“和你开玩笑的。谁要你刚才假装没看见我？要当皇后也不能不理人啊。”

“你，你再胡说……我才不要当皇后。”

“不当皇后？你和我说做什么？你去告诉陛下，让他送你出宫嘛。”

“我当然想回家，想远远离开这个地方……可这个地方，哪里是我不想待就不待的？”

穆如寒江放低声音凑近她："别说这些了。知道吗？我今天找到一个地方，那儿有一个你做梦也想不到的人。"

"什么地方？在宫城中吗？"

"当然，你敢跟我去吗？"

"这……"女孩子的眼睛眨着，泛起好奇光芒。

他们偷来到那园外，穆如寒江指向白墙："你知道那里面住着什么人？"

苏语凝摇摇头。

"六皇子。"

苏语凝听到了这三个字，突然呆在那里。

是他？

皇宫中，女孩子们常私下评论诸位皇子，皇长子威武、二皇子睿智、三皇子暴躁、四皇子阴狠、五皇子任性……却很少有人敢提及六皇子牧云笙。

这位皇子似乎一生下来就不受上天的喜欢，一连串的凶兆出现在世间，全是灾难与异象。更有当时极具威望的占星圣师预言道："六皇子此生不能握剑，握剑必乱天下。"

所以明帝待其他的皇子极严厉，从小由名师教导，唯有对六皇子放任自流，外人以为是溺爱，宫中人却明白那真正的原因：六皇子早已被排除出了帝位继承人的行列。

她不曾在授课的殿堂中看到过牧云笙，这位少年几乎很少出他的宫殿，只是一直躲在殿中作画，画卷一张张飘下书案，铺满了整个地面，他不理会，也不准人收拾。因为他讨厌东西整整齐齐摞成一堆，说什么事物只要被排列起来，它就死了，就变成整块中的一个，再也没有自己的灵性了。就像人，每个人都是不同的，可是当他们穿上一样的衣服，说着一样的话，就像那些内侍们，他们就已经是死物了。

六皇子还曾说：人总为了衣装活，着锦衣者为美为贵，而真实的反被遮起。只有像鹿群那样，无拘无束，在山野中自在跑起来时，才能分辨美丑。

这皇子的疯话怪行，早就成了世间谈论的话题。

但这"牧云笙"三个字终于变成禁语，是在那次占星台大火之后。传说那天天降流星，烧毁了观星台上的巨大浑天星仪，却是因为上天降怒于六皇子，他不敬上天，乃是异端。六皇子自那之后一病不起，被送走寻医，从此消失在人们面前。有人私下传说，六皇子早已死了，他是天上异芒之星，如果继续活在世上，是会带来战乱离苦的。

苏语凝心中猛跳，压低声音："六皇子不是病死了吗？"

穆如寒江也张望四周："这秘密你可不要再告诉别人了，我也不能带你进去，因为里面布了法术，要出来可不容易。”

【12】

他们又摸进了那园子，在重重色彩间转了许久，才重新来到园中心。

但穆如寒江却发现先前所见的事物变化了，以前的小旧木屋，变成了玉塑琼雕的宫殿。

“这里竟这么漂亮？好似仙宫啊。”苏语凝惊叹着。

“一个疯子，说自己能通过星辰看见大地的移动，还喜欢放火……你要小心他的。”

正在这时，牧云笙从殿宇中走了出来。

苏语凝呆在那里半天说不出话，这样的一位少年，那目中光芒似曾相识，却偏偏唤不出他的名字。

“这里怎么又变成这样了？”穆如寒江问。

“幻术而已。”少年伸手向空中一撕，手中多了一幅纸卷，而那殿宇像画幅一般被撕去，又露出后面的木屋。

苏语凝只呆呆望着牧云笙，一句话也不会说了。

还是牧云笙先开了口：“我们见过吗？你叫什么名字？”

“苏……苏语凝。”

“原来是你。”少年笑了，“你不就是因为出生时有红霞贯过微垣的天象，被皇极经天派的圣哲们认为是未来有皇后之命的人吗？将来若把你许配给哪位皇子，自然便说明父皇有心扶他为皇储了。”

他这一说话，苏语凝心中松弛了许多。这六皇子看起来也并不像想象中那么怪异。她低下头：“可我现在却害怕这天命了，它也许并不是什么福音……为什么人的未来，人却不能自己选择呢？”

“可以的。”牧云笙说，“但是，你必须比它更强。”

“它？”

少年缓缓将手指向天空。

“你说的不会是老天吧？”穆如寒江问。

“是那主宰一切的力量，连星辰都要按它的意志运转，不能偏差分毫。但是，就因为它太精确了，所以一旦有一点变得超出规则，就没人能再预计未来。”

“你总是说些我们听不懂的疯话吗？”穆如寒江道。

牧云笙一笑：“你抓一把沙土，撒在地上。”

穆如寒江好奇地照做了：“然后呢？”

“那把沙在地上散布成的样子，就是你的命运。”

“用沙子占卜吗？”

“你如果能控制每一粒沙落在什么地方，你也就能控制你的命运了。”

“不能……好像你能似的……”

少年皇子没有说话，握了一把沙土猛地向空中一扬。那些沙纷乱飘落在地，地上却出现了一个似乎完美的圆圈。

穆如寒江和苏语凝张大嘴看着那个沙圈。

少年却叹了一口气：“总是差一点点，不能圆满。你们以后不要来了。我做的一切，也许会毁了我自己，我想改变我的命运，但稍微一点运算的错误，就会发生意想不到的事情。如果那些人知道我在这么做，他们一定会除去我。离我太近，对你们没有任何好处。”

“你这是对朋友说的话吗？”穆如寒江气冲冲地说，“如果有人想杀你，先让他问问我的宝剑。”

“朋友……”少年低下头去，“不，我不需要朋友。因为将来，你们都会恨我，都会想杀死我。”

“你为什么这样说？”

“因为当我扭转我的命运时，也就会连带影响天下所有人的命运，会毁掉你们本来拥有的一切。”

穆如寒江不知他所言何意，只觉得这少年的确是独处太久，有些魔怔了。叹息之间，抬头望见那连天巨墙：“这里太安静了，人待久了只怕会疯掉，真不知你是怎么在这儿待了数年的？没有人给你送饭吗？”

少年摇摇头：“饭食会放在园门口，但我从来没有拿过。他们以为我死了，入园来找，却找不到我，又觉得这园子诡异，就封住它再也不敢进入了。”

“那……那你是怎么活下来的？”

少年却不答话，又愣愣对着画纸出神了。

穆如寒江凑过去看：“你那笔上的颜色，竟然是用花瓣果实磨成的吗？”

少年方举笔，被他一扰，纸上只轻轻画了一道绯红色。他叹息了一声，把那纸轻轻一抛，画纸飘落在树下，忽然渐渐退去，只剩下那一抹红色，渐渐像水流一般，注入树身，片刻，那树上的绿叶又红了一簇。

“这些树上的颜色，竟是这么来的！”穆如寒江瞪大眼睛，“你怎么会这些法术？”

“学法术，其实简单得就像睁开双眼。这世上有些事你看不见，但它们却在每时每刻地发生，就像星辰的燃烧、大地的沉浮、风云的流转。当你能看清它们的轨迹时，那些世人以为神奇的一切，就会像弹指一挥那么简单。”

“有那么容易？我怎么看不见你说的那些？”

少年一笑：“你静不下心来，自然看不见。”

“静？要多静？”

“静到……世界上所有的人都忘记了你的存在，你也觉得这世界和你再无关系，你一个人待在这里，它是这样安静，没有任何的人声。第一个月，你会觉得这世上只剩下你一个人了；第二个月，你会怀疑你眼光所不能触及的地方，一切是否还存在；第三个月，你开始能听到很多你从前听不到的声音，比如雪飘落在地上；第四个月，你开始看见你从前所不曾看见的事……”

“那是什么？”

“比如，当你许多个夜晚长久注视夜空，不知什么时候，你能看到它们的游动，发现它们更像活着的生命，它们在变化，生长。这些会让你感到疯狂与惊恐，她曾告诉我的一切被印证着，我开始知道原来我们一直生活在自己的幻想之中。如果星辰真的会注视大地，那么我们看起来不过是在一棵树的某片叶子顶端的蝼蚁，其实半尺之外就是全新的世界，但我们却以为我们所站的地方就是天地的全部。”

“我真是没法理解你说的……你的确是一个人待得太久了，我想我需要救你出去。”

“不，别阻止我。”

“阻止你？阻止你做什么？”

少年一挥手，突然身周的景物又化成漫天白纸飘落下来，每一张纸的背面，都写着无数密密麻麻古怪的符号。

“你可知道世上万物，其实都是由同一种东西组成？”

穆如寒江看着画纸背后那些字符，它们似乎正像无数蚂蚁一样挤拥着，让他目眩与惊惧。

“万物都是这些字符组成的……”

“不……这些字符，是用来指挥组成万物的微尘如何排列的。”牧云笙举笔在一张空白的纸上飞快地写画着，“大多的术士只知道运用所谓的法器和符石，但却不知道万物变化的真正道理。”他举起纸，穆如寒江看见，那本只有墨迹的纸上却凭空泛出了颜色，鲜红、橙黄、草绿……开始在纸面游动起来，变成图案。

“这些颜色并不是凭空诞生的，只是我改变了光，人们以为画上的色彩是颜料带来的，就像大部分术师以为力量是符石或法器带来的，他们都错了，他们根本不知道力量的本源在哪里。”

“那你是从哪里知道的呢？”

少年突然凝住了，双眼望向天际，仿佛视线早已穿过了巨墙，到达云海之外。许久，他才叹息一声，缓缓说："是她告诉我的……"

"她？她是谁？"

"你们看不见她，她在虚空中游历，看到了许多我们所看不见的事情。而我们的愚昧，就是以为我们所不能看到、不能理解的事，就不应该存在。"

"她现在在哪儿啊？"

"当我参透世间的秘密，我就能有力量保护她了。那时，我会去那儿见她。"

"可你现在在这儿……哪儿也去不了……"

"我终有一天会离开这里。当我起身前行时，再没有人可以阻挡我。"

"包括皇宫的守将和术师们吗？"

"任何人……"少年眼神如电，"包括你，所有的帝王，所有的神灵，都不能阻挡。"

穆如寒江从梦中醒来，想起白天发生的一切，恍如幻梦。真的有那样一位少年，告诉过他一些那样古怪的话吗？

他再偷入那座园子时，却怎么也找不到六皇子牧云笙了。

穆如寒江不知道，是否当有人在命运的洪流中投下一枚石子，这巨流的方向就真的在不知不觉中改变了，而每个人，都将为这改变，而付出什么。

【13】

禁园中，少年牧云笙仍在望着自己面前的画纸。

又是无数天过去了，面前的画纸仍然空白一片，但他就这么凝望着。他能从雪白的纸上看到盼兮的影子，可是一欲落笔时，就已然错了。他明白，自己再也画不出那样一幅画，就像再也不可能遇上一个和盼兮一样的人。

当年的情景却犹如在眼前。

"你……你就叫作'盼兮'吧。"少年望着女孩的眼眸，心中像是有波纹一层层地荡漾开来。

"盼兮？"女孩子凝神想了想，突然笑了，"我喜欢这个名字呢。"

"是啊，这个典故是来自于……"

"我不需要知道这个典故，我喜欢就行了。我终于有了名字了，我终于是我了！不论世上是否还有人叫过这个名字，但我是世上独一无二的，不是吗？"月光下少女展开双手，袍纱轻扬，像是要在空中舞蹈。

"是……你是独一无二的。"少年痴痴地说。

之三 穆如寒江

Muru HanJiang

【01】

这天，穆如寒江和他的小“部将”们正在树梢闲聊，忽闻呼啸之声，一队车马向街口驰来，金鞍玉带，朱缨锦帷，威风一派，前方骑兵挥鞭驱赶着行人，引发一片惊哗。

“好大的威风。”众少年都叹着，“不知是哪家大官。”

穆如寒江心想，我父亲执掌天下兵权，腰佩太祖赐剑，上可斩昏君，下可除佞臣，出门时也只带几个随从，是谁竟敢如此街头耀武扬威？冷笑道：“凭他是谁，你看我打瞎那拉车马的眼睛。”

“来下注下注。”孩子们都哄然喊好。

穆如寒江闭一只眼，绷紧皮绳，看准了一弹打去，正打在马的额头上。那马一下就惊了，带着马车直冲出去，只听得车内人和随从一片惊呼，乱成一团。众孩子在树上哈哈大笑。

“没打着马眼睛，你输了！”孤松拔喊。

那车前一位骑兵家将听见，急冲至树下：“好大胆子，全给我滚下来！”

穆如寒江最恨有人对他呼喝，又一弹打去，那人一偏头，打在他头盔上。那家将大怒，竟摘下弓箭，作状要射。孩子们一哄跳下树逃开。

那家将纵马追赶。穆如寒江跑出几步，眼看见有跑得慢的伙伴要被马追上，那家将马上扬鞭就要抽下，他忙又发一弹。那马吃痛一纵，险些把家将摔下去。不过那是战马，并不像拉车的马那样容易受惊。那家将很快坐稳身子，一副怒容催马直向穆如寒江冲来。穆如寒江发足狂奔，在街头摊点边钻来闪去，那战马在后面撞翻摊位无数，引起一片惊乱。

少年见前方一堵矮墙，纵上去正要翻过，那家将追到后面，一鞭抽下，鞭梢划过少年的脊背，像刀割般痛。穆如寒江怒从心起，反而从墙上跳回来，直瞪着那家将：“你敢打我？”

“小贼坯，你惊了皇亲尊驾，你们一家要满门抄斩！今日老子把你这有人养没人教的小杂种打死在这儿！”

穆如寒江看他骄横，冷笑道：“我倒要看你如何打死我！”

那家将又一鞭抽来，穆如寒江却俯身向前一冲，钻到马肚子下，拔出腰间短剑一挥，割断镫绳，抓住那家将的左足一拉，那家将哎呀一声摔栽下来。穆如寒江却一个翻身从另一边跳上马背，纵马而行。那家将一只脚却还在镫内，在地上被拖行，急得大声叫骂。

“你叫爷爷，我便饶了你！”穆如寒江在马上大笑道。

“出人命了，小贼要杀人了！”那家将只不停喊骂。其他家将策马围追穆如寒江，街头一片大乱。

穆如寒江从自家府门前行过，那里是两街间的一条直道，宽阔无人。整个天启城中除了皇宫，只有穆如家门前有这样宽的云州白玉石铺就的道路。他并不回府，只从府前直冲而过。门口家将看见，叹一口气道：“三公子这又是和谁打起来了？”

正说着，那后面所追之人赶来，一看是大将军府前，全吓得跳下马来。原来此门前，除了皇族和穆如世家，谁也不能乘轿骑马。他们绕路追去，至一路口，只看见那马，不见了穆如寒江。四下找不见，猛一回头，发现少年正在街边摊前和人聊天呢。家将们大骂着上前，又要追打。

穆如寒江抓起摊上面糊掷在几人脸上，正要飞跑，忽听背后有人喊道：“寒江贤弟。”

穆如寒江一回头，看见一匹赤红如霞的骏马，马上坐一十五六岁的少年，头戴玉冠，两根外白内赤的翎羽飞扬，身披细银链甲，背着镶金铁胎弓，像是刚从城外习射回来。穆如寒江一见笑道：“原来是你？”

那几个家将抹去眼上面糊，转了好几圈，才摸到穆如寒江身边，大骂着抽出刀来。突然听见有人大喝：“大胆狂徒，皇长子在此，竟敢放肆！”呼啦啦身边突然寒光四射，围满了举刀的侍卫，那全是真正的重甲羽林卫。

几人吓得连忙跪了下去，也没看清皇长子在哪里，向四面胡乱磕头。

那马上所乘少年，正是皇长子牧云寒。他皱眉道：“你们是哪家的家奴？连穆如家的三殿下也敢追打？”

那几个家将一听，吓得更是直接趴在了地上。哪想到那个衣裳破旧、满头乱发的小子，竟是穆如世家的少殿下！怪不得他从穆如府前纵马冲过去时，府门的守军只当没有看见。

“小人们是……是南枯大人的侍卫。”

“此事因何而起？”

“这……只因穆如小殿下……他……他惊了南枯大人的车驾……”

穆如寒江冷笑道：“那你们挥着鞭子，一路上又惊了多少人？”

“只怕是误会了，南枯大人现在何处？”牧云寒笑问。

半刻后，右仆射[1]南枯箕气喘吁吁赶来，远远就跳下马，步行到牧云寒面前跪倒：“微臣参见皇子殿下，参见穆如三殿下。”

“南枯大人请起。”牧云寒挥手道，“今日之事，我想……”

南枯箕忙道：“是微臣错了。微臣不该街头直行，冲撞了穆如殿下，罪该万死。这几个有眼无珠的家奴，就交给穆如殿下处置，或由微臣亲自鞭打至死。”

他汗如雨下，伏地大说自责之语。穆如寒江却最不愿借自己家势撑腰，见这人这样，顿觉无趣，说道：“杀他们做什么？都是替你当差。我用弹弓惊了你的马，你们的人也打了我的兄弟，追了我好一路，这事就算扯平啦！”说罢掉头便走。

这事对他来说便已然过去，却不知在南枯箕心中，是多么大的一宗仇怨。

【02】

“穆如世家的气焰越来越不得了，简直不把我们南枯家放在眼中。穆如槊见仆射大人您就从来没有笑脸，现在还纵容他家幼子行凶——若是这孩子长大了，还不把仆射大人您、把皇后娘娘都踩在脚下了？”仆射府中，一个黑影正在南枯箕身边窃语。

南枯箕冷笑着：“把我、把皇后不放在眼里，这是应该的，他们穆如世家有这个资格，但是……把陛下不放在眼里……那就太不应该了。”

“可是……穆如家对牧云皇族似乎还是忠心耿耿啊……”

“你懂个什么！任他多忠心，手握兵权就已经是大错了。虽然当年太祖立誓愿与穆如家永世兄弟相称，共享天下，但并不代表当今皇帝也想这么做。陛下有时只是缺一个理由。”

“……明白了，小人全然明白。”

“此外，那皇长子牧云寒，一向对我没有好脸色，觉得我借了侄女是皇后娘娘的光才身居高位，却对穆如世家亲近得很。若是这位将来立为太子继了帝位，我们这些人也许全都要被扫出天启。”

“现在究竟是立皇长子为太子，还是立二皇子，陛下也正犹豫呢。二皇子虽非皇后亲生，却是皇后一手抚养长大，若他继位，大人可无忧矣。”

“怕就怕穆如世家挟一干武将要力推皇长子继位。他们手握兵权，如果……陛

---

[1] 右仆射：端朝文官系统中最高层级为“三相”，即丞相和左、右仆射。按照职司，右仆射在三相中地位最低，但其掌管的内史署与皇帝的关系最为密切，因而被视为天子近臣。

下也正忧心此事。你可去探探穆如槊的口风。”

“小人这就去办。”

【03】

这日大将军穆如槊回府，穆如寒江想去参见，走过廊边，却突然听到前厅父亲在与人谈话。

“皇长子和皇次子都已年近十五，宫中有传言，年内就将定下太子。大将军更看好哪位皇子？”

“寒儿热衷习武，天分过人，一般武将都已不是他对手，将来上阵厮杀，必是一员勇将……”穆如槊话音中透出赞赏之意。

“皇长子是先穆如皇后所出，与大将军最亲，经常去军营向您请教武功兵法，早已把您视为恩师亚父，看来穆如大人也颇为欣赏皇长子啊。”

“呵呵，”穆如槊大笑道，“的确，我若有子像牧云寒一般便好了，他日后必能勇冠三军，武艺气概，都不是几个犬子可比的。”

“那么大将军是希望皇长子为太子？”

“若寒儿不是生在帝王家，我必请旨封其上将，征讨四方，可令天下敬服。只是，这治理天下，却并非只有武功战技便可啊。寒儿生性爽直，处事只有对错，出招只论生死，有话讲于明处，不爱使诡计绕弯子，这样的性格，却只怕做了皇帝，易为臣子所惑。”

“那……自然有穆如世家辅佐身畔，提醒监察，可保无忧。”

“哈哈哈！”穆如槊抚须而笑，“寒儿如今倒是听我的话，可是将来也难保有人去他面前说我的坏话。做皇帝的，终究还是不愿受人管束，孩子大了，自己父亲的话也未必会听，何况是他人。”

“那么……大将军觉得二皇子如何？”

“哦，牧云陆倒是做皇帝的好材料啊，我与他交谈几次，虽然气质稍显文弱，没有寒儿的霸气，但是谈吐举止得体自然，看得出是心思细密、情不外露之人。而且据说他已熟读史册，著文把前朝帝王得失分析了个遍，连太傅也挑不出什么毛病。这样的人，可为帝王。”

“怎么，大将军竟是赞赏二皇子的吗？可大将军与皇长子既是至亲，又交往甚密，二皇子与嫡母南枯皇后可能还担心大将军不喜二皇子呢，何必造出如此误会？”

“我们武将世家，自然和寒儿那样有战将之志的少年谈得来，他请教我武艺兵法，我也能教得了他，但你让我去与二皇子聊些什么？他棋艺高超，书法诗歌亦精，开口必论古今典故，这些我可是不敢献丑。文臣们倒是极爱二皇子的，二皇子生母早丧，为人早熟，偏南枯皇后彼时无子，便将他亲手抚养，视如己出，陛下十分赞赏，诸臣自然也是看在眼里的。”

“陛下现在也在犹豫，皇长子若为帝，将来大端朝武威必更远播四方；但皇长子好武，没准战事频频，劳牵国力。但若立二皇子，皇长子实在又没有什么过错，弃长立幼恐招异议，尤其是不明大将军的心思。若是陛下召见大将军，何妨将此言告知，使陛下安心？”

“只是……”穆如槊忽然叹了一声，“二皇子最不喜征战劳国，若真继位，那将来我们这一干老将就只有回家种田啦。”

“哪里哪里……二皇子再不喜征战，可这四方未定，外有异族，内有叛民，这天下，终究还是要穆如世家帮牧云氏护着啊。”

穆如槊冷笑：“我穆如槊也是喜欢明来明去的人，今日这番话，我也不怕你去告诉陛下或南枯一党。我穆如一门立身行事，但求问心无愧，这立太子一事上，实在是没有半点私心。”

“今日所谈，在下定然只记于心，不传于口。”那身影诺诺退去。

穆如槊送完客人回到后堂，穆如寒江突然冲了出来：“父亲，我们让皇长子当皇帝吧，那南枯皇后和二皇子一家有什么好？我很是讨厌他们。”

穆如槊大怒：“顽劣小子，竟然堂后偷听国事？什么‘让’谁当皇帝？这事是你来定的吗？”取过家法短棍，抬手便打。偏穆如寒江不服打，一个倒跳翻过椅子，举起木椅来挡。

“小东西竟学会招架了？”穆如槊又气又笑，“今日你多跑一步，我便多打你一棍，你便跑与我看！”穆如寒江知道其父下手很重，抛下椅子飞奔入院，跳上院墙，一个翻身就没影了。

【04】

穆如寒江跑出家门，又溜进宫来找苏语凝。

“我们去骑马玩吧。”

“可是我擅离内宫去玩，那是重罪啊。”苏语凝觉得自己怎么这么倒霉，遇上这么一位成天胡闯乱撞的主儿。

“放心好了，皇帝老子也不管我们穆如世家的事。我说可以就可以！”

来到宫内马场，监丞小官笑跑了过来：“原来是穆如小殿下。来练马术吗？不知您要匹什么样的马？”

“先给这位小姑娘找一匹马，要安静温驯的，我要教她骑马。”

监丞只有命人寻了一匹温驯的御马，把苏语凝扶上马背，命人在旁边控着缰绳，拉着在场中散步。这马鬃色雪白，眼光温良，苏语凝看得喜欢，一直抚着它的头颈。

穆如寒江自己在马监中一匹匹看过去，忽然看到一匹赤红俊健的战马，在厩中不安地跳纵，正是皇长子的战驹彤云。他想骑这匹名驹已经很久了，伸手一指：“我就要这匹！”

“这……这可不行。”监丞大惊，“这是皇长子的马，别人是不能骑的。有违那个……仪数……”

“就你事多，皇长子那是我兄弟啊，他不是不在吗？借我骑骑怎的？”

监丞苦笑：“这……这马性子暴躁，除了皇长子，别人乘了一定摔伤的。”

“我会摔？摔死也不找你赔！你给我牵出来！”

监丞急得没有办法，只好慢吞吞地把马栏打开。那马一见栏开，就急跃高纵，监丞忙紧紧拉住缰绳，几乎人都要被甩倒了。

“好马啊！”穆如寒江眼睛一亮，上前一扳鞍就纵上马背，夺过缰绳，那马长纵而出，却果然是不服陌生人，连连高纵，穆如寒江在马背上像是孤舟在浪间翻腾。苏语凝在一边看见，吓得惊叫起来，穆如寒江却是兴奋不已，紧挟缰绳，马越烈他越勇。但这马太高大了，穆如寒江年纪小，脚还够不到镫子，只有两腿紧紧夹住马背。这马力却极大，向前一纵，跃出数丈远，直接从校场的木栏上跃了出去，穆如寒江被这一颠，从马上摔了下来。监丞大叫不好，苏语凝直接把眼捂上了，却听监丞又开始大声喊好，再一睁眼，穆如寒江竟是紧紧拉着缰绳，双脚连蹬，随马疾跑几步，又翻上了马背。

“好啊！好骑术！”御马场的侍从们全都喊起好来。

忽然他们又全改口叫：“不好，不好！”

原来穆如寒江还无法控制马的方向，那马如惊了一般直向皇城主殿的方向而去，若是马闯了宫城，惊了哪位皇室，那可是死罪。

苏语凝正在不安，忽然有人跃上她乘的马，坐在了她的身后。伸一手过她的身畔拉住缰绳，一手环抱住她，喝一声“驾”，猛一催马，那温顺的雪色马儿就突然像疾风似的跑了起来。

苏语凝不知这人是谁，只闻得淡淡竹叶熏香，却听后面人们呼喊：“二皇子，小心啊。”

那段时间苏语凝不知道自己想了些什么，不是害怕也不是惶恐。二皇子牧云陆带着她去追穆如寒江的惊马，为了怕她摔落，几乎是把她小小的身躯离鞍抱着。他单手策马，追近穆如寒江，又放了缰绳，只凭脚力踩住马镫，伸手牵住穆如寒江的马缰，连连勒扯，跟行了半里，才把马勒住。

穆如寒江却不服道："谁用你帮忙，我马上自己把马勒住了！"

牧云陆笑道："是……不过你还差几丈就要冲过建章门了，门那边是前朝正殿，朝议所在，可是不能策马的啊。"

"咦？"穆如寒江的倔劲又上来了，"太华殿前那么大的广场，正是骑马的好地方，为什么不能骑？"

苏语凝听不下去，插嘴说："你笨吗？那里所有臣子都只能步行，如果有人在太华殿前骑马，那和造反有什么区别？乱臣贼子才会这样做。"

她也算是生在官宦之家，这些道理早听父亲说过无数次了。

穆如寒江却听不得女人指责他，尤其在另一个男人面前。他从来性子叛逆，厌恶森严礼规。于是冷笑一声："骑骑马就要杀头？你们皇家好大的规矩，我还非去骑一圈不可了。"

他一扯缰甩开牧云陆的手，催马就冲过了建章门。那马快如疾电，守门士卒连伸手也没有来得及。

牧云陆一惊，心中一转，定下主意，也打马奔向建章门。苏语凝急得大喊："二皇子，你会被陛下责罚的！"

穆如寒江冲到太华殿前广场的正中央，吁一声拉紧缰绳，烈马直立高嘶，却终于停止在那里。

穆如寒江放眼四望，天高地阔，宫阙重重，叹道："这才是大端朝的正中央吗，若是不能策马而立，只是像个愚夫一般低着头走过去，这样的宏伟又哪里看得见？"

穆如家的人在内心从来也没有把自己当成牧云皇族的臣子。穆如世家认为，这天下是牧云、穆如两家一同打下，为了不兄弟相争，他们才敬牧云皇族为帝，而牧云皇族也给他们皇族般的地位，号称共享天下。在穆如寒江的心中，这天下也是我家的，既然说是兄弟，有什么地方我不能来？

但两家的关系一直在微妙的平衡中保持到今天，靠的是双方都细细把握着其中的分寸。数百年来，穆如世家一直在礼节上以臣子自称，捍卫牧云皇族的威严；而皇族那边，也从来不敢把穆如世家当臣属看待。刑不上大夫、旨不降穆如，说的就是皇族从来不可能命令穆如世家去做什么事。但皇帝开口的话，穆如世家其实也都会当使命去完成。

可今天出了个穆如寒江，却是个"越是龙须越要拔"的个性。牧云皇族的威严，正在被一个九岁的少年挑战着。

看牧云陆追近，穆如寒江回头得意道：“你只能是第二了。”

牧云陆苦笑着，环顾四周。本来安静肃穆的太华殿广场突然杀气腾腾，殿中涌出了无数卫兵，像黑流填满了白色的广场，把穆如寒江和牧云陆围在核心。

“谁在太华殿前跃马？”镇殿将军奔来喝道。

牧云陆跳下马，又把苏语凝抱下马来，笑道：“呼将军，是我错了，我要与穆如家三公子赛马，又把皇长子的马借给他骑，忘了皇兄的战马性子烈，顿时惊了，险些摔了穆如家三公子，全是我的错。”

“咦，你这人好生奇怪。”穆如寒江道，“谁要你来帮我掩饰？我闯了便是闯了，我便是不服你们宫里这么多狗屁规矩而已。”

牧云陆一摇手：“贤弟你不必自责，此事全由我而起，你不必替我掩饰。”

“我……”

“穆如寒江你快别说了，二皇子在帮你！”苏语凝急得低声喊。

牧云陆想起身边还牵着一个伶俐的小女孩儿，转头一望，苏语凝也正望向他，虽然满面惶恐，两条淡淡的眉毛拧着，脸上却现出两个小酒窝，显得那急切倒分外可爱。牧云陆也对她一笑：“没吓着你吧？你是衍华宫的伴读吗？”

苏语凝摇摇头：“我没事。”突然想起什么，慌忙甩掉了二皇子的手，跪倒在地，“臣女苏语凝参见皇子殿下。”

牧云陆笑着把她拉起来：“你才多大点年纪，这些礼节，以后见着我，都可不必。你叫——苏语凝？”他忽然好像想起什么，“原来你就是苏语凝啊。”

苏语凝愣在那里，原来二皇子也知道皇极经天派的圣师在占星大典上算出自己与他姻缘相配的事了，把自己名字记在心里，她一时脸面滚烫。

牧云陆却拉着她的手边走边微笑道：“早听说你五岁就能即兴作诗，一直很想见见你呢。今天见到了我，不如即兴作一首诗送我，如何？”

苏语凝突然觉得喉头发紧、心头乱跳，一时竟有些发怔。不过二皇子笑吟吟的，她稍稍一噤，也渐渐平静下来，略想一想，便缓缓吟来：“龙池传走马，凤阁更闻笙。误来丹陛下，应占碧桐鸣。”

牧云陆不想她如此敏捷，不禁赞了声“好”。

那边穆如寒江跟上来，大喊道：“这首诗是说他吗？他有那么好吗？那你也作一首诗说我吧，快些快些。”

苏语凝眉头一皱，心想这人怎么这么闹啊。忽然心中一动，微微一笑，吟道：“玉质红袍下，江湖藐众生。执戈瞠虎目，举世任横行。”

穆如寒江觉得也十分中听，穆如世家的人上阵向来是着红色披风，苏语凝又说他玉质虎目、执戈横行，颇合自己心意，高兴地背诵着，还不时问某个字要如何写。忽然牧云陆拍拍苏语凝的头：“到庄顺门了，让宫女们送你回住处吧。”

苏语凝一抬眼，才发现周围围满了跟随的卫士，全都看着自己。原来方才牧云陆是怕她害怕，才让她作诗引她分神。乘马车向后宫驶去，她回头向二皇子挥手，他们却早被士兵拥裹着向太华殿去了。

因为牧云陆与穆如寒江同闯太华殿，又把责任全揽在自己身上，明帝纵然不快，也就不好再为这个责备穆如寒江，只铁青着脸走下殿来，猛踢了牧云陆一脚，大骂道：“假如摔坏了穆如家公子，就拿你的命去赔。”牧云陆跪着把责打全然接受，面色平静。穆如寒江在一边连说“是我要骑马闯殿的”，明帝却只是不理会。

事后牧云陆严令宫中，不准再向外传这件事。宫中内侍、护卫们以为二皇子爱面子，自然心领神会，所以在城外练兵的穆如槊和穆如府上，竟对这事毫不知情，穆如寒江回家也安然无事。但他心中总是不痛快，就像自己想要响亮大喊一声，却被人旁边喧哗给搅了。

【05】

天启城外紫枫猎场，金色草漠衬着四季红叶，极目之外一片耀眼的明灿。这里天高气爽，是穆如寒江最爱来的地方。这天刚到猎场，却见前面数骑正在射猎，为首少年银丝明珠冠，赤罗洒金袍，阳光下像披着霞焰奔驰。而他所骑，就是那天穆如寒江乘骑闯殿的红色骏马。那便是皇长子牧云寒了。

穆如寒江催马赶了上去：“皇长子，那天我偷了你的马闯了太华殿，你不会生气吧？”因为牧云寒常向穆如槊请教武艺兵法，所以穆如寒江对他更熟悉，也不拘礼。

牧云寒大笑道：“冲便冲了呗，算什么事啊。若我是皇上，我当令拆去皇城各门门槛，让官员可以骑马直到太华殿前，这样议事才雷厉风行，免得他们自入宫门就要正容端步走上好几里，我看得都着急。当年咱们祖先北陆起兵时，有事不都是骑马直冲帐前的？说什么做什么都爽利痛快；偏来东陆学了这么多慢条斯理的规矩，还有那些文臣有话不明说，暗中非议的毛病。”

穆如寒江觉得这话才对脾气。想若是皇长子，那天必然会和自己一起直辩太华殿前不让骑马的规矩可笑之处，而不是像二皇子那样隐忍谦和，宁愿自己受屈，只想天下无事。要是二皇子当了皇帝，那一定是处处议和，仗就没得打了，自己还怎么横扫千军啊。心想自己若掌握兵马，定是要支持皇长子做皇帝的。

苏语凝在屋里快乐地收拾着包袱，她的父亲苏成章已然升为御史来京上任，她获准搬回都城中的新府第去住了，父母明天就会在宫门前接她。一想到这个，女孩就恨不得这一天快一些过去。

可是她却找不到自己平日习诗练字的窗课簿了。唤宫女来寻找，宫女说，或许被清扫的侍女当作陈年旧纸捡走了吧。苏语凝看到她眼神闪避，心中一丝不安掠过，但这簿子拿了去又有什么用呢？只可惜了自己想拿给父亲看的每日一首的习作。

少女并不知道。此刻，她的一首《咏梅》正被摊在明帝的桌案上。

孤标婉韵两堪夸，占尽世间清与华。
素影一痕香若许，铁笛三弄是谁家？
冰添气味云增态，雪欠精神玉有瑕。
我不冲寒先破蕾，众香哪个敢生花？

“这首诗是什么意思，太过明显了。小小年纪，就俨然以皇后自居，也不知他们家是如何教子的。这样的人，怎么还能留在宫中，陪着皇子们？”南枯皇后正气冲冲地说着。

明帝桌上摊着北陆来的急报，瀚北八部作乱，兵锋已至上都城下，他哪有心思为宫中这些细事操心，挥挥手道：“你是皇后，主持内宫，这些事你做主就可以了。”

这么随手一挥，另一个人的命运就完全地改变了。

于是苏语凝的父亲苏成章在宫门前接到的，是被懿旨逐出宫来的女儿。

皇帝的轻轻一挥手，对这初入京城的官宦之家来说，简直是如山般的罪责。女儿究竟做错了什么？听说是写了一首大不敬的诗？苏成章惊恐不安，又探听不到实情，只有日日跪在皇城门口请求宽恕。但宫城里的明帝压根儿不知道这件事，他整天担忧的只有一件事：北陆的烽火烧起来了。

苏语凝恨不得自己死了。她并不在乎被赶出宫，但她心疼终日惶恐不安的父母。父亲天天去皇城前跪着，母亲在家里团团转，喃喃念着：“这可怎么好，这可怎么好……”她会突然开始收拾东西，说，“语凝，我们快逃出京城吧！娘就你这一个女儿，万一有旨下来……娘不能没有你啊……”忽而又开始烧家中所有的书信墨存，“这些全都是罪啊，不能留，不能留！”

她的神志已经面临崩溃了。

苏语凝拉住母亲的手，哭喊着：“他们只不过是冲我来的！我不待在宫里，不和他们争那个皇后就没事了！没事了，阿娘，不用怕的。”可是母亲哪里听得进她说什么。

苏语凝抹着眼泪去皇城前找跪着请罪的父亲，拉着他的衣袖说：“爹爹，我们回家吧。”

父亲却一巴掌打在她脸上：“你这小孽种，你还敢来！让陛下、娘娘们看见了，还不心烦？你想死吗？”苏语凝哭道：“是我的错，那我就死在这儿好了，关爹爹阿娘什么事？不要再为我受惊受怕。”一头向城墙撞去，却又被苏成章抱住，大哭道，“孩儿啊，为父在这多跪一天，皇上少一分气，你就多一分机会保全啊。你快快回家去，不要再让宫中的人看见你了。”父女抱头大哭。

忽然背后有人问：“这是怎么了？苏语凝？你怎么在这儿？”苏语凝抬头一看，却是穆如寒江，正和皇长子牧云寒从城外猎场回来。

苏语凝忙拉了父亲转身跪拜：“参见皇长子殿下，参见穆如三殿下。”

“你这是怎么了啊？”穆如寒江笑着，“不是上次才写诗笑我是螃蟹吗？这会儿倒这么装起客气来了。”

“什么？！”苏成章惊得手脚皆抖，“你……你还写诗嘲笑穆如家小殿下？我真后悔教了你写字啊，看我先剁掉你的手！”

苏语凝苦笑道：“他……他不一样的……”

穆如寒江跳下马来：“咦？这位是……莫不是你父亲？啊，苏老伯，见礼见礼。”

苏成章忙伏身：“罪臣万万不敢！”

“罪臣？你什么时候成罪臣了？”穆如寒江背后走来的皇长子牧云寒笑道。

“他们说我写诗犯上，把我逐出宫了。”苏语凝低头流泪。

“他们？他们是谁？”穆如寒江回头瞪着牧云寒。

牧云寒皱皱眉，叹息一声，苏语凝这件事他自然有耳闻。他走到苏成章身边，把他拉起：“苏大人，后宫里的小事，与你毫无关系。千万不要放在心上，父皇绝对不会有为这点小事怪罪你的意思。”

“可是……可是……小女犯下大罪，冒犯了皇威……”

牧云寒大笑一挥手：“什么皇威，只有宫中的内侍们喜欢拿这些吓人。当年先祖在北陆时，对部下全都是兄弟相称，不分彼此，贵在坦诚相待。入主东陆三百年，当年大家的那份率直也全要丢光了，尤其是内宫，很喜欢为一些小事争斗。父皇心中对是非还是明白的，苏大人放宽些心。”

苏成章感激得连连磕头：“有殿下此言，臣当肝脑涂地，尽职尽忠。”

穆如寒江在一旁却按不下火道：“又是皇后南枯家那帮人搞的鬼吧？看我冲

去，打他们个满地找牙，给你出气！”

牧云寒笑道：“寒江弟你就不要出面去争了。这些天父皇正为北陆的事心烦，没准过些日子你们穆如铁骑就要远征，你还是回家多陪陪父母。这件事，我过些日子找机会向皇上禀明。”

“要……要打仗吗？”穆如寒江兴奋得说不出话来，“我可以去吗？”

“哈哈，那要看你父亲肯不肯带你了。”

穆如寒江转头对苏语凝说：“我要去上战场了，不过你放心，有我在，就不会让人欺负你。将来有人对你不好，你就说我穆如寒江的名字，管他是皇亲国戚、将相王侯，没有我穆如寒江不敢收拾的，任谁也不敢再动你。”

苏语凝重重点头。苏成章忙按她头道：“还不磕头拜谢穆如殿下！”穆如寒江连忙转身跑了，跳上马却又回过头来，“还有一件事，”他冲苏语凝眨眨眼，“你给我写的那首诗，我觉得还蛮不错的。”

苏成章诚惶诚恐，牧云寒放声大笑，苏语凝满脸飞红。本来世界冷得全是铅一般的颜色，却总会有灿烂如阳光一样的人，不论活着多么辛苦，看见他就觉得心头温暖。

【06】

北陆草原上游牧部族叛乱，急报一份接着一份，快马踏碎了皇城门前的玉砖。端王朝不得不出动真正的精锐主力，虽然明帝明白，自己的兄弟远比远方的悍族更可怕。

穆如世家和他们精心训练的铁骑军要远征了。穆如寒江发现自己的母亲这几天心神不宁，都听不见她说话。她不再让他出去玩耍，说：“多去和你父亲说说话吧，你可能要很久看不见他了呢。”可穆如寒江不能理解，他始终认为，自己是一定要和父亲一起上战场的。

大军出征那天，城北旌旗浩浩，大军列阵，像黑色的山林。穆如槊接过明帝敬上的出征酒道：“陛下，郸王牧云栾早有反心，只怕不会放过这样的时机。万请尽量多稳住他一刻，若他起兵，千万坚守，待我急速扫平北患、大军赶回之日。”

牧云勤点点头，叹道：“没有穆如铁骑，哪来的大端朝？穆如兄弟，只有你，才是我的亲兄弟啊！”

穆如槊感慨，单膝跪地道：“愿为陛下效命，肝脑涂地，至死方休。”

大军齐齐跪倒，喊声如啸：“肝脑涂地，至死方休！”

穆如槊转身挥手，“上马！开拔！”

千军万众翻身上马，整齐如一，像是大海怒涛掀彻。

突然人群中一声马嘶，一少年全身贯甲，策马追了出来：“父亲，我与你一道去。”

穆如槊回望喝道：“大胆！回去！我不是说过，待你到十二岁，才可从军。”

“这次不去，以后要等到何时才再有仗打？”穆如寒江急得大喊。

穆如槊看着儿子，叹一口气，拨马回来，扶了扶穆如寒江那有些大的头盔：“战场，从来也不是好玩的地方，你去过一次，就不会再想去第二次。可将来，只怕会有无数你不想打却不得不迎战的时刻，还是先练硬你的身子骨吧！”

他在穆如寒江的肩上重重一拍，少年“啊”的一声几乎摔下马去，觉得半边身子都麻木了，但他紧紧咬牙，拉住缰绳，歪了几歪，还是在马上挺直了身子。

穆如槊笑了：“像我穆如家的儿郎！下一次，下一次出战一定带上你！在家把武艺练好喽。”

他长喝一声，纵马融入大军。穆如寒江望着父亲的背影，无限失落。能不能去战场突然不再重要，他只是觉得父亲要去很远的地方，没有人知道何时会回来。以前没有过这样的别离，似乎一些变化，正在慢慢地发生。

【07】

六月十九日，穆如铁骑与瀚北八部会战朔风原。战况血腥惨烈。

六月二十一日，趁穆如铁骑主力援北，西南郕王牧云栾发《讨中都檄》，宛州兵变。不出三日，宛州十二郡中已有九郡宣布效忠牧云栾。宛州大半已入牧云栾之手。

七月四日，端军与牧云栾宛州军会战于宛北青石城下，端军大败，退守宛北最后重镇南淮。

同日，远在北陆的穆如槊接明帝急诏，留下铁骑继续与瀚北八部作战，率穆如氏众将只二十七骑急赴万里之外宛州指挥南淮之战。

穆如寒江在家中，也天天关注宛州战事，恨不得立刻就代替父兄们去领兵出征。忽然听说父亲已赶至宛州，乐得拍手道：“这回好了，看那牧云栾还能狂个什么。”

母亲却拥住他满面忧色：“你父亲和你叔叔们只率几十骑回来，铁骑全留在北陆平叛，此时手下只有刚从青石败下来的几万残军，那个南枯家的什么征讨大将军，又一向与他不和……唉，这可如何是好。”她喃喃地仿佛在说给自己听。

“不会的，父亲和叔父们怎么会输呢？”穆如寒江执着地相信着。

九月，传来了南淮兵败的消息。端军在宛州最后的重镇失守，整个宛州十二郡，端王朝在东陆四分之一的土地，尽入牧云栾之手。

听说征讨军将们退回中都来了，穆如寒江却把自己关在屋里。父亲输掉了战争，少年也输掉了自己的信念，父亲的神话破灭了，他也如被人踩在了脚下那样痛苦。那一天，穆如槊和几个弟弟只十数骑回到天启，上殿面君之前，他赶回家中来见妻儿一面。他敲着穆如寒江的房门，呼唤着他的名字，穆如寒江却只是抱头不答。良久，他听得父亲一声悠长的叹息，转身而去。

穆如寒江一生都为此事深深地痛悔：后来他才明白父亲在上殿面君之前为什么还要匆匆赶回来，因为他已经预感到了将至的可怕结局。

金殿之上，原宛州征讨大将军南枯箐和他的派系将领们把兵败的罪责都推到穆如世家身上，从前畏穆如世家如虎的东陆文臣们也终于等到了机会，渐渐地，朝中所有的指责汇成了一种默契：一定要借此机会扳倒穆如世家。

穆如槊和他的兄弟们感到愤怒，但他们并没有绝望。他们认为牧云皇族不会因为一些鼓噪就自断手臂，向三百年来不分彼此的兄弟出刀的。但当穆如槊看着明帝的表情，却渐渐开始明白了什么。对皇帝来说，瀚北蛮族是癣疥之患，宛州郦王是肘腋之患，而手握重兵的穆如世家才是真正的心腹之患！牧云皇族的亲兄弟之间都兵戎相见了，又怎么肯再信这异姓的结拜呢。从当年北陆相争，到后来的共享天下，三百年的世代盟约，英雄们之间的肝胆与信诺，终要在权力面前分崩粉碎。天下，终只能是一个人的天下，是在争斗中踏着所有兄弟与朋友的尸骨，活到最后的那个人的天下。

穆如槊的心寒了，英雄的血，也是会冷的。

当面对谗言与嘲骂忍无可忍的五弟穆如亮终于在朝堂之上拔出剑来，砍向误国之臣，当七弟穆如晋指着明帝牧云勤高骂：“我们穆如家的兄弟，为了你牧云家的争斗，死在战场上，说什么天下不分你我，没有穆如世家，你们哪里能高坐在上！”穆如槊明白，一切都无可挽回，再悍勇的名将，最终也是要输在朝堂之上，他们永远斗不过那些黑暗中的心机与诡诈。

他阻止了几位兄弟的狂怒，慢慢走近皇座。明帝望着他腰中的太祖赐剑，心中也有些惊慌。穆如槊缓缓摘下剑，这把剑穆如世家握了三百年，虽然太祖当年说，若有违背信义者，即使是帝王，也当死于此剑下，但是此刻即便拔剑，又能如何呢？端王朝三百年来的支柱，已然轰然倒塌了，皇皇殿堂眼见要成废墟。在这样的大时势面前，个人的勇气、怒火和悲凉，又都算得了什么。

他把手中剑握紧，再握紧。缓缓单膝跪地，双手奉剑过头顶：“这把太祖赐剑，我们穆如一族，是再也用不着了。”

明帝长叹，不知是为终于安然释去穆如世家兵权而庆幸，还是为三百年的兄弟挚情不再而惋惜。

“兄长！”几位穆如氏将军一齐冲上前，面向太祖的赐剑跪倒，铁打的男儿也不禁流泪，三百年的光辉，也终有消散的一刻。

【08】

穆如众将回到府中，六弟穆如远喊：“皇上不会就这样甘休，今晚一定就会有兵来围府，我们要连夜出城，到大营中去。铁骑虽然远在北陆，但只要我们一声令下，他们就会追随我们至死，先平北陆，再入中州，十万精骑足够纵横天下！皇长子一向视大哥如同亚父，我们杀至北陆，扶了他为天子，天下尚大有可图！”

穆如槊摇摇头：“若起兵，南有郿王，北有八部，乱世一起，这仗要打多少年？又把皇长子置于何地？那么多性命、那么多辛劳堆出来的三百年的大端朝，就要分崩离析……怎么对得起当年先祖的血战和那么多将士的尸骨。我们受缚，不过是一死，但大端朝还能撑得几年，或许还能等到转机。”

他转过头，望着站在门边茫然的穆如寒江。

“江儿，如果将来，这个家族再也不能给你荣耀与威势，只会带给你无尽的痛苦，你会恨父亲吗？”

“父亲，为什么？为什么是我们？”

“不为什么。因为有些事，你不承担，就再也没有人会去承担了。”穆如槊拍了拍穆如寒江的头，“你现在后不后悔姓了穆如？”

穆如寒江抹着眼泪：“不后悔！”

穆如槊点点头，抚着儿子的头发，眼中似也有泪光。

【09】

溥宁十一年十月，明帝旨下，穆如氏全族被流放殇州[1]。

远行的那一天，穆如全族数百人除了随身的衣物，什么也不能带走。穆如寒江不能带走他收集的心爱的战刀，他呆呆地望着自己不知何时才能再见的家宅。父亲

---

[1] 殇州：九州之一，在西陆西部，东邻瀚州，是苦寒之地。殇州一向是夸父族的领土，端朝从未真正统治殇州，所以端初即有明旨：流放者若能在殇州筑起城池，作为皇朝治权及于殇州的象征，无论何种罪名均自动赦免；筑城未成，除非获得特赦，否则即使大赦，流放殇州者也不在大赦之列。但在夸父巨人的土地上筑起城池几乎是不可能的，于是在端朝“流放殇州”处境比流放其他地区恶劣得多，永无遇赦再返之日。

走来将手搭在他的肩上："走吧，什么也不要留恋。所失去的一切，将来都会随着你的归来而归来。"

少年走在流放的族人中，天启城送行的民众挤满长街。穆如寒江看见了他的小伙伴们捧着家中仅有的一点糕点，从兵士的枪杆间竭力把手伸向他："穆如寒江，你小子骗了我们这么久！""你……你可一定要回来看我们啊。"他们呜咽着。

穆如寒江点点头。在人群中，他突然看见了那个女孩的身影，她纤弱的身子挤在人群中，嘴唇咬得紧紧的，头发被蹭乱了，只望着他一言不发。

穆如寒江对她笑一笑，他不知道为什么苏语凝一看到自己的笑容，反倒立刻流下了眼泪来。这个女孩子原来并不是太讨厌自己，穆如寒江宽慰地想。可是我走了，南枯一族再欺负她该怎么办呢？他对他们和她挥挥手，大声喊："我会回来的！"

穆如寒江，你真的还能回到天启来吗？少年低下头，问自己。

人群跟行了十几里路，从天启城一直送到北边驿亭，终于被兵士驱散了。再向北行，人声渐息，天际阴霾。穆如槊道："江儿，再回头看一眼天启吧，看过了这一眼，就再也不要回头了。"

穆如寒江随着父亲最后一次向南回望。中都天启城伏于苍莽平原之上，像一只吞吐云气的巨兽，每一块城砖上泛着铜的光泽，那中央的巍峨帝宫，也是每一位英雄渴望入主之地。

他转过头去，随父辈一起大步前行。他不知道何时才能回来，但知道这里一定会有人盼着他回归，这使他心中温暖。他暗念着父亲说过的话：不要留恋，因为失去的都会再回来。虽然长大之后，他明白这只是个谎言，失去的永远不可能复回，比如家人、故国与时光。但这个世上的铁肩膀没有几双，敢于担当的人没有几个。穆如氏撑着天下的一半，不论在繁华帝都，还是在苦寒之地，不论还剩几人，这份光荣与高傲，他们永远也不会丢弃。

之四 硕风和叶

ShuoFeng HeYe

【01】

晨雾如低拂过地面的云，被撕成轻薄的片缕，在闪着金光的河流上缓缓滑过。和锡草原上的每一片草叶都闪耀着初升太阳的光泽。

数百个白色的毡包遍布在这青翠草原之上，像绿茸上的蘑菇。天空有着白色羽背的鸟儿飞过，鸣叫着向北而去。

毡帘一挑，一个少年跃了出来，抬头望望这晴朗的天气，发出一声欢呼。挥舞双臂，向草地上的马群奔了过去。一声呼哨，那马群之中，就有一匹毛色光亮的高大骏马奔驰而来，马群也一起转向，跟随着这匹头马向少年迎来。

少年等那马刚到身边，不等它停步，手轻轻一搭马背，人已在马上，呼啸而去。马群奔腾跟随，嘚嘚的蹄声和少年的兴奋呼吼声夹杂着奔向远方。

【02】

少年硕风和叶并不知道天下有多大，从最南的帐篷到最北的帐篷，骑马只要百十步。这里便住着这个部落的所有人口。而近百里外，会有另一个部落，硕风和叶不知道是否草原会这样无穷无尽地延伸，是否部落之外还是部落，是否世上所有的人都这样居住在帐篷里。但他听说过遥远的南方有大海，海的那边是另外一种人，过着另外一种生活，他们造起土墙把自己围起来，他们不放牧牛羊却种植可以吃的植物。

少年硕风和叶站在草原上，望着亘古不变的云天，以为自己的一生也将像父母们一样度过。作为一个牧民，终日与羊群一样逐水草而居，让风把脸庞烫得焦黄，娶一个邻部的姑娘，生上七八个孩子，就这样数着牛羊过一辈子。

直到他看见了那个人。

他骑着的战马名叫踏雪，毛发像黑色的金子，闪闪发亮，四蹄却是纯白的，奔跑起来，像足不沾地驾云而行。

他穿着的战甲，泛着冷冷的铁光，肩上虎颃，腕上银蛟，腰间龙筋绦，仿佛世间猛兽都伏于他脚下，他在马上坐得笔直，像战神巡视四方，所有的牧民远远望见都要下马跪伏，因为没有人敢在他面前策马。

他臂间捧着那把冰琢一般的战刀，名叫寒彻，听说当刀拔出时，风雪就从刀尖涌出，他举起刀，风暴跟随着他，把所有敢于反抗的草原骑士斩于马下。他的身边，拥着玄底赤红大字的战旗，跟随着北陆也是全九州最强悍的一支骑兵。

牧云氏一直是北陆的王者，三百年前是，现在仍是。而他，就是大端帝国牧云皇族的太子，牧云寒。

虽然三百年前，牧云氏就从北陆起兵，渡过天拓海峡，进取东陆，夺得天下，并定都于东陆天启城，但北陆作为牧云氏宗族发源之地，牧云氏赖以雄视天下的雄健骑兵的出处，一直由牧云氏最强悍的儿子驻守着。镇守着北陆万里草原，就等于掌握着世间最强的骑兵，而拥有北陆的骑兵，就等于握有兵权。所以历代驻守北陆的牧云氏皇子，后来也往往成了大端朝皇帝。牧云氏世代以武立国，手不释剑，皇子们都精于骑射，皇帝往往御驾亲征，三百年来，兵权从未旁落，也没有人能挑战牧云氏的武功。

硕风和叶第一次看到牧云寒的时候，他十四岁，牧云寒十五岁。

那一刻，他忽然明白，世上还有另外一种人，另外一种生活，这种人高贵而威武，这种生活自由而有尊严。硕风和叶于是说："天啊，世上居然还有这样的一个人，我以后也要有这样的一天。"

不知那时，牧云寒有没有注意到对面人群中的那个少年。他不会知道，七年后，他会和那个人在暴风雪之中展开一场决战，决定这天下的命运。

【03】

那年冬天，瀚州北部连月大雪。整个瀚北除了银白几乎看不到一丝别的颜色，连溟朦海[1]都整个封冻，被埋在了雪下。

右金部的营地建在小山坡背风的南面，仍是几乎陷入了雪层之中。

"穆如世家就要重回北陆了吗？"燃着干牛粪的火堆边，大帐中几个部族的汗王和族长商议着。那时十四岁的硕风和叶正作为父亲的随从站在一旁。

"我就要死了。"右金汗王柯子模皱紧了眉头，火光映得他脸色苍黑。

"雪封了草原，向北退，就是冻死；向南进，就是被箭射死，被马踏死，右金真的要完了吗？"有人问。

"是我下令抢掠南方诸部，也是我下令向王师放箭，穆如世家的大军来了，你们把我的头交出去，他们会留下你们的族裔。"

---

［1］溟朦海：北陆第一大湖，在瀚州西部的火雷原上，被草原民族视为生命之源。

“不，瀚北八部都动手了，我们手上都沾了血，王师我们也杀了，我们都向上都城射出过刻着自己姓氏的箭了，那时就知道，谁也别想独活。”之达氏的首领之达律说着。

“八大部的男儿加起来也有十万，战马虽然饿瘦了，但是弓箭还是锋利的，瀚南众部加起来有百万，还不是被我们杀得血流成河？牧云氏和穆如氏又能拿我们怎么样？”

“你们不明白……不明白的。”柯子模摇着头，什么样的豪言也无法解开他的眉头深锁。

硕风和叶站在父亲身后，也能隐隐感到，虽然各族长情绪激烈，但一种极沉重的绝望气氛已经压在了大帐之上。连月暴雪压垮的，只是营帐，但这种力量压垮的，将是人的骨头。

自己的父亲低头不发一言，手指搓着干牛粪的碎末，看着它们撒入火中。硕风是右金八部第一大姓，父亲却从来不是主战的一派，被其他族长嘲笑为“看不见眼睛的硕风达”。硕风和叶觉得这真是耻辱，死就死吧，为什么连“开战”二字都不敢说呢？

一个月后，硕风和叶就明白了。

去银鹿川迎战穆如铁骑的一战，各部战士出征几乎就和诀别一样。妻子抱着丈夫的马头痛哭，男人们在马上大喊着儿子的名字：“长大了你要像个男人，保护好你的母亲和姐妹，不要丢掉父亲留给你的弓箭！”男人们向战场开拔的同时，家家拆收帐篷，准备向北方迁移。

硕风和叶要跟随父亲和兄长去作战，却被严厉喝止了，父亲甚至还抽了他一鞭子。“等你长大了，这个家就要由你来保护了！”硕风和叶痛哭流涕，他不愿听到父亲这样说。他只护送着老弱们北退了十里，就趁人不注意，拨转马头向战场冲去。

当冲入战阵，挤到父亲身边时，硕风达看了一看他，却什么也没有说，没有想象中的怒吼与皮鞭。他只是点了点头，在马上伸出手来，拍了拍他的肩膀。

硕风和叶向对面看去，第一眼就看见了那面巨大的火麒麟旗。那旗下，是铁甲的骑兵排成的阵列，甲胄的闪光刺痛人的眼睛。

一位赤袍玄甲的大将从旗下策马缓缓走出，问道：“尔等为何要反呢？”

他没有高声喊喝，但语音中透出的威严像是压着每个人似的。

柯子模大吼着：“穆如槊大人，雪掩了瀚北，没有活路了。”

那将军原来就是端朝征讨军的大帅穆如槊。他微微冷笑：“那么，你们就连屠了瀚南的十六个部族？”

“这草原上，强者为王，本是天理！他们在草丰水美的地方生活太久了，连箭也忘了怎么射，这就怪不得我们。”

“原来是这样……”穆如槊淡淡地说，“瀚南诸部因为相信皇朝的护佑和草原的安宁，所以交出他们最好的战马，不再打造兵器，专心放牧牛羊，结果就是这样的下场。现在他们重新养肥了战马，绷紧了弓弦，在额头刻上血字发誓要报仇，你们以为你们还能再胜得过他们吗？”

柯子模冷笑道：“如果让南北诸部再决战一次，输者就让出河流与草场的话，我们不会惧怕的。”

“看来，你们很相信胜者为王的道理……”穆如槊点头，“从你们催动战马的一刻起，就应该已经准备好了死在马蹄下了吧。”

“为什么！”柯子模暴吼着，“上天是不公平的，凭什么我们要世代在瀚北寒漠居住，凭什么我们不能用我们的刀剑夺得真正的沃土？”

“因为你们做不到！各部疆线是三百年前就划下的，为的就是让草原上不再互相残杀，你们的祖先那时也认可了。”穆如槊的笑容像狮子嘲笑着挑战者，“如果你们以为凭一股蛮勇就能改变这帝国的秩序，那么今天，你们就将看到什么是真正的骑兵，和真正的杀戮。”

穆如槊缓缓抬起了手，他背后的铁甲骑军动作整齐如同一人一般，也缓缓抽刀出鞘。

“今天我只用本部骑兵一万人冲锋，如果你柯子模觉得自己足够有力量挑战大端的话，就用你数万族人的身躯来试试阻挡吧。”

看见对面寒光的森林缓缓升起，柯子模像是预感到了死亡的宣判。他像被猎人围困的孤狼大声喊着：“我不相信——！”拔刀前指，八部骑军狂喊起来，首先开始了冲锋。

硕风和叶还没回过神来，战争已经开始了。他被冲锋的潮水卷裹着向前。对面的穆如铁骑却像铁铸的城墙一般伫立。直到八部的冲锋离端军大阵只有不到一里的时候，硕风和叶看见那面火麟麟旗突然挥动了一下。

后面的事情硕风和叶总是记忆模糊，如同人会下意识忘掉自己内心最不愿回想的事情。穆如世家的铁甲骑军突然发动了，速度让人难以想象。无数利刃瞬间插入了八部骑军的内部，势如破竹地向前推进，八部军阵像是被绞碎一样翻落马下，四处都是惨叫声。他们很快被分割开来，弓箭从两面射来，没有人能冲到穆如军面前，他们连对手的面孔还没看清就倒下了。

穆如军纵切，横插，包围，中心冲突。像一部绞碎血肉的机械，向每个方位的出击都准确无误，数百支分队间的策应天衣无缝，始终没有任何两支间的距离超过二百尺，但也没有冲突到一起过，他们在八部军中来回地奔驰，像无数匕首把猎物一点点割碎。

那就像……硕风和叶后来回想着，就像是狼群在分割开羊群，然后屠杀。是的，那时的八部骑军在穆如铁骑面前就是羊和狼的差距。这就是只凭蛮勇的牧民和久经训练的精锐骑兵之间的差别。

那面火麒麟旗，一直在缓缓地挥动，调度着这场杀戮。

那之后很长的时间里，硕风和叶一闭上眼，就是那面火兽之旗的舞动，还有满耳的杀声……

穆如铁骑的骑兵分路追杀溃逃的八部族，整个瀚北草原上，都是一片杀声与血色。硕风和叶不知道他一口气跑出了多远，直到马已累死。他不想承认却又不得不承认，那时只有十来岁的他，已经被恐惧紧紧抓住。他从来没有看过那么惨烈的战事，那么多的人就那样成片成片地死去，马蹄下满是血泥和碎骨，都看不到黑色的土地了。

前方还有部族的老弱在赶着羊群慢慢地行走，硕风和叶狂奔过去，喊："快走，快走！穆如铁骑就要来了！"但那些部众们舍不得羊群，还在极力驱赶，少年急得要哭出来。这时身后狂沙卷起，人们回过头去，数百黑甲骑影出现在地平线上，飞逐而来。

部众男子们还试图前去阻挡，硕风和叶哑着嗓子大吼着："不要去！"但是晚了，飞骑交错间，几十个头颅已飞上了天空。

穆如骑兵们追至族众旁，高举了一面红字令牌："天子有谕：瀚北八部作反，围上都，屠诸部，天地不容，全族诛灭！"

然后就是惨叫与血光。

硕风和叶那时已经完全再没有了奔跑的勇气，他怔怔站在那里，突然旁边一位老者扯过一张羊皮将他盖住，一把推入了羊群之中。

硕风和叶蜷缩在群羊的蹄间，紧咬住嘴唇，身子发抖，什么也不敢听，什么也不敢想。那些羊愣愣地站在他周围，看着几十尺外的杀戮，它们只有在狼群来时才懂得逃。硕风和叶后来每每回忆起这个耻辱时刻，他就紧紧咬住自己的嘴唇，想，我曾活得像一头待宰的羊，但我不会永远这样活着。

那次大追剿持续了一个月，八部族数十万人在数千里瀚北寒漠上四下逃散，穆如军也分成数千小队四下搜杀。不知多少人死在这次剿杀中。硕风和叶只知道逃亡路上随处可见尸身血迹，那是穆如军奔过的痕迹。

但突然间这剿杀停止了，就在八部族已然绝望的时刻。不知为了什么，穆如军像是一瞬间从草原上消失了。

后来硕风和叶才知道，那是因为端朝皇帝牧云勤的九弟、东陆的宛州王牧云栾起兵造反了，穆如世家要回东陆作战。穆如铁骑虽然留在北陆，但须更换主将，所以才会停止搜剿追杀，调回上都整编。

如果剿杀再持续三天，也许硕风和叶就会在冰原上冻饿而死。但只是三天的区别。大端朝就将在十年后迎来亡国的时刻。

硕风和叶终于寻到了自己的族人，他刚从饥寒中缓过来，就立刻骑上瘦马去四下各营，声嘶力竭地呼喊："你们还准备在这冰漠上靠着几根枯草活下去吗？你们还打算依靠羊群过一辈子吗？不可能了，穆如军随时会回来，想活下去的人跟我来！我们需要一支真正的骑兵，我们要把自己训练成一支比狼还狠、比暴风还烈的骑兵！忘记你们的羊吧！我们的生路，只能靠刀去搏取了！"

无数心怀复仇烈火的各部少年们立刻带上自己的新驹，用树枝削成木刀去跟随硕风和叶。他们在草原上自己划分编制开始训练，没有任何的兵法操典，只凭了硕风和叶对那次大战的记忆，穆如骑军如何出击，如何分队，如何穿插，如何围射。而如果遇上敌军如此战法，如何应对，少年们红着眼睛，日夜讨论，一旦有了想法，就上马训练。从马上摔下来断了腿，被木棍误伤了眼睛，都没有人出声抱怨。父母们在远方看着他们，没有人来喝止，只是默默地放下食物与羊奶。

谁都明白，瀚北诸部能不能有未来，就看这群少年了。

【04】

"我们的马根本不能称之为战马。"那天，少年们演练累了，坐在草地上用草棍在地上画着，"它们无法不吃草料就连续奔驰，没有办法一天内急行军五百里，一看到火或长枪就会惊慌奔跳，也根本不敢跃过壕沟。这样的话，我们再不要命，也根本不可能和穆如世家的骑兵去拼。"说话的是面色黝黑的赫兰铁朵。

"穆如世家的战马是什么马种？为什么那么强健？"有少年问。

"那是穆如铁骑专用的战马，名叫凌风，是冲刺起来最快的一种马，它们远远奔跑的时候，宛如蹄不沾地踏风而行，而耐力又很好。俗语说：'二十年一名将，二百年一良驹。'好马是需要血统的，从三百年前穆如部还在草原时就在培育这种马了，他们会把出生后瘦弱的幼马杀死，以保证整个种群的血统强健。当时的东部草原霸主牧云部就曾被这种战马打败过。但这种战马一在别的骑军或部族中驯养，就会退化，所以，目前也只有穆如铁骑拥有这种战马。这也是穆如铁骑作为端朝最主力的精锐地位无法动摇的原因。”硕风和叶说。

“也就是说，即使我们偷来战马，一和我们这里的马交配，也就很快变得寻常了？难道没有比凌风马更强的马种了吗？”

“草原上有传说中的四大名驹：凌风、踏火、逐日、苍狼。其中凌风马就是现在穆如世家所用的马种，奔速最快，有‘凌风逐箭’的传说。踏火驹据说能足生火焰，当年瀚族部落曾用它进攻过宁州，奔过之处，烈焰燎天，杀得羽族几乎灭族。但后来羽族复兴，鹤雪[1]首领向异翅[2]专门剿杀这马种，使踏火驹灭绝，成为传说。而逐日骏据说可以日行千里而不必休息，十日内便可行出万里之遥，但此马种似乎早已退化，也成为历史了。而苍狼，有人说那是马，有人说根本就是狼，是无法驯服的怪兽……所以……”一旁的长者里木哲说。

“可是……真的有这种马是吗？它们在什么地方？”硕风和叶问。

“人们说，在极北的雪原上，那里寒冷得连草也长不出来，只有苔藓。荒无人迹，却有着可怕的狼群和巨熊。”

硕风和叶点了点头，没有说话。

【05】

瀚北雪原，放眼苍茫一片，灰白的雪，灰白的天穹，天地仿佛只是一张冰冷的纸，画着寥寥几笔丘陵。

硕风和叶独骑行在这片冻土上，觉得那北风像利刀一样轻易地就割开了厚厚的皮袍，在他的身体上划下深痕，仿佛他穿的是一层薄薄的铁甲似的。有一种奇异的刺痛在他身体中游走，那是血液正在变得冰凉。每走一个时辰，他就要找背风处点起一堆篝火来暖一暖身体。但在这荒原上，连树枝草根也不是那么好寻找的。

他把最后一口烈酒倒进了口中，觉得胸中好像有股火苗腾了一下，但随即就熄灭了。连这喝了可以在冰河中游泳的“醉长风”也无法抵御这里的寒冷。他苦笑了一下，把空酒壶挂回马背。马的蹄子都冻伤了，也许很快就不能行走。他已经陷入

---

[1] 鹤雪：羽族最精锐的战士，平均十万羽人中才能训练出一个，因而在羽族地位极为尊崇。他们具有随时凝出羽翼起飞的能力，并以极其精准的箭法和无出其右的阵法配合威震天下。

[2] 向异翅：鹤雪团最后一位首领。羽族第三王朝末期，第二王朝图谋复辟，各种错综复杂的形势下向异翅作为暗裔羽人却谋得了鹤雪首领之位，率领鹤雪团达到了声誉和战力的最高峰，并推翻了第二王朝的复辟之主翼在天。其后向异翅以生命阻止了特异天象“辰月之变”的发生，使鹤雪得以延续一脉。但向异翅死后作为首领信物的鹤雪翎失踪，鹤雪再也没有人能成为首领，改以右翼领为尊。（详见今何在《九州·羽传说》）

绝境，更无法回头。

硕风和叶知道欲成大事者最忌孤身犯险，但那传说中强悍的战马使他不能抑制胸中的渴望。他太想建立一支能雄视天下的骑兵了。也唯有强大的骑兵，才是右金复仇的希望。

但是父辈的人，已经不相信还有这种可骑乘的狼存在了。他无法说服他们，甚至也无法说服自己。他寻找的地方，都是前人从未涉足的地带。因为只有没人肯去的地方，才可能有别人所不知道的东西。没有地图，没有道路。想寻找到只在传说中存在的马种是可笑而渺茫的事，但一个声音告诉他，他必须这样做。

翻过一个坡顶，迎面而来的风几乎把他吹得立足不住。但他目光一扫，立刻看见前方的雪原上有几个异样的黑点。

那些不是枯树，它们正在移动着。

硕风和叶立刻蹲下身去。会是狼吗？他虽然正处在下风，但在这坦露的山坡上，狼群不需要嗅觉也能轻易看见他。

果然，那几个黑点开始迅速向这边奔了过来。从移动的速度看，那必然是狼。

硕风和叶知道，虚弱的马已经无法载自己逃离狼群的追捕了。他把战刀从马背上摘下轻放在地上。又摘下弓箭，静等着捕食者的靠近。

狼群很快来到了山坡下，一共有六只，它们开始分散，有两只分别向东西两面绕去。硕风和叶知道这是狼群的习惯，而他也希望它们这样做，这样他就有时间来对付正面的狼群。

正面的四只狼已经冲上了山坡，硕风和叶能清楚地看见它们灰黑色的背。他的战马开始惊慌地跳跃，想挣脱绑在树上的缰绳。狼群们正在放慢脚步，它们在等两翼的包抄者。但硕风和叶知道这一刻就是自己的时机，他的弓在慢慢拉满。就在为首的公狼停住脚步的那一瞬，锦翎箭猛地掠了出去，在空中划过一道长弧，准确地扎进了它的背。

那公狼猛跳了一下，哀号一声，倒在地上。其余几只吓了一跳，它们久居无人区，并没有见识过弓箭。这时硕风和叶的弓弦已再次拉满，第二支箭瞄住最右边那头射了出去，这时一阵大风刮来，箭在空中稍稍一偏，而那狼像是感觉到了风中异样的声音，忽地向一边一跳，那箭扎入了离它半尺的地上。

硕风和叶用脏话咒骂了一声，他的手中又搭上了一支箭，但这次不敢再轻易射出去了。

狼群散得更开了，它们忽快忽慢地奔跑着，渐渐缩小着包围圈。

硕风和叶看准机会，又是一箭把十几丈外的一头狼射倒。这时一只黑背狼发出了号叫声，狼群开始同时发力疾跑，从四面冲了上来。

硕风和叶扯开束马的缰索，他知道自己这时候顾不了它了。马发足向山下奔去，一只狼犹豫了一下，转身追了上去。硕风和叶站起身来，拉弓凝视正前方冲得最快的那只狼，看它已奔到极速难以闪躲之时，一箭射入了它的脑顶。然后他立刻转身，这同时搭上第二支箭，侧面那只狼奔得离他只有几十步了，但他仍不敢出箭。因为一旦一箭射空，他不会再有第二次瞄准的时间。他这时已经听见了背后有狼奔近的声音，但他不能分神，眼睛仍凝视着箭锋所指的方向，那个影子越来越大。当它猛地跃起的那一瞬，硕风和叶把箭射了出去，不看箭是否射中目标，就立刻转身，拔刀，向斜上方猛挥，刀流畅地划过了正从背后扑向他的那只狼的身体，那时它的爪子离他只有一尺。

噗的一声，那狼重重地摔在了地上，变成两段，血在冻土上冒起腾腾的热气。这时荒原上又只剩下了风声，硕风和叶平复了一下气息，在袍巾上擦拭了战刀，还刀入鞘，然后才转回身去，看见另一只狼还在离他数尺远的地上挣扎着，那箭从它颈下穿了过去。

远远转来了马的嘶叫，最后一只狼还在追逐着他的马。硕风和叶一声呼哨，马奔了回来，那狼追了几步，闻见地面的血腥气，看到同伴的尸体，心惧转身要逃，硕风和叶一箭射穿了它。

冷风使他额上的汗珠急速冰冷，硕风和叶为自己从险境中逃离而长出了一口气，一抬头间，突然呆在那里。

前方的地平线似乎和之前不太一样了，一团浓重的黑堆在那里，而且正急速推进着。

如果那是狼群，那么足足有数千只之多。

硕风和叶不能相信自己所看到的。为什么这里会有这么大规模的狼群？这不是常理可以解释的，老者的警告突然又响在他的耳边。

“没有人敢去瀚州极北的荒原，不仅仅是因为寒冷，更是因为狼潮。”

当狼王的号叫长久地响彻在原野之上，大股的狼群便穿越北方的险恶山谷涌了出来，横扫过这片冻原，把所有可以寻找到的生物变为白骨，这是这里连能在殇州冰原上生活的六角牦牛都难以见到的原因。据说在古时，曾有部族迁徙至此，但最终消失了，而狼群，才是这里永恒的主人。

硕风和叶心想自己完了，再没有什么能帮助他从数千恶狼的口中逃生。但求生的欲望迫使他做最后的挣扎，他跳上马背，转头奔下山坡，要做最后的逃亡。

刚奔出一里多，那片黑色的身影就在他刚才立足的山坡上出现了，奔泻下来。

山坡瞬间被覆盖为黑色。硕风和叶策马绝望地奔跑着，胯下的马沉重地喷着白沫，他明白自己的马没有耐力支持这样急速的奔逐，也许五里，也许七里……那个结局终会到来的。

狼群追近了他，硕风和叶已经能听见背后无数利爪翻起冻土的沙沙声，还有狼群的粗重吐气声，这声音一直钻入他的脊背里，让他血脉冰凉，他不敢想象自己回头时看见的情景。而马却已经开始摇晃，冻伤的蹄子每次落地都像铜块打在地上，震得人骨头也痛了。硕风和叶知道自己的马已经到了最后的时刻。

我不能做个从马上摔下而死的人。他想着，抽出自己的长刀，脚脱开了镫子，深吸一口气，大喊一声，从马背上一跃而下，转身面对奔腾而来的狼群。

那股强烈的风夹着腥气扑面而来，吹得他眼睛都难以睁开。硕风和叶举起长刀，却呆立在那里。

狼群无视他，从他的身边涌过。它们是如此密集，以至于许多狼就擦着硕风和叶的身边奔过，硕风和叶能感到那狼毛的尖硬。可是它们就是不看他一眼。

这场景如此怪异，一个人举着长刀，僵立在无边奔腾的狼群中，像泥流中的柱石。硕风和叶不知道为什么会这样，他努力站稳脚跟害怕被狼群冲倒，但狼群显然也像很害怕撞倒他会耽误奔跑似的努力从他身边绕过。硕风和叶保持这姿势，一直到不知过了多久，最后一匹老狼喘着粗气从他身边几丈外奔了过去。

当大地变得安静下来，烟尘开始散去，硕风和叶才听到了，那狼群之后传来的声音，它悠长而久久震荡，像是号角，又像是某种巨兽的嘶鸣。

硕风和叶突然明白了为什么狼群这样狂奔——它们不是在追逐猎物，而是在逃亡！

是什么能让可以吞没整个平原或一座城镇的庞大狼群奔逃呢？

硕风和叶知道，举起的刀还没有到放下的时候。

他睁大眼睛，死死盯住远处灰色荒野上那慢慢移来的白色怪物。

它身躯庞大，远看像一头巨熊，脚步蹒跚。但随着它慢慢接近，硕风和叶闻到了一股寒冷的气息，他看清了那个身影，那仍是一只狼，一只脊背比人还高的巨狼。

硕风和叶明白，站在自己面前的，是狼王。

那巨狼慢慢走近，它的颈肩上围着一团长绒，在风中抖动。这使它的身形显得更为伟岸。几十丈外，它那冷酷的眼神已经要使硕风和叶血液凝冻。狼王慢慢停下了脚步，喷出粗重的白气，在警告着它的对手。

硕风和叶握刀的手开始出汗，冷风中这汗水几乎要把刀柄与他的手冻在一起。他也死死盯住对手的眼睛，知道这时眼中决不能露出一丝胆怯：那对一头狼来说，无疑是进攻的号角。

这时的后方，又有一声长长的号呜响了起来。

巨狼微微地回头，这时硕风和叶看见，它的背上、后腿上插着三支银羽的箭，都已深深没入体内。

还有其他人在这荒原之上，有人正在捕猎这头巨狼！

狼王又猛转回头来恶视着硕风和叶，发出威胁的嘶吼，但硕风和叶明白，如果不是它受了重伤，它就不会这样慢慢地落在狼群之后奔跑。它也许带箭奔跑了许久，此刻也许连起跳的力量都没有了。

另一边的远方又传来号角的回应，这是一场围猎。是什么样的部族，什么样的军队，才敢于围猎这样庞大凶恶的狼群？

远处腾起烟尘，许多骑士飞奔而来。狼王怒吼一声，身子猛一弹，向硕风和叶扑来。硕风和叶一个翻滚躲了开去，狼王落地时却一个踉跄，它的前爪在地上滑了一下，失去平衡撞在地面上，身上的银羽箭突然闪耀出光华。

硕风和叶想起，这世上有一种银色的箭，是贯注了秘术制成的，它们有的可以吸干中箭者的血，有的能使敌手失去任何力量。这时硕风和叶只要抬手一刀，就能砍下那狼王的头颅。

但他并没有出刀，他慢慢走上前，突然伸出手，拔出了狼王身上的法术箭。巨狼低吼了一声，回头望向他，那眼神中，却少了些凶狠。

硕风和叶不知道自己为什么要这样做，也许是刚才和狼王对视之时，它那绝望的眼神让他似曾相识。当自己躲在羊群中的时候，眼神中也一定有着这样的无力与愤怒。

他又将狼王身上另外两支箭拔了下来。狼王像是突然从重病中苏醒，猛跃起来，发出震耳的长嚎。

“快走啊。”硕风和叶对巨狼说，他突然想起几年前，他曾对自己的族人说过同样的话，但他们没有能逃脱。

他握紧刀，望了望后面追来的骑兵：“我们都是猎物啊，但我们不会永远是猎物的。”

巨狼仿佛懂得他在说什么，走近他的身边，低下头靠近硕风和叶的脸。它的头离硕风和叶只有几寸，粗重的腥气喷到他的脸上，它一张口就能咬断硕风和叶的喉咙，但硕风和叶明白它绝不仅仅是一头野兽。狼王低嚎了一声，拔足去追赶它的狼群，速度已然是骏马也难以企及。

【06】

硕风和叶静静站在那儿，看着奔来的骑者。他们穿着黑色的皮甲，盔上飘荡着红色的长缨。那是硕风和叶所熟悉的装束，正是他们，当年像捕猎狼群一样捕猎着叛乱的瀚北诸部。

当先的飞骑来到硕风和叶面前一个高仰急停。好快的马，好漂亮的骑术，硕风和叶不禁也要在心中赞叹他的敌人。在草原上，除了穆如铁骑，还有谁敢追逐狼群。

“你是谁？”那骑者大声吼着。与此同时，后面的骑军也赶到了，几十骑迅速将硕风和叶围在核心，而其余骑军继续追赶狼群。没有命令没有交谈，一切都像是同一个人在思考，当年他们击溃瀚北数万大军时，也是这样，没有喊声，只有沉默的刀光。

“我什么时候能有这样一支骑兵！”硕风和叶在心中恶狠狠地喊，这种仇恨与叹羡交织成的欲望甚至超过了现在被敌人围住的恐惧。

少年仍然紧紧地握着刀，可他能杀死六头狼，却没有信心同时对付两个以上的穆如骑士。

“瀚北人……”他听见身边有骑者在冷冷地说。

对叛乱部族的格杀勿论是草原千年来的法则，这些骑兵不再需要任何审问与理由。他们所尊崇的主帅被皇帝拘捕流放了，他们内心积郁的愤怒让他们只想毁掉能看到的一切东西。

硕风和叶把刀柄紧握得都要熔化在手中了，但有一种沉重的压力使他难以举起刀来，是穆如骑兵的威严，还是求生的欲望？他还不能死，他的复仇愿望还需要许多年的忍耐。但他现在能做什么？如果跪倒求饶能够换来未来的大志得偿，他有没有足够的坚忍去做？

活下去，比死亡需要更大的勇气。

那为首的穆如骑将慢慢把战刀抽了出来。

“等一等。”有人说。

那是个女子的声音，像银弹珠跳过雪亮的冰面。硕风和叶看见她从骑兵后策马行出，白绒大氅中露出银丝紧裹的链甲，一条雪貂尾围在颈上，更有暗金色的貂绒锦挡住大半的面容，唯有乌黑透亮的一双眼眸，把少年心中麻了一下。那一片穆如骑兵的冷酷目光中，突然有了一点灵动的光芒，像是低压的暴风云层中，突然透出一束阳光来。

硕风和叶看见她马上的银弓，便知道了手中箭支的主人。

“你喜欢这些箭？”少女微笑着，“我箭壶中还有九支，每支的效用都不同，我会把它们都送给你。你放走了我的猎物，那么，你就来代替它。”

硕风和叶感到了这清亮声线中的危险，他抬头怒视着少女，可迎上她的眼睛，却像是利箭射中了湖水，激不起一丝波澜。她眼中始终没有杀机，她的唇一定在轻轻微笑，但是她却解下了银弓。

“你们去追狼群吧，一定要找出苍狼骑的奥秘。这个猎物是我的。”少女对手下笑着，“我就在这儿数一千下后开始追，现在你跑吧。”

硕风和叶明白了自己正面对什么，他没有再思索，发足就向远方的山坡奔去。他明白，只要有一丝生机自己也要活下去，狼王也会有奔逃的时候，但那是为了将来有机会咬断对手的喉咙。

而少女却下马歇息，立刻有人立起了挡风的猎围，在围中点起了篝火，烤起食物。少女解开遮面的貂绒，露出一张如玉雕成的面容。她对护卫一笑：“记得帮我数，一千下哦。”

不知什么时候，浅淡的雪片从空中缓缓飘落了下来。

硕风和叶迎着风奔跑，他觉得胸中的空气都要被抽空了，张大嘴竭力地呼吸，却仍然眼前发虚——在这样的高原上，这样的奔跑与自杀无异，他的身体已经坚持不住，奔跑，就是死亡，而停下脚步，也意味着死亡。他宁愿为一线生的希望而死，也不愿成为别人的猎物。

“九百八十一、九百八十二……”火堆前的少女静望着眼前的飘雪，口中轻轻地念着，不像是在计算一个人的最后生命，倒像是在数着雪花的数目。

“九百九十九……”卫士们听到这个数字时，都开始准备扳鞍上马，但是少女却仍然在呆呆望着雪片出神，仿佛世间的纷争对她已经不再重要。

数里外，硕风和叶摔倒在地。他艰难地翻过身，望着天空中的雪片向他落来，却感觉那是自己正在向前疾飞，一切都变得那么轻、那么美妙，少年知道这是窒息濒死前的征兆，他的手在死死抠挖着地面，磨出血痕，想为自己找一点痛楚的刺激，把灵魂拉回身体，但是，偏偏什么也感觉不到。

他慢慢举起了手中还握着的那银质的箭，箭杆上的刻字在他眼中模糊了又清晰。那是一个姓氏——“牧云”。

数里外，整装待发的骑士们却迟迟没有听到最后的那个数字，围着雪貂的少女仿佛完全忘记了还有追猎这一回事，而沉浸在这荒原风雪的美景中了。

“天气好冷啊……这个时候……应该在家中围着炉火等羊奶子烤肉熟呢……”

那个落雪的黄昏，追捕的倒计时在少女牧云严霜的口中停在了九百九十九，她一直没有说出最后那个数字。

【07】

硕风和叶倒在地上，等着寒风把他身体里的血液一点点变得冰冷。这时他看见了一张面孔，凑近了自己。

是那头巨狼，它脖上耸动着雪一样的长绒，正露出尖利的牙。

“狼王，你就是这样报答我的吗？”硕风和叶在心中笑着。

狼王低下头来，凑向他的喉咙。这时，硕风和叶看到狼王的口张开了，他听到了一个低沉的声音，那不是狼嗥，但也不是人声，却像是一个咒语。

突然他像是被一道雷电击中了，浑身每一寸肌肤都燃烧起来，硕风和叶发出了痛苦的喊叫，而他听见的，却是狼的嗥声。

他看见草原之上，无边的狼群正聚集而来。

【08】

入夜，围猎者的大营。

大帐内挂着沉重铁甲，炭火边那少女正和一位少年轻轻地谈话。

“驰狼[1]群果然是难以驯服，而传说中的狼驹也不见踪迹，皇兄，也许你要重建苍狼骑兵的愿望……越来越渺茫了呢。”

“穆如世家被降罪流放，现在铁骑中的将领群情急躁，都恨不得立刻回师东陆。还有人对我说，我父皇昏庸，要拥我为帝，去逼我父皇退位。这样下去，只怕外寇未平，内争先起，我已经数月无法安眠。”

少女低下头：“皇兄，我明白你心中的苦……穆如铁骑中已经有数支出走，其余也有很多拒绝再出征，他们觉得现在陛下就是想把穆如铁骑尽数拼光在草原上，所以不愿再全力剿灭八部。你一面要保住这支端朝最强的主力铁骑，一面又要平定北陆，还得面对部下的愤怒、你父皇的猜忌，真是太难了……可是……找到苍狼驹，就能挽救这一切吗？”

“我当然明白不能……我现在所做的一切，只不过是要给大家一个希望，让他们明白，我决不会放弃，我一定会把这支骑兵变得更强，而不会坐视它在我手中被

[1] 驰狼：生活在高寒地带的草原及灌木林草原混交地带的一种猛兽，外形与狼近似，但体形更大，攻击力极强，奔驰迅猛，可以被训练成坐骑，但即使驯服成功，饥饿时吞食骑手也十分常见。

毁掉。”

少女裹了裹身上的毛披：“夜深了，好冷啊……皇兄，你说……我们被逼到了这一步，东陆无援军，各营无战意，我们真的还有希望吗……”

“只要我活着……这支骑兵就永远在，北陆就永远不会倾覆。霜儿……相信我。我回帐了，你早些睡吧，明天还有大段的路要走。”

那少年离帐而去，少女站起身来，扎紧帐幕，解下轻裘，取热水轻轻擦拭沾尘的身体。然后钻入厚厚的大被，沉沉睡去。

不知何时，一头月光般的狼影挤入了帐幕之中，无声无息。

它来到少女的床头，那深蓝色眼眸直视着她，慢慢张开利齿。

少女正在梦中，紧紧抓着被子，口中喃喃道：“是我……我回来了……”眼中却有泪落下。

那白狼静立了一会儿，突然转身跃出帐去。

风声、雪声从被拱起的棉帘中疾冲进来，但只是一瞬，一切又如常了。

【09】

狼群站在硕风和叶的面前。

“为什么不现在就杀了他们？”狼王低低地嘶吼。

“因为我要等到那一天，我要在战场上打败牧云寒和穆如世家的铁骑，我要的不是我个人的胜负，而是整个北陆草原，整个天下的胜负！”

他面对风雪仰天长啸时，喉中发出的仍是划破夜空的狼嗥。

【10】

七年之后，硕风和叶带领八部盟军，将牧云寒和最后的三千苍狼骑包围在溟朦冰海之上。大端朝三百年的雄浑武力，牧云氏十数代的赫赫威名，终于也有沉暮末路的时候。

那一夜狂风暴雪，是百年来难遇的极寒。可第二天清晨，居然云开雾散，天边升起了红日。望着被凝冻在冰海上的牧云氏的最后一支北陆骑兵，硕风和叶举马鞭遥指天边，回头对八部首领说：“各位，我硕风和叶的时代，开始了。”

之五 唐泽

Tang Ze

【01】

穆如寒江站在冰山顶上，看着他新的家园。

这里什么也没有，除了无边的白色。冰山连绵，如银龙的脊背。阳光在雪面上闪耀，刺得他几乎睁不开眼。

数月之前，他还站在宏伟的天启城高处，俯视那万城之城中如百川交汇的街道与人流，但现在，他感到过去的一切，都只是一个梦。

一夜之间他从金鞍玉带的将门骄子变成了流配罪囚，随全族戴枷步行远涉凶山恶水，饥寒交迫，身上的衣服从一件崭新的锦袍变成了丐服，穆如寒江以前从来不知道，人会那样珍惜一件衣服——当你只有它可以蔽体的时候。

殇州极寒之地，从东陆中州到北陆殇州，是三千里的路程。横渡天拓海峡，海峡北岸已被冰封住，他们弃船上冰徒行。许多人的鞋早磨穿了，脚掌被冰凌划破，冻上，又划破，一路留下暗红的足印。他那位八岁的堂妹鞋子掉了，赤足被冻在了冰面上，拔不起来，被押送军硬一扯，整一张脚掌的皮留在冰上，她惨叫一声晕了过去，当天晚上就死了，死之前一直恍恍惚惚地哭着说："鞋……帮我去捡我的小绒鞋……"

走到殇州流放地，全族的人已然死了一半，剩下的也奄奄一息，还要每天去开凿万年的冻土，因为牧云家的皇帝们想在极寒的殇州开出一条道路，然后建起一座城市，作为大端朝对这远离帝都的万里冰原统治的象征。

这座象征之城现在只有半面城墙立在风雪中，这是一百余年来数代流放者和民夫们献出生命的成果。冰原上四处可见被冻在冰下的尸骨，有些眼尚未闭上，眼中的绝望被永远地凝固在那里，让人看一眼便如被冰锥穿透全身。

建不起这座城，流放者便永远不能被救赎。

在冰原上，封冻着另外一些巨大身影，他们远远看去像是风雪中的冰柱，顶天立地。但他们却曾经是活着的。穆如寒江知道，那些就是冰原上最可怕的种族，这殇州大地真正的主人——夸父族[1]。

---

[1] 夸父族：九州世界里的六个智慧种族之一，身高为人族的二至三倍，肢体强壮，力量居六族之冠。夸父皮肤粗韧，通常不穿铠甲，其他种族的普通攻击也很难对他们造成伤害。

他们因为自称是传说中上古逐日巨人夸父的后代而得名，人们也用那个上古巨人的名字来称呼他们，或是叫他们“夸民”。他们才是这座城池无法建起的真正原因。

端帝国想要征服夸父族，真正地统治殇州，这座冰上之城的建与毁便成为了一种战争。大端朝不断地把流放者和民夫送到这里，用他们的尸骨去填满帝国的虚荣，证明人族来到了这里，并且绝对不准备退后。

所以殇州是绝望之州，终结之州。踏上殇州冰面的那一刻，便要放弃所有希望。你已被宣告死亡。

【02】

巨人唐泽一睁开眼睛，就看见了那铺洒在巨大冰穹之上的阳光。

他喜欢这种耀眼的感觉，阳光下的冰宫殿总是那么温暖而辉煌，每一个棱角都如钻石闪耀光辉。

他舒展了一下筋骨，发现冰穹似乎又低矮了一些，是因为水汽在穹顶上凝起了新的冰层，还是自己又长高了？他更相信是后一种。

冰之国度中十分安静，族人们沉默地走来走去，偶尔用低沉的语气交谈。在秋季大冰湖封冻之前，他们已经捕猎了足够的从北迁徙而来的巨蹄鹿和悍马拙牛，可以烤着冰冻的肉块，喝着比火还灼人的烈酒，在冰宫殿中安心闲适地度过这个漫长的冬季。

巨人的历史是如此缓慢，自传说中祖先从没有光明的极北追逐着太阳来到这块土地，已经过去五六千年了吧，但夸父族人的生活仍然同上古一样，缓慢而单纯，也正如他们的语言和音乐，只有少数的几十个音节。他们弹击着冰石钟，拍打着牛皮鼓，从胸怀中发出悠长的吟唱，就这样度过一天，一月，一年。

夸父族是冰原的王者，没有任何一种野兽可以与巨人们的力量抗衡。部落散落在这片白色大地的各处，彼此之间相隔大山冰河，只在围猎期才聚集起来合作。

唐泽并不知道这纵横数千里的冰原上一共有多少部落，也许一千个，也许五千个。但夸父族人中，却都有着夸父王的传说——那是巨人中最高大的人，不需要战争与血统，夸父族人都不约而同地尊崇着这一法则，相信盘古神会为他们做出选择，使真正的王者能离天空最近。但是唐泽从来没有见过他。听说夸父王居住在北方最高大的雪山中，并轻易不走出他的宫殿。

近百年来，南边却传来一些令人不安的消息，打扰着巨人们平缓的生活。那是关于一座冰铸的城市，铸造这座城市的，却不是夸父族。

听说那个种族把自己称为真正的人族，但在夸父族人的眼中，他们不过是一群小人儿，身高还不到普通巨人的腰间，一头巨蹄鹿就能吓得他们四下逃奔。然而这些小人儿却建造了大船，从南边的大地上穿越满是流冰的海峡，来到了这里，并开始铸造冰城。

巨人们并不关心冰原之外的世界是什么样子，但是那些人族却似乎总是希望能把他们的城邦建到他们所能到达的任何一个地方。夸父族开始回想起千年前那些传说中的与人族的战争，但不论经历多少惨烈的战斗，冰原仍然归巨人们所有。那些人族留下的尸骨被掩埋在深深的冰下，至今在东部山脉还会随着雪崩翻出。

巨人们的历史是模糊的，他们总是健忘过去而懒于去想未来。他们把史记变成诗歌，又把诗歌变成没有文字的吟唱，在漫长的传承中，他们把过去的辛苦与辉煌全都化成了简单的呐喊。当他们要讲一个古代英雄的故事时，他们就站起来猛击一通巨鼓，然后大喝一声："喝——啊！"所有人便都从这震动山河的鼓声与呐喊中听到了一切，不需要任何多余的铺陈与修饰，然后大家把烈酒倒入心胸，当酒与血混合在一起时，他们便在癫狂之中，看到了祖先们的灵魂在火光中与他们共舞。

所以夸父族人总是忘记了他们曾经有过多少代王者，有过几个王朝，因为那些并不重要。他们认为英雄的灵魂永远不会离去，而会贯注在新生的勇士体内，他们的祖先变成他们的孩子，他们的历史也就是他们的未来，像大河经历漫长封冻，但每年总会有奔腾怒吼的时刻。

【03】

夸父族是骄傲的种族，骄傲到不承认他们有敌人。但是每年南方海面都会有船只的影子出现，把更多的人族运送到这片极寒之地。

有一些靠近冰城的夸父部落便感到了愤怒，人族每一船运来的人比他们各部一代出生的孩子还要多。他们发动了对冰城的袭击。事实证明人族是不堪一击的，他们惊慌逃避，挖掘深而窄的冰洞作为避难所。夸父族不屑去刨开那些冰洞，他们在人族惊恐的眼神注视下，砸毁那刚铸到一半的冰城，然后扬长而去。

但人族并没有像巨人们想象的那样知难而去，虽然因为不耐寒冷和缺少食物，每次来到冰原上的人几个月后就死去了一半，但残破的冰城上，仍然能看到修筑者的身影。

巨人们无法理解这些小个子的行为，他们为什么要来到这里？为什么面对寒冷和死亡都不肯离去？但巨人们是不愿交谈的种族，他们只是一次次捣毁冰城，来表达他们的愤怒。而人族则在他们去时就逃入冰洞，待他们离开后又开始默默修补冰城的废墟。

于是这座冰城就成了也许永远无法完成却也难以被毁去的奇特景致，成为了两个种族比较力量与耐心的角逐。多少年来，人族在冰城死亡的人数也许已经达到了数万，但半年一次的船仍然在不断地把人送来，却从来不运回尸骨。

在冰原要找到土埋葬死者太困难了，冻土坚硬无比且深处冰层之下。冰城的守护者们于是把死者也铸入巨大的冰砖里，把他们变成冰城的一部分。当这面冰墙垒得越来越高，人族们也变得越来越绝望和狂暴，每次夸父族去捣毁冰城，都会有觉得生不如死的人族站在冰墙上拼死抵抗，明知无用却执着地射出一支支箭，直到被猛地击碎在冰面上，血肉与残骨很快就凝冻成冰墙的一部分，永远留在那里。

后来有些夸父部落面对了族人的死亡，愤怒地决定毁去冰城，终结这反复循环的无聊争夺，但那就要永远地消灭那里的人族。

于是战争变得越来越血腥残酷。唐泽在少年时曾经参与过一次这样的出击，南方五个夸父部族联合，出征的一共有六十位巨人，他们的目标是杀死能找到的每一个人族。

在冰城的外围他们很快取得了胜利，最前锋的巨人勇士们疯狂地扫荡着一切，当唐泽他们进入冰城时，只看到白色的冰上一处处扎眼的血迹。然后他们挖开冰洞，把里面躲藏的人族女子和小孩们拉出来。唐泽检查着一个冰洞，看到一个只有五六岁的小女孩惊恐地挤在里面，她的眼神让他不能去想象她死去时的样子，他叹了一口气站起身来，用一块冰把那个冰洞轻轻掩上了。

“他们为什么要把女子和小孩也带来这里？”唐泽问。

“不知道。但我们不能留下他们，如果你留一个人族在这冰原上，他们就会再招来一千人，一万人。”

巨人们在冰河上砸开窟窿，把人族丢了进去，看着他们一个个消失在冰水下，唐泽十分后悔参与了这次出征。

回去的路上，唐泽一直在想，那个小女孩没有了父母，她要怎样活下去？不过他想，也许他不用担心那么远的问题，也许那个小女孩根本就没有力气推开那块挡着洞口的冰，一到晚上，寒冷和风雪就会把那块冰和整座大山连为坚实的一体，再没有人会知道在山中还埋藏着一个无助的灵魂。

这一天，海面上又高扬起帆影，又一群人被送达了这片土地。而那时的唐泽，已经二十一岁了。

【04】

吆喝声在穆如寒江的身后响起。父亲一到这里，就立刻召集了所有残留和新来的人们，他站在高处号召他们起来战斗，就像他面对百万大军时所做的那样，可他面前，只有近千名已经被严寒折磨得表情呆滞的老弱。父亲在分配着修补城墙、准备武器的事务，因为每次流放船只到达，就意味着离夸父族的下一次进攻也不远了。他声嘶力竭地吼着，但是没有人理会他，所有人都冷冷地看着他，像看着一个遥远冰山上的疯子。

连穆如寒江也嘲笑地看着自己的父亲：父亲，你还不明白吗？你不再是大将军了，你面对的这些人也不是士兵，而是一群痛恨着大端朝的囚徒。一路上的屈辱你还受得不够吗？一切都完了。有人要毁了我们，他们做到了。现在做任何事都是徒劳的，没有人能建起那座冰城，没有人能从殇州活着回去，从来没有过！为什么要挣扎呢？明知道最后都是要死，还不如死得痛快一些。

穆如寒江倒在冰面上，呆望着天空。父亲的声音离他那么遥远，寒冷渐渐浸透了他的身体，天空蓝得可怕，那么刺眼，他的眼睛渐渐模糊，好像已经蒙上了一层冰。他想他什么也看不见了，他被封进了一个冰壳里，就这样永远冻结下去，也很好。

有人在摇晃着他，但呼唤声却像来自天边，他想睁开眼，却发现自己眼前真的只有一片朦胧的光。

【05】

“这孩子命苦，刚来到这里眼就被雪刺坏了，这将来的日子怎么过？”洞穴中，他听到自己母亲的哭声。

母亲啊，你还不明白吗？为什么还要苟活下去，为了让那些人看到我们的痛苦，看到我们为求生而可笑地挣扎？看不见了，这样正好，他可以不用看到那片揪心的空旷的白色，那是比死亡之黑更可怕的颜色。

他的眼上明明没有冰壳了，但他却总觉得有什么罩在上面，只能看到透过的微光，却看不清一切。他不由得总是用手去抠它，有时暴躁了，就愤怒地想把自己的眼珠抠出来。总是他的母亲冲上来死死抱住他：“江儿，你要杀就杀我吧，不要伤你自己……”

“为什么！”他暴吼着，“让我去死了吧！为什么还要在这种鬼地方像猪狗一样活下去？”

父亲猛冲上来，一掌打在他的脸上。

“死？想死太容易了，你现在就去！我穆如槊没有你这样的儿子，你给我滚，给我滚！”

母亲上前死死拉住父亲：“你疯了，孩子他已经这样了！”

“我的兄长，在战场上被火熏瞎了双眼，百千敌军围着他，他也是站着死的！”穆如槊暴吼着，指向穆如寒江，“你要死，也去给我死出个样来！去和夸父族作战而死吧，不要让我看见你被吓死在这里！”

穆如寒江心中愤怨交织，他摸索着向洞外风雪中冲去。父亲的声音仍响在耳后：“谁也不许拦他！”

【06】

穆如寒江奔出冰城，在严寒中跌撞。他只能凭冰面在月光下的反射判断眼前是平地还是裂口，但他不想再回头——父亲军人做得太久了，在他眼里，所有人都是士兵，天生就该服从命令冲上去战死，却忘了他是他的儿子。这是一场没有意义的战争，可他仍然希望自己的儿子像英雄一样去死，而不在乎他心中有多么煎熬。

殇州的夜晚，连厚厚皮毛的巨熊也不敢走出冰穴，穆如寒江一直奔跑着，他知道一停下就意味着冻死。而他也清楚，自己是不可能找到回去的路了。

可他终于是力竭了，摔倒在冰面上。他翻过身来，眼前却幻化着奇异的色彩，像光在冰面上游动。

他慢慢才想明白，那是天空的星辰光幔[1]，那些巨大的星辰飘浮在天空中，扯着几万万里的长飘带，它们是光和尘组成的，有着各种的颜色。只有殇州这样纯净无云的天空，才能看到星空的全貌。这么壮美。

他就要死了，他死后，会融入星空中去吗？

少年的神志渐渐模糊，仿佛身体正在消失。不知过了多久，有一个声音在他耳边轻响，仿佛冰块相击般的清脆，越来越清晰，从远而来。

穆如寒江一下坐了起来，那是马蹄声！

是父亲来找他了？

但少年立刻想到这不可能。没有任何一匹马被送到殇州，殇州是没有马的！

可那分明是马蹄声，穆如寒江是在马背上长大的，他怎么会听错。

声音越来越近，突然一声长嘶，穆如寒江看见一个银白色的影子从自己的身边跃了过去，它身周裹着浓烈的光焰，他感到一股热潮扑面而来。那是什么？可是那个影子那样快，它瞬间就要远逝在冰面上。穆如寒江急得大喊：“你等一等！”

那影子竟真的慢了下来，它转身回头，望了望穆如寒江，又嘶鸣一声，继续

[1] 星辰光幔：九州的主星和一些星云白天在太阳照耀下也能看到。它们五光十色，有一些迤逦千万里，如多彩的纱幔，所以称为光幔。

奔跑。

穆如寒江这时已顾不得绝望，这发现震动着他，让他重新有了力气，他又坚持着向前追去。

不知行了多久，穆如寒江听到一些古怪的声音，那声音长而宏大，震撼着冰面，像是从地下升上天空。他很快发现，那是冰下的巨大水柱直射向高空的声音，它们隔一段时间就喷发一次，有许多眼，分布在眼前无际的冰原上，水柱是滚烫的，带着白汽，但喷到高空中，落下来时已被寒冷凝结成许多巨大的冰块。他越向前走，这些冰块就越密集地落在他四周，带着尖厉的呼啸，把冰面砸出裂痕。但穆如寒江已不再惧怕死亡，他径自向前走去，脚下的冰面正变得越来越薄，还有无数的裂缝，冒出炽热的气。穆如寒江看不见路，他干脆闭上眼睛，只照着心中的直线向前，不论将到来的是什么。

突然眼前的冰面裂开了，冰块向空中飞散，这回冲出来的不是热气，而是一个巨大的人影。他在穆如寒江面前越升越高，直到遮蔽了星空。

“喔什空卡！”穆如寒江感到自己正在向空中升起，那巨大的声音从高空而来，却越来越近。很快，他感到了如疾风般的呼吸。

“不怕死？”这一句问话用的却是人族的语言，“来到这里。”

穆如寒江摇摇头。

“一定会死，因为——踏足了——我们的大地。”夸父巨人的语言简短却如重锤直落。

“我们只是想建起一座城！”穆如寒江大声喊。

“有第一座，就会有——第二座！”

“那又怎么样？！”穆如寒江愤怒地喊，“你也杀了我们那么多人。只要你杀不完，我们就会把城建起来！”

夸父巨人仰天大笑，他的声音几乎要把天上的星辰也震落下来了。

“永远不会有——人族的城。等其他部族的战士——十天后进攻冰城。这次——不留任何活口，要让——你们——永远放弃踏足殇州的——希望。”

那巨手把穆如寒江抛在冰山上，大步离去。

穆如寒江突然明白，他和他的家族，这殇州上的所有人，只有十天的时间了。

【07】

巨大的木架在穆如氏男子的号子声中慢慢耸起，巨冰被运上城头。

一旁的旧城民们木然地看着这一切，不知这么做有何意义。人族花一个月时间建起的，夸父族一瞬就能毁去，只有放弃建城，才能换来活下去的希望。

“都去建城！”穆如家的男子喊着。

“怎么了，穆如世家的将军们？”一老者冷笑着，“你们现在和我们一样是奴隶了。这座城是不可能建起来的，一开始建设，巨人们就会来到这里，踏平新建的一切，杀死所有的精壮。我在这四十年了，历年被送到这里来的囚徒民夫，加起来有几十万了，可现在，他们在哪儿呢？你们也会消失的，我不想白费力气。”

“动摇军心者，军法处置。”穆如槊说。

老者头颅上冒出血花，他倒在地上。周围的人惊叫起来。

穆如槊站上高大的冰块，大声喊着：“你们不敢战斗，相信了强者不可战胜，那么，我就用强者的法则来约束你们！你们以为不建城就能多活几天，那么现在我告诉你们：不建城的人，立刻就会死！”

“浑蛋！你还指望着建起城来向皇帝邀功回到东陆去吗？”有人跳起来，“什么‘建起城就大赦’，别做梦了，城不可能建成，大家都会死在这儿！”

“也许是这样，但是奋战的，还可能活着；等死的，不会有任何希望！他们连墓碑也不配有！”穆如槊喊，“少废话！都给我上城！这是战争！这是军令！”

这是战争？这句话震动了冰城中所有的人。他们并不是流放者，不是等死的人，而是一群士兵吗？原来除了在冰洞中等着饥寒而死，等着被夸父巨人找出来摔死，还有另外一种死法，就是作战到死。

【08】

穆如寒江发现自己站在一块极大的冰面上，这绝不是回家的路。

想到若从空中俯视，这冰原本应该是方圆千里的巨大湖海，他就惊叹于那种不可抗拒的力量。

穿过温泉地带时，他取了些热水凝成一块冰板，使他可以在平坦的冰面上滑行，省去了许多的力气。温泉融化了冰雪，露出的黑色沙泥上生长着奇怪的菌菇，他也不顾是否有毒，拿来吃了，缓解腹中的饥饿。

眼睛红肿刺痛，一直在流泪，但这反而让他能在擦拭泪水的间隙看得清楚一些，虽然泪水几乎要在脸上结成冰壳了。

这时，他看见远处有一条痕迹，横越了整个冰海。

他走上前，看着那在千万年的坚冰上刻出的痕迹。

那是马蹄的印迹。

可是什么样的力量，才能在连斧凿都难以打出白印的上古寒冰上印出足迹呢？

穆如寒江沿着足迹一直向前走去。直到他站在一堵不见头尾的冰墙之前，那像是眼前的整个冰原突然裂开升起了百丈。只有一条竖直的裂口，通向冰原的深处。

他没有思索，向裂口中滑去。数里后，他突然发现冰面开始倾斜向下，冰板越滑越快，他明白，若是冲下坡去，再想攀回来可就难了。但那条始终伴行的足迹却使他愿意冒一切风险。

冰面越来越陡斜，冰板疾冲直下，穆如寒江不得不紧紧抓着它以免滑落，手指已经要冻得没有知觉了。他看见头顶的天空已经被冰层所取代，然后越来越暗，他正在深入古冰层的地下。

当一切都变得黑暗，他已经来到了巨大的冰层之下，连光也透不进来。穆如寒江心中也空荡荡一片，他什么都不去想，没有恐惧，没有期待，只等着改变的到来。

终于，当的一响，冰板冲到了平地上，接着向前滑去。前方有光芒渐渐亮了起来，最后一团光刺痛了穆如寒江的眼睛，也使他无法相信所看到的一切。

在这地下的冰湖边，有一片马群。

那不是普通的马，它们的足上升腾着炫目的火焰，所立足的地方，冰面就渐化为水，这些融水汇入了它们身边的巨大冰湖，而这地下冰层，正被这无数奔跃的火光所照亮着。

穆如寒江坐下来，静静地看着马群。它们是如此美丽，宛若天神。而这里温暖如春，湖边生长着青茸与奇菌。他终于明白了自己不惜一切所要寻找的是什么——是生存的奇迹。如果有一种力量能把殇州变得肃杀极寒，那么也必然会有一种生命能无视这种力量。他终于找到了。

如果族人们来到这里，他们就能活下去。而且有了马与火焰，殇州冰原再也阻挡不了他们的脚步！

但马群突然骚动起来，它们开始向湖中跃去。

它们要逃走吗？穆如寒江的心一下揪紧了。如果它们离去，这里会重新变得寒冷死寂。穆如寒江站了起来，他知道自己要做什么，他在寻找头马的踪迹！征服了它，就能征服整个马群。

穆如寒江终于看见了它，它立在马群的边缘，高大雪白，四蹄的火焰向四周喷射着光环，在冰面折射下宛如神兽。它不像普通马群的头马那样领着马群奔走，而是站在那里，像是准备最后一个离开。

穆如寒江撕开衣裳，绑成绳套，慢慢移向它。它也看见了穆如寒江，但它高傲地站着，相信这异类没有力量捕捉到它，仍在等着幼马们奔过它的身边汇入马群的中间。

穆如寒江移到离它十数尺时，突然跳上冰板，疾滑过去。那头马一愣，发足要奔开，但是横在前面的马群使它无法疾奔。穆如寒江眼见滑近，猛地把手中套索甩了出去，但那头马灵活一闪，套索落空了。

前路被马群挡住，头马转身，向穆如寒江冲来，四蹄喷涌的火焰像是要踏碎他。穆如寒江知道自己最后的机会到了，他猛地向前一蹿，双脚向前，在冰面上滑迎过去，等那头马高高地跃起，从他头顶跃过时，穆如寒江在滑向马肚下的那一瞬把套索抛了起来，头马正好撞入其中。

接下来的事穆如寒江做过许多遍，他平日里一直以驯服烈马为乐。他一拉那绳索，借力在冰面上弹了起来，翻向马背。但这神奇骏马的灵活超出了他的想象，它向旁一跃，穆如寒江就摔落下去，手肘重重撞在冰上，让他怀疑自己的手骨要断了，左手一时失去了知觉，套索从手中滑开了。穆如寒江用右手紧紧抓住绳索，在冰面上被拖行，在湖边的冰岩上碰撞着。

“不能放手……不能放手……”浑身的剧痛使他发抖，他能看见自己的身后拖出一条长长血痕。但他知道，自己右手中握的，是自己和自己全族唯一的希望。

头马正奔入马群，无数马蹄在穆如寒江身边飞闪而过，他随时都会被踏碎。而马群正向冰湖奔去，如果落入湖中，他现在的伤势几乎无法让自己浮起来。

绳索终于脱离了穆如寒江的手，向远处飞速逸去。所有的希望，都正随着这绳索远逝而去。

“不！”穆如寒江大吼了起来，他突然从地上一个翻身弹了起来，纵得如此之高，像豹子跃腾在空中。他跳上了身边奔过的一匹踏火驹，紧紧地抱住它的脖子，向头马追去。

“我一定要捉到你！”少年狂吼着。

【09】

夸父族的影子在远处的冰面上出现了，慢慢移来，像沉默的死神。当他们走近时，就意味着崩塌与毁灭。

“五十……七十……一百……还有……”瞭望者惊喊，“足有三百多巨人，是以前的数倍！这次他们不仅想毁城，还想杀光我们！”

穆如槊在冰城城头凝望着，缓缓说：“发石。”

呼啸的巨冰从城中被抛了出来，在空中飞旋着落向巨人们。巨人们仍在缓慢地走着，显得毫不在乎。冰块落在他们脚边飞溅，有些直冲向他们面门，那些巨人举起手来，轻轻接住那在人族看来势不可当的巨冰，又扔回城中。

阻挡巨人们看起来是徒劳的，一些边缘锋利的冰块划伤了他们的手臂或脸颊，他们毫不在乎地一挥手，把大颗的血珠甩到城墙上，连进攻的脚步也不屑于加快。城中只有用仅有的粗木组装起来的三台发石机，而还没投掷两轮，就有一台绳索崩断散了架。人们都很明白，这没有用处，除了激起夸父族更大的怒火。但他们仍在竭力地投掷，几十个人拉动着那数根长绳缠绕出的巨索，大声地呼喊着："再一轮，一……二……三，放！"仿佛要把一生最后的力气都用在这里。这是他们在死前唯一能表达愤怒的方式了。

穆如槊站在城头上，看着那为首的巨人正遮蔽他眼前的天空。

他看起来是这些夸父族人的首领，他比所有的巨人都高大，可以轻易地从冰城墙上跨过，他正低下头来，俯视他脚下的渺小众生。

穆如槊抽出他的箭。那箭杆是他亲手精心削成，没有羽毛作箭翎，箭尾也是木刻的，铸造箭尖的铁是从全城铁器中挑选敲铸而成，没有真正的熔炉和铁匠，几乎全凭人力的敲打和磨砺。这也许是穆如槊这一生用过的最费人工的一支箭，他再用不起第二支这样的箭，也许也没有机会再用。

他拉紧了弓弦，那铁片包裹的弓背在咯咯响着，这不是他平时所拉的铁筋银胎的强弓，若是他的弓还在，他可以射落天上的雄鹰，但现在，他不知道这弓能支撑他把弦再拉开多少。

"再多一点……再多一点……"他祷告着这弓不要在力未蓄满前断掉，瞄准了那巨人的眼睛——夸父族唯一的要害之处。

那巨人怒吼着，高举起了他的石斧。当那重千斤的巨斧落下时，这冰墙也将崩碎。但穆如槊不躲避，他只有这一次机会，这机会已经来了。

箭离弦而出！直向巨人的右眼飞去。

箭扎入了巨人的眼睑之下，他暴吼一声。穆如槊一叹，没能直中眼瞳，这毕竟是一支没有箭羽的木箭啊。

这箭射出的同时，巨人脚下巨大的冰陷阱崩塌了，在飞溅的冰雾中，巨人的身子直沉下去，落入巨大的冰裂缝。这时，他的面孔就在穆如槊眼前，离他只有十几尺，巨人的鼻息喷到了穆如槊的脸上。

穆如槊已经搭好了另一支箭，瞄向了巨人的左眼。

如果射瞎夸父族首领的双眼，也许能使夸父族惊慌退却吧？这是人族唯一可能取胜的机会，尽管是这样渺茫。而即使夸父族不退却，他也要让这个巨人脸上永远留下创痛，让他们将来再回想起与人族的战争时，也永远忘不了这一箭！

巨人的眼睛怒睁着，那眼光把穆如槊整个笼罩。这是绝不可能失误的一箭，穆如槊仿佛又回到了万马争锋的战场之上，弓弦拉满，这一箭就要奠定战局的大势。

但他听到了咔的一声响。

箭射出的那一瞬，弓背折了。

他再小心翼翼，还是稍微多用了一分的力。

而这一分的力，折断了他的弓背，也毁掉了这场战争和所有人的命运。

那箭仍然向巨人的眼眸而去，但在还有数寸的地方，它用尽了最后的力道，跌落下去。

穆如槊一声长叹，缓缓放下了手中的弓。

周围仍然是人声呼啸，但他耳中只有寒风。这是第一次，他在战场上不知道自己还能做什么。他指挥过无数次的战局，多少次身临险境，多少次冲破重围，越是敌强奋战越酣，从来不曾心灰意懒。但这一次他知道，一切都结束了。

他再没有金翎箭，也没有铁胎弓，没有了那支追随他奋力死战的铁骑，没有了世代不败战将的光辉，连他最寄厚望的儿子都离他而去。

看着面前巨人因为愤怒而撑起的身躯，他的巨斧高高扬起，穆如槊却没有躲避，他甚至连空中正落下的巨斧也没有去看，心中只若隐若现地想着一件事——

“我的儿子，他会回来的。”

【10】

穆如寒江看到了冰城崩塌下去的那一幕，这时，他的战马还在数里之外！

“冲——锋——！”他忘乎所以地狂喊着，仿佛自己率领的是十万骑兵。

巨人们都转头向北方看去，并不是因为听见了他的喊声，而是听见了那撼动冰原的轰鸣。

踏火驹奔涌而来，它们的鬃毛像旗飞扬，足下驱动着火流，奔过之处，冰面变成了大河。千万骏马挟带着火、风、浪涛与冰块，势不可当。

从不知道惧怕的巨人们也被眼前所见惊呆了。

火流转眼冲到了冰城之下，巨人们看着火焰包围了自己，他们惊慌地退后。

夸父王唐泽也感觉到了脚下的灼热，他仍然大喊着：“不要退！冲进冰城里去！”

穆如寒江听见了这个声音，和他在那天夜晚所听到的一样。他纵马向这最高大的夸父勇士奔去，喊着：“来吧！像个武士一样一对一地单挑吧，看谁打倒谁！”

穆如槊从昏迷中醒来，人们正搬开他身上的碎冰。他听见了冰城外的声音，看见了巨人们正像被什么驱赶似的躲避奔逃，听见了一个他再熟悉不过的声音。

“是谁？”他仍然问。

"将军，"人们对他说，"是你的儿子，他正在挑战夸父王，他要打败这世上最强大的人！"

【11】

巨大的石斧砸到冰面上，爆开无数的冰屑，像利箭般四下飞散。许多踏火驹被这力量震得离开地面，成片摔倒。穆如寒江也感到自己的坐骑猛地跃了起来，他没有马鞍、没有马镫，只有死死伏在马背上，抱住马的脖子，冰凌如箭雨向他横扫过来，深深扎进了他的身体，也扎在他胯下骏马的身上。他看见战马被扎伤的地方，冰凌急速地融化了，白气腾了起来，沸腾的冰面上，他的战马如撕扯着云雾一般向前。

巨斧扬起，又带着巨大的风声落下，每一次砸在冰面上都如地震一般。穆如寒江几乎觉得自己的马连足踏实地的机会都没有了，它也许是踩在飞溅的冰雾上前进！穆如寒江心中没有惧怕，只有激奋，他知道那是祖先的血！面对越强悍的敌人，就越想仰天大笑。

他驱使战马直奔巨人的脚下，巨人大步跳开，本来近在咫尺，可转眼又离开了几十丈。巨人落地时的震动，仿佛要把人的心也从胸口中震出来。夸父王唐泽干脆丢掉了巨斧，举脚来踩这冰上穿梭般的火焰。可火梭眨眼间就从他脚边划过，他转过身时，火梭又奔向另一边，巨人感觉这团火似乎正在冰面上画出一个符号来，他心中有了不好的预感。

冰水开始在他脚下漫布开来，巨人猛地跳向另一处，但那团火又追了上来。他无法捕捉到那团火焰，只能笨拙地转身。穆如寒江突然大吼一声，跳下了马背，抓住了巨人的后脚跟，使出全身力气推动着："倒——下——！"

那几乎就像是一个人要扳倒一座山似的可笑，但巨人却感到大地抛弃了自己，那湿滑的冰面再也抓不住他的脚，他腾起在了空中，那一瞬完全失去了重量，然后狠狠地向大地落了下去。

"完了。"夸父王想着。

接下来的，也许是殇州冰原上千万年以来最大的响声。

人、马、冰块都被震得飞到空中，冰城和周围的雪山都剧烈摇晃着，铺天盖地的雪奔涌下来，白雾席卷着冰原上的一切。冰原上的裂缝以巨人倒下处为中心，闪电般扩向四周，在他身边形成一个方圆近里的裂网。

巨人的头重重砸在冰面上，他觉得自己几乎失去了知觉，雪雾灌进他的口鼻，让他喘不过气来。当他定定神，挣扎着要爬起时，发现融化又凝冻的冰水把自己冻在了冰面上，那少年箭步跳上他的身体，站在了他的胸膛之上。

少年伸手指向他的咽喉，他的手中空空如也，并没有剑，但他分明做出了握剑的姿势。

“我手中没有剑，杀不了你。”少年说，“但你若不认输，就会死得更惨。”

夸父王感到了耳边的灼热，听到马嘶之声，踏火驹包围在他的身边，如果它们涌来，他会被活活烧死。

巨人突然放声大笑，他的胸膛鼓动着，连少年也几乎站立不住。

“我被打败了？哈哈哈哈哈……我被打败了？”

他猛地一挣身，那凝冻的冰面竟丝毫无法阻拦他的力量，像是高山突然从地面耸起，马群也惊嘶着躲开，少年也摔落地上。

巨人站起身来，他的身影重新遮蔽天空：“是的，我倒下了。以前还从没有人——能做到。但人族——和夸父族——战斗了这么多年，你们从来也不能——征服我们的家园。”

他看向穆如寒江：“你是个勇士，这一仗我败了，你们守住了你们的冰城，我不会再来进攻它，但——你们人族的疆域——也就到此为止。”

夸父王大步离去，消失在雪山间。

冰城上传来了欢呼之声。战马挟着烈火在冰面上奔腾，像是庆祝的仪典。

穆如寒江望着夸父远去的背影，心中却没有荣耀，只有忧惧。

【12】

穆如槊靠在一堆倒塌的冰垣旁，显得疲惫而苍老。

“父亲……”穆如寒江奔到他身边。

穆如槊却冷冷望着他：“你知不知道，私离战场是什么罪？”

“父亲，我知错了。”

“不要叫我父亲！叫我大将军！”

穆如寒江猛地抬起头：“我可以是穆如铁骑中的一员了吗？”

穆如槊支撑着身子要站起，穆如寒江想上去搀扶，却被推开了。

“父……大将军！”穆如寒江追问着，“我算是穆如铁骑的一员了吗？”

“你……”穆如槊正想说什么，突然有人惊恐地喊：“冰城倒了！”

许多巨冰从残破冰垣上塌落下来，要把一切吞没。

穆如寒江本能地弯下了身子，可穆如槊却没有。

少年再抬起头来时，看见穆如槊高举双手，擎住了那块砸落的巨冰。他的腿骨断了，从靴中穿出来。

“我总告诉你……人生总有些时候，躲是没有用的。”他浑身颤抖，但仍然站得很直，“但这一次你对了……活下去……然后离开这里。”

“父亲！”穆如寒江喊，觉得心中的一切都被抽空了，他扑上去，疯狂地想帮助父亲顶住那巨冰。

冰块渐渐倾倒，穆如槊狂吼：“滚！所有的人死了，你也要活着，回到天启去！告诉那些想看到穆如家死绝的人，他们打不倒我们！打不倒！”

他发出最后的咆哮，把巨冰重新向上顶去，直到伸直整个身躯，再也不能向天空进展分毫。

将军站在那里，双眼圆睁，怒视着将他的雄心永远留在这殇原上的巨冰，热血已经凝冻，像钢一般撑在他的体内，他正在和冰山融为一体，再也不能分开。这是他最后一个敌人，他无法打败它，他是这样不甘心，就永远站在这里。

“父亲……”穆如寒江叩拜在地，行最郑重的告别礼。他的头磕破了，血染红了冰面。

“我一定会回到天启城去的。我会打败所有想看穆如世家倒下的人，不论是牧云皇族、北陆叛逆，还是宛州反王，我发誓！我会让穆如世家所有的敌人被踏为尘泥！”他握紧双拳，仰天泪流满面，“父亲！我——发——誓！”

之六

帆拉凯色与姬昀璁

FanLaKaiSe Yu JiYunCong

【01】

九月，明帝宣诏，将二皇子牧云陆册立为太子。

这时，宛州反王牧云栾正大举进攻。自穆如世家被流放后，朝中除兵法出众的牧云陆，再无人能与牧云栾抗衡。前方连连告急，新立为太子的牧云陆只好立刻率军出征。

但更大的惊讯传来：右金军在击溃端朝北陆军、杀死先武成太子牧云寒后，开始于瀚宁边境森林日夜伐木，运至天拓海峡边造船准备南渡进攻中州。领军者是右金首领的次子硕风和叶。

北有右金，西有郦王，两面受敌。明帝唯恐数百年江山毁于他手，忧郁成疾，重病不起。中都盛传，明帝牧云勤将活不过这个冬天。

【02】

将近新年，中都一片大雪。雪似乎把声音也压得沉静了，偌大繁华的都城忽然十分安静寂寥。明帝牧云勤于昏沉中醒来，忽觉精神好了些，命常侍将他扶到殿门外，于雕栏上看京城雪景。

他回头四顾，问道："我诸位儿郎何在？"常侍急遣人去召宫中众皇子，顿时后妃臣僚百余人拥着皇子们涌至启元殿[1]下，明帝见众皇子年少，有些尚自顾玩雪不已，叹道，"可惜我最爱的皇儿，却早战死瀚州战场。"忽又问，"瀚州可曾下雪？"常侍摇头说不知。明帝想起长子牧云寒，心痛不已，呼道，"我死后，我诸子中有能北破右金、重夺我瀚州故土、奠寒儿于长寞山祖庙[2]者，方算是我牧云氏之帝！"

---

[1] 启元殿：皇帝寝居的正殿，也是后宫最宏伟的宫殿。

[2] 长寞山祖庙：长寞山是彤云山余脉，在上都正东。牧云部在这一带奠定霸业，端朝建立后特别在此建立宗庙。端初皇帝每五年必回瀚州祭拜祖庙，后因各种原因逐渐废弛，但每次遇到皇帝登基、成婚、立后、册立太子、册封大将军、出师、大捷等，均由镇瀚亲王持圣旨祭长寞山以示郑重。

言毕跌倒，众人忙将他扶入宫中。数时辰后，明帝牧云勤于大雪狂飘中驾崩，年五十三岁。

【03】

寒风大雪中，整个天启城缟素一片。

牧云笙站在园中，望着风卷纸灰向天，云喷狂雪覆地，交织成密密的一片。他什么也听不到，没有人来告诉他发生了什么。这世上的一切事，都与他无关。

他伸出手去，以指为笔，凭空画着什么。满城慌乱、一片号哭之声时，他却在与世隔绝的园中、冷寂如冰的屋内，不食不眠地整整一天。当他画完那幅《天启狂雪图》，望着那满纸冰霜，又抬头四顾，雪花从窗外飘洒进来，周遭不闻人语步声，仿佛世上只剩他一人。他周身冰冷，丢下笔去，推开屋门，天地阴霾，狂雪扑面。他闭上眼睛，泪水方才流了下来。

【04】

此时，千里之外的衡云关，宛州叛军正借明帝驾崩端军军心混乱之机，十几万人轮番强攻城池。血战二十天，城中剩下不到五千人。太子牧云陆几天未睡，饮食难进，已是强撑站立。城外杀声震天，牧云陆知道自己这一倒下去，城防立溃，一切皆休。

众副将前来，请求护卫他从关后山岭小路突围。他们都道："太子回到中都，还有整个中州可以运筹帷幄；若战死这里，岂不是坏了大端的江山？"

牧云陆仰天大笑道："中都？此刻只怕没人愿我回去！"他指向战阵，"叛军早绕到关后，城已被四面围住，何谈逃生？"

他拔剑高呼："我牧云氏儿郎死于战阵之上，死得其所。千古帝业，就留给后人相争吧！"

他终是战死不退。

【05】

新年初二，中都城中毫无新春气氛，街上静悄无人。偶有兵马匆匆行过，踏碎白雪。

这时传来了衡云关被攻破的消息，太子牧云陆及城中将士，全部战死。

【06】

太华殿内阴郁灰暗，再无当年皇皇气象，只有两个影子如幽灵站立，传来轻悄嗡语。

大司马[1]杭克敏道："二皇子若死，谁为新帝，先帝在世时早有遗诏，我自当依诏行事，怎能为私利而另选帝君？你休得再言！"

右仆射南枯箕冷笑出宫，密召众将道："杭克敏迂如朽木。各位辅国功业，在此一举。"

于是皇后一党众臣起事诛杀杭克敏，拥立皇后之子十一皇子牧云合戈为帝。

天色方明，百官聚在太华殿前，待新皇牧云合戈第一次早朝，并行三拜九叩大礼。至于礼乐大典，却是于纷乱之际免去了。南枯箕主持早朝，皇后南枯明仪晋封太后，坐于牧云合戈身后。合戈不过五岁，望着殿外人群十分惶恐，还弄不清到底发生了什么事情。

【07】

牧云笙静坐园中，听着登基大典的礼鼓。心想这宿命终是破了。他心中仿佛卸下重担，丢下笔，向园外走去，一路思忖人生悲喜。浑浑噩噩，走过宫苑，仿佛他还是当年每天这样行走。宫中众人见了，却吓得魂不附体：这六皇子不是病死已久，怎么此时步行宫中？真是白日见鬼。

牧云笙只想去见一见新登基者是谁。他信步走向太华殿，吓得百千虎贲围在两边，不知如何是好。牧云笙却只如未见一般，走上台阶。百官一片惊哗。

已升为丞相的南枯箕心想，世上哪里有鬼，这是活人无疑。这六皇子若是回来争位，却为何孤身一人？想必是痴症又犯了。我杀了那许多人，不在乎多杀一个。于是立目大喝："六殿下，见了陛下，如何不跪？"

牧云笙却只是站在那里，出神地望着牧云合戈。

合戈年幼，被强令坐在御座上，正无措间，忽见牧云笙站在下面，喜得跳下御座，直奔过去："六哥哥好久不见，你去哪儿了？我们去玩吧。"

南枯箕大喝一声，合戈吓了一跳，噤在那里，顿时哭出声来。牧云笙上前举袖

---

［1］大司马：端朝皇帝以下的最高军事战略决策机构为武威监枢密堂，由穆如氏大将军领衔。枢密堂中重臣称"指挥使"。上将军任指挥使者往往被尊称为"大司马"，是大将军以下地位最高的武官。

为他擦拭眼泪，太后南枯明仪却过来一把抱过合戈，重新放回御座上。

牧云笙想起自己小时，随皇后之女牧云瑛去雍华殿[1]中看刚出生的小合戈，那时小婴儿是那么可爱，眼睛痴望着这世界，纯净得不染一点尘灰，而南枯皇后是那样美丽可亲，总是和声柔笑。现在她坐在上面，面色冰冷，而这小合戈，也并不知有无数人为他丢了性命。他将来长大，还会知道太华殿前曾有的血迹吗？

南枯箕来到牧云笙面前，低低说："殿下，大势已成，你还是顺时而行的好。"

牧云笙心中一动，他眼中不见南枯箕，只默默念："大势已成……大势已成……原来天命是错的，一切都改变了……那么，盼兮也可以和我一起了……"

他一旦专注思索起来，又不觉早忘却周遭事情，自顾转身向殿外走去，于跪伏的百官众目睽睽中走过。南枯箕又气又怒，可大殿之上，却也不能发作。牧云笙走出殿门，看殿外那巨大广场上还跪伏着近千官员，黑压压一片，伏在自己脚下。他叹了一声，转头而去。

【08】

暗室之中，南枯箕正与掌握京师兵权的骠骑将军虞心忌商议："右金反部已尽得北陆，不日必将南下。当速召各郡守率军勤王。"

虞心忌摇头笑道："各地兵马虽号称五十万，但军心不齐，少经战事，且各怀观望之心。以我之见，不如与右金密谈盟约，允其在北陆称王。右金为游牧之族，不能定居，纵然抢掠，不能占我疆土。倒是其他牧云氏割据皇族才是威胁。"

南枯箕道："万万不可！北陆乃大端宗室发祥之地，一旦割与右金，要遭千古骂名。"

虞心忌大笑道："看来这骂名你是不肯让你的外甥皇帝来担了，那么我另找一个皇帝来担便是。"

南枯箕大惊，便要拔剑，早被虞心忌一剑砍翻。发出哨箭，四面兵士杀入府来，各军早按预先谋划冲入各府，捉拿皇后一党，再现数月之前天启血雨腥风。南枯一族机关算尽，却终为尘泥。

虞心忌领军带剑上殿，太后南枯明仪抱着小合戈蜷在御座之上瑟瑟发抖，道："将军，你当初举兵拥我母子入主金殿，今又率兵来驱，这是何故？"

---

[1] 雍华殿：含章殿的东配殿。端朝皇后殿正殿为含章殿，正寝为昭阳宫，但穆帝以后只有元后居昭阳宫，继后避居含章殿的后殿或配殿，以示与元后尊卑有别。南枯明仪是明帝的继后，牧云寒的生母穆如皇后才是明帝的原配。

虞心忌道："此一时，彼一时也。最该坐在这金殿之上的人已经死了，剩下想坐此龙位之人，均该杀之。只不过今日轮到你们而已……"

他转过身去，一挥手，兵士们一拥而上，南枯太后与合戈抱头尖叫，被拉下御座，乱剑刺死。

血慢慢从白玉阶上淌了下来，待尸首被拖出殿去，虞心忌这才转过身来，面向空空的皇位。

"虞心忌是不忠之人吗？"他对着御座问道，怆然跪倒，"武成太子！你英魂若在，请回殿上坐！"

他猛地连连叩首，头破血流，染红玉陛。但宝座无言，雕龙不啸。

【09】

牧云笙被软禁在自己曾经的寝殿中，浑然不知外面江山又要换主人。他在等待去与盼兮相见的时间。《天启全景卷》也仍只缺中心东华皇城，无法补上，他只恨不能长出翅膀飞上天去，一览皇城全景。

这日正在宫中枯坐，面对白纸，胡乱涂抹，心中烦躁。忽听殿外有人声，起身看时，殿门洞开，扑进来一群士兵，推了他便走，直来到太华殿上。那殿内殿外竟又早聚了文武无数。

牧云笙被推到殿前，他心想着，这次又是哪位兄弟做了皇帝，又要向谁叩拜？

却忽然听常侍泰德上前高声道："恭贺六皇子殿下！先皇留有密诏，云太子殿下若有变故，不能继位主政，则由六皇子牧云笙继承大统。现南枯皇后一党已诛，请殿下即刻登基，江山万载，福泽永固，陛下万岁，万岁，万万岁！"

"陛下万岁，万岁，万万岁！"殿内殿外，近千文武官员一齐跪下。

牧云笙呆立在那里，望着跪倒在脚下的整个帝国。

原来一切并不曾改变，预言还是实现了，皇长子战死北陆、二皇子与关同亡，连五岁的十一弟也死了，所有可能在他前面登基的人都死了，拥护他们的人也被全族诛灭，他脚下踏着无数人的血，只为了那个预言。一切都不能改变。

少年呆呆跌坐在御座上，恍如木雕。

称帝大典草草地结束了，没有鼓乐，没有仪歌，三拜九叩之后，百官如鸟兽散去，一切似乎并无变化。大端朝的百姓们，要很久以后才会知道又换了皇帝，或者有些永远也不会知道，也并不关心。

【10】

第二日清晨。牧云笙正熟睡，忽听常侍泰德来唤："陛下该上早朝了。"

少年猛然惊起，想起昨天称帝的事情，突然觉得世事滑稽，不由得放声大笑。

他头也不梳脸也不洗，穿件皱巴锦袍，就要上殿。泰德忙一把拉住："陛下，您爱穿什么就穿什么，反正虞将军生气了，杀的只是小人的头。不过小人们全被杀光了，就再没人侍候着陛下了。陛下还是胡乱穿件皇袍做做样子吧。"

牧云笙一脚把他踹开，骂着："呸，难道我这皇袍倒成了为你穿的了？我倒要看看我这皇帝当得是管用不管用。来人啊，把他拉出去给我砍了。"

泰德愣了愣，向周围看看。周围的内侍全是他的下属，也全愣在那儿，没一个动弹的。又看牧云笙眼中全无杀机，他心中有了数，跪下喊："陛下开恩，奴才知错了，陛下饶了奴才吧！奴才再也不敢了。"把头叩得山响，却是一点不伤皮肉。这也是练出来的巧劲。

他一边求饶，一边偷偷伸了手拉牧云笙的袍角。牧云笙心中明白，摇摇头道："一点也不好玩。你求什么饶？你就不能演演抗命力争的，说一番'当皇帝仪容不整何以整治天下'的道理，表明宁死也要捍卫礼律的决心？没准我就升你当太傅了。"

泰德一拍脑袋："是啊，奴才还是笨了。不过现在日头已升起来了，百官们还在殿上等着呢。这游戏，陛下留着去和忠臣良将们玩吧。"

牧云笙套上皇袍，发现仓促之间，这袍子竟然还不是新做的，而是父皇的，他穿在身上有些大了。他心中一酸，几乎就要流下泪来，忽然道："为我梳洗，我偏要精精神神地去当这个皇帝。"

少年皇帝拾掇衣冠，束紧袍带，快步如风，脸庞迎初升之日光，压着一腔慷慨之气，大步走上殿来。百官本来弓腰笼袖打着哈欠，准备应付了事，一看这少年的神采，不由得全端正了身躯。司典官本来眼皮打架，早饭没吃、底气全无，准备嘟囔一声"皇上来了"便罢，突然看见少年皇帝大步而来，后面旌旗冠盖飞扬，金甲武士奔跑相随，恍惚间觉得又回到了大端朝还傲临三陆六州的时候。憋了数年的一口气突然从心底冲上来，闪雷般大喊了一声："陛下驾到！"自己觉得分外畅快。百官忙齐齐跪倒，不自觉地全提高了嗓门："吾皇万岁，万岁，万万岁！"

骠骑将军虞心忌按剑站在百官之前，看着这少年走上殿来，面色仍是冷傲，眼神中倒有了几分赞许。

牧云笙站到宝座前，愣了一愣，轻拂了拂椅面，才坐了上去，紧握双拳，抑制

着心中的乱流，半天默不作声。

百官们也只好都那么跪着，偷偷相窥。虞心忌却已自站了起来，转身向百官扬手道：“诸卿平身。”

百官们便纷纷站起。司典官皱起眉头，敢怒却不敢言。牧云笙倒什么也没说，只是看着虞心忌，像是一点也不在乎这些似的。

却有一些官员还不肯站起，只等牧云笙的旨意。虞心忌笑对其中一位说道：“老太尉，你却怎么站不起来了？”那太尉薛或骂道：“我只听陛下的旨意，你却如何敢号令百官？”

虞心忌道：“您是个忠臣，只可惜现在忠臣应该上阵为国效命，舍身疆场。老太尉您的兵在何处呢？”

薛或气得胡子颤抖：“我的大军勇将，全拼死在和宛州反王厮杀的战场上了，却便宜了你这窃国之徒！”

虞心忌冷笑站至他的面前道：“那你为何不也去死？”向下喊道，“给他一匹马一把刀，让他出城去上阵杀敌吧。”

薛或暴怒而起：“我先杀了你这狗贼！”方才跃起，立时被虞心忌侍卫从后一箭射穿脖颈，从前方喉处穿出，栽扑于地。百官惊异。

殿下跑来军士将薛或的尸身拖走，在大殿上留下一道血痕。虞心忌这才转身望向牧云笙道：“陛下受惊了。请继续上朝吧。”

牧云笙目睹一位老臣就这样在殿上被杀，只觉得腹中翻涌，极想呕吐。但那血迹却也点燃了他骨子深处的另一些东西，也许是牧云氏的血中天性。他冷笑道：“将军以后再莫要在金殿之上杀人了，因为杀来杀去，不知什么时候就会轮到自己。”

虞心忌顿时变了脸色，众大臣全惊惶地望着虞心忌手按的宝剑，生怕这少年皇帝成为史上登基第一天就殒命的第一人。

虞心忌的目光凶狠霸道，牧云笙也不回避他的目光，和他对视着，心想道：“要杀便杀吧。瞪我又有什么用。”这么想时，嘴边倒露出嘲讽笑意。

虞心忌忽然爆发出一阵大笑：“陛下说得极是，我们金殿之上这些人，谁也保不准自己什么时候死，死得多难看。大家各从天命便是。”

他大步走上玉阶，诸官哗然变色。虞心忌来到宝座之前，肘支在御案上，像是老朋友间说话似的，轻声对牧云笙道：“陛下可知昨天御座上那个人是怎么死的？”

牧云笙强平气息道：“因为不听你的话吗？”

虞心忌摇摇头：“因为他不配做皇帝。我虞心忌要对得起大端的江山，就要选一个真正能让天下平服的人才对。”

牧云笙长吁一口气，道："那将军你找错了，最不知如何做皇帝的就是我了。"

虞心忌摇头道："皇帝有很多种做法，有的本无才干，却什么事都要自己抓在手里，活活累死；有的猜疑惧众，生怕手下臣将太有本事、太有抱负，生生害死众多忠良；有的放权于重臣，自己享乐逍遥。"

牧云笙问："那阁下希望我是哪一种呢？"

虞心忌说："这些都不是好皇帝，其实一个好皇帝，无非就是要会识人。能分得清忠奸是非，自然就可安享天下。"

"那……将军可是位忠臣吗？"牧云笙嘲讽地望着虞心忌。

"是不是忠臣，不是臣子自己说了算的。天天唯命是从，高喊皇权尊贵，磕无数响头的，不一定是忠臣。直言犯上，貌似无礼，君命有所不受的，也不一定是奸臣。一个皇帝能看得出这些，才算是初得帝王之道了。"

牧云笙望着他，突然想起盼兮所言：人心百变，也不过"爱欲痴仇"四字。看穿这四字，便看穿了人心。

他点点头："虞将军的确是个忠臣。只不过你会死得很惨。"

虞心忌却突然脸色立变，下殿正衣冠叩首道："吾皇万岁，万岁，万万岁。"

百官不知仗剑朝野的虞心忌为何突然对这少年皇帝敬畏了起来，也都跟着一齐跪倒，再次高呼万岁。

牧云笙却觉得，这呼声只像是无数人在狂声怪笑。

【11】

"陛下，按成法礼典，请设'承平'为年号。"

那早拟好的诏书终于递到了牧云笙的案前。"承平？"少年冷笑着，"天下分明未平，这年号，不如就定为'未平'吧。"

礼官吓了一跳，从来没有听过这样不符礼制的年号。殿中众臣也面面相觑。

"就这么定了。"少年冷笑着，把那诏书上的"承平"二字涂了，直接在一旁写上"未平"二字，盖上玉玺。

百官皆摇头，殿中一片叹息声。这皇上果然当得荒唐。

虞心忌却并不在乎此事，他手中已捧好了第二道诏书。此刻他慢慢走上前，把它放在案上。

他什么话也没说，但少年分明能看出，那诏书如有千斤沉。

那是将北陆瀚州万里沃土割让给右金的诏书。

他举起玉玺，忽然想起了父皇临终时的话："我死后，我诸子中有能北破右金、重夺我瀚州故土、奠寒儿于长寞山祖庙者，方算是我牧云氏之帝！”

“这诏书不能发。”少年握紧玉玺。

虞心忌笑道：“陛下可是在逞强争面子？北陆我们已经战死了数十万将士，现在我们连各州的反贼也无力征讨，去哪里再征发大军北伐？先帝连年四方征讨，各州的战火只是越烧越旺，国力已经耗尽了，饥民四起作乱，唯有此一诏，可以暂赢来喘息之机。陛下不发这诏令，我也只好自己借玉玺一用了。”

他上来就要拿那诏书和玉玺。牧云笙缓缓道：“住手。”

虞心忌缩回手去，只盯着牧云笙。

少年望着那诏书，大笑一声。高举手，重重地把玉玺盖在了诏书上。

【12】

那册封北陆王的诏令被千里护送，登上了北陆瀚土。

右金部首领硕风达终于得偿所愿，得大端承认封为北陆王，号令北陆诸部。听旨之日，他夺过使者手中金印，也不跪拜，转头面对族人，大笑三声道：“我右金部，终于不再是大端朝的奴属了。我们是自由之民了！北陆万里草原，任由驰骋！”

四野欢声雷动。

一旁却有一人不笑，那是右金二王子硕风和叶，他拄剑摇头叹道：“父王的志向为何如此狭隘？什么北陆草原任由驰骋？大风起时，当横扫天下！”

他此话一出，四野皆惊。草原上狂风卷啸，仿佛正为他的雄心应和。

硕风和叶接着大声道：“端朝数十万精锐败在北陆，中州正是空虚之时，若是放过这机会，以东陆之富庶，不出三年，便可重整大军而来！那时什么北陆封王，不过是一纸笑话！”

但各部族首领中，有大半认为南下绝不可能获胜。十日后召开的金帐大会之上，十七个大部之中只有四个支持硕风和叶。

已是北陆王的硕风达点点头说：“既如此，南征之事，且容再议。”

硕风和叶心中愤懑，拔剑高喊：“愿随我杀出个天下者便去，愿在这里吃喝等死者便安坐吧！”

硕风达怒喝道：“小儿不得无礼！”

硕风和叶冷笑道：“当年您也是草原上的英雄，但现在您老了，开始不敢在风雪下出征，喜欢裹着棉袍躲在帐中饮酒。今日我率兵南下，就再也不回北陆了。若是我败了，我就让人把我的头带回来，然后您再献去给大端皇帝作赔罪。但若是我胜了，我便是东陆之主，而且我还要一统三陆九州，做天下之帝王，那时您这个北陆王也要向我称臣，不然我就挥师北陆，扫平你等！”

他跪倒在地，叩拜三次，然后拔剑割断左手小指，丢入硕风达的酒杯：“从今日起，你再没有我这个儿子，我也再没有你这个父亲，因为没有人能阻住我一统天下的雄心！”

他转身上马而去，一班忠于他的武将紧紧跟随。硕风达大怒而起，取过弓箭，拉满瞄准硕风和叶的背心，却终于没有射出去。

终于，看见儿子远去，他怆然长叹一声，把弓丢于脚下，微微有些踉跄：“看来我真的是老了，想射箭时，眼也朦了，手也抖了……这天下，留给年轻人去吧。”

那些天，硕风和叶袒着上身，举着长刀，佩着带血的头盔，游走于狂欢的各营落高喝道：“醉者生，醒者死！醉者为奴而生，醒者奋战而死！愿为奴者尽管饮酒，愿死者随我来！”

几乎所有的年轻男子都围绕他欢呼，于是硕风和叶领各部最精锐军马中忠诚于自己的一半，铁骑七万，渡天拓海峡南下！

【13】

牧云笙将他的佩饰金环挂在屋外，又在下面挂了一张小小的写满古怪字符的纸片。风吹来纸片摇动，发出奇异的声音。

虽然已是皇帝，他却又搬回自己的小园木屋中，沉迷于研究天地与星辰的奥秘。而虞心忌也不再让他去上朝，正好所有事都不必向他通报。这两年来，他按盼兮告诉他的方法，利用那世间本源之力，去使万物的结构变化，从而产生种种奇异的效果。

所发生的一切使他入迷，也更加坚信女孩所说的话：真正的术法大师，并不是能呼风唤雨、点石成金，而是知道风雨雷电为何而生，黑夜白昼因何轮转。只有知道了天地生成造化的本源，才真正明白“术”并不是魔法，而是化育万物的真理之所在。

他是如此渴望着去了解更多的天地，如果盼兮告诉他的都是真的，那么必然还有许多奇迹，正在不为人知的地方发生着。他心中充满改变这世界的念头，却不是通过战争与权术。少年明白，是自己该出发的时候了。他要去寻找盼兮。与其在这皇城中做个奴隶般的皇帝，不如去闯自己真正的天下。

他终于无法完成那一幅画，虽然他用过的色彩染尽了林园。少年抬头向天空望去，忽然愣住。这一瞬，他知道自己已经看见了那张无边的画纸，以往盼兮与他所说的世间种种奥秘，在心胸中如百川激荡，猛然融汇成大海，从此天高地阔，自在波澜。

少年知道，是离开这个囚笼的时候了。

想逃出皇宫并不容易，以他现在的力量，还无法从重重侍卫和御用术师们的监视下逃脱，只有在这幻彩的森林中，他才能掩藏自己的行动。于是少年有了一个看起来更疯狂的想法。

在挂出金环十数天后，这天牧云笙出门，他终于欣喜地看见，一只金色的甲虫正挂在金环上，得意地啃吃着。

盼兮曾经和他说过，这世上有一种甲虫名唤“贪金”，擅于挖掘，以石中的金质为食。他要的就是它。

牧云笙将金环带回屋中，那贪金要吃不要命，只顾紧紧抱着金环不放。牧云笙将它捉取放在小纸笼中，将金环用法术熔了，浇在地面。那熔金流像小蛇一般在地上扭动爬行，看见地缝，闪电般地钻了进去。

他再放出贪金，那贪金立刻扑到地缝前，急速向下掘去，瞬间没影了，只留下一个小洞。

牧云笙将他的一点意志贯入了那金液小蛇中，使它会在地下来回游走，而贪金也会不断追赶，直到在地下掘出可容人通过的孔道。这法术颇费心神，他倒下睡去，只等明天来查看结果。

可盼兮也曾提醒过他，世间奥妙无穷，没有人敢言能掌握一切变数，所有的法术，都可能带来意想不到的后果。少年在梦中心神不宁，总是听见女孩在耳边如此叮嘱。他猛然惊醒，已是第二天清晨。

少年向地面看去，不由得吓了一跳。

像是地震一般，从床边到门口偌大一块地面没了踪影，变成一个大洞，斜向下去。虽然这正是少年想要的，但他却没想到，一只小虫竟能有这么大的本事，若是将来有人用它来挖掘城墙，那这世间的城池岂不都是白建了？

不过世间万物总有相生相克，这小虫也定有制约的办法。少年这样宽慰自己，举了火把，沿斜坡慢慢向地下走去。

越向下走，他就越不安，行了几十丈后，那地洞更大更宽，还分出许多新孔，这样小的一只虫，怎么可能有这么大的能耐？

黑暗中他凝神细听，那些孔洞深处传来沙沙声响，像是雨声一般。少年心奇，这会是什么声音？可不像一只甲虫弄出来的。

一个孔洞中忽地声音大作，像溪流暴涨，突然间孔口喷出无数贪金虫，像金瀑狂奔一般泻流在地，瞬间铺满整个地面，许多还从少年脚上爬了过去，然后像水珠没入沼泽一般，又全钻入另一边的土中不见了，那边的土层上又密布了无数小洞。

正在这时，那甲虫涌出的孔洞中，又呼地钻出一物，身上也遍布金色鳞片，落地倒仿佛一个小球急速滚动着，从另一边掘土钻进，挖出一个新的孔洞来。

牧云笙有些明白了：那贪金甲虫召来了它全族，没准想在这里落户，可把什么以它们为食的异兽也招来了，所以这一夜地下才孔道纵横。幸亏自己醒得早，不然再一会儿，只怕房子也要塌了。

之后的许多天，贪金虫们疯狂开凿着它们的地下宫殿，牧云笙用法术引导着它们，渐向宫城的外围掘去。

但这一天，牧云笙却发现，所有的贪金都聚在洞的尽头不动了。它们静静停着，形成了一面巨墙。

这使少年十分惊异：贪金为什么懂得停在同一个平面上不再掘进？而且这墙平整得连人族工匠可能都建不出来。

他手一挥，向墙面洒出一片光尘。甲虫们向四面奔涌开来，像风吹开沙尘，露出那光滑的墙面。

牧云笙借着光芒走上前，惊异于他所看见的一切。

那里，是一面铁铸的巨墙。

这才是甲虫们停止向前的原因。为什么会有一面铁墙挡在这里？这是什么时候筑成的？难道就是为了囚住他？

牧云笙驱使贪金虫们向下方挖去，一种不安的预感笼罩着他。如果这是为了防止挖掘地道所设置的，那么……难道这铁箱也是有底的吗？

甲虫们的挖掘很快又停止了。最不想看到的事还是出现了：牧云笙的脚踩在了铁铸的地面上。

他呆呆地站着，心中惶乱与绝望交织，不明白为什么会是这样。难道一切都是徒劳的？他永远不可能逃离这里，即使死去，他的白骨也会被永远留在这里，没有人来，与世隔绝，直到千年万年后。

少年脸上露出了冷傲的笑意，他不相信，他绝不相信有人可以囚住他。他要离开，没有人可以阻挡。

铁墙上写满了密密麻麻的符号，少年在计算着，想用普通光与火的法术割开铁墙都需要极强的能量，少年无法收集这样的力量，也没有任何的术法书籍、现成符咒可以学习，他只有一个办法——自己创造所要的法术。

近一个月过去了，符号从墙上写到了地上，又从地下一直延伸到了屋中，再到墙上、窗上、室外，而被抹去修改的部分，更比写出的多上十倍。终于那一天，少年检查了所有的算式，嘘一口气：“试一试吧。”

他把笔扔到了那些字符中间。

笔落地处，光芒开始散开，在字符组成的长卷中急速地向前涌去，穿过窗口，进入地下，照亮了层层孔道，最终在铁墙上铺散开来。当所有算式字符都被点燃的时候，这个法术完成了它的内部自洽，启动了。

整个大地一声巨响，那光芒从园中直射出来，光环急速展开，向整个皇城扑去。

连少年自己也吓了一跳，他呆站了一会儿，慢慢抬起手，看见自己袖上、手指上，结着透明的冰霜。

整个皇城像是冬天突然来临一般，所有宫阙、树木、人兽，都被笼罩在冰雪之中。

正在宫中洗浴的某位太妃，呆呆地望着澡盆中水面结成的冰，突然发出尖厉的大叫：“来人啊，好冷！”

牧云笙突然意识到了什么，他迅速向地下奔去。“希望法术成功了，不然就再也走不成了。”

地下几乎变成了冰雪堆积的王国，少年连奔带滑冲到铁墙前，跌倒在地。

他抬起头，望着眼前的情景。

法术的蓝辉还没有散去，光芒中那铁墙仿佛依然如故，坚实而立。

少年慢慢走到墙前，伸指在墙上轻轻一点。

砰的一声，蓝色光尘飞溅；铁墙像粉末堆成一样轰然崩塌了。

而墙外，什么也没有。

没有泥土，没有岩石，没有光线，墙外是一片虚空。少年把手伸出墙外，什么也没有摸到。

他又拾起一个小石块扔了出去，小石块消失在黑暗中，许久也没有听到声音。

这铁墙是怎么来的？为什么会在地下？它外面又是什么？

但他已没有选择。

找出自己制成的那一双可使人身轻如鸿毛的银色雪羽翎，将它们插在双足之上，少年纵身跳入了黑暗之中。

【14】

牧云笙直落下去，坠了也不知多深，却突然脚下一冰，他跌入了水中。

那竟是条湍急的地下河，他被水冲着一路向前，却听耳边一种声响越来越大，如万马奔腾。

牧云笙正疑惑，那声音已充斥整个地下，像是要把人震碎了，水势也越发湍急。他忽然想到什么，心说“不好”，同时身子已被抛了出去，河水仿佛消失了，他向下直坠。

在空中他看见，下方一片碧蓝的光荡漾着，不见边际。光芒在四周峭壁上映出巨大的蓝色波纹，像石壁上流动的浪，也映亮了他身边那巨大的瀑布——它足有几千尺高，怒吼着注入下方的那片光芒，那像是一个水晶般的巨湖，却有极亮的星辰沉在湖心，映亮了整个地下。自己的身边，无数水滴正一同下落着，仿佛悬浮在他的周围，也折射着幽蓝的光芒，像是千万明珠，浮于天上。

那片碧蓝扑面而来，牧云笙直坠向湖中。

但足插银色雪羽翎的他，像一片羽毛般，缓缓落在湖面，仿佛落在了一块柔软绵床上，那水面将他托住了。

他的脚下，湖心中透出巨大的光芒，他能清楚地看到脚下碧蓝的水中，鱼儿自由来去，那些鱼竟然也是透明的，有金黄、有碧绿，如彩晶缀于水中。这湖不知有多深，那湖中光芒的来源，在一片朦胧之中，却是一直看不清。

这时脚下有一团晶光游来，他仔细一看，竟是一条透明大鱼，有两人长，身体一伸一缩，张着大嘴直冲而来。牧云笙吓得拔腿就跑，水上水下开始竞速。

他此时身轻如羽，脚点水面，每次可轻轻跃出数丈，可那鱼扭动着身体，几下便赶上了牧云笙，来到他的脚下，猛地跃出水面。牧云笙觉得水花扑面，四周升起透明的壁，便身在鱼腹之中，隔着透明的鱼身，还能看见大鱼落回水中。

可是大鱼连水带人一起吞下，牧云笙在鱼腹中如在注满水的袋中，正当他极力挣扎、险将溺死之时，水位却下降了。原来大鱼缓缓将水吐了出去，牧云笙长出一口气，软倒在这透明囚笼之中。鱼鳃的扇动传来缓缓的气流，他在鱼腹中，却也可以呼吸。

大鱼直向湖心而去，眼见离那湖心的光源越来越近，却突然又折个方向，向前游去。

突然四周都有这样的大鱼游来，牧云笙发现自己已置身鱼群之中。可更让他惊喊出来的是——那每条鱼腹中竟都有一个人！

但那些人却并不像是死去了，他们是活的！而且他们还跪坐在鱼身里，望着前方。

牧云笙惊疑不已，鱼群却游近了一处岸边。这岸并不是真正的湖岸，却像是浮在湖上的陆地，因为湖水仍从岸下流过。鱼群们游至岸前，便噗噗地把腹中人吐了出去。他们稳稳地落在岸上，开始说笑。

可是牧云笙所在的这条却并不吐出他，只在岸边徘徊着。牧云笙想是否因为他还不知道驾驭这鱼的方法？眼见那鱼又要游向岸下了，牧云笙急得向鱼腹猛踹一脚，那鱼噗地把他吐进了湖中。但牧云笙很快便浮上了水面。

那群人已向陆地的深处走去。牧云笙小心跟在后头，听他们说话，也是东陆言语，只稍稍有些口音。

“听见那声怪响了吗？听说有人把南面崖上那个出口给掘开了，上面终于又要有人下来了。”

“听说打那出口被封，三百年没有人掘开过了。现在上面什么样，牧云氏的逆贼还统治着东陆吗？还是早换了朝代？”

“无论如何，这出口掘开总不是好事。我们的安宁日子怕是要到头了。陛下正在召集军队，准备作战。”

“我们为何要死守在地下呢？回地上去不好吗？”

“出口都被从地上封死了，就算是被地上人掘开的那一个，也是从瀑布而下，只有来路没有去路。再说那地上太多人口，人一多心就异，战乱频仍，何必回去呢？”

“可是我们在这地下，更深处也有河络国为敌，几百年来也没断过战事呢。”

没有了湖水的光线，岸上变得渐渐黑暗了。但这些人却不点火把，像是在黑暗中也能自在视物似的。

牧云笙却看不见脚下，磕磕绊绊，跟不上那些人的步伐了。爬上一个坡，忽然眼前现出奇景，他不由得惊叫一声。

几根极高的光柱从黑暗空中一直连通地下，使眼前的大地有如月光映照。原来那竟是从上方垂下的水柱，无穷无尽，注入湖泊之中。那水瀑之巨大，直径定有十几丈，如果走到近前，那大地一定在隆隆颤抖。这地面被许多闪亮的蓝色河流所分割着，脉脉流动，远方有一座庞大的城市，仿佛玉石砌成，映在湖光水影之中。

【15】

大批人围在城墙前，各自穿戴盔甲，正听台前一锦服王冠的老者说话。

那老者大声喊：“自我国国土被牧云逆族所掠，至今三百余年了。我等躲于地下，日夜不敢忘复国大业，那牧云逆族害怕我等杀出地面，便用铁汁坚石封起所有出口，还驱使河络族来与我们厮杀。但数百年来，我大晟却人丁兴旺，气象日隆。如今，南面崖上我国故皇城处出口被掘开，想必是牧云贼党又要大举进犯，我等要从速准备……”

忽然远方有人大喊：“河络！河络族渡湖了。”

长者大惊，一挥手："看来他们是约定好了。众军将与我赶至湖边坚守！"人群轰然向湖边涌去。

牧云笙也想去看个究竟，他足有翎羽，跑得飞快，虽绕弯避开人群，仍是先赶到了湖边。

少年抬眼望去，只见那湖中漂着密密层层像是巨大坚果似的东西，漂近岸边，那坚壳迸开，里面就弹出一物事，落在地上，却像是巨大蜘蛛，有一人多高，上面还隐约坐了个小人儿。那些小人儿身形只有人族一半高，一头红发，一双大眼倒像占去了脸的一半，好似画中的精怪小鬼。那便是传说中居于地下的河络族了。

而那些巨蜘蛛，却不像是真的巨虫，而是由河络们操纵着的。牧云笙曾听说，河络族会拼起支架，然后用一种叫"惜风"的又似植物又似动物的怪东西栽植其上，惜风就会按骨架生长成河络们需要的形状，或多足虫，或高大巨兽，或是长着眼耳的车辆……这些东西被河络操控，就称为"将风"。看来这些巨虫，就是将风的一种吧。

河络族正驱动这些巨蛛将风与晟国的守军交战，用绑着锐利刀锋的前足将他们刺倒，又或是喷出白线，将他们粘住捆翻在地。

而晟军似乎也与这等怪蛛军交战多次，并不慌乱，在地面布下道道火墙，在火墙后向蛛军射出火箭。那巨蛛果然纷纷燃烧起来，虽然它们带着火仍能行动，蛛上乘的小人儿却先受不了了，怪叫着跳下蛛去，滚打着身上的火苗。

忽然又有另一些巨虫涌上前来，这回却像是些巨蚁，行动比巨蛛们要慢许多，拖着巨大的肚子，近至火墙，猛地喷出水去，上百条水柱顿时将火墙冲开。巨蛛军一拥而入。晟军第一道防线开始崩溃，纷纷退上山坡，准备第二道防线。

突然背后传来响箭示警之声。牧云笙回过头去，见那座冰琼般的美丽城市之中，竟然也腾起了火光。他顾不上看这面厮杀，又向城市奔去。

来到城边，果然见晶石楼台前怪影重重，一支怪蛛军不知何时已侵入城中，乱冲乱跳，有些爬上石壁宫墙。城中民众四下逃散，哭声震天。

牧云笙凭着足上的雪羽翎，一点地身子跃起，轻轻落在一幢平房顶上，再一跃，抓住了一箭楼的栏杆。他身子轻得没有半两重，轻轻一翻，就已站在箭楼之上。

却见连城中心宫殿之中，也已有怪蛛侵入，从高处看下，就如闹了虫灾，数百蛛影在楼宇间爬来爬去，追逐晟人。他心急如焚，却不知如何是好。

忽然觉得背后什么一动，他一回头，吓得大叫。不知何时一巨蛛已经爬上箭楼，正攀在栏杆之外，挥舞黑长大足。他吓得直接一跃，就从箭楼上跳了下去。身子正轻飘在空中，那箭楼上巨蛛赶至栏边，猛地喷出蛛丝。牧云笙只觉得一下被又黏又韧的筋绳缠住，向箭楼拉回。回头见那巨蛛的怪头越来越近，吓得在空中乱踢不止。

那巨蛛伸出前足将他一把挟住。蛛背上探出一个小脑袋，用人族话问道：“你为什么可以跳到那么高，像是没有重量似的？莫非你是个羽族？”

牧云笙挣扎道：“我若是羽族，你们便不杀吗？”

那河络族人道：“我们与羽族并没有什么冤仇，只是这些人族下到地下，占了我们的领土，我们才要将其赶走。”

牧云笙被挟得喘不过气来，只道：“地下……这么大，你们分……他们一点……也没有什么……”

“哼，若是人族繁衍起来，这地下也不够他们住哩。”那河络族人道，“你是羽族，我不杀你，快点逃命去吧。”他操纵那巨蛛前肢一放，牧云笙又飘落下去。却突然听到空中箭啸，数支弩箭射上箭楼，穿过了那巨蛛身体，蛛背上的河络族人也尖叫一声，摔落下箭楼。但他背上却缠了一条蛛丝，借着它缓缓落地。牧云笙一看，他的身材只有自己一半高，却奔跑得极快，一转眼便消失在街角了。

牧云笙从屋顶上向中心皇宫望去，见几只巨蚁正在宫殿顶上喷吐火焰，但这宫城却是晶石所筑，烧不毁的，只是那些人族士兵在火焰下逃散。

突然传来女子尖叫，一个怪东西从皇宫中猛地跳了出来，纵在空中能有七八丈高，方落地又一纵而起，倒像是个巨大跳蚤。但跳蚤足间却挟着一个女子，挣扎尖叫。牧云笙一惊追去，奔过重重房顶，追近那巨蚤，它一弹而起时，牧云笙也一纵而起，抓住那巨蚤的足肢，翻上蚤身，只看见蚤背上一张河络族人惊讶的脸。他一拳打过去，那河络族人伸手来挡，巨蚤失去了控制，啪地撞上箭楼，跌落地上。

牧云笙落地却觉毫无冲力，立刻站起来去看那女子，却见她被挡在蚤足之后，也无大碍，看容颜与他年纪仿佛。正要拉她出来，那河络族人跳了过来。原来这河络族人个子虽只有人族一半，脚力却极好，一跳便纵到一人半高，挥刀劈下。牧云笙一躲，河络族人这一刀落了空，那少女却突然飞起一脚，踢得那河络族人直飞出去，撞在墙上。

他摔在地上，爬起来东西南北还不辨就开始用人族话大骂：“你们这些高个贼！不肯早些交出传国玉玺来，居然还敢还手！”

少女冷笑：“交给你们，也一样免不了战事。”

“自然！”那河络族人道，“玉玺我们要拿走，但我们先祖受大端牧云氏皇族所托，只要灭了你们的国，便许我们回地面建城。今日正是机会。”

“牧云氏？”牧云笙心中暗惊。这时四周，又有河络族人操纵着怪虫攀爬而来，准备扑向他们。少年眼见危急，脱口喊道，“我便是当今端朝皇帝，你们若真与我祖先有约，便来同我见证。”

一旁少女吃惊地转头看他。那河络族人也正打量着他，笑起来：“你是端朝皇帝？那你怎么跑到这里来了？”

“我想逃出皇宫……不小心凿穿上面的墙落下来的。”

河络族人向头顶看看：“那面将晟国封在地下的铁壁是你弄穿的？我还以为是上面派人来检查进度，才赶紧大举进攻呢……听说新立的那个未平皇帝倒真是你这般年纪……可你有玉玺吗？拿来我看。”

少年正想说话，那河络族人却自己摇头晃脑道：“我这脑筋，定是刚才撞在墙上受了损伤。你们是托我们来夺传国玉玺的，自然是没有。”

“传国玉玺？”牧云笙似乎明白了些什么。

端朝的玉玺是三百年前立国时所刻，并不是从前朝夺来的。而东陆皇朝却有一颗世代传承了数千年的玉玺，据说是当年第一位平定天下一统九州的皇帝晁高帝取了世上唯一的天降玉石所铸，历代王朝、诸家势力，均以夺得此传国玉玺为获得天下的象征。也据传这从天坠下的玉石中有神奇光蕴，可以安定四方、庇佑皇朝，于是成为英雄霸主必争之物。

那千年传国玉玺，自然是被这流亡的晟朝带到了地下。所以自己的先祖才托了河络族夺取。

那河络族人又说：“你说你是未平皇帝牧云笙，却没有玉玺。不过我却有个法子：我早听说这未平皇帝别的什么都不会，就是一手画技天下闻名。你画上几笔，若是我鉴得是未平真迹，便相信你是那牧云笙。”

少年心中暗笑，想：河络族也懂赏画？他从腰间锦囊中取出心爱的银狼毫，四顾道：“可是无墨无纸砚啊。”

“你们人族就是事多，纸张一碰就碎、一烧就毁。我们河络族用灼热炭刀在岩石上作画，那才是万世不朽呢。你入乡随俗吧。”

那河络族人一挥手，巨蛛们喷出蛛液，霎时把一面墙涂抹得白如雪，平如镜。又道：“用那女人的血来作墨！”

牧云笙惊叫：“不可……”却早有巨蛛喷出白丝将少女裹住，悬起在半空，又伸前肢刀锋在少女腿上割了一道。少女一声惨叫，血涔涔而下，河络族人摘了头盔，上前接了血道：“你若不画快些，她便死了。”

牧云笙横下心，眼一闭，使笔蘸了血，在墙上急绘起来。却是雪地一枝梅，寥寥几笔，便已画成，此时盔中血还接不到小半。

忽听众人惊叫，原来白墙之上，画中那七八朵鲜红梅花突然绽蕊破蕾，挣出墙面，噗噗噗噗地在白墙上绽开了起来。

那河络族人大呼道：“变……变成真梅花了？这是什么法术？”

少年说：“你现在相信我是牧云笙了？”

河络族人忙道：“信了信了。”他一挥手，少女被放了下来，又有蛛液喷到她腿上，瞬间把伤口裹好。河络族人却上来打量少年手中的笔道，“你这笔当真是宝物，我用我心爱的宝剑和你换好不好？”

少年摇头：“你要尽管拿去，但先放过这女子和这些地下国民。”

那河络族人却跳开一步：“等等！当初可是你们要我们灭晟朝，许给我们在地面上的土地；现在好不容易要成功，又要我们放过他们？若这样，就还要答应我们三个条件。”

牧云笙问：“什么条件？”

那河络族人道：“我们要在北邙山原河络族发源地一带山中建地上城，我们居山中，人族居平原，互不侵犯。”

牧云笙点点头道：“可以。”

河络族人道：“第二点，我要你封我为地下王，统治天下河络部族。”

牧云笙心想：我册封你没有问题，却不知其他河络部族服不服你呢。笑道：“也可以。”

河络族人道：“第三点，你们牧云氏世代从越州征发我们河络族去北陆殇州建城，与夸父族作战。那些河络族人不堪苦役反了，你们又派人剿杀。我们要你们允许我们河络族在殇州地下立国，再不服役。”

牧云笙想想：“也可。”

那河络族人欢呼道：“万岁，万岁，万万岁！你是君主，一言既出，可不要反悔！”

牧云笙笑道：“只要我还是君主一日，我定然信守诺言。”

那河络族人道：“那我与你歃血为盟！我是河络族速莫国夫环[1]帆拉凯色，现与端朝皇帝牧云笙定下盟誓，家邦兴亡，在此一言。”他抽出所佩短剑，割破手

---

[1] 夫环：河络语“王座”。河络社会的基础是女性族长为首的“阿络卡”制度，但阿络卡作为“创造真神”在人间的代言人，虽然拥有最高决策权，但日常以宗教事务为主，部族庶务由夫环处理，所以其他种族往往称夫环为“河络王”。夫环是由长老会推选、阿络卡任命的，不世袭。

指，将血滴于剑上，那短剑上立时就泛出光华波纹来。

见牧云笙好奇，河络王帆拉凯色笑道：“今天也让你见见我们河络族的宝贝。你可知世上有十二柄名剑？今天你便见到其中的未明剑了。”

牧云笙当然听过十二名剑的传说。那是世间流传着的天下最好的剑的排行。

其中第十二柄叫菱纹剑，据说可用剑风杀人。剑一挥，十几尺外的树木也迎风而断。

第十一柄为未明剑，可吸收剑下死者的魂魄，杀人越多剑上越戾气缠绕，挥剑就有恶魂冲出，索取人命。

第十柄是厌火剑，羽族所铸，听说剑轻软得像羽毛一样，可以飞出取人首级再飞回你手中。

第九柄为影鳞剑，据说这把剑里封着一个前世大英雄的魂魄，你凑近剑身，能看到剑上流动着一个狂怒的影子，心中听到呼啸的怒吼。

第八柄苍云剑，是古时一个叫“天驱[1]”的武士团的宗主之剑。天驱武士平时潜伏于四方，个个都身怀绝技，而此剑一出，就可以号令他们。

第七柄裂风剑，听说可以用来指挥风云雷电。

第六柄承影剑，据说是乱世之剑，以前帝王所佩，但若是帝王执之，则天下大乱；若是臣子执之，则可能弑君乱国。

第五柄龙渊剑，据说是开启龙渊阁[2]之剑，可世上真有一个叫龙渊阁的地方吗？没人知道它在哪儿。

第四柄纯钧剑，这剑好像没有别的好处，就是铸剑的材料不一般，再无第二柄。它没有锋芒，连豆腐也切不动，只是专制天下所有的剑器，听说很多名剑都是被这把剑毁了的。

第三柄光授剑，据说是天神用来驱赶星辰的剑。

第二柄启玄剑，听说是还没有天地时就有它了，也不知道是谁造的，别的剑只能杀人，这把剑可以使万物重生。

第一柄，拓天剑。传说中开天辟地的剑，不过也只是传说中，并没有人真正找到过它。

---

[1] 天驱：九州最古老的神秘组织之一，是精英武士的团体、辰月教的死敌。真正的天驱仅为“守护安宁”而战，不听命于任何政权和势力，所以端朝之前的燮、晟两朝号称“天驱建国”，实际已经背叛了天驱信仰。

[2] 龙渊阁：传说中由一条名叫藏书的龙创建的九州最大的图书馆和资料库，极难找到。

这前三名的宝剑都是只存在于传说中的神器，真正于世间流传过的只有后面九柄而已。

而眼前的未明剑，岂不就是排名十一位的那柄可吸魂索命的河络族名剑吗？

河络王帆拉凯色正得意说着：“我们河络铸剑，以饮血魂印为极致，真正的好剑，剑师都要将自己的血注入剑中，而若是刺入敌人身体，就会把敌人的魂和血一齐吸入剑中，决不会滴淌血迹。这样越是经临战阵，剑就越利，而死在剑下的敌人越强，剑中的战魂就越厉，可以震撼敌手。北陆右金二王子硕风和叶那把著名的血色剑，就是河络剑师所铸，那剑中也不知有多少英雄勇士的魂魄了，却绝比不上我这未明剑。”

他将未明递给牧云笙。牧云笙看这剑柄密密镶满细碎钻石，极是华丽，剑身却是纯黑色，宽处微显粗糙，不知是何种材质铸成。细看时，能看到刃锋四周有隐隐的锐气流动，想必还未碰到剑身，那锐气就能割金断石了。

他伸出手指轻轻在那股锐气边缘一触，果然手指就被割破了，连疼痛也感觉不到。他学帆拉凯色将血滴到剑身，剑身便如干渴的土地一般将那血吸去了，血印泛开处，黑色突然向四周退去，现出明镜一般的剑身，光华四射。

“果然是未明。”牧云笙赞道。

“我们的血都滴入剑中，这剑便是盟约的见证了。他日若有人反悔，必死于此剑下。”帆拉凯色说，“现在我们是盟邦了，这剑送与你。”

牧云笙手中并无信物，只好将那画笔回赠给帆拉凯色，却忧心地说：“我虽然和你立约，可我这皇帝也不知还能当多久。”

帆拉凯色跳上巨蛛道：“放心，我每日都夜观星相，你还有好几百年君主可做呢。速派人把册封诏书与大印送来。诸将，退兵！”

一河络巨蛛骑士吹起号角，那些蛛蚁骑士向城外退去。

牧云笙还愣在那里。

一旁少女缓缓站起身来，却只是呆望着他：“你……你真的是牧云笙？当今端朝的皇帝？”

牧云笙苦笑：“什么皇帝，端朝都变得什么样了，我不是也逃到地下来了？”

少女走近他，望着他手中的剑：“这帆拉凯色一直吹他的剑，究竟有什么好？”

牧云笙递给她看：“的确是天下至宝，这工艺绝不是……”

突然少女夺过剑，手腕一翻，那冰凉的刃便压在了少年的颈上。

“你这是做什么？”少年冷冷问。

这时周围有许多晟国士兵奔了来，望见少女，却突然全部跪倒在地：“陛下受惊了，臣等救驾来迟，罪该万死！”

“陛下？”少年哑然而笑，“你也是陛下？”

少女唇边露出一丝冷笑：“没想到两朝三百年争夺天下的世仇，今天我们俩却是这样相见。”

“三百年是我们从你们手中夺的天下……不过现在这天下又在风雨飘摇之中，不是你我所能掌控，我们两个同病相怜的人却还在这里争什么？”

“同病相怜？”少女默念着这几个字，冷哼一声，手上却将剑压得更紧。少年觉得那冰冷一直钻入血脉，一阵阵地眩晕，耳中只听到剑中百千血魂哭号之声。他明白这剑根本不用割破自己肌肤，只凭剑中厉魂就能卷去自己的性命。

“陛下，此人是谁？”有将官抬起头来问道。

少女微扬下颌，举目挑视着少年：“是啊？你是谁呢？是全天下都要向你跪拜？还是你做我的囚徒？”

【16】

牧云笙坐在那晶石所砌的殿中，望着四周晃动着的水影，耳边能听见清亮不绝的泉水声。这宫城之中处处都是水，而所有光线，也都从水中来。那些池中瀑中发亮的晶石，取代了所有火烛。

眼前的纱帘置摆，却不像是在某位帝王的寝宫，倒像是公主的绣殿。那些晶亮吊饰，泉边绮兰，无不是小女子情调。

看着眼前摆着的纸笔，他摇头苦笑：“我本来以为你要我签什么让天下的诏书呢，没想到……”

“少废话！”少女从榻上坐起，扬着未明剑，“专心点儿！”随后立刻恢复了甜美的笑容，重新把剑藏到身后，左手轻执罗扇拍着胸前，斜倚在长榻上，“你要是把朕画得不传神，这幅画要是不能流传三千年，你就是世上第一个淹死在金鱼缸里的皇帝！”

少年平息静气，缓缓提笔。他专心入画时，便忘了世上其他的纷争利害。眼前女子，也只看她目中灵韵面上纹肌，而再不管她是否会在画好后便杀了自己。

他呆看着这少女，看她脸上隐去了杀意与威势后，俨然还是一泓清水般的女孩子家，眼中晶亮望着自己，不去想家国利害，满心只盼着把最美的韶华长留。

突然他眼中浮现起另外一张面容来，耳中分明听见那个清灵的声音：“小笙儿，你会成为世上最伟大的画师的……”

“这样也好啊，对于我这样爱美如命的人儿来说，我不用看到自己老去时的样子，这是多么幸福啊。你也只会永远记住我最美丽的时候啊。”

少年喃喃念着，心中无限怅然。猛地放下画笔，却是一笔也画不出来了。

少女从榻上坐起，望着少年神情，却没有怒挥宝剑，只是走近问：“你怎么了？”

少年满腹的衷肠无从诉说，只是呆呆望着湖光水影出神。

少女缓缓踱到殿中池边：“你不说，我也知道你在想什么。虽然我在地下，却并非不闻世间的事情。”她望着假山流瀑，轻轻问，“告诉我……她的美，是什么样……”

少年痴坐许久，才缓缓开口：“若我画你，必画煦暖春色，踏青和歌，用淡黄浅绿，描彩衣丰颜。但我画她……却用不出任何一种颜色，唯有水清墨晕，一点点泛开，像……像雪落梅枝，所有的鲜艳，都孕在苞中；像白鹿跃过雪地，只见风痕，不见实影。”

少女沉默许久，才幽幽长叹：“我明白了……真希望能亲眼看到她。”

“我答应过她，三年之后，在世上最美的地方，与她相见。”少年凝望水纹，“她一定会在那里……等我。”

他忽抬眼望向少女：“所以恕我不能在这里久留了。天下将来属谁尚未可知，但我这条命，此刻却要去做更重要的事情。”

少女脸上突然恢复了帝王的冷漠：“你以为你想把命带走，就可以做到吗？”

她扬剑指向少年，少年却也抬起了手。手中画笔的几滴绯红甩出，飞落到她的纱袍上，突然急速泛开。少女皇帝眼看着自己的衣裙变成了坚硬的石雕一般，她被裹在这壳中再也无法动弹。

少年走上前，慢慢取过她手中的未明剑。少女急得满面通红，喊：“我若喊卫士来，你就会当场被乱刀砍死。”

少年望向她的眼睛，笑着：“你不会的，就像我也不会杀你。那三百年的恩仇，对我们来说重如山岳，但若一转念时，却也轻若烟云。”

他转身向外走，少女却喊：“等等。”

少年站住时，她轻轻说：“把我也带走吧。”

【17】

地下巨大光湖之畔，两人缓缓行着。

“谢谢你带我经过河络族的地界。三百年来，他们把守着通向地面的出口，我们一直被困在这湖边和崖前。我的国土只有这地下方圆十数里，国民不过千余。”少女笑着，“我其实明白得很，连皇族血脉都衰微到要我一个女子来做帝王，靠这村庄般的国度，谈什么复国重得天下呢？”

她低下头：“我只想走，想逃出去。我不要做什么村庄里的帝王，我要去看看地上的样子，看看真正的天下。”

牧云笙微笑着：“这回是两个逃跑的皇帝了。”

“所以那天你说我们同病相怜，真把我的心扎得好痛。至少你有挣脱宿命的勇气，我却没有。”

“可你打算去哪儿呢？你还是不要跟着我，会很危险的。”少年说，“这未明剑，你拿着防身吧。”

“不用你说，我也一定要自己去闯一番天下的。这未明剑是天下英雄都想得到的宝物，你却肯将之赠予我……”女子叹一声，“你既有赠剑之谊，我却无以回赠……我以帝王之诺，许你将来若向我求一样东西，除了天下，我都可以给你。”

少年一笑：“你也不过是个手中空空的帝王，不过我先谢过了。”

女孩也笑着：“好了，见到阳光的那一刻，我们就要分道扬镳了。最后的时刻，你就没有什么要问我吗？”

“啊，什么？”

“唉！”女孩子轻叹了一声，转过脸去，忽又急转回看着少年，“你就不问问我的名字？”

“啊……是的……”少年脸一红，“你叫什么？”

“昀璁，姬昀璁……就是发光的玉石。”女孩笑着，“将来见到我时，可别叫不出来哦。你若敢忘了，我就让你变成世上第一个被玉玺砸死的皇帝。”

她向前奔去，回头喊道：“别忘了，你还欠我一幅画呢。”

之七 苹烟

Ping Yan

【01】

天启城千余里外，澜州砚梓郡，淖河边。

“苹烟！你个懒东西，什么时候了，还不去打水！要等到我来抽你的嘴，让你个不知好歹的赔钱货……”

婆婆的骂声中气十足，举着鞋底冲出来。少女苹烟叹一口气，丢下正劈的柴火，推开流着鼻涕要做弹弓玩的丈夫，提着桶奔向河边。

一路上女孩子心里郁苦，家中八个姐妹，二姐、三姐嫁去镇上，一个嫁给杀猪匠，一个嫁给打更郎，全是正经人家，据说三天便可吃一次肉；偏偏自己生时，家就穷了，六岁就被卖给人当童养媳，换了一个猪崽和五斗糙米，从此一辈子便要挨骂受气。

到了河岸上，少女对着河水发呆，凭什么人的际遇如此不同，难道只因为自己晚生了几年？可既然是受苦，又为什么要把自己送来世上，然后又这样轻贱抛弃？

不觉眼泪滴落在河水中，苹烟忙捧了河水冲洗一把脸，决心把烦苦暂忘，继续忍受不知为何要忍受的生活。

她一转头，却看见旁边坐着一位少年，也凝望着河水奔流，久久不动。

“你是谁？不是本村人吧，我没有见过你。”

少年转过头来，微微一笑：“我也没有见过你。”

“你……你是想洗衣服吗？”苹烟看见他身边散开的包袱，不少脏衣服乱堆在那里，虽然都是上好的料子、精美的织工，却沾满泥土，有的已经划破了，她心疼不已。

少年脸微微一红：“我……我坐在这里歇歇。”

“你是远道出游的吧，不然怎么会有男人在河边洗衣服的呢？我来帮你吧！”苹烟做惯了活计，随手就把那衣物捡了起来。

少年也不推却，像是被人侍奉惯了似的，只点点头：“我会给你报酬的。”

苹烟一边洗着衣物一边与他聊天：“现在兵荒马乱的，你从哪儿来？去哪儿啊？”

少年把石子一个个地投入水中：“从天启来……向……向宁远[1]去。”

---

[1] 宁远：宁远城即端舟，在澜州擎梁半岛北部偏东的位置，是擎梁半岛上最大的港口。在端朝，宁远城是宁远郡的治所，由于要翻越擎梁山才能到达，所以在行程上是澜州最远的郡。

“啊？你要去海边？”

少年点点头。其实他也不知该去哪儿，随便说了一个最远的郡。他倒想把这天下走一遭，这世界对他来说还是全新的。只是不知道自己能支撑多久。

“你连水漂也不会打啊。”苹烟笑着，选一块扁平的石子，“看我的！”

石子在河面上弹跳了五六下，才没入河水中。少年仿佛一下来了兴致：“有趣，你如何做到的？”

“你啊，一看就是富家里长大的公子哥儿吧，没在河边玩过？”苹烟笑着，忽然看见他灰扑扑的脸和有泥垢的脖颈，“哎呀，都脏成这样了？快下河洗洗吧，我帮你看着衣服。”

“啊？这……”少年脸涨红起来。

苹烟扑哧一乐：“你平日里都是在大宅子里丫鬟倒上热水侍候着洗吧？现在既然逃难出来，就讲究不得许多了。这么热的天，你看那些男人们全在河里扑腾呢，也从来不避人，俺们乡下人也没有那么些讲究。我可是好心怕你捂出病来，这么俊秀的人长出热疮可就不好看啦。”

她拿起少年的衣服，笑着跑到一边去了：“我不看你！”

少年愣了愣，看了看水中笑闹的村民们，还有一头大水牛，上游小孩子正比谁撒尿远，下游还有人在淘米洗菜，终于还是摇摇头：“我还是去前面镇上再说吧……”

“你啊你啊……”苹烟又气又笑地跑过来，把洗好的衣服在他面前的石上拍干，水珠溅那少年一脸，“这样吧，一会儿我带你去我家洗，总没有人看你了，行不？反正你这衣服，也要找地方晾干。”

苹烟带着少年向家走去，却正遇上她婆婆寻出来。那婆子上来就是一个耳光：“你这馋懒贱的东西，打个水打这样久？又死到哪里和野男人调笑去了？欺负我揍不动你？等你男人大了，看不让他打断你的腿！”

苹烟捂着脸，眼中含泪，快步就往家走，这对她已是家常便饭。倒是后面少年喊起来：“你休要打她，她是帮我洗衣来着！”

“啊？果然是寻了野汉子了？看人家还穿得富贵，腿就走不动道了？不定给了你几个铜钱，就卖与别人了——怎的就生得这般下贱，我家是造了什么孽……”

“你……你……”苹烟挨打并不流泪，这段话却气得她浑气发抖，“你打死我好了，不要这么凭空糟践人！”

少年目瞪口呆地站在那里，他哪听过市井乡间的骂人话，一时不知如何回答。那婆子又对了他来骂道：“你还跟着我们家媳妇做什么？好不要脸！想女人就去烟花巷，却跑来这里勾搭良家女子……”

她抓过苹烟手中的湿衣服，狠狠向地上一扔："连衣裳都帮人洗了啊，你这个倒贴货……"又使了尖指甲狠狠地掐这少女。

"够了！"那少年大喊一声，把那婆子吓了一跳，"她不是你女儿吧？难道是你买的丫头？"

"呸，这是我家儿媳妇！我教训她，你还心痛了是不是？你……"婆子缓过神来，一大堆污话又泼了来。

少年皱皱眉，他反正也不熟砚梓郡的口音，听对方叽里呱啦的一堆知道没好话，很想下令将婆子拖出去斩了。但他不再拥有权力了，他救不了自己，却又还能救别人吗？

他低下头，捡起又沾上了泥的湿衣服，小声说："对不起。"摸出一块碎银来，"是我非请她帮忙的，这是工钱，不要骂她了吧。"

婆子眼中放光，这块碎银够她家半年的生活了。语气立刻和缓下来："呃，这位少爷……我不是有心……"

苹烟却一把把少年的手推回去："不要不要，你给她钱做什么？你自己也不容易，一人逃难在外，这钱有良心的都不能收！"

婆子一把揪住她的衣领："滚回屋去！"几乎劈手从少年手中把碎银抢了过来，然后嬉笑说，"少爷可怜我们，这可真是好心人儿，那……家中坐坐？喝杯水再走？"

少年看看手中的脏衣服："借我个地方洗个澡吧，的确是走得太累了。"

【02】

少年看着苹烟把河水倒入后院的木盆中，那木盆也就只能供个婴孩洗澡，还从缝中渗水。看来是只有擦洗了。

"你就在这儿洗吧，我们在屋中，不会出来的。"苹烟一笑，退回屋内，把门带上了。

少年看了看，这院墙只有半人高，院外一头牛正伸脑袋看着他，四面的人声、咳嗽声清楚可闻，空气中飘来邻家猪舍的气味。他摇头苦笑，还不如在河里洗呢。

屋中，那婆子却正在翻少年的包袱，她几乎要惊倒在那里。

"哇，这么大块玉？"婆子这一辈子，加上她祖上十九辈，也没有见过这样的珍宝。

"你怎可翻检别人财物！"苹烟气得冲过来，要扎上那包袱，却也看见那些光芒四射的物事，呆在那里，"天啊……这是什么……"

门被推开了，少年带着滴水的头发，穿上干净的衣服，站在那里。他看见自己的包裹正摊开着，苹烟就站在包裹前，却面色平静，什么也没有说。他只走到她们近前，道："再请借口水来喝吧。"

婆子唰的一下就歪倒在地，又强爬了起来："哦，什么？水？哦，水……水……"却原地打圈，就是看不见近在咫尺的茶壶。而苹烟还是保持原来的那个姿势，看着少年嘴张了好几次，都没有说出话来。

少年笑了："我知道你们想要什么，原本也是该酬谢的。我没有多少金银，只有一些从家中带出来的小玩意，都是自己从小收藏舍不得丢的东西，但你们好心帮我，便挑一件去吧。"

"挑一件！"婆子被这晴天霹雳般的好运砸倒，惨叫一声，当场人事不知。苹烟张大了嘴，那玉玺从她手中滑落，直坠向地面。少年看得分明，用脚一钩，又一转身，一个漂亮的燕子剪的脚法，玉玺飞上屋顶，又落回到他的手中。

婆子突然闪电般醒来，扑到包袱边："挑一件？那谁来挑？"

少年笑指苹烟道："我只给她。帮我洗衣的是她不是你。"

婆子仰头望着苹烟，就像望着天上的神女："苹烟，丫头……你富贵了可不会忘记婆婆吧？！"

少年心中感叹，这些东西平日堆满身边，他看也不看，可是现在随便一样，竟然就能改变一个人、一个家的命运。人与人的生活，竟然会如此不同。

苹烟还是看看少年，又看看婆婆，再看看包袱："我真的……真的可以挑一件？"

"当然。"

"这些……"苹烟怯怯伸手在一块深红玉佩上抚过，想拿起又怕碰坏。

"这叫古云纹赤翡翠佩，是八百年前所制，已养得入手如水滴，戴在衣内，可以暑不生汗。不过……似乎不太配你衣服的颜色……"牧云笙丢下它，"你喜欢这个吗？这是玲珑珠，外有七窍，内有曲孔，孔中又有三十六瓣小金花，不知是如何放进去的……哦，这也不错，是个冰琥珀佩，里面那只金翅蜂是活物，若是切开琥珀融化内中的寒冰，它醒过来就会飞起……"

牧云笙眉飞色舞，俨然又回到了当年在宫中拿稀罕物事去哄小姑娘们笑跳争夺的美好时光。但说着说着，自己却先难过了起来，所谓物是人非，时过境迁，原来就是如此。他紧握着手中冰佩，坐在椅上，默然无言。

这泪把苹烟的心思打醒了过来，她方才被眼前的珠光宝气震住了，心窍堵了，却因为少年的伤心而惊觉。一个仅包袱中的财物就富可敌国的人，为何会身边没有一个伴，独自流浪呢？衣服脏了破了也没有人洗，没有人缝补，他的亲人呢？或许是在战乱中离散了吧？这满包的珍宝再多，能买得来一天的时光重回吗？

苹烟慌张地为他拭了泪道："别哭了，我不要这些，一样也不要。命中不是我的，我也不求。这个乱世间，一人在外，多不易啊，你要是不急着赶路，就多待些日子，把身子养一养吧。"

她越是关切温柔，少年越是心酸，站起来收拾包袱："多谢好心，我该走了。你还是挑上一件吧。"

"不不不……不要了。"苹烟连连退后，生怕自己忍不住伸出手去似的。

婆子在一边急得跳脚："哎呀，死丫头，人家少爷要送你东西你还不领情，夭寿啊你！快快快快拿一样……"恨不得立刻就把牧云笙的包袱整个捧走。

苹烟赌气道："我帮人家洗了几件衣裳你便说我卖与人家，这会儿收这样贵重的东西，只怕一辈子、几辈子都要欠人家的情，做牛做马也还不清了，我不干！"

婆子恨不得给她跪下："哎呀，小祖宗，你这会儿来拾掇我！这东西算是你为婆婆、为你男人造的福德，将来咱家富贵了，给你烧香上供……"

"呸！我还没死呢。"

牧云笙在一边看明白了，这东西就算给了少女，将来也是落到这恶婆婆手里，她还是一样没有好日子过。他叹一声："这么着吧，我看你那儿子才八九岁的样子，她看来是你买来的那种叫……童什么媳的，不知你当初是用多少钱买来的？"

婆子愣了愣："这……一头猪崽……再加五斗米。我可没亏待他们家，这可是天价！她娘家连生八个女儿，我是可怜她，不然也是让她老爹丢井里淹死。"

牧云笙长叹一声："明白了。"从包裹中取出一小颗珍珠。

"少爷你这是……这是要了她？"婆子睁大眼。

"这可够了？"

"当然……够了……只是那东西……"婆子还死盯着包袱。

牧云笙笑笑："这东西我若不给，立时走了，你也一样是没有，还是过从前的日子。这珍珠你要不要？不要我便走了。"

"要的要的！"婆子一把将珠子抢在手中。

牧云笙转头看看还呆在那里的苹烟："跟我走吧。"他大步走出门去，苹烟愣了好半天，看看婆子，看看屋内，又看看门外。婆子突然大喊道："你还站着做啥？你好命了，从此入了富贵人家，赖在这做啥？享你的好运去吧。"

苹烟眼中含泪，望望走到一边的她那八岁的男人，蹲下来摸着他的脸，帮他擦擦鼻涕想说些什么，却忽然又怕再留恋就再也走不了了，拔腿飞跑了出去。

牧云笙坐在石上望着村前的河流，把玩着手中的狗尾巴草。苹烟奔到他身后，怯怯站住："少爷……不，公子……"

牧云笙站起身，对她笑着："这里还有些钱物，你拿去用吧。那婆子收了我的珍珠，再不能欺负你了。我走了，后会有期。"

"你……你不……要我？"苹烟睁大眼睛。

牧云笙笑笑。这少女的面容绝说不上美丽，且就算是国色天香，又怎比那些曾出现在他身边的女子呢？他一个人流浪，只想独自面对将遇到的一切，不会再让任何人探查他的内心与过去，也不想有人目睹他那些心绪难平而在黑夜中嘶吼的时刻。

"告辞了。"他大步向前行去。

"等等……"苹烟急急唤着，"我不明白，你有这样的财物，大可雇些车马，招募护卫，一路舒适无比，为何要一个人苦行呢？"

牧云笙笑叹道："我曾坐着用三十六匹白马拉的车子，每次出行身边有五百少女侍奉，一千武士护卫，旗盖十里——那又如何呢？一阵风来，不过是烟消云散，你身边除了你的影子，什么也不会剩下。"

"你说的，我都听不明白……"苹烟嘟囔着，而少年已经向前走去。

牧云笙走出半里，却发现苹烟一直低头跟在后面，却又不敢接近他。

"你是不是觉得没有地方可去？"牧云笙不回头地问道。

苹烟忙点点头，却也忘了人家根本看不到。

"我明白，初离了习惯的日子，都会有好一阵子不知道该如何活。不过很快就好了。跟着谁也不要跟着我，这世上任何一个地方都会比我身边安全。"牧云笙蹲下身，把两根银色羽毛插在鞋上，跃向河面，几个起落，就落在河对岸，消失于树林之中。

女孩目瞪口呆地望着流水奔腾："这人还说自己不会打水漂……"

苹烟走回婆婆家中，想着从此自由了，便收拾衣服回山中自家去见父母吧。带着少年给的银钱，那是父母一年也赚不到的，他们会笑迎自己回去的吧。

正想着，踏进屋门，就看见那婆子手举着一颗偌大的珠儿，对光看着。

"这……这是什么？"苹烟立时急了，"这并非他给你的那颗，莫不是……莫不是你偷的？"

婆子吓了一跳，把珠子紧握在手，一看牧云笙并未回来，才眼睛一瞪："什么偷！买了我的儿媳妇去，就给一颗小珠子？我当然要自个找补回来。咦？你咋回来了……"

苹烟一急，跳上去夺了那珠儿就跑。

再冲到河边找那少年，却哪里还看得见？

【03】

“你这珠要卖多少钱？”

几个时辰后，城内珠宝行中，老板正眯眼将那牧云珠对着光线细看，光影映在他脸上，但没有人知道那是一幅宏大奇景的某一部分。

“我……我不卖，我只是想让你看看，它值多少？”苹烟怯怯问。

“嗯……或许……值十个金铢？假如你要让给我们，看你也是家境艰难的样子，我们可以再赠你一匹布，如何？”

“十个金铢？”苹烟眼睛大睁。今天早晨醒来时她还从来没有想过自己这辈子能有这么多钱！但她明白，她不能卖这颗珠子，这对那少年不公平。“谢谢了，请您还给我吧。”

“别处可没这个价，你可别后悔。”老板不情愿地伸出手，还死捏着那珠子不放，苹烟使了好几次劲才抢回来。

“好吧好吧，您出个价。”老板在身后喊着，苹烟却逃一般跑出了店面。

十个金铢，她想，那是多少钱啊？可以盖一座上好的砖房，或是买二十头牛……能让她一家从此不再受穷……不，不能就这么卖了，这颗珠儿也许对那少年很重要，也许是无价的。但她此生还可能寻到那个少年吗？

天色已暮，苹烟坐在人影渐稀的街头，隔着衣裳紧紧握住怀中的那颗明珠。她不知道它究竟值多少钱，一千铢？一万铢？但她会卖掉它吗？少女的心中却总觉得，总有一天，她会再与那少年相见，为了那若有若无的希望，她愿意一直这么握着它，走过贫穷与疾苦，直到白发苍苍。

这一个清晨，砚梓郡城苏府的大门打开时，扫地的小厮看见了一张因为彻夜守候在门前而憔悴的面容，女孩怯声问：“听说你们这里需要奴婢？”

【04】

苏语凝轻轻拈起那根晟木钗。这钗颇为古旧了，木色深红，上面绘着的一枝梨花也已发暗，比不了其他富家小姐的发上珠翠，若是送去质当，只怕几个铜锱也质不到吧。

“小姐，新来应征的奴婢，您见一见吧。”家仆老程的声音打断了苏语凝的回忆。她忙放好晟木钗，唤着：“让她进来吧。”

苹烟低着头，手垂衣前，小步走了进来。老程说着：“她说她唤作苹烟，就是十五里外粟村的，今年十五岁，因为家境贫寒，出来找份差事。”

苏语凝走上前，看着苹烟怯生生的模样，笑道："不用怕，我们家中都是良善人，你既入了府，便会把你当自家人一般看待。"

其实苏府此时偌大个宅院早已空荡荡的，奴仆跑了十之八九。苏语凝之父苏成章原本已升任御史中丞，官拜二品，可当年明帝死后，南枯皇后一党专权，立了皇后所生十一皇子合戈为帝，满朝文武不服者杀，他们便逃了出来，回乡避难。后来天下诸侯并起，苏成章这御史中丞早已是个虚衔，他又为官清廉，没有什么积财，家中虽有数百亩地，近年来兵灾盗贼纷起，佃农四散，田不是被地方上的恶人占了，便是早荒了。苏家书香门第，只懂读圣贤书，哪懂乱世求生之道？大儿子苏语衡曾在京为官，后调任越州；二儿子苏语斟出外求学，不通消息；家中只有小女儿苏语凝侍奉父母。

当年因为出生时有红霞贯紫微之天象，苏语凝被选入宫伴皇子读书，人皆以为苏家要出皇后了，从此荣宠繁华，享用不尽。不想世事如浮云，只十来年工夫，偌大个端朝竟就破败了，未平帝牧云笙不知所终，有人说投井死了，有人说撒手云游去了，这皇后一说，也就成为笑谈。现在连地方上的恶霸也都敢欺负苏家。这年眼看存银用尽，连苏夫人的嫁妆首饰都变卖了，原来从京中带来的仆人们眼见主家式微，散了大半，只好再招一两个工钱便宜的贫家孩子。

苹烟进了苏家，一人担起三人的活，一日三餐，洗衣打扫。苏府虽大，好些院落却已锁上，花木也无人修剪，落叶遍地，满目萧条。苹烟看得凄楚，也就从早到晚，尽力收拾，可纵然忙到深夜，她只身薄力，也无法重拾这大宅的旧日风光。

有时小姐苏语凝也亲自做些打扫洗晒的活计，苹烟极是过意不去，总是抢过来做。苏语凝向她笑笑，眼中却总有掩不住的艰难。有时夜间，苹烟看见小姐独站在天井中，默默注视檐外冷月，吟咏诗句，尽是悲伤怀秋之词。苹烟心中不好受，也暗中对管家老程说："小姐是不是该找个婆家了？"

老程却总是瞪一眼她道："婆家？你知道小姐是要嫁与谁的？说出来吓死你！小姐是紫微星命，是要做皇后的，将来皇上要用八抬……不，十六，不，六十四抬的大轿来迎呢。"

"可现在不是一年内崩了两位皇上，听说现在的陛下又失踪了？"

"哼！无知愚妇！皇族自有天佑，将来必有重整河山的一天，那时必来迎娶，我们家就是国丈府了。看那时，占我们田地、污我们府墙的贼人贼将，全要跪爬着来求饶。"

若是真有那一天倒好呢……苹烟也陷入了和老程一样的憧憬之中。那时，我不也是国丈家的丫鬟了吗？听人说，这种大府第的丫鬟，身边也都还有更小的丫头侍候着，出门也坐马车锦轿，比县令还要神气呢。

苹烟想着不由得笑起来，却望见一轮残冷月色，忧疑又回心间……若是这皇上一天不来，难道就一天不让小姐出嫁？只每天望着冷月幽云，直到白发苍苍吗？

皇上的迎亲大队没来，却还照样天天有人来扒苏府的墙偷瓦窃砖。老程持棒气喘吁吁地奔跑喝骂，被地痞们掷石投打，却也无计可施。苹烟很担心，如果有一天老程累倒了，还有人来保护苏家吗？

苏语凝有时作上几幅字画，着苹烟拿去街上卖了，却不肯署自己名字。苹烟知道小姐和老爷都脸皮薄，不肯让人知道御史中丞大人要卖画为生，若是让老爷知道小姐拿了自己的字画去卖，没准还要家法责罚，说丢了家族的脸面呢。虽然家中快要连肉也吃不上，可是脸面对这样的大户人家才是最重要的啊。

苹烟经常在自己的小屋中，取出那颗明珠来看。月光把珠中的影痕印在地上，她看不出那是什么，只隐约看到有人影、有字迹，便知道是绝世珍宝了。她曾想，若是将此珠给了小姐，他们家定能渡过难关，可是……她握紧那明珠，痴痴地想，若是有一天那少年回来，她拿什么还他？

苹烟连着几天上街卖画，但乱世时分，只有疯抢米棉，哪有人有心思买画呢？这天天色阴晦，疾风送寒，卷起尘沙，街上行人举袖遮面匆匆而过，苹烟又是站了一天无人问津。她心中叹息，可惜小姐画得这样好画，写得一手好字，世间哪还有人识得？

正惆怅时，一只手伸来，轻轻拈起画幅一角。一清朗声音道："真是好画，可入上品，不想却会在这样的街头叫卖。"

苹烟一看那人，却惊喜叫了出来："是你？"

看画的正是那给她明珠的少年。

牧云笙却像没有听见一般，看画看得入迷了："只可惜啊，这一笔还稍轻了些，布局也太紧了，这里赭色上得凌乱了……倒像是匆忙赶就？"

苹烟看他衣裳比原来更破了，脸比原来更脏了，头发乱如蓬草不知几天没梳，却还有心思品画，一把抓住他的手道："你不认识我了？我是苹烟啊，帮你洗过衣服的……你这些天去哪里了？你不是要去宁远寻亲吗？咦，你……你那包袱呢？"

少年笑笑："丢了。"

"丢了！"苹烟尖叫起来，路人都吓一跳回望。那里面可是有能买下整个城池的宝物啊！苹烟心中想，"丢在哪儿了？快去找啊！"

"丢入万丈深渊中了，呵呵，爬山时不小心，就落下去了。"牧云笙一拂头发，露齿笑着，倒像是一个顽童贪玩丢了书包一般的神情。

“你……哎呀，若是我，拼了命也要下崖去寻啊。”

“拼了命？”少年脸上的笑容消散了，眼光迷离，“那么多人拼了命，又是为了什么呢？”

苹烟看他神色悲戚，像是满腹愤懑苦楚说不出来，只全写在眼中，只好紧紧地握着他的手，却不知如何安慰。

她收拾了画卷，一路和少年向家走去。原来这少年竟迷了路，向北走却又走到砚梓郡来了。他身无分文，漫无目的地满城游荡，却正好看见画摊，也不顾一天没吃东西，就跑来看画了。

苹烟很是心痛他，忙说：“我带你去见我们家老爷小姐，先吃点东西。他们都是好人，定能收留你，若是你再能做点活计……”她忽然想起这少年身份，不是王公之子也是名门之后，于是打住不说了。

牧云笙却点点头道：“好啊，做活计也好。只是我什么也不懂，你们要教我。我做得不好，不拿工钱便是。”

苹烟心中念他好处，忙道：“不用你做，我现在领了工钱一人没处花，你只管拿去用，我照顾着你……”忽然脸上绯红，原来心中一念闪过：这少年人善良又俊朗，若是结了夫妇，哪怕一世照顾着他，只看着他舒适快乐便开心，不也是幸福生涯？

来到府前，却见一帮兵士，大呼小叫地拥在门口。挤进门一看，原来是砚梓郡城门都尉何永要为他儿子何林说亲。

花厅中，苏成章正气得胡须发抖，把装何林生辰的大红信笺拂于地上骂道：“何家是什么东西？一个城防守将的儿子，也想来娶我的女儿？这种生辰，是可以和紫微正宫相配的吗？这是辱没当今皇上！是要诛九族的！”

那媒人嘿嘿笑个不止：“皇上？皇上在哪里？这朝代都要改了，三十年河东，三十年河西，没准将来皇帝也就姓了个何呢？”

“混账，混账！”苏成章气哆嗦了，“快与我打了出去！”老程上来挥舞棒子就打，媒人尖叫逃出，那等在门外的何永手下的校官冲了进来，一把将老程推倒在地，骂道：“什么狗屁御史大人？端朝都没有了，还摆个屁臭架子！今天我们老爷看得起你们家，才明媒正娶；若是不答应，他日派兵抢了去，就连个小老婆也捞不着做了！”一众粗野兵士哈哈大笑，随地乱啐。苏成章气得手脚颤抖，当时便坐倒在地。

苹烟抢上去将老爷扶起来，也气得流泪。牧云笙看着这些士兵凶形恶相地从自己身边走过，皱眉道：“原来当兵也可以这样的？”却被一军汉听见，一把将他推出老远：“你说什么？”苹烟忙又扑过去护住牧云笙：“这位军爷，对不住了，我弟弟年纪小没见过世面。”那士兵骂一声出门去了。苹烟拉着牧云笙手道：“公子啊，和谁斗也千万别和兵斗啊。”

牧云笙却也不怒，反笑笑：“明白。路上见得多了，原来世上一物降一物，猫吃鼠，鼠却吃象。只是那真正战场上的兵，要比这几个凶狠百倍千倍了。这样的士兵，也只能在这儿欺负欺负百姓。”

“正是啊，正是啊！”苏成章缓过气来，听得此言，深以为然，“北寇进犯，贼子横行，士兵不保家卫国，却来逞凶撒野，国家就败在这些匹夫手中了！”

“国家是败在皇帝手中的，这些人又哪有回天之力呢？”少年笑笑，竟还帮匹夫们辩护起来。

“什么？！”苏成章刚压下的火又腾了起来，“现在什么世道了？是个人就敢非议圣上？你是哪里来的？站在我家院中做什么？你读过书吗？识得字吗？知道什么是忠孝礼义吗？凭你也敢议皇上的不是？这是要灭九族的！”

少年不温不火，笑容不变。苹烟却吓得跪倒在地：“老爷，他是我弟弟，我们家就这么一个男丁，你就饶了他，饶了我们九族吧！”

“弟弟？”苏成章打量着少年，“唉，世道艰难，你们逃难也不容易，你要让他进府也无妨，我们苏家这么大产业，还养得起些人。只是！这张轻狂的口再不改改，我可容不得他！”

苹烟连连点头，拉牧云笙也要跪下来。牧云笙却摇摇头，自顾走到一边去了。

这少年果然不会做什么事情，整天背着手东游西荡，有时走出门去天色晚了才回来。苹烟也不愿他受累，只每天更加勤快，尤其是把他们住的小院洒扫得分外干净。

那天，少年又在府中乱逛，向一处清幽的小院走去。一边扫落叶的苹烟忙叫住他：“去不得，那是小姐住的院子！”

“哦……”牧云笙转回身来，“小姐整天也不出屋子的吗？”

“人家是书香名门，家教严。小姐也好静，不爱乱跑，只在屋中写诗画画。”

“嘁，”少年嗤之以鼻，“我可见过……就算是仆射府的千金疯起来的样子也是很可怕的……她没有朋友吗？真可怜啊。”

“这年月，保得清静平安就不错了，还能强求什么啊。可怜这样的大臣家，现在居然还要受一个城门校尉的欺负，旧日那些世交部下也全都不知哪儿去了……老爷还巴巴地盼望着有一天皇上能重回天启，派人来迎娶小姐呢。”

“皇上……”少年摇摇头，“苏老爷是南枯氏作乱那年逃出天启的，只怕连未平皇帝的面也没见过吧。他们所等的，并不是当今的那个未平皇上。可惜那本来应做皇上的，却早已不在人世了。”

“唉，这谁做皇上，是我们这些草民能操心的事吗。可你说现在这皇上也奇怪，别人起年号都是溥宁、嘉定什么的，偏他起个未平——叫这么个年号，这天下还能安定得了吗？”

“溥宁时有越北之乱，死了数十万人；嘉定时海啸洪灾淹了三郡，百万人逃难。可见这年号起得好坏，与国运无干。那时六皇子登基，原本大臣们想用年号承平，可那皇帝想，分明是天下未平，粉饰又有何用？就把年号起为未平了。”少年叹了一声，“天下未平，难道终还是逃不出那句话？”

那夜，苹烟又看见苏语凝站在院中，手中握着一支木钗，痴望着月光像是祝祷什么。少女的目光像水波流到天上，脉脉而动。她的心中在想什么？她真的还在做着那个皇后的梦吗？

苹烟转入邻墙的小院，发现少年也坐在廊前石阶上，手搭在膝头，望向天空。这一墙之隔的两人望着同一个月亮，却不知是否想着同样的事情。

苹烟突然觉得，她离这少年，就像离月亮一样远。他是谁？他为何来到这里？他喜欢什么？恨什么？有什么过去？她不知道。少女突然陷入了深深的恐惧，她害怕有一天，少年会从她的眼前消失，就像你不知道月光何时就隐入云中。他们终究不属于同一个世界。

【05】

害怕恶霸何永前来逼婚，苏成章决定举家迁去越州寻大儿子苏语衡，却又担忧这一路上盗匪甚多，无人保护，欲请护卫，又没有金钱。“难道我苏成章竟要困死在这里吗？”他整日叹息。

苏语凝看在心中，她唤来苹烟，偷偷交与她一个小匣：“今天在敬宝堂有赏珍会，会有各地人士云集，售购宝物。你将这其中之物拿去竞卖吧，记住，若是少于一千金铢，万不可出手。不要让老爷知道。”

什么东西可以卖上一千金铢？苹烟心中疑惑，想是极为名贵，只觉得那匣子在手有如千斤。她担心市井的劫盗，于是唤上少年同行。

到了敬宝堂，果然是偌大一个厅楼中挤满了人，不断有人上台展示他要出售的珍宝，下面的富商贵人们竞价不休。

他们来到一边柜台，取出那匣中之物登记。里面却是一块小小的玉佩，外碧内紫，中央还铭刻着两行金色的小字。

少年忽然脸色变了，一把抓起那玉：“不要卖了，我们走吧。”

苹烟惊问：“那如何向小姐交代？府中还急等钱用。”

少年握着那玉，手指在玉上用力摩挲，怔怔想了半天，才长叹一声，将玉丢回柜台上。

苹烟问："你自然是懂得鉴赏的，这玉该值多少钱啊？"

少年冷笑着："买不到，买不到。"

"那是为何？"

"这是当年，牧云氏皇族给皇子们一人一块的祐身信物。若是交给外姓女子，那就是与未来皇子妃的信物了。这块玉，应该是二皇子赐给你家小姐的吧。"

"啊？"苹烟惊叫着，"那小姐若卖了此玉，岂不是将来再做不成皇后了？"

少年叹息一声："她也是想借此让自己断了那个念头吧。"

"现在怎么办？"

少年冷笑一声："是我方才又犯迂了。现在牧云皇族早就败了，要此物何用？不过已是块普通的美玉而已。若真能换一千金铢，着实也不算亏了。"

他环视厅中，这些乱世时尚有钱购宝之人，想来多是发了国难财的奸商、掌地方实权的官员将领、举火行劫的盗匪，心中厌恶，不愿跻身其中，只和苹烟远远站着。

轮到他们，厅上伙计大喊："苏御史府御赐玉佩一枚出售，起价一千金铢！"

厅中一片喧哗，当时就有人大喊："一千金铢？什么年头了，皇帝都没了，这'御赐'值个鸟钱啊？若是成色好，五十个金铢，爷便拿走了。"

正在这时，一清朗声音笑问："莫不是当年的碧海托日紫玉？每有一位皇子公主降生，便琢下一块制成玉佩，只有皇家嫡嗣才可佩戴，是皇家的象征。若真是这样，在下愿出一千五百金铢。"

说话的是位年轻人，轻衫白袍，发髻间却光芒闪闪，别着一根银色羽毛，分外夺目。

厅中再次哗然，这"皇家象征"和"御赐"可就完全不同了。那些乱世暴发之徒最怕被世家轻视，才来搜寻珍品以示地位，如今有可显帝王之气的物事，怎能不夺？当下一片大喊："一千六！""一千七""一千七百五！""两千！"

苹烟不知是喜是忧，这玉眼看价格超出原想的一倍，但是若真让人买去，小姐心中其实却不知该有多伤心呢。若不是走到绝境，她又怎肯出让此玉？

突然一个女子的声音道："五千金铢！"

众人齐"哇"一声后，厅中立时没了声息。

苹烟看那站在厅中的女子，也不过二十几岁的年纪，头戴轻珠发冠，不佩钗环，一身武士紧袖战袍，银丝带束腰，显出俊美身形。腰中佩一把墨绿色玉鞘的短剑，似乎也是稀有之物。她凝望着那玉，仿佛身边再无他人，气质高傲夺人，势在必得。

本来厅中报价者此起彼伏，她这一声，几乎所有人都坐了下去，只还有一人立着，就是那最初识得此玉的年轻公子。

那年轻人望向女子笑笑："越州商军近来得了不少城池，看来不再是去年连军粮也没钱买的境地了，有心思来赏古玩了吗？"

那女子听得身份被人认出，却也不惧，紧按了那短剑的玉柄，也不转头，冷笑一声："关你何事？这玉我一定要得到。劝你莫要逞能误了自己性命。"

听她之意，却是纵然买不到，用剑夺也要夺到了。

年轻人也不恼，只笑道："这玉若只论成色年头，不值五千金铢。只若是女子佩了，那就是皇子妃的象征。你是义军头领，要来何用？莫非反了牧云家天下的人，心底想的却是嫁入牧云家？"

厅中一阵狂笑。女子咬紧嘴唇，双耳绯红，突然抽剑，旋而入鞘。厅中之人不知发生何事，只看见她身边一本来笑得最响的商人突然连人带椅一起塌倒下去，周围他的随从惊呼拔剑冲上来。女子几下劈刺，就将他们砍倒在地。

厅中大乱，人们争相逃出去，只剩那年轻人还站在原处。

"你还在这做什么？"女子目光如冰。

"赏玩会还没结束呢。"年轻人一笑，朗声向台上道，"一万金铢！"

"你！"女子气得按住剑，"你不怕我杀了你？"

"来这里就要懂这里的规矩。你拿出比一万金铢更多的钱来，不然，东西我就拿走。"年轻人语带傲气，寸步不让。

苹烟站在台上，吓得都不能思考。手中握着的玉转眼就值到了一万金铢，而且可能还要搭上许多人命。

女子低头，强按着怒气："我能知道你的名字吗？"

"无名小辈，陆然轻。"

"陆先生……这玉，实在对小女子十分重要。"

"我明白。"陆然轻一笑，"那么，就将你腰中佩剑五千金铢让与我，我自然再没有钱与你争那玉佩了。你也不必因为花了购战马的钱而回去被责。"

"什么？这剑？"女子抓住剑柄，万没想到他会提出这种要求。

"那玉佩和这把菱纹剑，哪个对你更重要，你心中自然明白。我出的价钱，也并非不公道。"

看女子咬紧嘴唇，偏头不语。陆然轻轻笑一声："柜上，我存在你处的一万金铢归那位苏府来的姑娘了，这玉佩还请交给我。”

“慢着！”佩剑女子高喊，然后声音小了下去，“好……就给你这把剑……”

陆然轻放声大笑：“看来商王[1]的三年恩宠，还是比不过当年牧云陆的轻浅一笑啊。”

女子绯红了脸怒道：“再说便杀了你！”

她上前将一张银凭拍到苹烟手中，就去取那块玉。苹烟却紧紧抓着，不敢放手。女子正恼怒欲夺时，忽然听见一句话：“十万金铢！”

陆然轻、那女子，所有在场的人全部猛回过头去，看着门口立着的这位少年。

苹烟欢喜地扑了过去，来到牧云笙的身边，却又担忧地说：“你不是所有宝物都丢了吗？怎么还能拿出这许多钱？”

少年一笑，走到台前。敬宝堂掌柜好奇地问：“这位公子，你的十万金铢在何处？”

少年举起一幅画卷展开：“这画可值此价？”

“什么！”掌柜大叫起来，打量着那画，“这莫不是……牧云笙的《天启狂雪图》？此画明明一年前被宛州集珍阁以十万金铢购去，为何现在会在你手中？”

牧云笙笑道：“他们购去的，乃是赝品吧。”

“这不可能！是我与几位各地赶来的当世鉴画名家亲自过的目！且那画装裱过，为何此画却是……”

“牧云笙此人，画成后便弃之一旁，从来也不会拿去装裱。即便有，也都是流散出去后得主所为。你既识画，就再好好看看，这幅是真是假？”少年将画摊开在桌上。

掌柜一看那画，立刻呆在那里，手在画幅上虚抚过，不停颤抖：“这……这……这怎么可能？这笔力、这画工，明明是出自牧云笙之手；可是构图气势细节，又与我所见那一幅大不相同……那幅分分毫毫，精描精刻，雪虽大却声势静然，满纸哀伤；这幅却像是全然一挥而就，如暴风挟雪激扬，反更见气势……难道牧云笙曾经画过两幅此画？若是赝品，以此画师之功力，也定是当世名家，为何要临仿《天启狂雪图》？”

那公子陆然轻走上前来，看着此画，眼中也露出诧异之色。他又打量少年，再

[1] 商王：越州中南部九离江下游一带古称商地，其居民并非越州本地人，而是晁朝初年被迁徙到此的七海七部的后人，因而其语言和生活习俗更近似中州，在越州自成一体，称为“商民”。端末在此爆发流民起义，故首领陆颜自称“商王”。

看此画，若有所思，忽然点头道：“果然是真品！”

掌柜抬头：“陆先生识得此画？只不过这事太事关重大，是否等我发急信请各地大古玩书画阁的鉴宝名家来此，讨论之后再……”

“不必了，这画何止值十万金铢……”陆然轻望向那少年，微微点头道，“不过这乱世，只怕没有人拿得出十万金铢买这幅画。我愿以五万金铢相购，可否？这里有盖着我的印章与宛州商会信记的银凭，你去任一家商会，钱自然会有人送来。”

牧云笙看看他：“那么，就请你将那银凭交付给这位姑娘，算是我用五万金铢买了她手中这玉佩了。”

苹烟听他们说话，看看这个，看看那个，张嘴呆在那里。她之前十几年也没有听过一百个铜锱以上的数目，不想今天一个时辰之内，就碰上张口就是五千、十万金铢的主儿。没有见到钱，光是这些数目灌进她耳中，已让她满脑嗡嗡作响。

交付完毕，他们带了五万金铢的银凭离去。一路上苹烟仿佛觉得那几张纸有千斤重，路也不会走了，腿也颤了，还得少年扶着她行走。

可行不数步，那佩剑女子却从巷中截住了他们。

苹烟吓得后退，那女子却躬身深施一礼：“二位，我现在没有那么多金银，但，那玉，我无论如何都要。你们若是能让与我，我菱蕊一辈子记得二位的恩德。若是不肯……”她按紧了剑柄，“我也只有强夺了。”

少年神色平静：“这块玉，曾是先庄敬太子牧云陆的佩玉。你一定要，还请告知我一个理由。”

菱蕊抿住嘴唇：“只因……当年我曾与他有三十日的相处，此生难忘……他战死衡云关，我却没能赶至他的身边……现在唯有此玉，是我能寻到的他唯一的遗物……虽然……并不是赠给我的……可我……”眼泪从她的眼中滑落，“却无法再容忍它不在我的身边。”

牧云笙叹一声道：“玉佩我定要赎回，原也是为留寄怀念。此玉原本的主人只是受星命所累，在你身边却更会被珍惜，也是因缘。便与了你吧。”

菱蕊接了那玉佩，猛跪于地：“多谢这位公子了。将来若有菱蕊能报答之处，定舍命为之。”她站起身来，解下腰中佩剑，“公子为此失去了价值连城的名画，菱蕊无以为谢，这把菱纹剑乃是千年古剑，送与公子防身。只是此剑也对我十分重要，如将来菱蕊能带得五万金铢重见公子，还望能赎回此剑。”

牧云笙看那剑，不过两尺余长。剑鞘为墨色古玉，有鲜红纹路，却光滑如脂。剑柄也为玉制，镶古镜石，凝重大气。

“菱纹剑，莫不是十二名剑谱上之十二，剑风也可断金裂石的吗？”少年道，

“以如此珍奇来换，姑娘果然是重情之人。”

菱蕊嫣然一笑：“却怎比公子洒脱？牧云笙的画作，哪怕是半成之品，世间也能卖到近万金铢，何况这《天启狂雪图》自从天启城破后流散出来，便一直被藏家所争购。据传说这画一展开，便有真的风雪狂飙，此剑哪里配得。公子的好处，小女子心中记得便是了。”

她望着牧云笙的脸庞，忽然笑容收去，面上掠过一丝疑色。牧云笙恐被她看出身份，忙笑道：“告辞了！”拉了苹烟向府中赶去。

他们回到苏府，苏语凝望见这五万金铢的银凭，惊得说不出话来。她本想换些金钱并雇些护卫，可这钱只怕是能募上一支大军了。

【06】

苏府一行正收拾行装准备逃离，都尉何永却已亲自带着士兵抬着礼物前来求亲，想在战事起之前强定姻亲。苏成章闭门不见，却被兵士把大门拍得山响：“苏老头，你再不开门，我们就冲进去抢啦！”众人正焦急间，忽听见外面一阵吵嚷喧闹，然后竟没了声息。

老程偷偷把门打开一条缝，却见一群贯甲的军士，一看便是真正上战场的军队；那些城门校卒，全部被刀枪逼着退到一边。一位披挂整齐的将军策马立在那里，见门打开便跳下马来，上前施礼。

“苏大人，在下柱国将军江重，现陛下御驾已至城外，特率军来迎苏大人及令千金前去觐见。”

“陛下？陛下果然还活着？”苏成章惊喜交加，“将军，快请里面来说话。”

那将军跨入门中时，牧云笙笑着望向他。那江重也看了少年一眼，便又看向别处去了，并没有在意这个站在墙边的少年。

【07】

士兵护卫着苏府一行向砚梓郡外的松明山而去，那里不知何时已戒备森严。山腰之上有一座刑天神庙，已经挤满了各类人士。

刑天神庙不知何时改成了皇宫大殿的式样，只是小得多了。神像被布遮起，布前摆着高台高座，一年轻人身着皇袍帝冠，坐在座上。还有官员按文武分立两边。

苹烟和牧云笙被拦在了殿外，只有苏成章和苏语凝得以进入。不过殿宇并不大，所以里面说话能被听得清楚。

“陛下，御史中丞苏成章，及小女语凝前来参见。”

苏成章抬头观瞧，那殿中阴暗，年轻人的面目辨不清楚，何况他也没有见过未平帝，所以无法分辨。而苏语凝年少时虽在宫中见过小笙儿，但她自被贬出宫，便在京城的苏府居住了，现在让她说这座上人是否真正的牧云笙，她也不敢断言。

“太好了。”一边说话的人正是砚梓郡郡守纪庆纲，“苏大人的千金本来就是皇后备选，陛下出天启后，一直在寻找你们呢。”

旁边有人冷笑道：“难道不是先有陛下才有皇后，倒是先有皇后才有了陛下吗？”

纪庆纲大怒道：“陈文昭，你这是何意？”

“苏府语凝是假不了的，但因她出生时有帝后之天象，她所嫁的人就一定是皇帝吗？可笑！”

“大胆！你竟敢怀疑陛下是冒充！难道华琼郡一心要反叛，不肯归服陛下吗？”纪庆纲拔出剑来。

“说是陛下，谁也不曾真见过。我奉华琼郡郡守冯玉照大人钧命而来，定要分辨明白。既是陛下，只拿玉玺出来看看。”

“天启混乱之时，玉玺被贼人所窃，现在不知所终。”

“那说是陛下，有何为凭？”

“御史苏大人、公府长史、谏议大夫，诸位元老之臣皆在此处，你难道连他们也不信吗？”

苏成章皱起眉头。原来纪庆纲把自己和诸位老臣接来此处，却是为了显示自己所扶持之人是真皇帝。

“哼哼。”陈文昭冷笑，“这些人都是当年弃皇上而逃的老家伙，还有何面目自居元老？”

一旁一老臣怒起：“当年是皇后南枯一党作乱，诛杀忠臣，百官才逃离天启！后来未平皇帝登基，又逢虞贼当权，无法回去觐见，怎是我们弃皇上而逃？”

“既然连陛下的面都没见过，此时又怎认得陛下？”

“这……”那老臣无语。

“苏大人，你以清直著称，我来问你，你可认得座上之人，必是未平陛下吗？”陈文昭望向苏成章。

“这……”苏成章沉吟着，“实在是……无法确认。”

纪庆纲脸色铁青：“苏大人，你老糊涂了！”

陈文昭喊着：“既无人认得，又无玉玺，恐难以服众！”

纪庆纲冷笑道：“只怕就算我们呈出玉玺，你也不肯听命于陛下。我知你等早有异心，现已派兵去征讨华琼了。”

陈文昭大怒："你果然早有吞并华琼郡之心，冯太守并未看错你……"这时殿下冲来士兵，将他推倒狠狠踢打，然后拖下殿去。只听外面一声闷响，那是头颅掉在地上的声音，众老臣全闭了目，不敢回头看。

纪庆纲高喊："我今日拥戴陛下，会盟澜州十二郡之兵，共图收复中州。但有不从者，以谋反论之。"

殿中许多人先跪倒下去，高呼："陛下万岁，万岁，万万岁，愿肝脑涂地，忠心不二！"还有犹豫者，看看殿外兵士的刀光，也只得跪了下去。

苏成章心中明白，纪庆纲这是要借拥帝之名称霸澜州。这殿上的未平帝，也不知是真是假，可要让自己女儿与这"陛下"完婚以示天下却是真的了，不由得心乱如麻。

参见典仪完毕，纪庆纲又道："请苏氏语凝上前听封。"

苏成章如被雷击。他虽然日日盼着女儿真能成为皇后，却没想到要在这种场合。若眼前这皇帝不是真的，将来岂不是全家清白尽毁，粉身碎骨也洗不尽耻辱了。

苏语凝心中却暗暗拿定了一个主意，不惊不惧，低头缓缓走上前去，只略低低身子行礼道："参见陛下。"

纪庆纲凑近那"陛下"身边说了些什么，那"陛下"便挥手道："朕寻访你已久，今日便册封你为皇后，三日后举行大典。"

苏成章满头大汗，不知该不该喝止，苏语凝却抬起头来，微微一笑："只是当年先帝曾答应，我要出嫁，得有三样聘礼。陛下忘了吗？"

"哦？他……父皇说过什么？我……朕的确记不得了，是哪三样聘礼？"座上"皇帝"言语支吾。

"一为龙渊剑，二为鹤雪翎[1]，三为牧云珠。"

"使得使得，这有何难……呃，只是……这些是什么？"

"大端朝的三宝，难道陛下没有带在身边吗？"苏语凝冷笑着。

牧云笙在门外心中笑说，你苏语凝就这么不愿嫁给我吗，编出这样的话来？我父皇何时曾答应拿这三样聘礼给你家？不过再一想，或许苏语凝早识破那并非是自己，才故意这么说。于是又为她的安危担心起来。

那"陛下"面有难色，纪庆纲却大笑说："重聘自然是少不了的。只是这样的奇珍，都留在宫中了。不如先完婚，他日杀回天启，那时大端朝的宝物，还不尽由

[1] 鹤雪翎：一根发出月色光华的翎羽，是鹤雪首领的信物，持有者即为鹤雪首领。自从向异翅失踪，鹤雪翎便不知下落，这也是鹤雪团从此再无首领的原因。

皇后娘娘挑选？”

苏语凝摇摇头：“先帝亲口说过的，将来无论哪位皇子要迎娶我，定会以此三样为信物，若不见信物，便不能嫁。先帝说过的话陛下岂可不遵？我又岂能不遵？”

纪庆纲面色铁青，瞪着苏语凝，忽冷笑道：“成婚吉日，岂可推延。不如先成大典，再补此三件珍聘。”

苏语凝摇一摇头，举起手中一枚碧绿草种：“各位可识得此物？”

“断心草吗？”众人疑惑观瞧着。这是自古人们用来立信的草药，服下之后，它会把根扎在人心中，如果违誓，便立刻被绞心而死。

“我苏语凝愿以此明誓：不见这三样珍宝，我若与人成婚，便死于违誓之痛。又或是有人拿得这三样信物来，就算他是丑陋怪物，或是世上至奸至恶之人，我也嫁与他。不然也是违誓，一样被此草绞碎心脏而死。”

她立时吞下草种。一旁众人都惊呼起来，苏成章伸出手去，却痛得说不出话来。

龙渊剑、鹤雪翎、牧云珠，都是传说中的物事，哪里有人有这样的本领集得？纵然是以大端皇室的力量，只怕也得不来从未有人见过的开启龙渊之剑和羽族圣物鹤雪翎，还有那据说早已随未平皇帝不知所终的牧云珠。苏语凝这样立誓，无非是以死抗婚。

纪庆纲也呆在那里，好半天才开口道：“既如此……就派人去寻访此三样宝物，但大婚之典，最迟不可超过月底！”

【08】

苏府众人被软禁在山中院落，虽然山中清凉，鸟声鸣幽，可人心却如在热炉上烤着。

这日牧云笙在林间小道踱步，却看见一清丽人影正站在竹林边凉亭中，正是苏语凝。她仰望着竹间飞翔的山雀，如一泓静水的双眸中，也有了哀愁的涟漪。

牧云笙轻轻走到她的身边。他们本在宫内园中见过一次，但时隔许久，此时牧云笙装束全变，又对她施了小小的障眼法，苏语凝只以为他是苹烟的兄弟。

“从前，我在宫中伴读的时候，也盼望过有一天自己能做皇后。”苏语凝望着林中，像是在自言自语，“可那时只是想要那让他人羡慕的虚荣，却从没有想过，成了皇后……是否是一种幸福。”

牧云笙叹一声：“那要看那皇帝，是不是你的真心所爱。”

“难道女子是有选择的吗？纵然皇子中有所爱之人，可谁能当上皇帝，又岂是由我主宰的呢？”

"世间都说，皇长子武功卓越，二皇子韬略满腹，他们若是做皇帝，一个可使疆域远拓，一个可使国民富足……那时，你可曾想过……"牧云笙轻折下竹叶，"愿意嫁与其中哪位？"

苏语凝眨着闪亮的双眸，仿佛陷入回忆："若说最有可能被立为太子的，确实只有皇长子和二皇子。所以那时，衍华宫伴读的女孩们，谈得最多的也是他们……谁能想到，数年时间，如沧海桑田，当年谁又能想到，皇长子、二皇子那样的英武才俊，竟都这样战死了……谁又想得到，当年金雕玉砌的一个大端朝，却就这样败了……"

牧云笙忽然转过头去，往事无不上心头，却不想让少女看到他落泪。

苏语凝却笑道："但我所念着的那个人……并不是哪位皇子。"

"那就算有人拿了龙渊剑、鹤雪翎、牧云珠来，你也还是不肯嫁咯？"

少女叹息了一声："为了缓阻婚事，我立了这个誓，但誓言又岂能不遵呢？只是……要能这三样奇物尽得的人，只怕……世上还没有这样的英雄。"

"若是真有……可他偏又是个大恶人，或是丑八怪，总之是你不喜欢……"

"那也只有嫁了……女子这一生，有多少事是由得自己的？能应了自己的誓言，又有什么好后悔的呢？"

"可若是月底纪庆纲逼你成婚……"

"那正好让断心草杀了我，免得我成为这权势之争的道具。"

牧云笙叹了一声，默默无语。

【09】

那夜，少年坐在窗前，对着透入的幽幽月色，手中捏着一根银白羽毛沉思着。它在月光中渐变得透明，发出莹洁光辉，绒翮分明，像是一松手，它就会像个生灵，飘飞上天去一般。

这大地茫茫，其实却是一重重的囚牢，方离一困，又入一困，能自由翱翔于天际该是多么好，却又是多么遥不可及的梦。

苹烟看见少年心事重重，也坐立不安。几次走近欲说什么，又慢慢低头退了回去。

忽然窗外一声清鸣，牧云笙手中那羽毛像是听到召唤一般，脱离了少年的指尖，穿破窗纸飞出屋外。少年一惊，出屋观看，只见那羽毛飘飘忽忽，直向山间竹林而去。他仰望跟随，走入山林，只见月光之下，千竹万竿，半明半暗，竹叶摇摆，宛如异境。

不觉来到山顶小亭，此处可远望群山，月色下苍莽起伏。崖畔站着一人，白衣映着皎洁月光，他缓缓抬起手，那羽毛就顺从地落到他的掌心之中。

他将羽毛轻点在鼻尖，微笑着转过身来："陛下一向可好？在下宁州陆然轻。"

"你……"牧云笙站住，看见他的发髻上，一枚银羽光芒闪烁，"你就是那天花五万金铢买下我画的那个人。"

"你的画……"陆然轻笑着，"正是，若不是你的画，你又何以能在一个时辰之内造出一幅真迹，而将原来的真迹指为赝品？"

牧云笙定了定，也笑起来："你早就知道我是谁了？只不过，认出一个凡夫俗子牧云笙又有何用呢？我在皇位上掌不了天下大势，现在流浪民间还能掀得起波澜吗？"

"也许你早不再是皇帝了，但是对诸侯郡守们来说，'牧云笙'这个名字绝非毫无用处。你逃出了帝都，以为就可以自在逍遥？实在大错特错了。世间虎狼环伺，帝都之外，只会更加危险。"

"你也想成为天下之主？"

"人来世间一遭，若不能登高及顶，放眼众山之小，岂不可惜？"陆然轻负袖望向群山，疾风抖起他衣带猎猎，如银鹰欲飞。

"你的姓氏并不是'陆'，而是'路然'，羽族的姓氏，是不是？你若不是羽族，怎么这雪羽翎甘心受你召唤？"

"陛下好眼力。可是羽族纵能高飞，却也只能困守宁州一隅，还常受人族的欺凌进逼，你可知这是什么原因？"路然轻道。

"你们羽族虽有翅膀，但骨质中空，身体轻巧，体重和力气只有人族的一半，所以地面肉搏不是人族对手，而且搬不动石梁，建不起高大城郭，有领土也守不住。再说羽族天性散漫，不喜欢定居和集权，所以城邦林立，羽皇并没有什么实权。"

"说得好。我路然轻正是要改变这个局面，使羽族真正拥有一个强悍的帝王，将散沙般的羽族凝成一体——就像当年翼在天与向异翅所做的那样。"

"你不仅想做羽族的皇帝，还想统御六族？"

"因为羽族不思进取，反而把我这样的人视为乱世狂徒，那我就先一统东陆，然后发人族大军，征讨宁州。"

牧云笙长叹一声："打来打去又如何呢？天下一统了那么多次，又有哪一个王朝是千秋万代的？"

"太阳升起来还是会天黑，难道你就觉得大地不需要光芒普照？乱世终须有人来结束，我不站出来，莫非让那些匹夫竖子去称了'高祖'？"

“那我这样的一个流浪之人，帮不了你。”

“你或许是帮不了我，但你带的牧云珠却可以帮我。”

“牧云珠？你要它做什么？”少年一惊。

“陛下既然知道鹤雪，就该了解我们是羽族中最高贵的一支，因为只有我们可以在任何时候凝翼高飞，而大部分羽族，只不过一年或一月才能凝羽一次。因为鹤雪的存在，其他诸族才不敢轻视羽族。可是七百年前的一次辰月天象异变，几乎使鹤雪一支尽被屠杀。那之后虽然重建，却分裂为路然系和风系两支，而作为鹤雪首领信物的鹤雪翎也在向异翅死后就失踪了。所以七百年来路然系和风系皆自认为正统，互相敌视，致使鹤雪迟迟不能统一，羽族也就无法完成它的强大。”

“那么，你所追求的应该是羽族权力的信物鹤雪翎才对。”

“可是鹤雪翎的秘密，却记载在牧云珠之中。”

“你为何如此说？”

路然轻叹一声道：“那并不是什么映照俗世的珠子，而是一颗种子。”

“种子？”

路然轻神色凝重起来：“那珠儿内，可是藏着一位灵魅，美得超脱凡尘？她被封在珠中时，完全没有关于自己的记忆，不过是像孩童一般纯真的人儿，可一旦她离开了珠子，凝出了真正的身体，她的记忆就会苏醒，她的真正灵魂才会体现出来。那时她会毁掉这世上的一切。”

“你在说什么？”少年皱紧眉头，“她究竟是谁？”

“这珠儿和珠中的魅灵，与当年的辰月之变和飞翔的秘密有极大的关联。这珠儿于你无用，但对我，却是傲视天下的至宝，它应该在懂得它价值的人手中……”路然轻正要再说什么，忽然天空中一道银光，仿佛有什么东西急掠了过去。

路然轻皱了皱眉：“这人竟也来了。那么，他日再会。你将来若再见到那珠中魅灵，自然会明白我所说的话。”言毕纵向崖下。牧云笙向下望去，只看见一双白翼在黑沉夜空中展开，向远方去了。

那雪羽翎被风送回，又飘落到牧云笙的手中。

【10】

少年避开火把，想回到住所去，却不想再也寻不着路，只能在林中乱转。

正焦急时，他隐约听见了什么声音，像是远处的风铃儿在响。清悠鸣远，像是星光自天洒落，又像是风中精灵曼舞低吟。

这声音平抚了他心中不安，仿佛这黑暗之界突然宁静安详。可这声音一会儿在右，一会儿又飘向左，难道真是仙灵所发出的吗？

牧云笙抬头观望，见竹林之上的天空中，星云发出淡淡的微光，忽然东北方位上，有一道星芒一闪，铃声顿时断了，空中扑啦一声响，一个白影撞破竹枝，落向他前方不远处。

牧云笙惊了一跳，小心地走上前去，低身查看。却见地上坐着一位白衣少女，正在忙不迭地整理头发，她的背后竟有一双银色羽翼，正发出光芒，只是不断有光点落于地上，那羽翼像是融化了一般渐渐暗淡缩小了下去。又是一个羽族。

那少女见人走近，忙跳了起来，拍打着身上的落叶，整整襟领，露出一副明丽笑容，像是因为方才的摔落很不好意思。

牧云笙走到她的面前问："你是路然轻的同伴吗？路然轻已经飞走了啊。"

"路然轻？他也来过这儿了？"少女眨眨眼，"啊，算他跑得快吧。"

"你似乎不是他的朋友？"

"倒是旧相识……"少女笑着，"我们互赠过不少礼物。他赠我以毒花，我还之以利箭，他投我以火蛇，我报之以寒刀……从此他见了我就跑，我倒紧追不放。你说，是不是也算感情深厚？"

"莫非你就是那路然系的对头，什么……风系鹤雪？"

"在下风婷畅，习术不精，方才摔得不轻，见笑见笑。"

"风婷畅？我好像在哪儿听说过这个名字。"牧云笙思忖着，"想起来了！那世间流传有十二名剑谱，也有十二美人谱，美人谱上面排第二位的，不就是你吗？"

"啊？"少女笑笑，"真有这事？"颜面稍红，连忙又把鬓发抚了抚，突然立眉道，"那排第一的是谁？"

牧云笙觉得这少女着实可爱，引人开怀，却突然想到那个名字，刚绽开的笑容又被击碎了。

"姑娘你不必担心那排第一之人了，她……早已经化为云烟了。"

"哦……"少女注意着牧云笙的神色，"莫非，你认识她？"

"她名叫盼兮……其实世人把她排入美人谱第一，是因为从来没有人见过她的模样，只见过未平皇帝的那幅画而已。至于这个人……却从来没有真正来过这个世界上。"

"盼兮……我知道了！"风婷畅说，"就是传说那个从少年皇帝牧云笙的画中走出来的女子啊。原来我是输给了一位画中灵魅……倒也没有什么不服气的，早知不如让那皇帝帮我也画上一张，也好叫我容颜传世……哎呀，不行不行，"她又自己先摇了头，"我做杀手的，若是画像挂满大街，人人识得，岂不是要饿肚子？"

“杀手？你这次是来杀人的？”

“是啊。我是来杀那个少年皇帝牧云笙的。有人出了一万个金铢呢。”

牧云笙苦笑：“这还真是不值钱。你可有得手？”

“已然得手了，只不过正要离开，却突然遇到流星划过天幕，我失去了飞翔之力，所以摔下来了。”风婷畅半是懊恼半是闲趣地用手指搅着发梢。

“一有流星的干扰就无法飞翔？看来你的飞翔术有缺陷啊。”

“咦？你竟也知道其中之事？”

“正好方才路然轻与我讲过一些。如果飞翔是这样危险，为什么还要飞呢？”

风婷畅微笑着看向少年：“如果是你，安逸的大地与危险的高天，你会选择哪一种呢？”

“后者吧。”牧云笙觉得自己不用思索。

“当年……我师父也是这么问我的。”

牧云笙点点头，若有所思。

“为了一万金铢，你就这样冒险？”

“鹤雪早已脱离宁州羽国的控制，也没有了当年鹤雪团的组织，如今大部分鹤雪士都是游荡在世间，接一些刺杀的活计为生。”

“只是杀人……总是不好的事情吧。”

“自然，我也并不会去杀一些无辜良善的平民，那样的人，也不会有人出钱让我去杀的，我杀一人的价格可是很高的哦。”

“你觉得这个皇帝是该杀的？”少年睁大眼睛。

“他昏聩无能，好好一个端朝就要亡在他手中，现在又忙着与郡守们残杀，也不知又要死多少人。与其让更多人死在他手中，不如杀了他也好。”

“那……你为何不去刺杀北陆右金军主帅硕风和叶，不去刺杀宛州反王牧云栾？这些不也是乱世之人吗？”

“第一，还没有人出得起这个价钱；第二，他们才是真正有实力建立新王朝、统一乱世的人，杀了岂不可惜？留下那些诸侯草寇不知还要打多久。”

牧云笙点点头：“你说的倒也有道理。”

“难得你自己竟也同意啊，陛下。”风婷畅笑望着少年。

“陛下？”少年微微一惊。

“作为杀手，自然要见过所刺者的画像。射杀那人时，我就发觉他不是真正的牧云笙了。再看看你，又听你说话，又知道路然轻也曾来找过你，便分明无疑了。”风婷畅走近少年，与他擦肩而过，轻轻道，“不为一万金铢，就只为了不让牧云珠落到路然轻手中，我也会毫不犹豫地杀了你。”

少年一惊，望向这羽族少女。她在少年耳边说“杀”字的时候，却也是一副和悦的笑容，眼光清亮，谁也看不出那其中有半点杀机。但牧云笙知道，这才是真正可怕的杀手，只要她愿意，你便会在任何意想不到的时候死去，死时面容还分外安详，因为来不及露出一丝惧色。

“你为何怕牧云珠落到路然轻手中？”

“这个人野心勃勃，一心要重现当年翼在天与向异翅时代羽族鹤雪的盛况，他现在想得到这珠儿，只怕是想用它去做更多的恶事。”

“那么，你也想得到这牧云珠吗？”少年微微一笑。

“啊，这也被你猜中。”风婷畅却俏皮一笑，“我自然也想得到它。你不知道它的妙处，我却知道呢。”

“你也和他一样，想得到那珠中有关鹤雪翎的秘密吧？但你杀了我，就再也不知牧云珠的下落。”

“那么我就天天陪着你，缠着你，寸步不离。直到你有一天被我烦得不行了，把牧云珠丢给我，可好？”风婷畅跳到牧云笙身边，像是一位要抱着大哥哥的脖子撒娇的小丫头。

牧云笙苦笑着：“军士们可就要搜近了。”

“但我知道你不会让我被他们捉去的，是吧。”风婷畅贴近少年耳边轻声说，吐出的气息如清风拂湖面，却撩起微澜。牧云笙知道，他不忍心看着这样一个美丽的女孩儿被杀。而且，他如果不帮助她，她绝不会忍心让他立仆于地。

【11】

苹烟惊望着少年带着一个美丽的女孩儿跃入门来。

原来他出去这许久只是和这女孩儿相会。苹烟心中揪痛，却一句话也说不出来。那女孩儿却先跳过来牵了她的手道：“姐姐今后我们就要在一起咯，今天我和你一同睡好不好？让那人去睡外屋。”

军士们敲响了这屋的门，对开门的苹烟警告着：“可有看见陌生人来此？如有看见，速速禀报。”他们走入屋中持火查看一圈，望望床上坐着的牧云笙，便又匆匆出去了。

风婷畅从牧云笙身边的被褥中探出头来：“是不是曾有许多人想睡在你的身边？因为你是皇帝，而且是很傻气的皇帝。”她的头发稍有些乱了，眉目弯弯，牧云笙也是脂玉堆中打滚的人物，此刻却也不禁脸红心跳地转过眼去。

“你看，我现在都没有杀你，作为报答，你何时给我牧云珠？”少女像是在为一串糖葫芦讨价还价。

“路然轻也向我讨要牧云珠，我没给，却凭什么给你？”

风婷畅笑道：“我是小美女啊。”

“我不知这颗珠儿里有多少惊天大秘密，我不肯给予人，只是因为，那里面曾经有过她的影子，我也要借它重新去寻找她。所以我是不会把它给别人的。”少年虽话语平静，却毫无变更的余地。

“寻找她？她是谁？”

“她……本是那珠中的一个魅灵，日夜与我做伴，却被宫中法师所伤。她消散时，曾与我说……她去找一个世上最美的地方……凝聚出一个真正的身体，变成真正的人……那时，我们就能重新相见。”

风婷畅叹息了一声：“是这样吗？”

她起身来到窗前，望向月亮，又缓缓开口。

“可是……你有没有想过，这也许只是一个谎言？”

“什么？”

“女人有时是这样……她说一个谎，只是不想让你更伤心……”

少年呆了一呆，却说：“不，我不信。”

他心中绞痛，觉得血液也正被抽去，浑身的力量只紧紧握在“我不信”那三个字上。他不能去想，如果她从来也不可能再复生，已经永远地消散，那他的追寻却是为了什么？

“那么，你抛却了天下，也要去找她？”

“天下本来也不是我的，我的任何一位兄弟，都比我更适合做皇帝。我若为帝，只怕世上更会大乱。我只想去做我能做到的事。”

“若是永远也找不着呢？”

牧云笙摇摇头：“我知道，她一定在那里等我。”

“小傻子，她只说‘世上最美的地方’，可这天下之大，哪有什么最美之处？分明是她也并不知晓这样的所在，随口说了，好使你有个念想，不至于太伤心。”

“她不会骗我。我并不知那地方在哪儿，但我相信，我一看到它时，便立时会明白，就是那里。”少年执着地望着烛光。

风婷畅没了嬉闹神色，沉默许久，点点头：“我明白了。”她将手探入衣襟，取出项上挂着的晶莹坠儿。牧云笙看见，那是一片玉制的叶子，青翠欲滴，恍如初从枝头撷下。

“这不是玉，而是玉珧，是宁州的一种植物。珧花本来就娇弱高洁，一点污尘就会让它死去。一万株珧树中只有一株能开花，一万株珧花中又只有一株可能开出玉珧。但玉珧花一旦开放，花叶就再也不会朽坏，任是风吹雨打、刀砍火烧，都不能损它的光泽于分毫。我无缘见到玉珧的花瓣，这里只是一片玉珧的叶子，已是世间罕物。这是我的师父传下来的。它可以当作叶笛来吹奏，声音悠扬，与大地生灵共鸣，有心之人，纵然千里远处，也能感应。这本是我们风系鹤雪传递信号所用，只是……现在风系鹤雪只剩我一个人，纵然吹奏，也再无人回应了。”

她不再戏谑之时，面容沉静，气度俨然，牧云笙觉得，这才是真正的她。而那些欢跃笑容背后，却似总隐藏着不想为人所察觉的痛楚。

“我也盼着有朝一日，你能真正寻找到她。你救我一命，我也自然应报答。你有事时吹奏这玉珧叶，我便会赶来的。”

风婷畅欲离开，却又回头：“只是……那世上美的极致，却是太虚渺了。你身边已有个痴情单纯的女孩子。一个女子若越美丽，就越不甘心平凡，就像一个赌徒越是有钱，就越是想下重注。而她虽不美丽，也毫不知你的帝王身份，却是不论你贫富贵贱，都真正能陪你一生一世的人。”

她望向窗外，少年顺着她的目光望去，只见苹烟坐在门前树根上，执树枝在地上，不知默默写着什么。

风婷畅道：“你们人族的眼力远不及我们羽族，你可知她所写何字？”

少年摇摇头。

女孩一笑：“以后让她自己告诉你吧。”

她开门展翅，转眼消失在深色天穹之中。

【12】

“皇上”被刺杀了，山中大乱，大家趁机逃离，在山口处丛林中潜行了一段，避开哨卡，之后便如鸟出囚笼，尽情奔跑起来。

此时战乱频生，不仅右金军南下，各郡郡守诸侯间也争战并吞。路上尽是城中向山郊村落逃难的人群，携家带口，包袱满车；而路匪也趁机大肆出动，路边常可见被推落坡下的尸首和被翻拣过的杂乱行李。苹烟害怕，一路紧紧抓着牧云笙。可他们孤身破衣又没有大件行李，倒也没有路匪盯上他们。

来到苹烟家所在的山村，苹烟领着少年向她家中走去，少年却发现苹烟好像并没有归家的喜悦，却反而越接近家，心绪越是低沉。

一处田畔的木屋泥墙，便是苹烟出生之地了。苹烟在院口止步，探头向里张望，院中有一女人正在洗菜，生得粗壮。苹烟走上前，怯怯地打量许久，才叫了一声："姐……"

那女子抬起头来，大声道："你是谁啊？"

"我……我是小五……"

"小五……"那女子站起身来，把菜往木盆中一掼，溅起水花，"你回来做什么？"

"我……是这位公子赎了我，我现在……外面战乱，我想带公子回来暂避。"

那女子打量一身破衣的牧云笙，冷哼一声，回头大叫："娘，小五也回来了！"

苹烟一家人对苹烟的漠视超出了牧云笙的想象。她从小被卖出当童养媳，离家七八年，就好像是一条出门散步的狗回到家中，没有任何人表现出一点激动或欢喜。几个姐妹间仿如陌路，苹烟都认不清她的大姐、二姐，她们之间也没有几句话好说。苹烟家八个女儿除了最小的老八都已嫁出去，其中二姐、三姐嫁得尚好，嫁去了镇上，现在兵乱，也都带着夫儿跑回了家中，但二姐夫是镇上杀猪匠，三姐夫是巡更的，这好歹都是山村中人羡慕的"正经人家"，这次回来，也都带回来若干钱米，老爹老娘也就乐于接待了。可苹烟回来，却只带回一个破衣烂衫的流浪少年，更有传闻说她是弃了丈夫和人跑了。二人又没能带来一分钱，她的爹娘恨不得一脚把她踢出门去——狗还能看家呢，回来个女儿，除了多添个抢饭的，还能有什么用处？

木屋中早住满了。苹烟娘对她说，便和你这夫君先在那废猪棚中住一住吧。说罢捧着碗呼噜着离去，也不招呼先吃点什么。原来这家里从来就是有饭大家抢，抢不着的饿死活该。苹烟从小也是这么过来的，这回重拾往日时光，挽起袖子对牧云笙说："你等一等，我去与你拿吃的来。"

她冲入大屋中，立时引来骂声一片。姐姐们一骂，姐夫们便上来推搡，苹烟忍着一言不发，只死死地抓住了锅勺，抢了一碗红苕饭，却被老娘嫌添得太多，上来一巴掌，抓着她的手拨回半碗。"抢！抢什么抢？！长到多大还是这副死德行，全无用处光会吃饭拖累爹娘！你怎的也跑回来？还带了个不知什么样的人，被婆家赶出来了吧？怎不去找条河跳了，倒也干净？还在这现眼做什么？"

苹烟红肿着脸走出门来，望着手中那红苕饭，想这怎么也不该是给牧云笙吃的，可还有什么能入口呢？心一酸，眼泪才哗啦啦地掉下来，全掉进碗里。

牧云笙上前拉了她的手，说："走吧，他们不要你，我要你便是了。"

苹烟抱住牧云笙痛哭："是苹烟不好，连一口米饭也找不来，让你受气受饿。"

牧云笙心痛，抱着她道："是我不好，连一个女子都照顾不了，我不该再让你受气受饿才是。”

她老娘冲出来道：“小五，你吃完赶快给我滚回你婆家去，再看你带着个野汉子乱跑，我们家丢不起这个人！你爹在里面磨刀要砍你，你还是快滚吧！”

苹烟气得呜咽道：“我是这位公子用了许多银钱赎出来的，你们一头猪崽、五斗糙米便把我卖了，那算是什么婆家？把人当牲口使！”

“你现在混个出息来啦，银钱在哪里？你二姐、三姐的官人回来，提了肉、买了布来孝敬，你却就带回来两张嘴！要跟了汉子跑便跑远些，还好意思回来吃我们的饭！你那汉子咋养不了你，还跟着女子跑回来吃？真不害臊……”苹烟老娘手指戳点，唾沫横飞。

牧云笙一声冷笑，拉过苹烟的手：“她嫁的人家好不好，你们将来便知。只是今天你们赶她走，将来也莫怪她再不认得你们。”

他紧握了苹烟的手，大步而去。苹烟双眼含泪，望着少年，却是满腔欣喜。听到他今天这样的话，哪怕将来一辈子跟他行乞流浪，也心甘无怨了。

他们走出村子，在山中露宿。苹烟不忍少年挨饿，去偷了几个苞米来，烧与他吃。她自己不肯吃，望着少年吃了，却好像自己也不饿了似的。少年看着手中苞米，叹息了一声：“当年宴席吃小半倒弃了大半，珍肴奇味犹嫌不足。原来物事是否珍贵，只在来得容易还是艰难。”

他又定要苹烟也吃些，苹烟却只吃了小半个，便把剩下的小心裹入火灰中，备着晚上再吃。牧云笙看得难过，笑道：“你尽管全吃了，我去寻晚饭来。”苹烟笑道：“你贵人家出身，哪里懂得这些山野生计。你尽管歇着，只要我苹烟还能动能爬，也定不能让你受饿受累。”

少年叹道：“苹烟，你跟在我身边，却只怕危难重重。若是另寻生活，或许还有口安生饭吃。”苹烟瞪大眼道：“咦？你不是说要娶我为妻？嫁夫随夫，我这辈子哪儿也不去，可跟定你了。”看少年默然，忙又笑道，“傻瓜，谁要你真娶我了，说笑而已。你既然花钱赎了我，我便是你的奴婢，将来你定会娶个大户人家的千金，就像戏文评书中那样，我知道的……现在只是上天暂时降的磨难，你将来终是还要回到天上去的……”她不由得眼圈一红，声音低了下去，最后也不知自己都说了些什么。

【13】

他们夹裹在逃难人潮中，向北行去。

“你要向北走，究竟是要去哪儿呢？”

“我要去找一个地方，却只有看见了，才知道是那里。”

“可是若一直向北走，只怕要走到大海边上了。”

少年点点头：“苹烟，我要走的路太远了，你还是不要跟着我了，我帮你另寻地方安顿吧。”

苹烟正想说什么，后面一阵大乱，人哭马嚎，原来是一股败军逃下来了，推开难民，夺路而逃。败军催马狂奔，撞倒百姓，路面上一片惨叫。

牧云笙拉了苹烟爬上路边山坡，那里早躲了许多人，路边还有败军在抢掠，看有逃得慢的，上前拉住包袱，若是敢争夺，挥手一刀，方才还尖叫的人便倒在血泊中。苹烟吓得发抖，迈不开步。牧云笙扶着她向高处而去。

“小笙儿……我们会死吗？”苹烟的声音颤抖着。

牧云笙握住包袱中的菱纹剑：“不要怕……有我在。”

“可是……小笙儿，你千万不要为我和那些兵斗，如果他们真的追来，我跑不动……你要先走……”苹烟低下头。

牧云笙心中一痛，唯有抱住她瘦弱的身子，默默无语。

钱财在此刻已经全然没有了用处，只会招来杀身之祸。而逃难的路上，即使有钱也换不到粮米，几十万逃难的流民把路上的树皮都给啃光了。牧云笙的包袱中，那仅剩的几张饼成了稀世之宝，只有在深夜或人稀时才敢取出来食用，不然为了食物而不惜杀人的人四处可见，那些以前只知埋头耕作抬头望天的纯朴农夫，在面临死亡时也都变成了野兽一般。

苹烟的脚步越来越缓慢，因为饥渴，他们本想沿着河走，可是河边人太多了，随时都能看见争斗与被杀的人，强盗也不时出没。两位少年只好走在人烟稀少的荒野，可这地方连找些水都困难。

该向何处去呢？他们一直在向北走，可牧云笙也不知道为何要一直向北，那里真有他要寻找的地方吗？苹烟默默跟随着他，从来不质疑要去哪儿，哪怕自己已经虚弱得走不动路，但为了跟随他，她只要还有一口气就会站起来前行。这少女如此简单执着，牧云笙有时却羡慕她——至少，她不会像自己这样彷徨。

远处有一个倒毙的人，群鸦正围绕着他。他的包袱中是否会有些粮食？牧云笙很快打消了去查看的念头，因为乌鸦和野狗已经开始用餐了，很快什么可吃的都不会剩下，只有白骨。

又走了一天，最后的饼子也吃完了。苹烟并没有一句怨言，也没有喊一声辛苦，可她苍白的脸色已经说明了一切，她很可能无法再支撑下去了。“你走吧。”深夜，少女倚着他的肩，突然说。牧云笙以为她早已睡着了，原来她也不能入眠。

少女不再说话，这可怕的沉默表示，她已经下定决心，不再拖累少年。

牧云笙知道，他连背她走的力气也没有。一个人也许还有可能活下去，但那就必须看着她死亡，在乌鸦与野狗围到她的身边之前赶快转身逃走。如果不看到那个惨景，少女的笑容也许还能永远留在他心里？可是那样做的话，也许比亲手杀一个人还要痛苦。

“等到明天吧，明天，当太阳升起来的时候，就会有办法。”牧云笙这样说着，他希望少女能有信念支撑到天亮，虽然，他并不知道办法在哪里。

野狗在他们周围徘徊，等待着。牧云笙抱着少女越来越冰冷的身体，突然感到无比的害怕。他猛摇着少女的肩：“醒一醒，醒一醒，和我说说话！不要留下我一个人！”

少女睁开眼，微微一笑。这样的话，如果是早一些听到，该是多么幸福啊。是不是只有在她将逝去的时候，他才会这样表露感情？他像个无助的孩子，她可真想爱抚着他，照顾着他，可是不行了。上天为什么把人造得这么卑微，连想爱一个人都没有力量，没有时间。

“不能……不能闭上眼睛……”少女想着，“不能离开他……他会害怕……他会孤单……”

“和我说说话吧……”她强支着不让自己沉入那可怕的黑暗，“什么都行……”

牧云笙紧紧抱住她，却张不开口，越是想说些什么，就越是心乱如麻。

“告诉我……你为什么要……去海边。”

“海边……”牧云笙抱着少女，望向幽暗的天际，“海边……”

他不知道那里有什么，他只是想给自己一个目的地，一个最远的终点。也许，盼兮就会在路上等着他。

“海边……会有大船。”

“船吗？开去哪里？”

“去……海外的一个国度……”

“那里很美？”

“是的……那里没有战争，也不会有人挨饿。”

“世界上，是不会有这样的地方的……除非，那里没有人，有人的地方，就会有苦难。”

“是的，那里没有人，那里阳光普照，土地是金色的，遍地碧绿的草木，果蔬长得飞快……”

“你骗人的，没有那样的地方……”

“不骗你……你跟我到了海边，我就带你去那里。”

少女沉默着，头渐渐低下。

“苹烟……苹烟你听得见吗？你不相信我吗？”少年握着她越来越凉的手。

少女紧闭着眼睛，慢慢吐着微弱的声音：“我相信……我会……一直跟随着你……”

之八 世上最美处

ShiShang ZuiMeiChu

【01】

“我们去哪儿？”昏昏沉沉中，苹烟问。

“去找世上最美的地方。”

“最美的地方？可哪里才是世上最美的地方？”

“我也不知道，看见了才知道吧。”

雪一直不停，人群继续向北行进着。人们都在传闻着，听说北方有一片草原，七个海子如宝石般穿成项链，最近那里出现了异象，时近秋季，草原上却奇花开放。

一路上，不断有人饿死，倒毙路旁，却有更多的流民加入行列。各处诸侯争战，已经没有一处安生之所。

那一天夜晚，那片草原终于出现在面前。

所有的人却都停下了，不出声。他们惊愕地看着眼前的景象。

草原上盛开着银色的花朵，花蕊在夜色中如星辰闪耀，放眼望去，一片摇动的星海，无边无际，如银河落到人间。而这片银色，一直延伸向空中，直达云际。许久人们才看明白，那是奇花一直蔓延到远处那座高峰之上，直达山巅。

“那是什么山？”

“听说叫云阙山。高有千仞，云气只能在山间萦绕，像腰带一般，明天日出之时，我们便可以看清了。”

到了第二天清晨，有熟睡的人睁开眼睛，看见第一抹朝霞正照在山峰上，突然惊叫起来。

人们被这喊声惊醒，都向山峰望去，于是惊喊响起来，汇成一片轰然。

牧云笙站起身来，向山峰望去。无数花瓣正反映着霞光，整座大山像是融成云色，风一吹来，泛起大海般的波涛。那山上的颜色却变幻出万千彩晕。这景色让人忘了一切，只想这样一直望下去，只怕时光过去，盛景不再。

苹烟也惊叹得不能说话，只紧紧抓住少年的衣袖。许久才说：“你说这是不是……是不是世上最美的所在？”

少年心中被一触，他凝望那山峰，喃喃念着：“盼兮……你在那里吗？”

【02】

惊叹过后，人们都以为来到圣地，必是处处生机。但四处寻找，却发现没有传说中的丰登谷物，这草原上除了这些花，竟连一只野兔、一只虫蚁也找不到，而那环绕山峰的七泓湖水竟清得透底，连鱼也没有一条。人们开始惊恐，此处虽美，却美得如此让人生寒。

“这里是神仙住的，没有准备人间烟火，我们惊扰了这里，只怕天谴随时将至。我们还是走吧。”人群中开始传言。

却有孩子饿得急了，摘了那银色花蕊就塞入口中，那花蕊却毫无味道，吃下去也不觉饱。人们不知摘了多少，却毫不解饿。

“这里……似乎正像你说的……是画中的幻境一样呢。”苹烟开始害怕地拉住少年，“不知为什么，我好想离开这儿。”

牧云笙却只是望着那云带环绕的山峰，心想无论如何，也要攀上去看一看。

天渐要黑了，草原上又生起无数篝火。却有一人，身无别物，鞋也跑丢了，足上全是血口，只死死抱着一幅画，在人群间走着：“卖画了……卖画了。”他的声音好像游魂般没有生机。

这等境遇，居然还有人卖画。

牧云笙好奇，待他走到身边问：“卖的什么画？”

“牧云笙《天启狂雪图》。”

少年笑道：“什么价？”

“若给钱，就给十万金铢，若无钱，给半个烧饼就行，太饿了……”

“哪里得来的？”

“宛州绥中，集珍阁。两个月前，真的《天启狂雪图》在砚梓出现了，所以这幅被认为是赝品，集珍阁主成为天下笑柄，一气之下就弃之楼下，当初经办买画的我也被逐出阁去。但我却舍不得，我不相信它是假的，所以一直抱着它，流浪来到澜州，想找到那卖画之人比对。但遇上兵乱，饥困交加……突然想通了，什么真的假的，去他娘的。就换半个烧饼。”

牧云笙叹一声，从包袱中取出前日买的干粮，掰了半个饼与他。

“多谢爷了……”那人来不及多说，一把抓过那饼，全塞入口中，几下咽下，还跪倒在地，把掉落的饼渣抓起，连泥一起送入口中。

牧云笙笑道：“你想知道这画是真是假，何必那么麻烦。”

他捡起那人丢下的画轴，也不打开，前行几步，望着阴霾天空，遍地哭号，忽然猛地手一挥，将那《天启狂雪图》投入了火堆中。

“你……”那人愣住了。

火焰瞬间把画吞噬了，只有片片黑白灰烬，带着赤红的火焰，飞上天去。牧云笙目送着它们飞入天际，缓缓将手抬了起来。

铁铅色天空中，忽然一片雪花缓缓飞旋着飘了下来，落在少年的掌心。

突然间，没有任何预兆与过渡，大雪漫天而下。

人们都不敢相信眼前的一切，他们凝望天空，听着满地的惊呼声：“下雪了，下雪了！”孩童们忘了乱世之痛，在雪中跳跃，叫笑连连。

“下雪了？狂雪图……真的是《天启狂雪图》！”那卖画人抓着头发，望着天空，嘶吼着，突然后悔得痛不欲生。

少年却凝望着这漫天风雪，神色怅然。这让他想起了三年前天启城的大雪，父皇驾崩的那个黎明，他临终前忽然问：“瀚州可曾下雪？”常侍摇头说不知，他想起战死的长子，心痛呼道，“我死后，我诸子中有能北破右金、重夺我瀚州故土、奠寒儿于长寞山祖庙者，方算是我牧云氏之帝！”

少年想着往事，忘了周遭一切。苹烟轻轻挽上了他的臂膀。或许是因为寒冷，或许是因为惊奇，这大雪之中，少女本能地靠紧了他。她是这样柔弱无依，少年的心却紧紧地揪痛着，当年这样的时刻，自己却没有力量保护怀中的人。

“这幅画，为何能有这样的神奇？”

“当年，有人曾告诉未平皇帝，这天地也不过是一张画纸，教他造化之术，他作画时，不自觉融入了术法，所以画烧毁了，画中之物却能成真。”

“那他莫不是可以画出千军万马，万顷良田？”

“那些只不过是一时的幻化之物，不能长久的。纵然画出金银，片刻即成黄沙；画出山珍海味，吃下后腹中还是空空如也。”

“真可惜，本来我以为他有这样的本领，这世上就不会有人受冻饿了。”

“我也曾这样想，可凭他只怕连自己都救不了。”

雪影中，少年忽然似乎看见了什么。他放开了苹烟，向雪中走去。

“你去哪儿？”苹烟惊问。

“在这儿等我回来……”少年忽然拔足奔去。

那方才如白鹿般跃过雪地的影子，分明是她。

雪猛得已不像是雪，像满天的云被撕碎了倾下，大如鹅毛，密如洪瀑，几乎连眼都遮挡了，瞬间就积起了近尺，还在急速垒高。牧云笙在雪中滚爬着，高喊：“盼兮！盼兮……是你吗？”

他相信自己所见的，那是盼兮，盼兮还活着！风雪愈猛，使人睁不开眼，少年拨搅着雪花，像是他童年时，在一重重的纱幔中奔跑，追逐那帘影后的笑声。是否一切终将是虚幻，一生所爱，拥之不能？但他只是奔跑下去，不顾这虚影会将他带向何方。

【03】

突然风雪散开，少年猛地顿住，眼前，大湖之畔，却是一支正在行进的铁甲大军。他们似乎是急行而来，也正冒雪向着前方山峰而去。

少年还欲向前找寻，却被带队的将官猛地推开了："再靠近军阵，杀！"

骑兵簇拥着一高大的影子策马而来，牧云笙看见了一张包裹在金盔之下的威严面孔，粗眉宛如一线，目如凶隼，但眉宇间却有他极熟悉的什么……竟然如同父兄。

这是……他忽然恍然大悟，这就是他的叔父牧云栾！起兵叛乱与他父皇争夺天下的人。这支大军，就是牧云栾的宛州军！

他慢慢向后退去，牧云栾向他望了一眼，但他怎么也不会想到那远处军阵边的布衣少年，就是端帝国的继承者，当今的天子。

"墨先生，那魅灵就藏身在这一带吗？"他转头问着身边的玄袍长者。

"正是，这里的异象说明，她就在云阙山中，准备凝聚出实体。只要进了山，我就能施法找出她的藏身所在。"

"大军在山下驻扎，你和世子立刻带人进山中搜索。"

牧云笙远远看见，一支骑军从大队中奔了出来，向山中奔去。他心中疑惑着，他们要去哪儿？刚才盼兮的幻象，使少年心中隐隐有一种不安的预感。他将雪羽翎插在足上，踏雪无痕地追踪而去。

【04】

大山之上，雪深难行，那队骑军很快就弃了马开始步行，花了半日，才穿过山腰的森林，来到高崖之前，开始准备绳索要攀上去。

牧云笙远远跟着，看他们攀崖，绕到远处，寻了另一处也向上攀去，雪羽翎使他身轻如叶，手攀草木，登绝壁也轻松得很。却突然一阵疾风袭来，把他整个人卷了起来，在空中如雪片般翻飞。牧云笙只觉得心也随着这风势忽上忽下，要从胸腔中颠落出来了，眼见风把他卷过崖角，顿失了势头，他直向下飘去，落在深谷中的河面上，又花了好大功夫，才攀上崖顶。

可他四下一望，却失了方向，不知那支宛州军现在何处。他抬头望望，云雾狂卷，看不见峰顶在何处，只有继续向上攀去。

在雾中跌跌撞撞，不知攀了多久，才爬出云层来。前面突然风雪全无，天空阳光灿灿。转身回望，自己脚下是一片云海，那风雪却只在云下。举目远眺，目光可直达天际，仿佛大地尽收眼中。

他心情大振，转身又向上攀，峰顶上树木稀少，却是无数巨石。他望见前面又是巨大岩壁，无处可攀，纵有雪羽翎也飘不上去。他绕着山壁行了半天，终于看见一条巨大裂缝，行入其间，抬头只见一线天空，再向前行，竟然寒意都渐渐退去，眼前豁然开朗。

这大山之巅，居然有这样的地方。

那是一个巨大的天池湖泊，碧蓝的湖水，静得像冰。若从天空望去，会看到这大山像一个白绒的基座，托着这一块蓝色水晶。

这是任何典籍中都不曾记载的地方，那山壁峭直难攀，山中森林葱郁，大山方圆百里内都没有人烟，从前谁能攀来这里？

难道，世上还有比这更美的所在？

少年突然觉得心被什么紧紧抓住，连呼吸也不能。

她会在这里吗？

少年闭上眼睛，平复自己的心情，如果她在，他一定能感觉到。

他再睁开眼时，看见了湖心的那一片浮萍，上面却开着金色花蕾，风一吹拂，花朵如玉铃般摇颤，散出一抹抹彩色光尘。

他几乎要大喊了："盼兮！你在那里吗？"

可随即他便收敛了气息，她也许正在凝聚身躯，正在最后的时刻，不能有惊扰，不然一切就可能毁于一瞬。

而惊扰还是出现了。一阵人声喧哗，那队宛州军出现在了天池西侧的山顶。牧云笙一惊，急忙隐入山石阴影处。

那队军士绕湖而行，顺坡攀下，也来到了刚才牧云笙所站的湖边。

"墨先生，如果不是你会卜算，又有法器能感应灵气蕴集的所在，我们一万年也不知道这世上还有这么一个地方啊。"说话人的嗓音牧云笙却是听过，他偷眼一看，果然是牧云德，当年在天启皇宫中比画被自己击败的郦王世子。

他身旁的一老者笑道："所幸来得尚早，她还没有最后凝成，现在正是她将灵识贯注于身躯的最紧要的时刻，只要在这时取出她的魅实[1]，把我们炼的灵鬼也注进她身体中去，她的记忆心神便会被全然扰乱，从而任由我们控制。”

他取出一花纹繁复的小铜球，轻轻启开，里面有一个赤色的光球，还发出幼兽咆哮般的声音。

“灵鬼，去，找到她，钻到她的心里去！”

他一挥手，将那光球抖入湖中，那红光立刻伸出四爪，有了身形，直向浮萍下游去。

“一想到这样的世上第一美人儿，就要做我的奴仆，不由得就乐如成仙啊。”牧云德仍是那让人憎恶的笑容。

“世子，你得到的不仅仅是美人，她心中所藏着的东西，能使你成为天下之主。”

“来人，游过去把那包着美人的魅实给我摘来。”

“世子，你太小看老朽的本领了。”那墨先生一笑，手中不知把什么挥洒出去，湖面顿时凝冻起来，碧蓝湖水中泛起银色，一条冰路直向那湖心伸去。

牧云笙躲在石后，看着他们踏上冰道，向湖心那光华流动的地方走去，心中焦急。他定定神，回想自己所能用到的法术，可这些年来，他从未练习过伤人毁物的法术，只会把灵力贯注于画笔之中，现在一时竟找不到对敌的方法。

但他此时只能用尽所学，放手一搏了。少年闭目凝神，导引星辰之力于笔端，然后在石上飞快画起算符来。

算式写到末尾，他轻轻点下最后一点，那字符全数泛出银光，光线融进了石中，又顺着地表像银蛇般向湖中游去。

那湖水开始轻轻颤动起来，显出无数交织的波纹。

牧云德他们听见了咯咯的声音，他们脚下的冰道突然变得四分五裂。

许多卫士当时就落入水中，牧云德吓得蹲在碎冰上喊：“墨先生快来救我。”

那墨先生却不去望他，他站在破碎浮冰之上任其滑动，却像驾云般自如，只皱眉打量四周，“怎么会这样？莫非有人施法？”

又低头自语道：“竟会有这样的法术吗？震动整个湖面，却不见一点光芒声响，当真奇怪。天下哪有这样的门派？”他又抬头向湖心看去，“莫不是那小魅灵

[1] 魅实：虚魅要为自己凝聚出肉体时，需要先凝聚一个外壳，外观近似石头、朽木等，起到隐蔽和保护的作用，称为“魅实”。因为魅凝聚时非常忌讳干扰和攻击，尤其在肉体凝聚的最后三分之一的“束魂”阶段，精神与肉体开始结合，这期间精神受到的影响将极大干扰形魅的性格和记忆。

施下的什么防护之术？”

他忽然一跃而起，在一串浮冰上连连点过，就纵向湖心而去，直落在那片浮萍之上。

朵朵奇葩正放射着奇异光芒，闪亮的雾尘在四周萦绕。中央的水面下，却有轻轻气泡冒出。墨先生望见，冷笑一声，大步就要上前。

这时牧云德趴在碎冰上却看见，水面竟出现了几个奇怪的隆起，急速向湖心游去，像是有什么巨鱼在水下似的，但水色透亮，分明什么也没有。

“墨先生，小心啊，有怪东西！”他大喊着。

突然水下一声响亮，几条水柱冲向天空，在空中幻成飞兽之状，呼啸而下。

可墨先生持手中那曲柄青铜法笏一挥，一道旋风把他包裹起来，水兽撞在风上，全然粉碎。

他一声冷笑：“不过是些浅薄的弄水之术。”

却听湖边有个声音说：“我不过是初试了一下，那你再看看这个如何？”

突然之间，像是从云中射下光芒似的，整个湖面突然映出数个巨大的金色字符。

墨先生愣了一愣，吐出两个字：“糟了！”

几根笔直的金色光线贯穿湖面，光痕消失处，一条金色小鱼高跃出水面，身子一弹，抖出无数光点。冰上的宛州武士们被光点击中，全都惨叫着跌下水去。

墨先生一挥袍袖，挡住那些光点，放下臂来看着那些袖上正在泛开的光灼出的小孔：“水中生火？这是哪一派的秘术家？”

他转头望向岸上，看见一个少年正望着手中一块写着闪亮符文的小石块喃喃自语：“原来刚才是这样的，那这一块扔下去，不知会发生什么？”

他一挥手，又把这石块扔进水中。

墨先生还没来得及大呼“不要”，就见那石块一遇水，砰地闪出一团火花，突然水中一道闪电直奔他而来。

墨先生纵身直跃上空中，脚下爆出巨大的水浪，待他挥袍滑翔落在浮萍上时，已是浑身尽湿。

“你是谁？”他一抹脸上的水，怒问着。突然又惊悟，“莫非……你就是……未平皇帝？”

牧云德正趴在冰上吓得一动也不动，这会儿也向岸上望去，指着牧云笙大喊起来：“是他，是他，就是他！快给我杀了他！”

墨先生脸上又恢复了他招牌似的冷笑：“这可是太好了，我本来以为还不知哪年哪月才能找得到你，居然现在可以一天之内替王爷和世子完成两件大事了。”

他袍袖只一抖，一股大力一下把少年扬了起来，撞在岸边石上。

牧云笙身上剧痛，几乎晕厥过去。幸亏他佩着雪羽翎，身体轻盈，否则只怕要骨头粉碎了。

墨先生大笑："你能术随心动，已经达到法术的颇高造诣，只可惜对于如何斗法作战完全不懂。她当年自然是把所知所学尽数教与你，可十年过去，你却把心思全都用在画画上去了吧？竟然要拿着画笔才能施法，真是莫名其妙。"

牧云笙忍痛站起身来，反而冷笑："莫名其妙……你说对了……我所学所知，其中妙处又岂是你能明白？"他举笔在左手心轻画符文，待光符没入他掌中，他突然一跃入水，身形不见。

墨先生转头对牧云德喊："带人把那魅实挖出来！灵鬼会干扰她的心智，她自然会相信睁眼时所见的第一个人所说的话。我去杀了未平皇帝。"他也纵身入水，竟也像一团墨迹一般在水中泛开，不见影踪。

牧云德战战兢兢，带着剩余的武士游至浮萍边，向下潜去。水如此之清澈，光线直达湖底，最前面的武士很轻易地就看到了那水泡冒出之处。

"天啊，她真的在这儿。"

那是一个悬浮在水中的半透明苞蕾，正容一人蜷睡其中。在晶莹剔透、光波流转的水下，一切是那么静、那么美，她在这里沉睡了数年，一旦醒来，又要重新掀起天下的波澜。

就在这时，一道飞痕从水面直贯而下，穿过了那武士的身体。

血从胸中缓缓散出，他直直地向上漂去。周围的人正惊望着，一支箭也直钉在牧云德的胸前，幸亏他有护身的宝甲，才没有扎入心脏。他不敢置信地望着这箭支，那箭翎是银色的，这是羽族鹤雪的标志。

一个俊俏修长的身影轻点水面，背后长翼伸展，虽在水面，她的声音仍清亮入耳："不要靠近那个魅实。"

一个巨大的气泡在水底绽开，牧云笙和墨先生站在水底，相对而立。牧云德忙带着武士们游进气泡，一失了浮力，他们全重重地摔落湖底。

墨先生却盯着少年："陛下，你的法术我果然猜不透，但你也根本不懂如何用法术杀人。你想护着这魅灵，只有跟着她一齐死了。"

牧云笙冷笑着："可你也没能杀了我呢……"但他轻咳起来，血立刻从嘴角流了出来。

墨先生摇摇头："你这样不惜命地用你的生命之力施法，不需要我下手，你也撑不住多久。"

湖水中光影滑动，那羽族少女潜游而来，她钻入气泡，却没有摔落，只是一抖翼上的水，轻盈飘落在少年身边。

“我很守信吧？你一吹玉珧，我就赶来咯。”风婷畅俏皮地向牧云笙笑笑，“好几百里路呢，幸亏是我，不然这世上没人能飞这么快了。”

“你难道就是风系鹤雪的传人风婷畅？”墨先生皱眉，“我不想杀鹤雪的人，你最好快走。”

“可你为何不问问，我们鹤雪想杀谁？”风婷畅一笑，“我可不会劝我要杀的人快走，因为走也没用。”

牧云德悄悄躲到武士们的身后。武士们也都慢慢后退，他们都见识了这女子的箭术。

墨先生面色阴冷，他也没有把握同时应对这两个人，尤其是羽族鹤雪士的神箭是秘术师们的克星，发箭总要比施法快得多。

正在这时，他们背后水中悬浮的苞蕾忽地泛出了光华，大股的气泡喷涌出来。

“她要醒了！”墨先生惊呼，“灵鬼定然已经钻入她体内，将她提前惊醒了。”

风婷畅趁他回头，已经将箭搭在了银弓之上。

“快出手！”牧云笙喊。

风婷畅却望了少年一眼，轻轻地说：“希望你能明白我。”

她手臂一转，箭直向那苞蕾而去，一下穿透了它。那水痕带着血花一齐从它的另一侧喷了出去。

“不——！”牧云笙觉得这一箭把他的心也射穿了，疼得连身躯都要粉碎。他猛地挥手，一道光芒打在风婷畅的身上，把她直扬出水面，卷到空中，又重重地落回湖里，几乎连身后的光翼都粉碎了。

少年一纵身，直冲向那苞蕾而去。墨先生施起法来，一股黑气直钻入他的背心，少年却不管不顾，喷出一口血来，也不回头，抱了那魅实游向岸去。

牧云德唤人要追，墨先生却摆手道：“不必着急了，他已是重伤，现在逼上去恐他以命相拼，只须慢慢跟着，他自然会慢慢耗尽性命。”

【05】

少年抱着那苞蕾，艰难爬上岸边。

“盼兮……盼兮……”他只轻轻呼唤着，只怕再也听不到她回答。苞蕾中那柔软身躯在轻轻颤抖着，也似承受着极大的痛苦。

少年再没有力气走，只紧紧地抱紧她。就像当年，他也曾这样拥着她。她望着他轻轻地笑，说要去找世上最美丽的地方，凝聚出真正的身体，让他能真正触摸到她。现在她就在他的怀中，却只怕又是一场离别。

墨先生和宛州武士们从水中攀上岸来，少年紧紧抱住盼兮，眼睛瞪着他们，像一只被逼到绝路的幼狮。

墨先生缓缓抬起手，指尖凝起黑色："你最好放开手，这小魅灵我们还留着有用，你不用带她和你一起死。"

牧云笙只是冷笑，紧紧握拳，把身体中所有的力量聚在掌心，光芒从指缝溢出，准备最后一搏。

"谁再上前一步，他就会第一个死。"

武士们都不由得停住了脚步，连墨先生也犹豫不前。他们谁也没有信心接受这少年的拼死一击。

"小笙儿。"一声呼唤惊动了他。风婷畅也艰难地伏在了岸边。她的目光急切，"你最好立刻杀了她，这个魅灵不是你所想的那样。那颗牧云珠只是颗种子，当这个灵魂被束在珠中的时候，她还是天真烂漫的，但当她真正凝出身体，她的力量就会给世间带来灾祸。"

"这种话，我听得太多了。"少年冷冷道。

"小笙儿，你相信我，我不惜自己的性命也要杀掉她，难道我会骗你吗？宛州军想夺得她，是因为什么？你现在不杀了她，等她醒来，你一定会为你所做的后悔。"

少年摇摇头，轻轻抱着那魅实："我不会。"

"世人将来会责难于你，要你为所有的灾难承担责任。"

少年放声大笑，像是又回到当年，在瀛鹿台听到那个预言。他当初烧毁了占星圣台，今天又还有什么可怕的？他点点头，一字一句："好，我——承——担。"

他猛地抬起手，张开手掌，巨大的强光喷薄而出，宛州军连同墨先生都被这力量向后推去。

少年用最后的力气抱住魅实，借了雪羽翎的力量奔出谷去。墨先生立刻也身影如风地追了过去。

牧云德正要带人追上去，突然看见一边的风婷畅。她长发浸水紧沾在额头，正虚弱地卧在岸边。宛州世子一声狞笑，指挥武士围了过去。

风婷畅眼神一凛，手一扬，一道光芒飞出，射在最前面的武士咽喉上，慢慢凝成一根白色羽毛。那武士咳咳两声，栽倒在地。

武士们惊得向后退去。牧云德看出她正虚弱，这凝羽之术难以施用第二次，他夺过一旁武士手中长索扔向风婷畅，也驱动一个法术，那长索变得像蛇一般，飞舞着扑向少女，将她缠住。

“把她抬走！”他得意下令。

可回头之时，却见那些武士全呆立不动，望着一个方向。

他随着武士们的眼神向山崖上望去，却见不知何时，崖上早站满羽族武士。

他眼珠转转，击掌两下，那绑住风婷畅的绳子自动松开了。

“我们走。”他悻悻地说。

路然轻从天空展翼落下，走过牧云德的身边。牧云德回头狠狠地瞪了他一眼，路然轻却如看见一般，笑道：“世子不必气闷，将来你还有要谢我的时候。”

他慢慢走到风婷畅面前：“来杀魅灵这样凶险的事，却不通知我一声？”

风婷畅负气站起：“我和你不一样，我是要免除世上的灾难，而你和那个牧云德没有区别，你们都想利用这魅灵的力量。”

路然轻叹了一声道：“可惜我还是为了救你，而错过了夺得魅灵的机会。”

【06】

牧云笙抱着魅实在雪中奔跑，墨先生的法术之毒已攻入他的心，少年眼前一阵阵地眩晕，早已无法分辨路径，只觉怀中的魅实在一阵阵颤抖。“不用怕，不用怕……”他紧抱着她，“有我在，世上人都无法伤害你。”

他奔到力竭，靠在一棵巨松之下，拥着那苞蕾，聆听着里面的动静。

“你冷了吗？”他轻轻说，“这么大的雪……我没办法让你暖和一点……”

他抱紧魅实，可他自己的手也变得越来越凉。

墨先生慢慢走在了他的身后。

“杀了我吧，但放过她。”少年说，血从他的嘴边不停地流出来。

“怎么？那个敢烧毁瀛鹿台的六皇子，终于也有认命的时候吗？”墨先生笑道，“你当然要死。不过她……会成为未来的皇后，而未来的皇帝，就是宛州王的世子殿下。”

少年感到绝望，他最终还是掌握不了自己的命运，也救不了盼兮。他恨自己不够强，但已经没有时间了。

雪层突然动了一动。

墨先生立刻跳开，紧张地注视着雪层。

牧云德带着宛州武士从后面奔了过来，冲到松树边，却被墨先生挥袖拦住，示意他们轻声。

所有人都放轻了呼吸，直盯住那正在微微颤动的雪层。

终于，像是雪下发出的嫩芽，一只雪白的手轻轻伸了出来，触到凛冽的寒风，颤了一下。

忽然间，一道强光从雪层下迸发出来，使所有人睁不开眼睛。

当他们重新能渐渐看清时，他们看见那苞蕾绽开了，而内中，已空无一物。

“你们是在找我吗？”她的声音从另一侧冷冷传来。

【07】

牧云笙看见她就站在那儿，和他记忆中的一模一样。那是一种世上难寻的美，但现在，她却真实地立在那里，雪花像有了生命，飞旋在她的四周，化成一件轻袍，长袖飘带凌风飞舞。她赤着足，乌亮的黑发飞舞着，面容像温润的玉，这一切都是那么细致可触。少年伸出手去，却无力触碰到她，她终于真正站在这个世界上了，可他却可能再也无法握住她的手。

盼兮的目光在人们脸上扫过，落在少年的身上：“你……”她的眼神中现出一丝疑惑。

墨先生突然大喊：“盼兮，你不认得世子了吗？”将手往牧云德一指。

牧云德吓了一跳，下意识地就要捂住脸躲到武士身后去。

盼兮望向牧云德：“他？”

“你当初还是魅灵的时候，不正是与他日夜相处？你不惜危险要凝出真正的身体，不也是为了他？他跨越千山万水来找你，现在，他就在你的面前，你难道不记得了？”

盼兮凝起眉头：“他……”

忽然她紧按住额头，颅内仿佛有千万支钢针在扎，这就是疼痛吗？她没有身体之前，从未尝过这种感受。这痛使她跪倒在地，一只手紧紧抠住雪地。那灵鬼在她体内紧紧锁住她的心神，正篡改着她之前的记忆。

“盼兮……”牧云笙看着她痛苦的样子，心痛不已，却无法挪动自己的身体。

许久，盼兮才缓缓站起身来，重新仔细看了看牧云德：“我好像记得了……真的……是你？”

牧云德大喜：“当然是我。”他大步走上去，“当初我们在宫中多快活，你不记得了吗？”

“是啊……”盼兮欣喜笑着，“我能记得……我最爱在你身边，看你全神贯注地作画……”

牧云德一窘：“作画……哦……自然……等我们回宫，我天天画给你看。”

“而这个恶人！”墨先生一指地上的少年，“他是明帝的六皇子，一心想谋害世子，还想夺取你的魅实。”

牧云笙放声大笑，却笑不出声音，只能不停地咳出血来，他已经没有力气说话了。如果盼兮都已经认不出他，那一切自然再无意义。

盼兮只是呆呆地望着他：“这人……是……”

墨先生抽出身旁武士的宝剑：“莫要多说了，现在就结果了他。”

他举剑逼近少年。少年却用了最后的力气喊：“住手！”他冷冷望着墨先生，“你也配杀我？把剑给她，我要看她杀我。”

墨先生一愣。盼兮望向少年，良久缓缓道：“说得是。将剑给我。”

她接过剑来，指着少年咽喉：“我记得很多你做的恶事……你的确不能不杀……”

少年望着她，只是笑着：“那你还当记得……你喜欢这个名字，只因为你是世间独一无二……”

盼兮呆立在那儿。不知为何这轻轻的一句话，震动了她的心胸。

但心中另一种力量却驱动着她，她手向前递，剑没入少年胸中。

少年没有闪避，只是痴痴凝望着她，想说什么，却再也说不出来。

“你还当记得……我答应造一艘大船，带你去……找……”他眼中的神采终是缓缓散去。

盼兮也凝望着这少年，发现不知为何泪从脸上滑落下来。

看着少年僵冷地靠在树边，她抽出剑来，跪在少年身边，轻轻伸手拂上他的脸，缓缓说：“不知道为什么，我觉得恨了这个人太久，时时恨着，日日恨着，恨得这样刻骨铭心。今天看他死在面前，却觉得心里整个空了，倒像我就是为这仇活着，仇报了，人就不知为何而活着了。”

墨先生一挥手，武士上前将少年的身体拖开。“确认他已经死了。”牧云德说，“给我割下他的头来，我可不是那种留后患的蠢人。”

武士应声，举刀向少年的颈上切去。盼兮却呼一声：“住手！”手一扬，那剑幻化成一道光飞出，穿过武士的身体，钉在树上，重又凝为长剑。武士立仆于地。

她跃起来，奔向少年，扶住他的身体，口中轻喃着：“我怎么了？我这么恨他，却看不得别人伤他。”

她抱起少年的身体，却发现轻如一叶。才看见少年的领上，别着一根银色羽翎。她又缓缓转头，另一根银色羽翎，正别在她的发上。

“我记得，我在胞衣之中时，有一个人抱着我，他说：‘不用怕，不用怕……有我在，世上人都无法伤害你。’”她将脸贴近少年，轻轻说，“那时，我冷得发抖，他又说：‘你冷了吗？这么大的雪……我没办法让你暖和一点……’”

她轻轻将头贴在少年的脸颊上：“那人是谁？”

墨先生大声说：“好了，盼兮姑娘，世子为了救你，已经身受内伤，我们快些回去休息，不要再待在这里了。”

盼兮低头看着少年，道：“既如此，我要先做一件事——去将他埋葬了。”

她抱起少年，于纷纷大雪中缓缓走远，隐入雪中不见。

牧云德慌得直看墨先生。墨先生摇摇头说：“这魅灵心念太强，灵鬼居然都险些缚不住她。这相思太久，岂是一只灵鬼可以轻易变更的？所幸她现在只是迷惑，却什么也记不起来，等到你和她相处久了，她自然会渐渐淡忘。”

盼兮抱着少年缓缓走着，眼神木然，只觉得本来在苞蕾之中，日日梦中思念一个人，却突然那一剑后，变得心中空空，只觉得自己为什么要到这世间来？总觉得忘了些什么，却怎么也想不起来。

她便这样缓缓走去，不知行了多久，忽然觉得手上少年身子一颤，她感觉到，这少年心房尚暖，还有一息。

她放下少年，缓缓退后，忽转身直向来处奔去。

大雪将少年缓缓掩盖。

【08】

“什么？”宛州军营中，牧云德向手下怒道，“你们跟不上那盼兮，不知她把牧云笙带到哪儿去了？”

墨先生叹道：“若是这未平皇帝真有一息尚存，将来只怕天下之势难论。”

牧云德道：“绝不能再让他活着！传令下去，派出骑军，给我搜！”

“只怕骑军不识得未平皇帝的模样。”

“你们是废物吗？方圆五十里内，凡是少年男子，一律杀死！”

“是！”武将领命要走。

“等等！”墨先生说，“这人会法术，恐他易容。”

牧云德望了墨先生一眼，又缓缓看向那武将，“你明白墨先生的意思了？”

武将呆了呆，躬身道：“末将明白。方圆五十里内，凡有活口，一个不留！”

铁骑呼啸，奔向雪野。

苹烟坐在山坡上，正等候着少年回来。突然远方传来喊叫声，她和周围的人都惊得站起来张望。大道上，有许多人正狂奔了过来。

“宛州军来了，见人就杀，快逃吧！”

苹烟紧紧抱住那把剑，如果自己走了，少年还怎么找得到自己？如果他们就这样离散了，一生一世再也无法相遇，那比死了还要可怕。

【09】

少年缓缓醒来，却觉眼前蒙胧一片。

突然无数情景涌上心头，他大喊一声："不！"猛地坐起。

身边却只有茫茫一片。

他呆呆坐着，环顾四方，天地间仿佛只有他一人。一时间想不起要去何方，要做什么。

渐渐地，有一种声音响了起来。

少年转身侧听，那声音越来越大，直至轰然而响。突然间，雪沫飞起，一支铁骑飞转过山壁，直冲而来。

少年怔怔站着，看他们越奔越近，挥舞着长刀。

他突然记起了一切：这是宛州骑军！

他转过身，借着雪羽翎，踏雪如飞，向前疾奔。宛州骑军在后面紧紧追赶，利箭不时掠过他的身边没入雪地之中。

少年奔过林地，来到草原，这里已经被大雪吞没。而他的身后，茫茫雪原之上，另一侧又现出数百骑士黑影，转眼又汇成数千，像数条黑蟒般漫过雪野，直追而来。

牧云笙奔到山坡顶上，忽然站住。他认得这里，这便是他和苹烟分开的地方，山坳中，近千百姓正躲藏着。

少年奔下坡去，急切大喊："快走！有军队杀来了！"

人们开始惊慌，纷纷站起。却也有人坐着不动，绝望笑道："刚从另一边逃来，还能逃去哪儿呢？"

正在这时，宛州骑军已经呼啸跃出了坡顶。"包围起来，一个也不要放过！"为首骑将高喊着。骑军从两边分开包抄，雪中突然响起不绝的嗖嗖破风之声，弓箭从两边射来，人们尖叫着四下逃散，孩子的哭声响在雪野里。

"苹烟，苹烟，你在哪儿？"牧云笙四下喊着，却被惊慌奔逃的人群撞倒在雪坑中。雪越来越大了，近处也辨不清面目。牧云笙无助地嘶喊着，却连眼睛都难以睁开，像是在棉絮山中翻腾。

马声嘶鸣，铁甲骑士们排成一列，冲杀下来，每匹马之间相隔不过数尺，篩过人群，惨呼声中，人们像割稻一样被锄倒，在马后留下一片血色残肢。

少年被人群拥着向前逃去，仍在大喊：“苹烟，苹烟快逃啊！”只希望她已经离开了。

可是突然前方也射来了利箭，前面的人又折了回来。四下的地平线上，都出现了骑军的影子，缓缓压来，人们被合围在方圆只有数里的雪野中。

骑军们并不急着围杀，他们慢慢逼近，连连发箭，外围的人不断倒下，人们惊恐地越挤越紧，这样下去，他们最终将变成一座尸山。

突然一个声音大吼道：“奶奶的，不过就是死！老子要冲出去，冲出去啊！”

那个声音在人堆中间爆响，一双手推动着紧紧挤来的人群。忽然像是有了默契，开始有更多的手在推动前面的人，更多的声音吼着：“冲出去，冲出去啊！”

当前面的死尸被推倒下去，人群突然爆发了起来，他们赤着足，挥着空空的拳头，向骑兵们冲去。牧云笙立在雪野中间，被这个景象震惊，他没有想过这些人此时会有这样的勇气，这是这个国家大地中深藏的血勇，是他在皇城中无法体会的力量。

回答人群的只有冷漠的箭声，没有人能冲到骑军的面前，有人冲出了五十步便倒下了，有人冲出了一百步倒下，似乎任何的抗争都没有区别。

但尸山终是没有出现，人们的尸首遍布在雪野之上，母亲把孩子盖在身下，夫妇们死时还紧拉着双手，只剩牧云笙呆呆地站在雪野之上，但骑军们竟然没有再围过来，他们结队奔远，去追杀其他各处的百姓去了。

牧云笙在已经没膝的雪中艰难地行走，不知要去哪里，也不知能做什么。

正在这时，他看见了雪地中一个小小的影子。少年狂奔过去，然后呆立在那里。

苹烟身子像是被马踏过，她口鼻流血，浑身没有半分热量，却不知因为什么力量半支起了身体，跪在雪地中，只死死抱住少年丢下的那把剑。

“苹烟……”

奇迹般地，少女抬起了头，露出一丝极微弱的笑容：“你回来了……我终于等到了……我答应过……要在这等你回来……”

“傻瓜……”少年紧紧抱住女孩，泣不成声。

一声马嘶，一匹黑色战马停在了少年的身后十几丈处。

“果然还有活口啊，幸亏老子折回来看看。”武士缓缓地举起刀，沉重的黑色刀锋上有浓稠的血慢慢淌下来。他的目光就像狼，杀人的欲望使他面如恶鬼，他突然催动了战马。

少年抬起头，心中却没有了任何恐惧，因为生死此刻已经不再重要。时间仿佛正在慢慢凝滞，他能看见那战马悠缓地舒展身体，能清楚地看见那挥刀者的脸，他的眉毛，他的眼睛，他手中刀锋上，一滴血正被甩了出来，在空中划过半圆的美丽弧线，慢慢地、优雅地落入了雪中。

这就是死亡前的感觉？或者，这就是当愤怒充满心胸时的感觉？

被践踏的雪地、满地的尸身、哭喊的人，我不要像他们一样生，也不会像他们一样死！

少年心中突然传出了这个狂喊，他没有意识到自己正在做什么，只发觉自己猛然间冷冷地抬起头，逼视对手的眼睛，然后左手握住剑鞘，右手抓住剑柄，整个身子突然提起，右腿前屈，左腿悬跪。右手握紧那剑柄的时候，一股冰冷从掌心直贯入他的心脏，而像是闪电击中了他的身体，浑身突然像火一样燃烧了起来，他看见自己的右手挥了出去，像是一道光被从鞘中拔了出来，呼啸向前冲去。一声清脆的声音，像是冰面被击破了，血花在眼前浓烈地泼洒，那武士冲到了他的面前，连人带马扑倒于雪中。

剑光将这人与马从中劈成了两半。

天空突然传来无数尖啸，像是鬼神嘶吼，又像是万鸟齐鸣。少年的手还扬在空中，剑仍指向天穹。他忽然觉得这一幕似曾相识，像是分明曾发生但是又绝不可能发生过。他不知道那是祖先留在他身体中的记忆，三百年前，也是一个同样姓牧云的人站在雪地中，面对飞驰而来的骑军，心中想："我不要像他们一样生，也不会像他们一样死！"

也许就曾抱着这个信念，当年的少年骑上了战马，开始了无尽的厮杀。最终他老了，站在大地的尽头，但他的马后，是他杀出来的整个天下。他建立了新的王朝，开始了新的盛世，也埋下了新的仇恨之种。三百年后，地火终于冲出地面，所有刀下死去的灵魂在要求报偿。

"六皇子此生不能用剑，拔剑之日，就是天下大乱之时。"十七年前，那个星相师说完这句话，躬身倒退出了殿门。一个人的命运从婴儿时被这句预言所改变，他的父亲因而希望他成为一个无力与懦弱的人。可有因就有果，有债就有偿，该来的无法被阻挡，该死的无法被救赎，该报偿的也终会被报偿。只因为牧云笙不想就这样死去，他拔出了剑，哪怕从此天下血火满盈。

少年缓缓将剑收至眼前，仔细端详。那剑身泛出青光，果然有细密的方格菱纹，不知是如何淬火可得。整把剑像是无数方晶凝成，却又没有一点粗糙不平，闭目用手抚过，像抚过冰冷的玉。

"苹烟……你知道吗？有人说，当我拔出剑之日，就是天下大乱、王朝覆灭之时。"少年的目光随着自己的手指在剑身上滑过，"因为这一句话，所有本该由我承担的，都被一笔勾销了；所有本该由我保护的，都被践踏与夺走了。可是原来没有人会放过你，天也不会放过你……那么……既然乱世终是要来……”

少年突然大笑了起来，笑得冷酷而苍凉，笑得像个恶魔，他的面孔上，分明折射出他那些杀人无数的先祖的影子。

“……就让它来得轰轰烈烈吧！”

狂笑声响在暴雪疾风之中，世间不由得为之惊恐。

【10】

他看不清所有身边惨叫与倒下去的人，杀人的是那把剑，还是他自己？他不清楚。有一种力量正在催动着他不断地挥剑、挥剑，斩碎面前的一切。

那古玉的剑柄冰凉温润，当他的手触到剑时，他的内心就变化了。当他杀死第一个人、第二个人，像是被圈养的幼狮突然来到了野外，闻到了血的气息，似乎是蛮勇祖先留下的本能，他开始试着挥动自己还幼嫩的利爪。但当这种冷酷觉醒，在他的血脉中四下蔓延，他会越来越习惯驾驭他人的生死，最终天下不知要供奉多少的血，才能让一头雄狮成年。

不知何时，他渐渐恢复了清醒，自己正策马带着流民冲出敌阵，身上、马上溅的全是鲜血。苹烟紧闭着眼睛缩在他的怀中，瑟瑟发抖。回头望去，那几百宛州军已在流民的冲击下七零八落，四下逃去。人们奔向他，突然开始将他围起，然后欢呼起来。

这声浪推卷着他，牧云笙发现自己正在将剑慢慢举起，人群欢呼更甚。他望着那剑锋上的血缓缓流淌下来，滴在了他的手背，他像是被猛地烫了一下。

然而，那血，是冰冷的。

“我们去哪儿？”人们互相问着。

“逃去海边吧。”有人喊。流民们骚动着，又开始准备散去。

牧云笙却冷笑了，他在马背上大喊：“你们还准备逃下去吗？几万人、十几万人被几千骑军追着跑，你们和一群猪有什么区别？”

人群中开始渐渐骚动，声响从窃语声变成喃喃，又从喃喃变成轰鸣。终于有一个喊声传了出来：“他们有刀有马，我们有什么？要是手里有根铁棍，我也敢和他们拼！”

牧云笙却不说话了，沉默了很久，他才开口：“我知道有一个地方，那里堆满了武器，全是前朝留下来的奇铁神兵，有了它们……”他挥舞着沾血的衣袍，“任何人想砍我们的头之前，他们的头就会先落地！”

人群如海啸般狂吼起来，十几天来被追杀的恐惧，数月逃难挨饿的辛劳，妻儿离散家破人亡的怨怒，终于汇成了反抗的怒火。这声音铺天盖地，盖过了海浪，十几里外都可以听见。远处火堆边蜷缩的人们惊讶地站起来，听着这啸声，他们不明白发生了什么，却立刻懂得了这吼声的含义，向着风暴的中心，他们挥动臂膊，也开始狂吼。

这声音起初混乱，却渐渐清晰地变成三个字，一直重复："杀回去！杀回去！杀回去！"

"小笙儿，你哪儿来的地下武器库？"苹烟惊讶地问。

"世上真的有这样的一个武器库吗？"牧云笙转头一笑，"鬼才知道它在哪儿。我只是又撒了一个谎，这个谎能支持着他们折断山上的树木，挥舞着石块冲杀出宛州军的包围，这就够了。"

"又、又一个谎？这之后呢？"

"之后……之后的事情……哈哈哈哈……"少年大笑。

他转过头紧走几步，望向大海，没有人看到他此刻的面容与紧握的拳头。之后的事，他却早已有了决断。他的性命，没有人可以轻取；他所爱的，也一定要夺回。以前他以为乱世应该早些结束，不论天下在谁的手中。现在他却明白了，乱世终应该持续到一切都有报偿的那一刻！

这个夜里，人们从四方会聚而来，围在这位少年的身边，沉默地看着他坐在石上怔怔思考。天明的时候，他也许将做出一个决定，是逃亡，还是奋战。这个决定将关系无数人的生死，但人们愿意等这个决定，就像他们甘心相信他孩子痴语般的谎言。这世上无数人对百姓撒过谎，说着公理或者大道或者仁爱或者圣灵，没有谁的谎像这少年的一样傻子也能看穿，但也没有谁的谎像这个少年的一样说出了所有人的渴望。

如果人终是要死去，为什么不能欺骗自己，告诉自己"我是个英雄"？好让自己在死去的时候能够大笑着说："老子这辈子也硬气过。"每个人都盼望着仙国盛世，但是如果连幻梦也没的做了，也许只剩下一件事，就是让那些使自己失去幻梦的人也不得好过！

所以人们都在等着那个决定，等着为了一声召唤而成为英雄。试想人如果不蠢，又怎么会想到拼了血肉身躯，只为去换当一回好汉？

牧云笙明白，他终要对不起一些人，现在，为了他所对不起的人，他要让数万人去战斗而死。

他从石上站起来，所有人都在望着他。

牧云笙只说了一句话："所有想活着的，在天亮前走吧。"

东方渐渐出现了赤金长线，离开营地的人漫山遍野，老人牵着幼童，少年背着母亲。无数个火堆熄灭了，只留下飘着青烟的残迹。

但牧云笙的身边，仍然留下了数万人。这些人在战争中失去了田园、家人，他们已一无所有，除了性命再也没有什么可失去。可今天，他们要把这卑贱痛苦的性命也抛出去，就像把最后一块木柴抛入火堆，只为换来火焰腾起的一瞬。

【11】

乱民冲入了最近的城郭，疯狂地抢掠着可以吃的一切。守城的几百士兵象征性地挥了一下兵器就跟着县尉逃去了。牧云笙站在城墙上，看着城中的乱流与哭声，黑压压的流民还在不断冲入城市，这是一股可怕的力量。十几万人在路上茫然地行走，麻木地倒下，只是因为没有人告诉他们，他们有多么大的力量，他们其实可以去做些什么。但牧云笙知道，在皇城中他读过了太多这样的史书，可以任意践踏的散沙饿殍与一支震颤大地的军队之间，有时只差一声高呼。

流民涌过的地方，地上留下许多被踩得血肉模糊的尸首，没有人会记得他们的面貌与名字。许多人在这次抢掠中得以吃一顿饱饭，多活几日，也有许多人因此家破人亡。看着血在地上流淌，与泥混裹在一起，牧云笙开始明明白白地感受到他身体中那个可怕的灵魂，他是如此越来越不在意死亡，甚至开始把残酷当作戏剧来欣赏，改变是从什么时候开始的？从看见无数的难民被宛州军所屠杀？从看到敌手在自己的剑下一分为二？牧云笙觉得恐惧与狂暴在自己内心交织，他为什么会变成这样？他还会摆布多少人的生死，像是用血描绘一幅巨画一样泼洒随意？

晚上城中燃起了巨大的篝火，流民首领在人群中高呼着：“跟随着我们，就有饭吃，还有酒喝！”人群欢呼四起，开始明白乱世的规则，农夫正在变成野兽。

【12】

这流民大队一直向北而去，这天，前方出现了一支军队。

那军队在三里外扎下阵势，为首将领单骑赶来喊着：“你等可有首领？请出来一见。”

牧云笙看见她的脸，却惊道：“菱蕊？”

“你……原来是恩公呢。”菱蕊笑着，“商王得知这里有一路流民，命我前来收编，却不想遇见你。”

“商王？那于越州自立的商王陆颜？如果……我不愿效命于他呢？”

“那……”菱蕊低头，“商王之前有过吩咐，若是这股流民不愿归附，即是吾敌，立时诛灭。”她急切道，“公子，就算是为了不让我违命受刑，你也暂归在我部下，以后再从长计议。”

“但我将来离去，你也不可阻拦。”

“这将来自有办法，只要当前不起厮杀便好。”菱蕊笑着，“此时右金军逼近天启，大端朝已无兵可战，自帝都发出勤王之令，各路诸侯郡守都整顿兵马，向天启而去，但并非为了勤王，只是为了抢先占领天启城，抢得玉玺，号令天下。所以商王也命我们整顿之后，速赶向天启城去与他会合。”

去天启？少年心中一沉。终于要重新回到那个地方了吗？

他们行军了两日，前方烟尘扬起，另有一支军队赶来会合。

“来，我来引见，这是姬昀璁将军。”菱蕊带着另一员女将来到牧云笙马前。

“昀璁？”牧云笙惊喊，“你怎么在这里？”

姬昀璁看到少年，却像是毫不吃惊。她冷笑着说：“我向商王借了一万军士，去夺天启城。”

“你为何要这么做？”

“天启城，那是我晟朝的故都。”昀璁望向远处帝都的方向，“我不去夺，还有谁更有资格去夺？”

“可是，你用什么换来的军士？”

“自然是那传国玉玺。”

“你……为何……”

“在地下我就已经明白了，困守着那千年玉玺有何用，不过是一守灵人罢了。只有得到真正的军队，才能实现我族恢复大晟的夙愿。”

少年叹了一声：“原来……你心中，从来也没有放弃过重夺江山的梦想。”

“正是，所以将来我们或许还有一战。”昀璁马上拱手道，“我要领军先走，告辞了。”

看着她的军队扬尘而去，菱蕊奇怪道：“去天启城的大路在西，她为何却向北面山中去？”

“我知道她去哪里。”少年说。

“莫非她知道近道？各路诸侯都想先入天启城，此刻只怕都在路上日夜兼程呢。我们也加快些行速吧。”

“菱蕊，我也要与你分兵了。”

“你要去何处？”

“天启。”少年遥望远方，缓缓说道。

【13】

火光照亮着四面的山壁，这里没有天空，只有无尽的大地，岩石包裹着这个巨大的国度的四面，人们沿崎岖的路向下，不知走了多少里，转过峭壁，眼前是一片空荡荡的黑色，火光再也找不着附着物，立刻被无边的黑暗给吞没了。

“我们为什么要来到这里？我们跟随着你，不是为了躲到地下来的！”少年身边的人吼着。

少年却只是不说话。

突然在遥远的地方，升起了一支火箭，紧接着各处又有许多支升上了高空，它们突然炸开成了光团，并在空中长久地燃烧。这地下国度亮了起来，黑暗如潮退去。当人们看清了面前巨大的地下平原上排列的一切，每个人都无法抑制住自己的惊叫。

脚下的平原上，是几乎不见边际的闪耀着光辉的甲胄。

他们以为看见了一支军队，却突然发现那不是，而是整齐密集地摆放在地上的金属武器。

几个一人高的闪亮铜球沉重地缓缓滚来，到了牧云笙的面前，一串清脆的机栝声，铜球突然分开了，展开成由许多铜杆连着的弧形甲盾。球中间的座位上，安坐着一个只有六七岁小孩般高的小人儿，晶石般的大眼，火红头发，俨然就是人们常常提起却极少能一见的地下河络族。

“陛下，你看到了，这是你要的十万机锋甲，都摆在这里。很抱歉花了这么久时间。但终于在约定的时间之前完成了。”

牧云笙点点头：“我相信河络族像爱惜火种一样爱惜自己的信誉。”

“那么您的许诺呢，我的陛下？关于我们河络族能和人族平等地生活在地面上，重回自己的圣地北邙神山，您将不再宣称人族皇帝是诸族之王，承认人族与诸族都是平等的众生。”

“是的。我曾对帆拉凯色这么说过，我现在对河络诸部落也都这么说。我会重新给你们河络王朝。”

河络族人跳出甲胄，对牧云笙深深行礼：“您也许是人族史上最昏庸的皇帝，因为您放弃了你们那些所谓伟大帝王奋斗了近千年、死亡了无数人要追求的一统六族的梦想，但只有您有勇气做到了那些帝王无法做到的事情：放弃那些虚无的极致的权力。那么，我们等着您兑现诺言，我们重返北邙之日。”

牧云笙回头对苹烟苦笑着：“你们看，我为了还一个债，又欠了更多的债。我这一辈子，终于要为偿还这些诺言而劳碌了。”

“你从什么时候开始准备这些的？”他身边的苹烟惊问着。

“从……我第一次挥剑杀人之后。似乎每天内心都会有声音提醒我，总有一天我要去面对更大的战争与杀戮。第一次被宛州军追杀后，我就派人去联系河络族……我想，他们不会放过我，也许终有一天……我会被逼到绝路，但我决不会束手待毙。”

“你说你知道一个巨大的武库所在，那其实并不是谎言？”

“这个天下曾经是我的，”牧云笙说，“而且以后也将是我的。这也不是谎言。”

“为什么？”苹烟望着少年却觉得如此陌生，“为什么你又决心去重新争夺天下？”

“因为从前，我以为我逃开了，一切都会过去。但现在我发现我错了。我逃走，只不过是让别人把本属于我的一切拿去毁坏践踏。我再也不会容忍他们这样做，我要打败牧云栾，打败所有曾想毁掉我、从我手中夺取一切的人。我心爱的女子，还有我的皇朝，所有我失去的一切，我都会夺回来。每一个企图抢夺走我心爱之物的人，都会付出代价！”他转过头，“以后我的一生也许都会在戎马征战中度过，我的身边只会有死亡与鲜血。苹烟，你不要再跟随我了。”

苹烟呆呆地站在那里。为什么他会是未平皇帝，为什么不是那个她初识时的游荡少年？那时他答应要带她去寻找一个没有战火的所在，可现在……他为了更多的事情，忘记了过去说过的话。正像他所说的，为了还一个债，又欠了更多的债，他这一辈子，终于要为偿还这些诺言而劳碌。

之九 第一次天启之战

DiYiCi TianQiZhiZhan

【01】

右金王子硕风和叶坐在他那由四十头六角巨牛拖动的天帐车上。这些六角巨牛是由殇州冰原上的巨人夸父族捕来的，每一头都有两人之高，体重六千斤，狂奔时可以撞毁城墙，士兵们在它们的脚边走，经常被它们的鸣声吓倒在地。而它们所拖动的天帐巨车，像是一座宫殿，建在数十根巨大滚木之上。那些滚木都是宁州的苍木，木质轻却像铁一样坚硬，有着一百年以上的树龄，直径五尺，长二十九尺。车上大帐用五百张油药浸制的锦狸皮缝成，内衬铁丝鳞网，风雨不透，箭射不入，火燃不着。车上可行十人歌舞，容百人议事。为了让这辆车从北望郡行到千里外的帝都天启，右金军征发民夫，开辟了一条可容五十匹马并行的笔直平坦的大路，这辆巨大的天帐车隆隆驶过之处，地上再跑马都不会扬起沙尘。虽然耗费了近十万民力日夜工作，死者万余，但从此右金骑军可日行五百里，从中州临海的北望郡杀到天启城下只须数日。

他引兵南渡之时，东陆端朝还号称有百万雄兵。硕风和叶一渡过海峡，就命令毁去渡海的大船。

他对将士们说："你们还指望着打败仗后坐船逃回北陆去吗？不可能了，你们背弃了你们的部族，如果战败，就没有脸面再向北而死。只有向前，不成为这天下的主人，就成为无坟无乡的厉鬼。"

于是七万骑军变成了七万只无家的狼，他们不惜命地厮杀，端朝军队的精锐早在北陆与宛州牧云栾叛军的战斗中消耗殆尽，新组的军团一遇右金骑兵即溃败。那时端朝国势已衰，各地叛乱不断，各将领及郡守皆有异志，北望郡刺史康佑成便率军投靠了右金。

硕风和叶只用了十一个月便打到了东陆的中心——中都天启城下。连他自己也不敢相信如此顺利。

望着巍峨的天启城郭，硕风和叶想，他们为什么要花这么多的人力、物力来修建这样的一个笼子呢？有修建城池的力量，可以讨平多少疆土啊。

如果攻下天启城，他会成为皇帝。然后呢？去城中坐在那宝座上，接受众人的朝拜，从此开始被钉死在那座位上，重复一代代皇族的生活，慢慢地腐朽老去？

不！硕风和叶想，不该是那样！他其实只喜欢纵马与厮杀，他厌恶那些奇怪的用石头围起来的叫作“城市”的东西，因为它们挡住天际的云，挡住骏马的去路、骑者的眼界。他喜欢看投石机投出的巨石打在那石头城上，就那样啪的一声粉碎飞溅，让人兴奋得颤抖。但是现在城破了，现在他必须去重新建好那座城，把它建得比原来更坚固、更高大，因为新的挑战者终究会来的，他必须从现在开始就守护这座城……不，他讨厌这样！

右金王子硕风和叶心里忽然冒出一个念头：他要拆掉这座万城之城——天启！

【02】

这个时候，四百里外，一位全身甲胄的青年正骑在马上，向天启城而行。路边的农夫从田垄中惊奇地抬起头张望，看着他所持的那面巨大的紫色旗帜。

但是他的身后，却没有一个士兵跟随。

这青年也抬起头，望着天际被烧灼的云海。

“天启城，我回来了……牧云氏，你们准备偿还吧！”

【03】

像是南方吹来浩大的风，卷起道道烟尘，那是各路诸侯的兵马，正向帝都逼来。

天启城北门百里外的大营中，右金二王子硕风和叶看着信报，露出微笑：“十九路勤王军？”他懒洋洋地靠在榻上，“不急，告诉赫兰铁朵，按兵不动，让这些人在天启城里打个天翻地覆再说。什么时候他们打累了，什么时候我们再动手。”

随后传令：大军开拔，缓缓向南行进。

此时，在天启城南十里处，各色旗号的诸侯大军不约而同地停下了脚步。

右金军已到北门外，而南门外是诸侯联军，一场争夺帝都的大战即将开始。

诸侯都打着勤王逐寇的旗号而来，但没有人想真正面对右金铁骑，都想着入城抢夺玉玺，将来好名正言顺号令天下，却又无人愿成为众矢之的，被其他各家先联合起来扫灭。使者说客们在各营阵中间来往穿梭，合纵连横，整个诸侯连营像一群正聚作一堆不断密谋的狼，商讨由谁来咬断大端朝的咽喉。

【04】

大军压城，皇城之中却分外安静，仿佛所有的人都逃走了。

牧云笙曾待过的花园小屋里，却突然传出了声响。

小屋的地板猛地破开，地下探出一对长钳，紧接着，一个昆虫般的巨大怪物探出头来。

河络王帆拉凯色从他的将风里跳了出来，打量着四周："这里就是人族的帝都了吗？"

河络族将风们掘开更宽的通道，把人族的军队源源不断地运了出来。

帆拉凯色来到牧云笙的旁边："那晟国姓姬的小妮子用未明剑骗我，我还以为她受你所托，就放她的军队通过了，现在晟国的军队很可能已经先从这个出口杀出地面，你要小心了。我们只能帮你这么多，以后就靠你自己了。结束乱世之日，别忘了你归还我河络族圣地北邙山的诺言。"

他行了个礼，钻入将风，带着河络族重新归于地下。

牧云笙打量着他曾居住多年的花园，如今已破败不堪。而整个皇城也早就铺满落叶，尘灰积聚也无人清扫。战事在即，官员城民争相逃迁，当初万邦来仪的天启帝都如今已成一座荒城。

牧云笙率军向太华殿前赶去，可来到殿前，却看见广场之上早已站满了甲士，一面"晟"字大旗正在飘扬。

"牧云笙，你果然也赶来了。"姬昀璁在枪林刀海后冷笑着。

"你用了那把未明剑，骗取了帆拉凯色的信任。可是昀璁，你夺来这空空的宫殿，又能守多久呢？"

昀璁冷笑一声："商王陆颜与诸侯约定，先入天启城者为诸军之盟主。他说过的话，自然不好食言。只不过他没有想到，会有人能先于他进入天启城。三百多年了，我们终于重新回到了我们的皇城，而且，它将会永远归复晟朝。"

少年摇摇头："你看这玉阶金瓦，早非当年所砌。这三百年来经历无数次翻修扩建，你所看到的，根本不是你们原来故都的模样，你也永远无法知道过去的晟朝皇城旧貌。过去的……永远不可能找回。"

"但我会是新的主人。"姬昀璁握紧未明剑，"你臣服于我还来得及。我有一万兵士，你也有一万人，借助天启城这号称万世不破的巨大城墙，我们至少可坚守半个月。等其他诸侯各军赶到天启城下，他们会同商军在城下互相混战残杀，我们坐视即可。"

"但是，硕风和叶的右金大军也已距北门不远，那时如何抵御？"少年问。

"右金部乃北陆游牧之族，骑兵骁勇，但是不擅攻坚，他们拿天启城没有办法。而发现诸侯军就在城南，他们就会直接绕过天启城，攻击诸侯军。一样是两败俱伤。"

"昀璁，你把世上的事也想得太简单了。"

"不许叫我名字！叫陛下！"

"原来那日你怪我不问你名字，也不过是一时虚言。"少年一笑。

“那日……”姬昀璁眼中波澜轻动，但只是一瞬后，又闪出无情锋芒，“你只有两条路，一是向我称臣，二是与我在此一战！”

少年笑着摇摇头：“我从不走别人为我选的路。”

姬昀璁蛾眉一立，握住了未明剑的剑柄：“我也从不会对阻挡我的人心慈手软。”

牧云笙知道那未明剑的威力，他握紧拳头，暗暗准备应对的法术。

姬昀璁握住那剑柄，食指却在不断颤抖。少年看在眼中，心中叹息：她并不是真像她自己所装的那么心狠，只是这个恢复大晟的担子太沉重，要活活压垮她了。

姬昀璁紧咬住嘴唇，终于还是猛地抽出了未明剑。那剑方一抽出，剑周围的光线便仿佛被贪婪地吸去了一般，空气中传来尖厉的哭号，几股黑雾中显出厉魂的狰狞面目，直扑向少年。

少年取笔在空中猛点几下，几点夺目光芒在空中绽开，忽地放射出无数金线，刺向黑雾。那雾中厉魂在光中痛苦地尖叫翻转着，有些逃向了别的方向，但仍有数股直扑了上来。

牧云笙向后跳一步，从袖中抖出一幅空白画卷。那黑雾直扑到画卷中，却被吸在了上面，只见白纸上几道如墨渍的怪形痛苦地扭动着、呼喊着，却终于渐渐凝住不动了。那张白纸之上，多添了数张可怖的鬼脸。

这时那些逃去的恶魂却径直扑向了四周的士兵，那些被黑雾穿入身体的人都痛苦地抽搐着，摔倒在地，立时就没了气息。

少年望向姬昀璁，她眼中也俱是惊愕，不想手中握着的东西如此可怕，却仍故作冷酷笑容：“我杀不了你，也能把你身边的人尽数杀死，你还是跪倒称臣吧。”

牧云笙想，绝不能让她再挥剑。他一弹指，空中那些光点直冲姬昀璁而去，她吓得挥剑驱挡，牧云笙左手将那画卷掷了出去，姬昀璁慌乱间劈破那画纸，一股黑气涌出包裹住她。她惊声尖叫起来，她周围的士兵也吓得四下逃开。

牧云笙看准机会，向前一纵，借雪羽翎凌风而起，越过晟军的头顶，直落到姬昀璁身边，一把握住她的手，抽出菱纹剑架在了她的颈上。

“你输了。”

姬昀璁呆立在那里，眼中泪光滚动。她以一弱女子之力费尽心思力图复国，可世事却总是这样无情。她知道自己根本不是什么百战立国的英雄，也没有继承祖辈的勇悍凶狠，她更愿像其他女孩子一样嬉闹于花园，抚琴观雪，可为什么却被生于此世此门！现在她终于输了一切，输了国家也输了自己的一生。

她悲愤中再无求生之意，挥剑猛一挣道：“杀了我吧！”

少年看她挥剑，却是一愣，他只须轻轻一抖剑锋，这少女的头颅就会落下来。但他却终是没有动。姬昀璁却收不住剑，未明剑直砍到少年肩上，那剑中的无数厉魂欢呼一声，奔着鲜血溅出的方向直涌而去，那伤口立时就变黑了。

少年直觉得如冰水贯注入全身血脉，身体瞬间变得冰冷，耳中无数尖厉怪叫，直逼得人要疯了。他扔下剑，大叫一声，喷出一口鲜血，直翻落下台阶而去。

姬昀璁呆在那里，她本只想求死，却不想少年没有挥剑。她还从没杀过一个人，更不愿杀的是他。眼看对面牧云笙的兵士就要冲杀过来，两边就是一场血战，她大喊一声："住手！"

双方刹住脚步，刀戈都已逼到了对方脸上。

姬昀璁直追下去，扶起少年，急切呼喊："太医呢？有没有人，谁来救救他？"

空中忽有一个影子飘然落下。风婷畅抱起少年，插着雪羽翎的他轻盈无比，她带着牧云笙直向天空而去。

【05】

数百里外，宛州军大营之中。牧云德正在懊恼。

"那美人儿不让任何人接近她的住所，独居于山上，她帐前十丈之内俱是法阵，靠近者立死啊。"

墨先生叹道："她心中必是还疑惑，明明记忆已被改成你是她的主人，却一见你面就感觉憎恶，所以才把自己封闭起来。不过不必担忧，那灵鬼封住的记忆没有外力是解不开的，时日越久，她就越会忘却真正的情景，而相信自己的记忆。"

静夜，盼兮痴痴坐在帐中，只有帐顶射入的月光照着她。

却有一箭，穿破营帐射了进来，箭杆上刻着细密的字。

"东十里林中，可以见到你的仇人。"

盼兮来到林中，风婷畅正等在那里，牧云笙躺在她身边的树下。

"你带他来，是为了让我杀他？"盼兮望了少年一眼，"可他已经要死了。"

风婷畅一笑："他是你的仇人，但你不能亲手杀他，岂不遗憾。所以不如先将他救活，问个明白，解你心中之惑，再杀不迟。"

盼兮缓缓走上前，低下身去按住少年伤口。

"这是被魂印兵器所伤……亏他练习多年法术，才能活到现在……可为什么，他所练的法术竟和我同源？我们究竟有什么渊源？"

她感到少年的脉搏几乎已经没了，忙将自己的生命之力贯注进去。心中却问，自己是怎么了？竟为了治这仇人，宁愿竭尽自己的心力？心中却只有一个声音：治好他，他可千万不能死。

治疗花费了足足数个时辰。天色渐明，远处传来宛州军搜寻的声音。

“在那里！”有人喊着。

风婷畅向发声处一箭射去，那士兵倒在地上。但更多的人涌了上来。

风婷畅一箭一箭射去，冲在最前的人必倒在地上，没有人能跑近五十丈内。而风婷畅以法术凝成箭支，用之不竭。宛州兵们心惧再不敢上前，回去召唤人马。就这样相持到正午，牧云笙睁开了眼睛。

她长吁一声：“他无碍了，但暂时不会醒。”

鲜血从她嘴中缓缓流出来，为救牧云笙，她已经耗尽心力。

风婷畅叹了一声：“你自己也不知道，为什么要这样不惜命地救他，对不对？”

盼兮摇摇头：“我要把他交给宛州王处置。”

风婷畅摇摇头：“你这样做，一定会后悔。”

盼兮冷冷望她一眼：“你又是他什么人，为什么要救他？”

不知为何，看到这少女一心维护那受伤少年，她的心中竟涌起一股嫉恨之意。

风婷畅低下头：“他救过我，我欠他一个人情而已。”

盼兮站起身来，点点头：“好，那么……他可以走，但你不能走。”

【06】

牧云笙醒了过来。却看见自己躺在寝殿中，恍然间如同重归当年。

“这是天启城。风婷畅把你带走一日，又送了回来。”姬昀璁正坐在他的身边。

“我怎么蒙眬中记得……她呢？”

“她又匆匆离去了，说是答应了什么人要立刻赶去，不能失信。不过她给你留了一封信。”

牧云笙将信展开：

“当初我要杀你，你却救我一命。现在我只好也用一命来偿。不过小笙儿，你以后不能再这么心软了，不然在乱世是活不下去的。你从小在宫中温柔乡长大，以为女孩儿是世上最亲切可爱的人，其实女人的心决绝起来，比一切都可怕。若不忘记过去，或许终有一天，你的命要丧在一个女子的手里。从今以后，铁石了心肠，忘记那些情与义，也忘了我，真正地做一个冷酷无情威服天下的帝君吧。”

“风婷畅……盼兮……”少年紧捏着信纸，似乎想起什么来了。

“宛州大军现在离天启城还有多远？”他问。

“只有百里之遥了。”

【07】

牧云笙望着天启城郭。他在天启城中出生长大，却还没有这样好好看过这城墙。它经历了千年的战毁、修筑，每一次都比从前更高大、更坚实，直到最高的云梯都无法接近城头，最沉重的投石都难以在城墙上砸出缺口。可是那些耗费无数人力的修筑者又怎想得到，若是国势已去，这一切不过全然是摆设。

他望了许久，才登上城墙，看着城外遍野的诸侯大军。

少年心中叹息，这么多的军队，若是齐心，只怕尚可和右金铁骑一战。可现在，他们只想着先攻入天启城，抢夺玉玺。

到了午时，城外终于有一支军队按捺不住了。他们摇动旗号，骑军当先，步兵随后，扛旗狂奔，呼啸着奔向天启城下。

其他诸侯一见，像听见了进军鼓一般，一起拥出营阵。一时间大地上铺满人马，各色旗号连绵，那气势如洪水直要淹没了帝都。二十几万人一齐狂奔，整个大地都抖了起来。

“陛下，放箭吗？”身边的将官问。

牧云笙明白，只凭自己的一万锋甲军，能抵挡诸侯军的攻击多久呢？何况背后北门外还有右金的大军。但若是让他们这样杀入城中，只怕就是一片混战。

突然间，城外所有军队全都停下了脚步，他们都注视着城门的方向。

一声马嘶，在这巨潮般喧嚷中分外响亮。

一位骑将，只身孤马，却举着一面偌大的旗，缓缓地走到了天启城门下，面朝南方，立定在那里。

所有人望着他的大旗，上面绘着紫色踏风麒麟，神兽旁有一行字：“钦命天下镇守，号令万军”，这行字旁，是两个火焰吞金云霞镶锦的大字——“穆如”。

天下诸侯勒马惊惧：“穆如世家回来了吗？！”

【08】

穆如寒江低下头，慢慢握紧战甲上的鲜红丝绦，看着它像血一样流过指间。

在他做他要做的一切之前，他想再把过去的日子回忆一次。虽然每次想起来都会像扯开皮肉揪出心来一样痛，但是他一定要去想，一定要记住，这样他才能知道怎么面对眼前的这些人。

流放者中，只有穆如寒江一个人回到了东陆。但那座已经没有守卫者的空城，却永远地矗立在那里，再也不会被毁去。因为它也变成了夸父族的噩梦，他们不得不承认人族在殇州拥有一席之地，虽然只是一座空城。穆如氏证明了穆如一门在哪里都是英雄，他们和无数流放者用死战证明了殇州不再是人族的绝望之地，虽然数万人战死了，但是终于有人带着他们完成使命的消息，活着回到了故土。

穆如寒江骑着他的战马“凛冽”回来了，一路腰板挺得笔直，他感觉不到寒冷，不知道饥饿，满脑子只想着一件事：回到天启城下，大声地告诉那流放他们的皇帝，我们穆如氏光明正大地回来了！现在，是你们偿还的时候了！

但穆如寒江没有想到，他看到的是一座没有城防的帝都。大端朝的尊严已经沦丧，明帝牧云勤和他几个最勇敢的儿子都已经战死，中都城外一面是从北陆瀚州草原呼啸而来的右金铁骑，一面是想着争先冲入天启城夺取玉玺的各路诸侯。

穆如寒江心中怒火燃烧：我穆如氏满门忠烈十几代人为之浴血奋战的国家，你们这些贼子也敢来窃取？！

于是他单人匹马，擎着那面巨大的绣着穆如氏麒麟族徽的紫色战旗，立在了城门外，冷冷注视着面前的千军万马、百家诸侯。

天启城下，十九路诸侯，二十余万兵马，生生僵在那里，竟然没有人再敢上前。

“穆如将军！”百巍郡郡守高解上前拱手道，“我等率军前来护驾勤王，将军因何拦阻？”

穆如寒江冷笑：“这个国家是我穆如氏用血护卫的，也只能由我穆如寒江来终结它。其他人——你们不配！”

万众哗然，诸侯惊惧。这世上有一个人，只身匹马站在帝都城下，指着天下英雄，说尔等不配与我争锋。若不是穆如世家，又有谁能如此豪狂？

“穆如寒江，你真的要阻挡我们进天启城？”有人喊着。

穆如寒江把旗插在地上，冷冷地抬起头：“十年前，我的父兄和你们的父兄会一道守卫着这座城门。现在，愿意守卫这座城门的似乎只剩穆如一族了；而穆如一族，又只剩我一个人。不过这没有关系。”他放声大笑，“你们都是识时务的俊杰，偏我不是！”少年将军把旗重重一顿，“天下英雄，想进天启城的，先来我旗下走一遭！”

万军默然。原野上沉寂了好一会儿，才有人向阵后挥了一挥手，战鼓被擂响了，那是出战的信号。接着，第二阵，第三阵，诸军都响起了鼓声。各郡最好的将领都开始扎紧盔带，跨上战马，接过士卒托上的擦拭好的铁枪，策马缓缓从阵中走了出来。

他们都是当世的名将，个个名下载有传奇，今天从阵中走出，互相眺望着，神情严肃。他们的面前只有一个对手，但谁愿与穆如世家争锋？

成武太守宇青德高喊着：“成武军愿出头一阵！帐下飞虎将军狄火，请与穆如将军一战。”

穆如寒江冷冷一笑，将枪尖轻轻抬起一点。

一黑甲大将策动高大战马，举着巨斧，从阵中奔出。那兵器连同战甲只怕共重百斤，蹄声沉重，直向穆如寒江而去。

穆如寒江也不策动战马，只冷眼看着他冲近，五十丈、十丈、十尺……那巨斧已经高高扬起。穆如寒江突然大喝一声，那狄火的战马顿时惊了，高高跳起，把狄火摔下马去，他盔甲沉重，好半天挣爬不起。穆如寒江早策马走过他身边，望着诸侯：“还有谁上前？”

“东海将军古木森，请与一战！”喊声起处，又是一将策红棕战马奔了出来。

穆如寒江一抖缰绳，纵马直迎上去，他的战马逆风而驰，肌肤像鲜红的锦缎抖动，四蹄交转如电，古木森的战马刚奔出军阵数十丈，穆如寒江的马已冲到了他的面前。他的目光始终就没有离开对手的面门，古木森的大刀刚刚挥动，穆如寒江的铁枪已经刺了出去。众人还没看清招式，二马已交错而过，古木森从马上倒翻下去。穆如寒江的马快得刹不住，直冲到诸侯军阵前几丈处，吓得旗门枪兵都倒退闪出一大片空地，许多人被撞倒在地。穆如寒江一转缰，纵马从大阵前奔过，一路高呼：“下一个是谁？”

立刻有人从旗阵中奔出，直追穆如寒江而去：“图远将军袁志方前来一战！”前方另一阵中也冲出一将：“河隆将军韩宝舟请与一战！”

二人见另有人出战，都是一愣。穆如寒江却喊：“尽管上前，这样快些！”策马直冲韩宝舟，背后袁志方直追而来，还没到穆如寒江马后，前面韩宝舟已被挑下马去，穆如寒江铁枪回身一扫，袁志方忙一个马上铁板桥让过，穆如寒江却已把他的马让到前面，待袁志方回身刺时，穆如寒江的枪已经伸到了他的马蹄下，运劲一挑，袁志方连人带马在空中翻栽出去，尘泥溅起时，穆如寒江的战马已远。

其他军阵中的士兵们看得惊叹，不由得高声喝彩。穆如寒江策马奔回城门前重新急转立住。眼前一片欢呼声。

之后又有五名战将出战，全部被十招内打下马去。而每一次穆如寒江得胜，诸侯军中就是欢呼一片。各军本就互相敌视，自己的将军败了被哄，看到别的战将也同样下场，当然也起劲高叫。且穆如寒江之勇悍，片刻之内连挑九将，是习武的人就无法忍住惊叹。

【09】

商王陆颜的大军单独驻扎在南面，只等诸侯们为争入城而厮杀，却不料诸侯迟迟不进，只是战鼓声不断，喝彩声如潮。听得前方探马回报，陆颜大笑道：“这帮庸夫，夺天下的时候，竟还讲什么信义单挑！传令，我近卫五将出马，一齐上去，取了那什么穆如世家的人头来，好显我商军的威风！”

牧云笙于城楼之上，看到商军近卫五将来到城下，菱蕊也是其中一员。

穆如寒江已杀败十二员战将，他手臂带伤，战马也在急剧喘息。看他们五骑一齐缓缓逼近，他明白了敌手的想法，不再说话，为节省气力，只是把铁枪缓缓举起。

商军五将明白以五战一不是英雄所为，但商王命令已下，要他们速取敌手人头，他们互使了一个眼色，催动战马齐冲了上去。

五将把穆如寒江围在核心，尖利的铁器呼啸划破天空，锋刃相击的火星四下飞溅，六匹战马嘶鸣冲撞。穆如寒江的战马突然高高扬起前蹄，正前方的使锤将战马惊得向后一避，穆如寒江居高临下，一枪把左边的双刀将刺下马去。这时右边的长戟也刺到了他的腰间，但刚刺透战甲，穆如寒江已分出左手抓住铁戟，大喝一声，把那将从马上直扯了下来。

背后一将挥舞着大刀，直砍向穆如寒江的后颈，穆如寒江却一伏身，抡起左手铁戟回掷向那将的面门，那将回刀一格，穆如寒江的马已经转了回来，一枪刺中他的护心镜，把他顶离马鞍，摔落泥中。这时那使锤将大喝一声，手中锤脱柄而出，带着长链直向穆如寒江的背心，穆如寒江侧身举枪一格，那锤链与枪杆一撞，立时缠住，使锤将向回便扯，却扯不动。这时穆如寒江与那将角力，无法挥舞枪杆，一边的菱蕊终于看到了制胜的良机，催马挥剑直斩向穆如寒江。

牧云笙看得惊呼：“不可！”但战场上格击之快，不是法术所能企及。菱蕊的剑已经劈到穆如寒江颈边，穆如寒江却一低头，闪过这剑。菱蕊翻手削回，穆如寒江将铁枪一旋，那锤链正绞在菱蕊手臂上，他运力一喝，赤红战马也通心意地使全力向前一纵，使锤将与菱蕊一同被扯下马来。使锤将当即放开锤柄，菱蕊却被挂在穆如寒江马后，被直向前拖行。

牧云笙于城楼上喊：“穆如寒江，不要伤她！”但隔得太远，穆如寒江却听不到。所幸他本也没有取菱蕊性命之意，将枪杆一颤，抖开锤链，菱蕊翻滚几下，借势站起，并无大碍。

这时诸侯阵中又一阵喧哗，原来是商王陆颜带本部军来到了城下。

看到自己五员大将落败，陆颜明白，现在的情势已经不是杀了穆如寒江就可了结的了。眼前的这个人不是一个守城的士卒，他现在是大端皇朝唯一的捍卫者。

若是没有人出来捍卫大端朝，大家闷头冲进去，成王败寇。现在偏偏有了一个，虽然只有一个，黑与白也立刻分出了界限，忠与奸暴露在光天化日之下，混沌之中生出了清浊二气，杀他便是践踏天下忠义。

穆如寒江往城门下一立的时候，无论胜败，他就已经成了英雄。这时谁去杀死他，就算抢先入城，夺取了玉玺，也不过是被世人唾骂。若是呼喝一声一拥而上，一是为天下人耻笑，折了声名；二是乱军之中，谁敢保证自己能先拿到玉玺？必然是在城中一场混战。

诸侯们此刻定然都在心中打着算盘——谁说我们是来夺天下废皇帝的？我们为什么不可以是来勤王逐寇的呢？我们为什么不也来当一当这捍卫大端朝的英雄呢？这样才可得到人心。

诸侯军都唯恐他人争先，像是算准了日子，齐齐在这一天赶到，算起来足足有二十几万人，这是连右金部也不曾料到的事。既然谁都明白混战一场只是白白便宜右金，为什么就不能合兵与右金在天启城下一战？还不知到底鹿死谁手呢？

是否所有人都正在这么想呢？现在大呼一声“守卫天启，勤王逐寇”，若是好时，一呼天下应，立时成诸侯领袖，声威高涨；若是不好，却要成为众矢之的。

要压弯巨驼的背，只需要一根羽毛——最后的那一根。要扭转一个帝国的命运，有时也只欠一声高呼。

【10】

城北，右金军大营。

四十头六角巨牛拖动着一辆巨车，像是一座宫殿在地面移动。硕风和叶一手握着金足樽，一只脚架在案上，车内舞姬身体曼妙，行的是东陆的舞乐。他面上仍是那浅浅的冷笑，像是正将天下玩于股掌之中。一只手轻轻拈过奉上来的信报，漫不经心地抖开……他忽然就从软椅上跳了起来，那酒樽被他飞甩出去。

“穆如寒江？！穆如世家？！”

当年在北陆，右金部被穆如铁骑一年内连破三次本营，那时年少的硕风和叶被追杀得要裹着羊皮躲在羊群中逃生，此等耻辱永生也难忘记。所以硕风和叶一见这名字就惊跳起来，仿佛那穆如氏众将就在身边，正拔剑相向。

右侧上座，被用为军师的端朝叛将康佑成一挥手，舞姬们全躬身倒行退了下去。

“穆如一族有人回来了？什么时候的事情？”

“一个时辰前，穆如槊第三子穆如寒江回到了天启南门外，阻挡天下诸侯。”

康佑成笑道：“还真是人算不如天算。想着诸侯为争玉玺得正统名，早晚在天启城下要有一战，可没有想到，居然有人站出来要守卫天启，虽然只有一个人，可偏偏是名震天下的穆如家少将军。”

“穆如世家有战神之声誉，虽然只剩一人回来，但恐怕诸侯却不敢再冒天下之大不韪，杀死穆如寒江冲入天启。”硕风和叶喃喃道，“这次只怕我们引群狼自食的大计要失算了……”忽然对外大喊，“飞鸿急令前锋赫兰铁朵退后三十里！”

康佑成对硕风和叶点点头道：“王子明断。希望赫兰铁朵能明白王子的苦心，也希望他还来得及北退……”

天启城北五十里，赫兰铁朵骑兵大营。

踩在大端王朝帝都的头顶，赫兰部的骑兵也有些骄狂了。这些天来，他们四处袭扰村庄，抢夺女子，射猎活人。听说各路诸侯起兵前来，兵将们越发地按捺不住，天天吵嚷着要赫兰铁朵下令，发兵去踏平那些东陆猪。

穆如氏大旗出现在天启南门的消息，也早传到了赫兰铁朵这里。与硕风和叶一样，赫兰铁朵同样跳了起来，甩掉了酒杯，不过他喊的是：“太好了！我还以为这辈子没有机会杀姓穆如的报仇了！”

他当下冲出大帐，大喊着：“点兵，准备杀向天启！”

将士们一片疯狂的啸声。

这个时候，硕风和叶传信的飞鸿还在空中疾行。

【11】

天启南门外。

陆颜上前缓缓道：“穆如寒江，右金贼子就在天启北门百里之处扎营，你盖世武功，为何不去斩那右金贼，却反在自家人面前耀武？”

穆如寒江大笑道：“说得好！诸位来此，为何不去与右金作战，却反要攻打帝都？”

阵中有人喊道：“我等哪有攻打帝都，我们是要入城护驾！”

穆如寒江冷笑：“天子在何处？可有圣旨准你们入城？你们护的什么驾？”

诸侯语塞，无人可应。

陆颜上前大笑道：“穆如世家世代护国，威震天下，这次若能去取了右金大将首级来，我等自然听从此旗的号令。”

穆如寒江喝道：“此话当真？”

陆颜笑道：“大丈夫一言九鼎。”

穆如寒江举剑一指众诸侯：“各位呢？”

诸侯心想：穆如寒江原来有勇无谋，一人一马，怎能于万军之中取上将首级？于是都高喊道：“我愿立誓！”

穆如寒江一顿战旗道：“好，请来此旗下立誓。我去城北作战之时，尔等就候在城前。我若战死，尔等任意入城；我若能取得城北右金大将首级回来，尔等便唯我马首是瞻。”

陆颜道：“我第一个立誓。”心中却想：你怎可能活着回来？若真是天命助你，使你斩敌首而回，我便正好拥戴你，以你的声名号令诸侯，却把你当我的一枚棋子，一面号令天下的旗帜。

见军势最大的陆颜先行立誓，诸侯犹豫一会儿，各自从本阵出来，举剑割指，将血珠弹向天空滴入土地，以为誓约。

“好，我去去就回！”穆如寒江拨转马头，骏马凛冽疾驰如电，那一面穆如大旗，在风中招展向远方而去。

【12】

穆如寒江穿过荒凉寂静的天启城，来到没有城门的北门。走出城门外，放眼是空茫茫的大地，人都逃光了。却有一位少年，在城墙上持笔画着什么。

“你为何在这里？”穆如寒江问。

少年专心作画，望也不望他道：“我不和就要死了的人说话。”

穆如寒江冷笑：“你怎知我必死？”

少年道：“这世上没有可以一敌万的人，所以知你必死。”

穆如寒江大笑：“我知道他们是要让我去送死，若是他们不认为我必定不可能回来，又怎可能立誓？我怎有机会折服联军？”

“莫非你有取胜的方法？”少年问。

穆如寒江却沉默了，他仰望天空，那碧空上一抹雪白正渐被染作金黄。

他缓缓道：“我被流放在殇州的时候，双目被雪刺盲，父亲仍要与我讲习兵法。我那时万念俱灰，狂吼道：‘我已经是这样了，我们已在这种绝境，还学什么兵法？还有什么用处？’”

他叹了一声：“父亲望着我，却冷冷道：‘当然是绝境，但若是你不服输，仍有万分之一的机会；若是你认输了，现在就已经败了。’”

穆如寒江凝望云天：“当然是绝境……但仍有万分之一的机会。”

少年的手缓缓抚在城墙上：“所以你仍要出战？你若死了，又有谁来向牧云一族报你家族的大仇？”

“我家族的仇？我穆如家的仇人太多，牧云皇族、宛州军、右金军，我们一家南征北讨，早已与四海结仇，这世上英雄，只怕没有谁不是我穆如家的仇人。我这一生，能尽得报偿的只怕不多……”他望着远方笑笑，“但只要我穆如大旗还飘扬一天，他们就永远会在恐惧中生活。”

“驾！”他大喝一声纵马前行，所执战旗高高飞舞。从前这大旗之后，是令世人恐惧的滚滚铁骑，但现在迎向敌阵的，天地之际，只有他一人。

【13】

右金军先锋赫兰部的一万骑军向南进发，战马高大精壮，身披皮甲，百匹一行，齐齐推进，隆隆蹄声十里之外可闻，直似要将路上所有事物踏为齑粉。

百丈远处，穆如寒江静静持旗立马，望着远处推来的滚滚烟尘，像是将以一人阻拦风暴。

赫兰铁朵远远先望见了那面大旗。他深吸一口气，一扬手，偌大的方阵立时停了下来，方才还响彻四野的马蹄声，突然就消失得无影无踪了。

原野上静得只能听见那面穆如大旗的猎猎抖动声。

片刻后，赫兰铁朵的脸上露出了杀机。他再次挥手，两翼突然发动，右金军像展开翅膀的鹰一样，突然阵列伸长出数里。隆隆声中，这支军队显出了它庞大的身形。

身临万骑的包围中，穆如寒江手中持的旗分毫也没有晃动。他的战马凛冽也平静地低着头，一如身边是静谧无人的草原。

赫兰铁朵催马慢慢行至穆如寒江的近前，举起刀：“你便是穆如寒江？”

穆如寒江不说话，他手中的旗已经表明了一切。

“你们穆如一族当年在北陆上杀人太多，遭了天谴，这才会被流放殇州，数百人望族，只剩你一个回来。现在，我刀落之处，穆如氏就要灭族了，哈哈哈哈！”

赫兰铁朵放声狂笑，自觉这话伤到了穆如寒江的伤痛处。

穆如寒江只是不说话。

赫兰铁朵不知道，真正的大将绝不会因为听到谩骂而动容，真正心怀深恨者绝不会因为看到死亡而落泪。他不知道穆如寒江在殇州是怎么生存下来的，不知道穆如寒江是怎样看着亲人一个个地死在自己面前的。穆如寒江的平静，是死神已经看穿了眼前人的命运，他绝不会对即将成为尸体的人多费一言。

穆如寒江只说：“我来此，要取你的头颅一用。”

赫兰铁朵爆笑道：“我要看你如何在一万骑兵中取我性命！”

穆如寒江不再说话，催马，拔剑。

赫兰铁朵笑声未落，突然发现穆如寒江已到了百尺之内。“好快的马。”他大惊之中急举双刀，忽觉眼前一闪，一股冰凉疾风掠过脖颈。此时穆如寒江的马已奔过赫兰铁朵身边，剑已还入鞘内，伸手轻轻一摘，就将赫兰铁朵的头提了起来。那头颅脸上，刚才的狂笑还未散尽。

穆如寒江的马蹄声在原野上响着，除此之外再无声息。

一万右金铁骑呆立在那里，看着他们的主将。那无头的身躯还立在马上，半天，才慢慢栽倒下去。

穆如寒江拨马回来，手拎头颅，冷冷望着四周右金军："你们出战还是逃命？"

右金军这回才缓过神，呀呀暴吼着挥舞起长刀，催动战马冲杀上来。

穆如寒江喊一声"来得好"，将大旗背在背上，长枪挥动，冲入阵中，他身边的右金军像垛草一样翻倒。

穆如寒江怒吼着，把一名名右金骑兵连人带马击成碎片，枪的风暴包裹着他，卷到哪里，便是一片血肉横飞。

但是他又能支持多久呢？如果太阳要落下去，如果王朝要灭亡，他一个人可以阻止吗？

【14】

天启城南门外，诸侯们看着陆颜的军队向城门涌来。

"陆将军，你这是要做什么？"高朗问。

"我恐诸位失信，派兵把住城门，以免有人抢城。"

"哼！"宇青德怒道，"要护住城门，也轮不到你。"

诸将拔剑相向，各军举了兵器，眼看就要混战，突然飞骑来报："右金军从西面杀来了。"

众将一愣："右金军不是还在北门外吗？为何绕城而来了？"

但西边烟尘大起，来的却真的是右金骑军。

原来那是北陆部落中的一支，领军之将苦速都，是右金军的先锋巡队，带了三千骑兵，来探查南面的诸侯军势。可苦速都蛮勇好战，一看见端军阵势，也不顾自己兵少，就直冲了过来。

这苦速都扎着一个东陆孩童才扎的三鬏小辫，暴牙小眼，满面憨相，他举着双狼牙棒傻笑着喊："喂，大端朝还有能骑马的男人吗？怎么从北打到南都看不着啊？"

方才被穆如寒江打下马来的武将们正一腔怒火无处发泄，一看这右金将站在面前，无不欲上前咬他一口而后快。那飞虎将狄火刚才被穆如寒江喝下马来，正有心挽回颜面，当即催马冲出："你爷爷来收拾你！"

他持斧直劈苦速都，却被苦速都举狼牙棒轻轻一架，就把那几十斤的大斧轻易弹开，另只手铁棒一挥，啪地打碎了狄火的马首，狄火再次摔下马去。苦速都拨马回来，挥舞铁棒却是要取他的性命。狄火闪躲不及，啪的一声头颅粉碎，头盔直飞出去，在泥土中滚出老远。

诸侯阵中俱是惊呼，袁志方阵中发箭便射，苦速都听得弦响，一低头躲过箭去。韩宝舟大喊："杀落马的人算何本事？看我取你人头！"冲到苦速都面前，七八招后，被苦速都一棒打落马下，抬起马蹄，踩得鲜血飞溅。

端军大怒，商军五将之中，有两员带伤无法再战，菱蕊与另两将对视一眼，会意飞马而出，围住苦速都。苦速都力敌三将，却也不落下风。

宇青德却大喊："右金军来的不过数千人，大家一齐杀上去，踏平了他们！"众人早就等着此话，发一声喊，大军直卷了过去。

【15】

城墙边，少年完成了他的画。长达十几丈的城墙上，一支大军铁甲森然，正呼之欲出。

"如果万马千军真能壁上绘出，当年晟朝又怎么会被端朝所灭呢？"昀璁低着头，站在少年的身边，轻抚着那城墙。三百年前，这城墙也曾见证过牧云部的骑兵如何呼啸涌来。

"我必须帮穆如寒江，他一个人不可能从右金阵中活着回来。"

"你想把这画中军马变成真的？前人从来没有实现过这样庞大的法术。"

"自然不可能成真，只是一时的幻象，片刻后便会消散。但即便如此，要赋予这么巨大的画幅以生机，便不是平常的做法可以做到的了。要造化有生命的东西，自然也只有用生命去换。"牧云笙轻轻抽出菱纹剑，放在了自己手腕上。

昀璁却拨开了他的手。

"用你的命，去换一个想杀你的人的命？一个未来会和你争夺天下的人的命？"

"我帮不帮他，和他想不想杀我无关。"

昀璁一声冷笑，夺过了菱纹剑："早知道你是傻子，那日直接一剑将你杀了，又何必让人拼死去救你？"

剑影一晃，血溅在千古旧城砖上。

【16】

不知多少右金骑兵倒在了穆如寒江枪下，一条血道从右金军的阵中划了开去，标志着他冲杀的轨迹。穆如寒江的战袍变成了深红色，穆如世家本来披红战袍，但穆如寒江所有的亲人都死在了殇州，所以他改穿白袍，现在，白袍又被染红了。所有的哀苦，都被狂暴的怒恨所取代。他没想过自己会怎样战死，但他也没有期望过生还。他没有想过真能感动诸侯的大军，只是觉得必须要有人去战斗。家国，荣誉，此刻都不存在了，只有生命的本能在坚持着。当纸船落入了大海，当蚂蚁试图阻挡战车，命运早就注定。有些人无法理解的事，对另一些人来说是天经地义——只因为他的父亲、他的兄长，从没有在战场上退后过。

血糊住了穆如寒江的眼睛，他几乎看不见眼前的人影，天地间血红一片。但就在这个时候，右金军却突然开始惊恐地退后了。

他们惊讶地望着从穆如寒江身后升起的高耸的云山，一支庞大的军队正大步而来。旗帜如林，盔甲映着夕照，像大海上的波光粼动。平原渐被这片闪光填满了。突然间，千万人同时大喊，盾牌后的每一张面孔都因为狂怒而狰狞。平地间卷起一股暴风，如海涛怒卷而来，那不是血肉之躯可以阻挡的力量。那支大军扑向一万右金骑兵，从天空看去，像洪水要吞没孤岛。

右金军向后退去，穆如寒江冲刺在大军的最前面，紧紧追赶。

这一追追出五十余里，穆如寒江忽然看见，前面地平线上，一道横亘东西的青色遮蔽了日光。他怔了一怔才明白，那是硕风和叶的大军行进中扬起的烟尘。右金军主力终于来到了。

【17】

硕风和叶走出天帐巨车，望着那一万骑兵败逃下来。

“可怜啊，你兄弟已经死了。”他对一边的大将赫兰铁辕说。

“请让我部上阵，我定要先入天启城，杀到握不动刀为止！”赫兰铁辕狂怒地请战。

硕风和叶摇了摇头，只凝神望着远方。

“一个人……只有一个人，却追赶着我们一万骑兵。这让天下人知道了，我们还有何面目再来东陆？”

他传下令去，强弩营上前，要射死逃回的右金骑兵。

那远处逃来的骑兵中，有副将看到自己本阵中竟列出了弓防阵形，大惊之下摇旗止住溃退的骑兵，向前大喊道：“为何要放箭？”

弓箭阵中也有将领回喊：“你们这许多人被一人追得逃命，不自己蒙羞自尽算了，还有脸面回来吗？”

“一个人？分明是数十万的大军！”骑将回头一指，却突然愣住了。

偌大旷野之上，远远只有穆如寒江单人孤马伫立。

那庞大的军队，竟像被一阵风吹散，平地里消失了。

“他们刚才还在我背后追赶！”骑将愤怒地大喊。

消息传到天帐车下，康佑成小声对硕风和叶道：“天启城怎么可能还能有数十万大军？莫不是中了敌人的幻术奸计？”

硕风和叶却不回答，只望着前方那骑军后的身影：“那个人，难道就是穆如寒江？”

他一挥手，右金阵中号角吹起，大军又向前起步。那一万骑兵连忙分成两股，绕到大军两侧，让开道路。

右金军行至离穆如寒江半里之内时，硕风和叶才又一挥手。

那庞大军阵砰的一声就停了下来，平原上轰鸣的脚步声立刻消失了，变得分外安静，只有无数旗帜在风里扑啦啦地响着。

这样的场面，穆如寒江刚才也经历过，只不过刚才是一万人，现在变成了十万。

他没有回头，不论自己身后有没有一支大军，他都不会后退。

“真是勇将啊。”硕风和叶下了天帐车，骑上了自己的战马，他能感觉到自己的刀在鞘中跃动，那是在渴望与真正的对手进行一场厮杀。

“当年在北陆之时，我父亲也曾率部和穆如铁骑对阵，那时这面穆如战旗的身后有数十员穆如家的名将和十万铁甲精骑。那时八部联军的骑兵也才不过八万，而且许多还连刀也没有一把，只拿着削尖的木棍。我父亲还没有开战，就已经知道必败，但他不能退后，因为退后没有活路，身后就是八部的牧场和居营，他要为我们的逃走争取时间。现在想起来……”硕风和叶对身边的诸将叹了一声，“那时我的父亲，就和现在的穆如寒江一样，抱着必死之心吧。他当年也是英雄啊，现在我却嫌他老了，笑他不敢来东陆争天下，或者是那时我太小，没有经历过那一战的缘故？”

十年前北陆那一战，穆如世家与端朝皇长子牧云寒率领骑兵大破八部联军，一路追杀八百里，八部军卒的尸首从银鹿川一直躺到怒马原，这一仗的血腥惨烈，所有经历过的老将说起来，都无法不体颤心摇。

“但现在，终于轮到穆如氏和牧云氏来做这样的英雄了。我就不信，什么样铁打的人，在面对我的大军时能不颤抖！”

他高举马鞭一挥，右金大军齐声狂啸，那声音把空中的飞鸟都震落了。

声浪扑向穆如寒江，他手中的巨旗在风中狂展着，像是风暴中的危桅。

这个时候，他们却突然听到了什么声音。

穆如寒江身后，无数旗帜正从地平线上升起。

【18】

天启城下，昫璁躺在牧云笙的怀中，她的脸如雪白的纸，只有一双眼睛灵动依旧。

“可惜啊，画中出现的大军，终是不能长久。吓得走右金一时，却很快就烟消云散了。”

她望着北方的大地，雾气在地上被风卷逐着，像是无数消散的战士灵魂。

“我有些恨我自己的命运，为什么要生在帝王家，这也许是我和你相惜的原因吧。其实……我很小的时候，就知道了你，那时你在地上的皇城中无忧无虑，我在地下的王宫中目睹亲族相残，终年不能有一天安睡。”

她缓缓地举起手，想触摸牧云笙的面颊，那苍白的手腕上，深深的伤口犹在，只是再滴不出一滴血来。

“从小长辈就说，这地上的万里山河，都是我们的，是姬氏的，是晟朝的。可是晟朝又是什么呢？三百年前不再有晟，三百年后也不再有端，数十年后就不会有你我，这么一想，又争什么呢？”

牧云笙咬住嘴唇：“可是你说服不了天下人，连你自己也说服不了。”

“是啊。我太累了，从那天你用剑指着我的一刻，我就明白，我不可能争这个天下。如果我死了，是不是就可以解脱了？大晟的复国梦，就随着我的逝去而消散吧。一个人的血，如果能换来一个国家半刻的安宁，是不是也很值得？”

城墙之上，她的鲜血正被千年的墙砖贪婪吸去，变成褐色。百年之后，还有没有人能分辨出城墙上的这幅巨画，看不看得清那些怒吼的面容？

“有时候，半刻的时间，可以改变数千年。”牧云笙抬起头来，望着眼前奔涌的刀枪铁流，如果一个人肯不惜生命，那么十万人也可以！

【19】

穆如寒江看着身后涌来的诸侯大军。他们因为急速的行军，早就混杂在了一起，各色旗号，各色衣甲，只是同样的眼神，望着面前的右金大军。

“你们怎么来了？不夺天启城了？”他问着策马到身边的诸侯们。

“一支右金先锋军已经绕到城南了。那敌将真是嚣张，我们费了好大的劲才把这些右金人杀光。真奇怪，那个时候，每个人都在想，要是穆如寒江在这里多好。”商王陆颜上前大笑，“看着士兵们的脸，我就明白了，要是再驱着他们互相残杀，人心就会失尽，而且大家迟早全死在右金人手里。所以全他娘的怪你，你这天杀的穆如寒江，你为什么不能跟着我们一起夺玉玺抢天启城？偏要来显什么忠义，还一个人去挡右金军，你是傻子，我们还怎么当聪明人？现在我们要是不帮你，不要说世人，就连我们的手下士兵都会骂我们祖宗，怎么办？”

“忠义？”穆如寒江一声冷笑，“若是让我见到姓牧云的，必尽数杀死。我守卫天启，只是为了我家族的荣耀，却并非为了他们。”

“真的？那么再告诉你一件事——未平皇帝已经来了。你要是想杀他，我现在就帮你。”

【20】

“我还有最后的一点血，”昀璁举起她的手，伸向天空，光芒刺得她眼中迷蒙一片，“你是否可以实现我的愿望？”

“帮你画一幅画？”

“不，”昀璁摇摇头，她的眼睛晶莹闪亮，“我想……看到……你再把她画出来。”

牧云笙心中一痛，宛若当初太华殿前，她那一剑刺入胸中。他忘不了她那时的目光，迷惑、怅惘，还有仇恨。

她为何那样恨我？为何那样恨我？

他摇摇头，抱紧她：“我做不到。”

“真可惜啊……我真的……很想……看一看……你所说的……那么美丽的她……是什么样子……”

昀璁疲惫地闭上眼，不再说话。

【21】

硕风和叶催马上前，走近穆如寒江。

“穆如将军，”他挥鞭一指那诸侯的联军，“你就是准备用这支军队打败我吗？”

“听说当年硕风殿下也曾参与银鹿川一战，躲在羊肚下侥幸逃生。那日我父亲的大军没能斩草除根，今天便由我完成！”穆如寒江冷眼望着他。

硕风和叶不怒反笑：“哈哈哈哈……你知道我和你的区别在哪里？我知道只要活着，就终有希望；而你为了荣耀，明知是必败之局，也宁死不肯退后。所以我会成为未来的帝王，而你，只会是一个让后人叹惋的英雄——死去的英雄。”

他拨马回阵：“我的骑兵一路赶来也太累了，今天不是决战的好时候。我们各自回去整顿大军，三日后，天启北门外平原，决定这朝代的存亡吧！”

【22】

穆如寒江回到城中，诸侯已经各自占地安营，本来荒废的城市突然满地灯火，恍然间又重回天朝盛世。穆如寒江穿行城中，想着当年自己在城中玩耍，心中感伤。他策马来到一处荒地，正奇怪自己为何前来这里，突然间想到，这荒地所在，过去正是穆如世家府第。从前这个时候，这里本该是夜宴之时，灯火通明，家人齐聚，一片欢笑之声。有父母、叔伯、兄长，还有稚趣的弟妹……

他勒紧马缰，低头默默无声地落泪。

但他不会让人看见他伤感哭泣，擦去泪痕，他径直纵马向前奔去。

夜色之中，一个巨大的影子渐渐升起，那是东华皇城展开在他的眼前。

皇城上站满了士卒，一面巨大的“牧云”帝麾正飘扬着。穆如寒江有些惊讶，没有想到这种时境，牧云皇族竟还坚守着皇城。

忽听城墙上有人喊：“是穆如将军吗？请稍等。”

片刻后，三百六十铜钉的皇城巨门缓缓开启，一个骑者的身影，出现在城门间。

他孤骑缓缓向穆如寒江策马走来。于夜色中穆如寒江看不清他的面目，但他已然明白眼前的人是谁。

他还敢出城？穆如寒江握紧手中剑，心中想着：“杀不杀他？”

少年走近穆如寒江，单手缓缓抬高，手中握着一把宝剑。

“这把辟天剑，曾由我的先祖交给你的先祖。那时大端开国，穆如与牧云两族一同打下江山，于是太祖将他随身宝剑交给穆如一族的圣武王，约定永世以兄弟相称，共享王朝，穆如世家掌天下兵权，若有违誓，即便是当朝皇帝，也可立斩此剑之下。”

穆如寒江心中热血涌动，他当然记得此剑，那是穆如世家荣耀的象征——它不是天子赐剑，而是兄弟结盟的赠剑。但如今，这把剑只记录着阴谋、鲜血与背叛。

“我们先祖都在天上，我们的父亲也都已经死了，只剩下我们。”少年将那剑猛地抛向穆如寒江，“现在，用这把剑，决定两族最后的命运吧。”

穆如寒江接住辟天剑的时候，少年也从腰间缓缓举起了他的佩剑，紧握住了剑柄。

穆如寒江将那剑身捏得紧紧，他的骨节咯咯地响着，几乎要在剑鞘上握出手印。

“那么，用这把剑，解除三百年的盟约吧，从现在起，穆如和牧云两族就是仇敌！不论用什么样的方法消灭对方，都不再是背叛。再不要谈什么可笑的兄弟情义，再不要什么虚伪的‘共享天下’，这天下，最终只能有一个主人！”

少年只说了一个字：“好。”

他拔出剑来，将指在剑锋上轻弹，把一滴血珠弹向天空，消逝在夜色中。

穆如寒江也如法盟誓。三百年前的义负云天，终是化为烟尘。

穆如寒江长长叹息一声：“如果我现在杀你不会使诸侯惊哗，我一定会做，但我没有这个把握。所以我们的恩怨，在与右金这一战之后再算。”

少年点点头：“我知道，全天下都是穆如世家的仇敌，我并不是唯一一个。盟约已解，你要与我争战，有的是机会。”

穆如寒江转身拨马向来处走去：“我要去巡视连营了。三日后我出城决战，还请陛下紧紧守护城池。”

他行出几步，又勒马回头，扬起辟天剑。

“最后还是要说，多谢你把这把剑还给我。没有比用这把剑砍下未平皇帝的头颅对穆如世家更有意义的事情了。”

【23】

几十万大军在天启城外修筑壕沟刺墙，为防右金的骑兵冲击。

穆如寒江带着众将策马在各阵间巡视。忽有士兵来报：“将军，那边树下有个疯姑娘，坐在干涸的河边，怎么也不走。”

穆如寒江纵马跃上坡来，对那树下的女子说：“姑娘，这里马上就要变成战场了，你还是快些离开吧。”

那女子只是痴痴坐着：“国将破，家已亡，我没有地方可以去了。”

年轻将军的心被什么击了一下。

当初也是在这里，河畔夕阳，那个女孩轻轻地说：“我没有地方可以去了。”

那时年少的他，自信能够保护那女孩，也自信能战胜世上所有的事情。

可是许多年过去，他没有能实现承诺，他离开了女孩，离开了天启，他连自己的家族都无法保护。

“苏语凝……”他轻声地喊出了她的名字。

【24】

“这些人能抵挡右金的大军吗？”逆着夕照，她的长发映出乌金般的光泽，在这即将成为十万人战场的血色天地中，这是唯一柔软的颜色。

“或许是不能的，但再也没有了退后的余地。”那年轻将军说。黄沙在天际一抹抹地扬起，使落日暗淡无光。数万人正在他面前的旷野中挥汗工作，挖掘坑壕，布置营阵。

“这场战争是为了谁？为了天下的兴亡？还是穆如家与牧云家的仇恨？”女子轻轻抚摩着他的那匹血红色的战马。

“不，不为了天下，”他握紧拳头，“只为了我的父亲，我的家族。”

“所以上万人就将死去，只为荣耀？”

“只为荣耀……”他转头望着她，眼中映着天际的绯红，“这还不够吗？你终究是女子，不懂得男人。”

“可是当年那耻辱，并不是他们的。而那将属于胜利者的荣耀，也与战死者无关。”女子的声音颤抖着。

他却忽然大笑了起来：“是的，无数人死去，死法各不相同，有的从来不会被人记住，也不知为什么而死，但有些人，他们永远是为了胜利而死去，在战斗中死去。我家族中的每一个男子，都是这样死去的。穆如家的人可以这样，其他人为什么不行？”

“他们跟随你，是相信你能带他们取得胜利，因为你在天启城下的一战成名，因为你的家族那几乎战无不胜的神话……但穆如世家当年的铁骑已不复存在了，穆如家输掉的唯一一仗，就让这个三百年的世家失去了全部……”

“那是因为当年我父亲和叔父们没有从北陆带回他们的铁骑。”穆如寒江道，“他们刚把反叛的瀚北八部杀得溃不成军，牧云栾就借这个机会起兵。北陆战事未平，穆如铁骑无法抽身，我父亲和叔父们只好仅带了数十骑横越近万里来到西南宛州。那时宛州已尽入牧云栾之手，王师连败数役，士气全无，我父亲、叔父们只分到数万匆匆征召的老弱新兵，手下又都是遇敌胆怯、一心内斗的东陆文将们。输了那一仗，我父亲至死都无法舒吐屈气。”

穆如寒江长吸一口气，远望天际，记忆又回到了少年岁月，一切宛如冰刀刻入骨间：“在被流放殇州时，每个夜晚，父亲在冰上刻出宛州的地图，默默指画……他还在不甘于那一仗。可他那时只有几万老弱啊，纵然是战神也不可能取胜的。”他叹息着，“只有四十岁，他的鬓发就已经白了。叔父们常在饮酒后不服气地大骂，说假如当时有穆如铁骑在，哪怕只有一半，也可以踏平宛州。可父亲总是摆摆手让他们不要说了，他不想再听到‘穆如铁骑’这四个字，他的心太痛了，二十年的心血，日夜磨炼，以为打造了一支可以纵横天下的铁军，却不是被毁在战场上。”

穆如寒江怆然地笑着：“原来人再刚强，军再悍勇，总是不如时运轻轻地拨弄。父亲不信命，命运却偏偏要这样捉弄他，给他明知不可能取胜却不能退后的一仗。”

他不再说话，只将目光转过，仰视着身边那面两丈高的大旗，“穆如”两个大字正猎猎而舞。

“可是你今天，难道不也是要打一场明知不能取胜却不能退后的战争吗？”女子走近他，轻轻拍去他披风上的灰尘，“只因为父辈的不甘，只因为你是这个姓氏的最后一人？”

“如果你死了，世上就再没有穆如家的传人了……”她的手指触到了他冰冷的铁甲，像是被咬了般惊收回来。

“穆如这个姓氏，是因为胜利而存在的。”他猛地翻身上马，“如果没有了胜利，这两个字就将蒙在尘灰之下。如果要我像许多人那样沉默地苟活一生，我宁愿死在刀剑铮鸣的战场上。”

他回头望着女子：“苏语凝，我小时候答应过你，有我在，就会保护你。但是现在，我能保护你的最好方法，就是让你远离我的身边，远离男人们的战场。这里有你永远无法理解的光荣、信诺与愚执，有着永远明知不该去做却必须去做的事情。”

他抖动缰绳，赤红的骏马像一团火奔下山坡。副将们持着那面写着他姓氏的大旗跟随下去，在旷野上拖起漫长的尘痕。所到之处人们欢呼起来，他们信任这面旗帜，信任这个姓穆如的男子，这将成为他永远不能退后、直到血流尽的那一刻的理由。

“穆如寒江，什么时候，能有一个人、一件事，让你停下一次，让你退后一次呢？”苏语凝望着远去的尘烟，感觉黄沙击痛了她的脸。在这片未来将有数万人死去的旷野前，渺小的她无法抗拒那疾风，也要像一粒沙般被卷走了。

十年前可以让一切敌人颤抖的穆如铁骑已然不复存在了，现在的穆如寒江，将以什么去捍卫他姓氏的尊严？

【25】

那一年的那个黎明。清晨的雾逐渐散开，在刚钻出洞的土拨鼠看来，一切仿佛与往日没有什么不同。近视的它没有注意到远处如城墙般站立着的是什么。这个早晨实在是太安静了，安静得有点让人心慌，以前常听的鸟鸣声、野兔穿过草地的声音，全都不见了。

一声极沉闷的震动吓着了它，它直蹿入地下。但泥土也在震动着，第二声，第三声，像雷贴着地面滚动。这声音越来越急，连成一片，草茎发抖，沙砾跳动。突然间，像是巨兽的鸣叫，一声长嘶直上云霄，紧接着是数百头巨兽一齐嘶鸣，声音几十里外也一定能听见，土拨鼠钻入最深的洞底，瑟瑟发抖。这时，它感到大地颤了一下，那是草原上的几万只足，在同时向前踏出了一步。

那一年的那个黎明，天启平原上排开了近三十万大军。天启城之战即将打响。

【26】

晨雾散去，阳光渐渐强起来，在平原上铺起一层金亮。平原两侧的军阵沉默矗立，像两道连绵的山郭。

多久没有打过这样的大仗了？诸侯们想，十年？一百年？几乎是集中了全东陆的军力，和北陆游牧八部的联军拼死一战。这一仗，或许也会决定今后十年、一百年的天下命运。今天战场上的每一个人，死时都可以说“我曾参与决定这三百年大帝国存亡的一战”，也此生无憾了吧。

澜时一刻，右金阵中传出了长长的号角声。右金旗号开始动了。

穆如寒江催马登上观敌高台，看见远处灰暗的地平线上，两股骑军从右金阵营中涌了出来。

联军各营也开始惊嚷起来，嘈杂一片，慌慌张张进入战阵，“快些动作！”将官们在气急败坏地喊着，士卒慌张奔跑，大阵稍呈乱象。

穆如寒江转身对身旁将领们喝道：“帅旗未动，号角未吹，自有前军值守，其他各部为何擅自变为迎击阵形？”

一边清东太守的参将韩焕道：“他们是怕将军调动误了，右金军马快，冲到阵前就晚了。”

穆如寒江立眉怒道：“既奉我为帅，却又不信我——传我令下去，再有帅旗未动就擅自变阵者，军法处置！”

令虽传了下去，可是穆如寒江在高台之上望见，诸营的兵士拥成一团，进退无措，他紧握拳头，心中恼怒。这样军令不达，还如何打仗？再有兵法谋略，每道军令都晚上一刻才执行，早就战机尽失了。太守诸侯们都不是庸才，只是谁也不愿信谁，不放心完全听人指挥，都还死死管着自己的军队。他这个主帅，这场战役，只怕都要成为笑柄了。

叹息中，穆如寒江似乎已经看到了战役的结局。

那两股右金军出营遛了一圈，离联军还有五六里远，却又奔回营中去了。联军各阵刚换回待命之阵没一会儿，澜正初刻，右金营中号角又起，又是两支骑兵涌出。

“将军，他们又冲来了，列阵出击吗？”参将问着。

穆如寒江却一眼看出，这不是方才那两支兵，右金骑兵在轮换出阵，行的是袭扰之计。主力中军的旗号纹丝未动，小股轮番出营只是为了疲惫端军。

他摆摆手，仍然未号令全军变阵。但有几个大营的诸侯军还是惊慌变阵了一次。还有将领飞马来责怪：“是不是元帅睡着了？！明明右金军出击了，为何不命令全军列战阵迎敌，反令坐下休整待命？”

穆如寒江唯有苦笑。看见端军如惊弓之鸟，硕风和叶只怕会令各部轮换出营遛马，让联军在太阳下干晒一天。

到了澜时末，右金号角又起，骑兵又出，诸侯们再次惊慌，但仍是虚扰。

穆如寒江知道这样时久兵必疲乱，但又无法让诸侯相信自己并安心等待号令。若是他现在有一支用熟的骑军，便可去主动袭扰对方，可是偏偏没有。诸侯军以步兵居多，无法在平原上与骑兵做机动抗衡，才落了被动。

越初二刻的时候，敌营号角再起，这次诸侯各营变得懒洋洋的，兵士们再懒得匆忙列阵了。但穆如寒江看见，右金营中各部旗号开始纷动，前置的探马也把狼烟箭射上天空。他命令吹响号角，升起令旗，全军列阵。

诸侯各营按事先位置排列队伍时，右金军也在北坡上开始列阵了，大军缓缓展开，那初时黑密密的一条线，后来变成了覆盖原野的黑潮。

【27】

列阵的右金骑军只有五万，另外五万是康佑成的北望叛军，但旗号严明，纵横有序，已是一支精锐。

那边右金军大阵排好，这边诸侯各营还有好几支挤在一处，各阵都还没有成形，士兵急匆匆地乱跑。若是右金军这时发起冲锋，只怕联军就要立时溃败。幸好穆如寒江事先在阵前扎下无数铁蒺藜刺栅栏，又布下数道弓箭阵，硕风和叶忌惮穆如家的威名，才没有命全军直冲。

越初四刻，右金军中号角长鸣，那是开始进攻的信号。右金前军步兵阵开始慢慢向前推进。端军前阵三千弓箭手把箭搭好，垂弓待令。

号角起处，康佑成部下北望步军的六大方阵开始击鼓向前推进，像六座巨山一般压向战场。

越正，北望军前阵推进到距端军前阵一里处。两军静立片刻，忽然北望军中战鼓狂擂，前方刀盾军向两面奔开。诸侯均想是骑兵要冲锋了，前线箭手们握弓的手也汗湿起来。

但旗门开处，先出来的并不是右金骑军，却是一大堆黑乎乎的铁家伙，上面全是尖刺，看起来沉重无比，下部却是以包铁皮的滚木为轮，隆隆地推了出来。

穆如寒江在高台上暗叫不好。原以为右金游牧之族，倚仗骑马，不擅攻坚，不想也会用冲车了。这定是叛将康佑成进献的图纸。

前方箭手们看见冲车推出来，一时都愣了神：这样的铁家伙，人躲在铁罩下推动，箭射不进，枪扎不透，火烧不烂，如何应付?

这时穆如寒江帅令传来，命射三轮箭，即后退至第二阵线。

箭手们把箭射出去，果然像雨打石上，冲车阵仍然稳稳当当地直推过来。忽然冲车阵中一阵梆子响，那冲车之后，反射出无数弩箭来。三千弓箭手哗地倒下一片，穆如寒江下令后退，弓箭手们慌忙向第二阵逃去。

端军看着冲车阵像一堵铁墙推进，轻易把第一阵的铁藜木栅碾入泥土，心中恐惧，各阵微现乱象。

冲车阵轻易便破了端军第一阵线，向第二阵驶来。眼见行至阵前，呼啦啦，端军抽动绳索，从浮土下拖出无数圆木捆扎成的桥筏，那地面顿时塌陷下去，那是早挖好的深长壕沟，那冲车笨重刹不住，哗啦啦先坠下去数十辆，端军欢呼声大作。

可是北望军却并不停下，竟还是只顾向前推，那冲车转眼又掉下去近百辆。那些庞大车身把壕沟顿时填了大半，后面冲车铁板掀开，内装的竟是泥土，哗地泻入沟中，那些从前面冲车中跳出来的右金军士开始取出木板，要平沟铺路。

端军箭手们冲几步，便是一通攒射，但右金军军令极严，军士们宁肯被射死，也绝不逃跑，冒着箭雨倒下一片又冲上来一片，竟似是要用尸首把壕沟填平。

这时梆子声又起，冲车中铁弩发射，呼啸连声，空中密布飞蝗，待落下来时，端军箭手阵中惨叫连天，这样重弩，挨着即穿。弓箭阵中残躯遍地，一下便少了一半人。

穆如寒江挥令旗大喊："不得后退，冲近前去，抵近了射！"

端军阵中擂鼓，箭手们冒了天上铁雨，弯腰冲上前去，冲过铁弩的最近射程，来到壕沟边，对准十数尺外壕沟对面的敌军就射。可那冲车前方掀开小窗，弩箭又从那里面射出来，那弩机强劲无比，射中人身，只听"噗"一声那人就直倒飞出去近丈，才摔落于地，粗大的铁杆射透了身体，还在地面犹自挣扎。

许多箭手胆已吓破，掉头奔逃回来。端军军纪，也不容逃兵回到本阵，护阵的将官挥动旗令，长矛军出，将逃回来的士兵于阵前当场刺死。

三千箭军，不到半刻工夫，已然死伤殆尽。

壕沟中间、两边全是尸首堆满。终于壕沟中填出许多路来，冲车又开始向前推进。端军又在阵前铺上树枝倒上油，燃成一条火带。那冲车虽不怕火，但推车的北望军却不能从火中过，只得又停下来，军士冲出，用泥土于火带中盖出道路。端军用火箭连射，右金阵中火海一片，火人儿乱撞乱冲，许多撞死在自己冲车的尖刺之上。

却听北望军阵中急急擂鼓，那冲车竟又开始前进。原来康佑成见耽搁太久，命令强攻。那北望军听见鼓声，只得推了冲车就向火中冲，身子燃着了，仍死命向前推车。冲车推过火带，人也烧死在车内，后面冲过来的人用枪把焦尸拨出来，继续推车向前。

冲车们经过两阵，损毁了不少，却也还有近百辆，可见硕风和叶为准备此战积蓄之久。端军再无工事可挡，只剩血肉之躯。穆如寒江传令："重鼓！"几百大鼓同时敲响，如雷霆万钧，震得地面都在颤抖。军中重鼓即是命令前军向前，军卒们横下一条心去，喊声："拼啦！"齐冲上去，用盾牌长枪抵挡冲车，盾牌裂了，长枪断了，前面的人也无法后退，因为后面的人又拥上来，于是被扎穿在冲车铁刺之上，后面的人推着前人的尸首抵挡冲车，那铁刺又从前面尸身上穿过来将他刺死。到后来，一根铁刺上穿死三四个人，再穿不下了。端军后面的士兵还在拥上来，大喊：“爷们儿发力冲啊，把右金狗贼的铁车顶回去！”后面的士兵急了的，踩着前面人的头顶，跳到冲车顶上去，扑向冲车后的敌军，肉搏在一处。

普通军士和太守将领们想的是不一样的。诸侯们一心想的是保存实力好争夺天下，但对于士卒们来说，和东陆人作战也是死，和北陆人作战也是死，战鼓响起，便知退无可退，哪管他对面是谁，更何况大端立国三百年，在百姓兵士心中终是正统，与右金对阵，破虏保国之意顿生。因此不论诸侯心中如何不甘，士卒们却是奋力死战。

端军前军以人海阻挡冲车，积尸无数，而冲车竟也不能前进一步。硕风和叶在远处高坡望见，长叹一声：“匹夫之勇，草芥之怒，然聚万众，也不可小视。”

端军人多势众，杀红了眼，拼了数千性命，用肉身挡得冲车不能前进一步，冲车后涌来的北望军，也早被端军左右两阵赶来围住，只是拼死抵挡。北望军不断增兵，端军也把一个个的方阵投进去，数万人绞杀在一起，混战一个时辰，僵持不下。

右金军中突然响起了三声极悠长的号角，这号角声与之前的鸣声截然不同，低沉却凝重，如巨龙在地心吼叫，扫过每个东陆士卒的耳边，引人心颤不已。

人们明白，联军和自己东陆的叛军拼到力竭之时，右金军真正的主力骑军，这才要出动了。

右金阵中，那最高大的帅旗杆上，终于升起了一串红色旗号。紧连着，号炮声一声紧一声地响了起来，在两军阵间冲撞回荡。

右金骑军开始缓缓并列，隆隆开出旗阵。骑士们默然无声，但铁蹄的声音已然震得整个平原都在颤抖。

东陆步兵的噩梦就要开始了。

“可惜大端朝的穆如铁骑，已经不在了啊。”看见右金骑兵耀武，每个东陆将士都在叹息着。

【28】

硕风和叶在右金阵中，山坡最高处，眺望战场的另一边。

那东陆军庞大的战阵，沿天启城下排开，方圆数十里。端朝十九路勤王军的各色旌旗飘扬，像原野上的丛丛火焰。

那其中，有一面旗帜最为巨大，那是霞涛中踏风而行的一只火麒麟，上下是两个赤红的大字——“穆如”。

硕风和叶心中感慨。当年他第一次看见这面旗的时候，只有十二岁。

那一年，硕风和叶也是这样向对面看去，第一眼就看见了那面巨大的火麒麟旗。而那旗下，是铁甲的骑兵排成的阵列，甲胄的闪光刺痛人的眼睛。

那赤袍玄甲的大将从旗下策马缓缓走出，他没有高声喊喝，但语音中透出的威严像是压着每个人。

“你们很相信胜者为王的道理……你们催动战马的一刻起，就应该已经准备好了死在马蹄下吧。”

“为什么！”右金汗王柯子模暴吼着，“上天是不公平的，凭什么我们要世代在瀚北寒漠居住，凭什么我们不能用我们的刀剑夺得真正的沃土？”

“因为你们做不到！各部疆线是三百年前就划下的，为的就是让草原上不再互相残杀，你们的祖先那时也认可了。”穆如槊的笑容像狮子嘲笑着挑战者，“今天如果你们以为凭一股蛮勇就能改变这帝国的秩序，那么今天，你们就将看到什么是真正的骑兵，和真正的杀戮。”

穆如槊做到了，穆如铁骑在一个时辰内摧垮了瀚北八部联军八万人和他们所有的战斗意志。瀚北八部溃不成军，尸身铺盖了方圆百里的平原，右金最强悍的勇士也不得不承认他们不可能战胜，也许永远无法战胜——穆如世家的铁骑。

但现在，穆如的大旗下，却不再有那无数骑士铁甲的寒光了。

那里只剩了孤零零的一个人，穆如世家的最后一脉。穆如寒江。

“王子殿下，进攻吗？”右金军阵中，一名骑将靠近硕风和叶，询问着。

硕风和叶看了看自己身边的这支大军，战马一直排到地平线。十一年前，如果自己身侧有这样一支大军，战果又将如何？可惜时光不能重回，人力不可遮挽。今天太阳落山时，胜负就会决出，该来的一定会到来。

他不说话，却微微闭上眼睛，耳边传来当年的轰鸣声，那万马齐奔时大地的震动又一次包裹了他。

硕风和叶嘴边闪过一抹冷笑，他想把当年穆如槊说过的话全部还给他的儿子：“今天如果你们以为凭一股蛮勇就能改变这帝国的秩序，那么今天，你们就将看到什么是真正的骑兵，和真正的杀戮。”

“暴雪烈风骑，出战吧！”

【29】

北方山坡上闪出一道寒光，那是硕风和叶拔刀出鞘。三百面巨鼓轰雷般擂响，那一瞬，像千古沉闷的山峰突然迸发出火流，像积聚了太久的暴风终于冲破乌云，右金铁骑全部抽出了战刀，狂吼着催动了马蹄，缓缓涌进的甲阵变成了狂怒的铁瀑，东陆联军的士兵们感到风暴浓云正从北方压来，疾风压得每个人袍缨猎舞，几乎无法透气。

所有的士兵都把目光投向那面穆如战旗，等待着它传出的号令。

穆如寒江就站在那紫金大旗之下。

当年穆如铁骑与瀚北八部那场大战时，他只有十三岁，正是天启帝都中的一个骄纵小公子。任意出入皇宫，在街头行马，百官退避，用弹弓射坏了丞相府门上的匾额，也无人敢来追究。父兄们都去北陆打仗了，他乐得在帝都中自在逍遥。

那时的穆如寒江以为这种日子会一直过下去，将来他长大了，就顺理成章地上殿受封将军，持着穆如家的大旗，走到哪里敌人都会丧胆，民众都会敬拜。年年有欢宴，月月起笙歌，就在这耀眼的荣华中度过一生。但他没有想到，从云端到崖底，原来只是一瞬间。

在殇州冰原上的十年让穆如寒江觉得以前的日子白过了，这十年让他懂得了太多事，比如什么是绝望，什么是狠狠踩碎绝望。他的父亲说："儿子，苦吗？可要知道我们祖上起兵时，比这更艰难。我们为什么会胜？因为我们比敌人更能忍受痛苦。现在所有的人都在等着穆如世家死在殇州，但我们要让他们明白，我们不会！哪怕只剩下一个人，我们也会回去！像一个勇士那样昂着头大踏步地回去！"

这十年，穆如寒江学会了怎样用水来建筑城墙，怎样划着冰块在熔岩的河上穿越，怎样在暴风冰原上取火，怎样用十支箭对付二十头冰狼。这十年是这么漫长，每一天穆如寒江都看到亲人死去，每一天他都知道自己变得越来越强壮，也越来越冷酷，他不再为死亡而动容，也不再企求上天原谅。他站在暴风雪中长声咆哮，发誓绝不会死在殇州——如果这是上苍降下的苦难，那么他就怒骂苍天，如果谁想与他为敌，他就撕破他的喉咙，就像他亲手掐死的上百头野兽。

敌手越狂怒地咆哮，只会让他越血液燃烧。

"当年我父亲做到的事情，我要再做一遍。我要替我的父亲，替我的兄弟，替我的家族，胜这一场！"穆如寒江抽出战剑前指，大吼着，"擂鼓！全军变阵！"

【30】

端军点起号炮，这号炮唤作"破天槌"，原来澜州有巨果，人头大小，外壳坚硬如铁，放在粗大铁桶之中，以火烘烤，渐渐炽红，突然爆破飞上天去，声传百里。硕风和叶惊疑地听着这回荡的炮声，突然四周渐渐响起一种声音，如有巨潮涌来，越来越响。

探马急驰到硕风和叶面前道："报！我军营后有端军骑军杀出，约有两万骑；

我大阵左侧有端军一万，打晋北太守程子名旗号；我大阵右侧有端军一万，打闵海刺史袁朗旗号，三面杀来。”

“穆如寒江果然设了包抄合围之阵。”硕风和叶不慌反笑，“诸将军，学着一点，看看人家穆如世家的兵法。”

有人牵来战马捧来佩刀：“请王子先披挂好了，以防万一。”硕风和叶却摇手笑着，“不必。今日的右金军，不是十年以前了。”只传下令去，命和术部、克剌部、龙格部骑兵，三面迎敌。

硕风和叶大帐所在高坡三里之内，已可见端军旗号四面而来，仿佛天地四野，俱是敌军。纵是右金老兵，也不由得心惧。但硕风和叶只是稳稳坐在毡毯上，与副将笑谈饮酒，帅旗稳立不动。四面杀声一片，几支大军绞杀在一起，山坡下人潮奔来涌去，箭矢在空中交织。几次有端军强冲，一直冲到坡下，但都已是强弩之末，被近卫神箭营射倒在坡下。硕风和叶却饮酒自若，始终没有站起身来过。

【31】

前方右金主力骑兵正在冲杀，突然听背后杀声起，有端军直包抄向中军阵而去。为首骑将科林库图大喊：“王子早有军令，不论后方如何，不必援救！只管冲杀到端军阵中去，冲破端军主阵，方可回头！”

右金骑军齐发一声狂喊，甩了头盔，扯开衣甲，裸了上身，血红双眼，直冲端军主阵。

端军栅栏铁刺壕沟都早已被冲车破去，这右金骑军一冲下来，正可谓势不可当，绕过冲车堆积的中段，从两翼向端军大阵冲去。

这正是真正的恶战来临，穆如寒江令旗一挥，战鼓再响，端军两翼长枪方阵齐步向前推进，迎向右金骑兵。

但右金骑兵冲至方阵之前，却并不冲阵，突然向两边散开，横掠过阵前，射出羽箭。右金骑射，天下闻名，箭雨钻入阵中，端军纷纷倒下，这些地方军队，阵法本来就不严，一陷入白白被射的境地，便开始混乱，有人想冲上去，有人想向后躲，自相冲突。

而前面两股右金骑兵散开后，背后真正冲杀来的，才是右金的重骑。所谓重骑，并非甲重，而是骑兵全部持铁棒巨斧，劈砍下去，力有千钧，铁盾也粉碎了。端军哪能抵挡，右金兵所冲到之处，便是一片惨呼之声，阵形大乱。

穆如寒江在高台上摇头叹息，这右金骑军所用的，本来是穆如世家用惯的骑兵战术，他早料到右金军的战法，只是手中的军队不是那支父辈手中奔涌如火的穆如铁骑了。当年向来只有穆如的骑军冲袭敌阵，来去如风，让对手苦不堪言，哪至于像现在如此被动?

北面高坡上，硕风和叶在高坡上冷笑了：“穆如寒江再勇冠三军，他手下没有强将精兵，也是无用。如此奔射个几轮，端军必溃，或许中午时分，就能结束此役了。”

【32】

半个时辰后，端军前军各方阵四万余人已几乎全部被杀乱，右金骑军穿插于其中，远了箭射，近了刀砍，各营只能自顾，哪还管得着后方穆如寒江的旗令。

中军营阵里，有将领急道：“让中军上前援救吧。”

穆如寒江一摆手：“此时人多无用，步兵追不上骑兵，几次冲退，就会被带乱了阵脚。右金人世代长在马上，不是现在诸太守的各郡杂兵可以相抗的，只有硬撑了。”

右金阵中，硕风和叶望着战场大笑：“穆如寒江这种缩头打法，是在等死嘛。中军不援助前军，固然可把战事多拖一时，可是岂不知被一刀一刀割肉，比一剑刺死要疼得多了。他喜欢这样被凌迟，就让他受用吧。”

一旁将领和达措道：“端军人多，又缩成一团，只速沁部和索达部两万骑兵，这样慢慢啃要啃到什么时候?拖到马疲就不好了，下令我部也上去吧。”

硕风和叶摇摇头：“不可心急，慢慢啃虽费时间，但终能吃掉端军，心急反可能噎死。你们要留着替换其他两部人马，鸣号，命步兵向前！”

【33】

战事又进行了近一个时辰，正前战场上，被右金骑军和康佑成步兵围攻的端军前军四万余人已基本全没，右金骑军开始在战场上来回奔驰砍杀最后的未死者，而康佑成的北望步军和穆如寒江的端朝中军开始对峙。

有将官来报穆如寒江：“我进袭右金主营的三路大军中，袁朗将军、郭力将军按元帅将令，奋力冲杀，几次冲至离敌酋硕风和叶半里之内，但都无法再向前；而晋北太守程子名部被敌骑军冲杀几次后，尚余五千余人，却先行弃阵而去。现三路大军均已败退。”

周围诸侯将领一片惊哗恼叹之声，穆如寒江却面色沉静。虽然只差一步，若不是有将领先心怯败退，或许能冲破右金主营，着实令人扼腕，但这也是他早已料到的事。可惜自己须得坐镇中军，若是手下有得力勇将在，硕风和叶就不能安坐高坡之上了。

战事已入中盘，右金军似乎已经取得了优势。端军被灭四万余人，而右金所损不过万余。但高坡之上，硕风和叶的眉头，却皱得越来越紧。大端中军始终未动，他惯行的在混战中穿插取胜的骑兵战法也无法施用。现在各路骑军已疲，若是现在端朝中军出动，就要硬拼人力了。

此时端军中军之中，忽然鼓声大作。硕风和叶也从草地上站了起来，他的对手，终于要出阵了。

【34】

百面巨鼓擂响，穆如寒江披挂整齐，亲自策马来到大端中军方阵之间，大喊着："打了三个时辰，你们亲眼看着前军的兄弟们战死在前面，力气和怒火都憋足了，现在右金军战了这么久，马也乏了，兵也疲了，我们大端的十万中军还军容整齐。我们受右金贼的气已久了，裂土之仇，焚都之耻，今日一并报了吧！"

十万大军一齐怒吼，枪旗高举，天启以北百里平原上如同波涛滚动。

穆如寒江催马向前，长剑前指，高喊："中军！冲锋！"

他一马当先，大端中军各方阵齐出，决堤之洪一般冲杀向右金军。

这时，右金骑军冲杀几个时辰，已经疲倦，战刀也卷了。硕风和叶于高坡之上凝视战场，猛一挥手，只见右金主营中帅旗摇动，右金骑军呼哨一声，全部退了回去。前面只留下康佑成的步兵，与穆如寒江的端军主力决战。

若论战力，端朝这支各郡勤王联军和康佑成的北望军实在是无法相比。少数诸侯的精兵大多又已投入对右金主营的冲击，现在这支中军，虽号称十万人，却是由十数家兵马合成，衣色不一，刀枪粗劣。而对面，康佑成北望军却是个个高大强壮，清一色铁甲护胸，手中战刀用好钢淬成，虽然只有五万人，但真要硬碰硬拼，端军却还落下风。

转眼之间两军绞在一块，方圆数十里，俱成战场，端军中军前队与康军冲撞在一处，后面几个万人队快步向康军后方与两翼包抄过去，意在将北望军合围。而康佑成旗号挥动，北望军分作四大方阵，像洪水间的巨舰，阵形密集，缓缓前推。前方刀盾抵挡，后面弓箭射端军的后继，端军满野奔涌，却不能使之阵形混乱。

硕风和叶于高坡之上，凝神望着穆如寒江的旗号，只见那面火麒麟大旗，于万军之中招展，像是大海中的一面火帆。他却持酒壶冷笑，任穆如寒江再勇，也不过是水中漂叶，他能杀百人千人，却不能凭一人之力救大端朝。只要穆如寒江帅旗一倒，联军纵有百万，也不过一盘散沙，复有何惧？

于是他转头笑对诸将道："诸位，谁去取了穆如寒江的人头来与我下酒？"

那右金战将全是悍勇狂徒，只等这句话。当时各部勇士狂吼一声，举酒坛狂饮数口，烈酒泼满全身，撕去战甲，赤裸了上身，就上马引各自近卫精骑冲下高坡，七八股烟尘，追风驰电，向大军之中那火麒麟战旗而去。正是海中游蛟袭击水雄鹰，自北陆与牧云寒一战以来，他们好久未遇如此让人激奋的对手了。

硕风和叶放声大笑，仰望云天，今日他长缨在手，要捆缚大端朝这条负隅顽抗的苍龙。

【35】

突然西面杀声大起，硕风和叶一惊，转头望时，却见一支精骑，不过千余人，直冲山下而来，为首一将银甲红披，手中长枪飞舞，如飞龙探海，阻挡之人，全部飞栽出去。那不正是穆如寒江！那战场中旗号之下，却原来只是替身。

硕风和叶这次再不敢安坐地榻，跳上战马逐鹿，举起宝刀血色，喝道："与我围住，乱箭射死！"

硕风和叶身边有劲弓神射手三百人，唤作"赤岚"，所用箭翎为赤红色，乃凶隼之羽，急射出去时，如长虹贯空；又冠插红翎，策马奔驰时，红翎舞动，如火龙飞逐；若是坚守不动时，又像烈焰火炬，风吹不熄。一旦箭雨射出，千人无法近身。

赤岚依令射出，射倒穆如寒江身边精骑一片，但穆如寒江的战马凛冽却是太快了，穆如寒江只拨挡了一轮箭支，就已冲入右金近卫骑兵的阵中，杀在一处，赤岚也无有用处。

硕风和叶在高坡之上笑道："你还能从我精锐近卫中杀出来不成？"但话音未落，却看见近卫骑军们人仰马翻，穆如寒江杀出一条血路，近卫军虽多，怎奈他骑术如风，几个冲折，便被他甩在后面。

硕风和叶有些变了脸色，忽听破空声响，一箭疾飞而来，正中他的头盔，将长雉翎射落，硕风和叶惊得大叫一声，马上一晃。不想穆如寒江于数十丈外，疾驰之中，还能有如此箭法。他不敢再冒险，拨马直向一边奔去。三百红翎赤岚骑与五百长刀朔风骑紧紧跟随护卫着他。

穆如寒江舞枪大呼："不要放走了硕风和叶！"率仅有几骑紧紧追赶。右金大军从四面涌来，奔突冲撞，却阻挡不了他狂驰如电，远引弓，近奋剑，所到之处，右金骑士纷纷落马。却有更多骑兵涌来，将他渐围入核心。

硕风和叶勒马回望，只见风雷滚滚，数百骑兵围绕数骑厮杀奔逐，四面又有大队骑兵包抄，绞成一团，像是漫天黑云正裹在一条银龙之畔，却始终掩不住它的矫矫身形。

他长叹道："如此勇将，为何却生在端朝末世！纵有擎天之力，却无回天之时。只是明知不可为而为之，一腔孤傲也！"

【36】

大端城楼之上，牧云笙正观望着这场大战。虽然战场之上，端军将北望军团团围住，但是混战几个时辰，北望军却依然阵形分明，紧聚为几大团，虽然外围的士兵不断倒下，但旗号始终不乱。

牧云笙不懂战法，却也能看出端军的疲惫，许多战场边缘的军士已经没有了冲杀上去的欲望，也没有将官来督导，有些甚至就地坐了下去。这十余万人，只有两三万人在战斗，而对方的北望军却一直在旗号的号令下缓缓推进，像铁磨碾碎散沙，这样下去，战局其实已经注定了。

牧云笙忽然明白，人们在打一场没有希望取胜的战争，又也许他们本来就没有企望过胜利，只是因为时运走到了这一步，每个人都要去台上亮个相，或者尽忠战死，或者胆怯逃生，扮演完自己该演的角色，便谢幕而去，如此而已。

而自己，扮演的又是个什么形象呢？亡国的昏君？悲剧的终点？在最后一幕时，随着自己国家的旗号一起坠下城楼，引来新生国家的开国者的欢呼声？然后大端朝的大幕落下，新的大戏又上演，只是后人如何评说，不得而知。

突然有人惊呼："右金军！右金骑军！"

牧云笙转眼望去，西北面，竟然有一支青色铁骑滚滚杀来，人数足有一万以上，旗号上书"赫兰部 铁辕"。右金军最精锐的赫兰主力，竟是绕行数十里，潜至端军一侧，现在才投入战场。之前硕风和叶把自己近卫军都遣了出去，身边只有数百孤军作为护卫，以至于被穆如寒江偷袭，原来却是把最利的剑藏到了最后亮出。

右金各部军中，赫兰部最为凶悍，端军尽皆畏惧，此时直冲端军后军侧翼。这端朝后军也是多股诸侯中最弱的杂军组成，只为守卫城门与作为预备队使用，本就是最无战力的一支，又没有穆如寒江督阵，此刻遇袭，顿时大乱，一看右金军势不可当，那箭像雨丝射进山洪中一般，高大战马卷地而来，眼见要踏平一切，哪还敢抵挡，转身便开始奔逃。

牧云笙只看着前方连交手都没有，端军像倒塔似的轰然溃去，奔逃向北门而来。前面的人涌到城下，大喊："快开城门！"

一旁姬昀璁道："不能开！若败军涌入，城门无法关上，被右金军冲进来，一切都完了。"转头对将领说，"败逃之伍，按律如何处置？"

那将领躬身道："明白。"转身向城上弓箭手高喊，"放箭！"

乱箭射下，城下一片惨呼之声。有伤者身中数箭，在城下大笑："吾等为国血战，就是这等下场吗？哈哈哈哈……"

牧云笙再也无法忍住，传令："开城！"

姬昀璁与众将都惊道："一旦右金军冲进来，玉石俱焚。"

牧云笙叹息一声："若是失尽天下人心，还要这空城何益？开城！"

吊桥轰然放下，城门开启，败军一拥而入。而有快马的右金军，混在乱军中冲杀而来。牧云笙命令弓箭手瞄准攒射，将他们纷纷射倒。

而转眼右金大军杀至，离城门只有半里。将领喊："快关城门！"但败军挤在城门前和吊桥上，哪还关得上，眼见右金军杀到城下，刀砍马踏，城前一片血海。

牧云笙见已千钧一发，下令："落闸！"那城门之后，备有千斤巨闸，专为城门失守时所用，一旦落下，毁去机构，纵然夺取城楼，也再无法开启。

有士兵冲入城楼，扳动铁链。却突然被一箭穿过咽喉。众人惊望时，天空许多翼影直下，却是路然轻带着羽族鹤雪士落在城楼上。

牧云笙惊问："路然轻，你为何要助右金人夺城？"

路然轻却坐靠在城楼檐角上，乘凉一般望向辽远沙场，在那里，无数人正如蚂蚁一般拼杀。

"我的棋盘上……本来只有右金与宛州争锋，从来没有算你们这些小卒，没想过你们居然能聚拢诸侯，合兵一处，与右金抗衡。"他拈着支洁白长羽在鼻尖轻点，微微笑着，"若是因为你们守住天启，把右金和宛州军隔在天启城两侧，又使右金军伤了元气，岂不是我布的右金与宛州军相争的好局就成空了？只好再轻轻动一动手，拨动一下棋盘。"

他一挥手，箭如雨下。牧云笙一挥手，凭空中展开一张空白画卷，射向他的箭穿破那画卷，却消失不见了。他拉了昀璁便走，周围士兵却纷纷倒在羽族神箭之下。

奔下城墙，城门处败军奔涌，争相入城，踩死无数。右金军的杀声已在吊桥之上。一边护卫道："陛下快走！"将他们扶上战马，向城内奔去。

少年再回头，城门前惨呼一片，那面端朝火凤图绣"天子出行 牧云"的巨大帝麾，已在烟尘中倒了下去。

【37】

飞骑直向右金帅旗之下："报，赫兰部已经击破端军后军，并趁势攻入天启北门！"

硕风和叶于马上放声大笑："胜了，胜了！天下在手矣！哈哈哈哈！"

右金骑将高举夺得的端朝帝麾在沙场上一路奔驰，高喊道："天启城已破，端朝皇帝已死，其帝麾在此！"所到之处，端军闻听顿时大乱，再无了斗志。

穆如寒江正在苦战，却突闻惊讯，直觉胸口一闷，险些将一口鲜血喷出来。暮色已沉，眼见帝麾被夺，端军已呈溃象，天下大势，正向硕风和叶急速倾斜。也许今夜之后，三百年的大端朝，就将流尽最后一滴血了。

【38】

硕风和叶正在得意之时，忽觉北方吹来一阵朔风，风寒透骨。他抬眼望去，远方地平线上，隐隐出现一片影子。

硕风和叶停下马，凝望着。这个时候，怎么可能还有新的端军来到呢？

那影子渐渐近了，是一支玄甲黑徽的骑军，直冲下来，在月色之中，铁衣映着寒光，那黑色大旗之上，绣着苍劲赤红的一个"寒"字。

火光燎红天际，烟气迷乱视野，这支铁骑就在这一片血色之中挟卷烟尘而来，一时间让人以为是鬼神异舞，战魂重降。为首一员骑将玄甲红缨，持战旗猎猎，疾冲而至，大喊："还我牧云氏帝麾来！还我牧云氏战旗来！"

硕风和叶惊望着那面"寒"字大旗——这是明帝长子牧云寒的旗号！难道这是瀚州苍狼骑军？这不可能，牧云寒已经战死在朔方原上了！他在心中大喊。

十年前穆如世家被流放殇州，穆如骑军中的许多将领也被清洗或改调，穆如铁骑被故意分散调往瀚州各处，训练荒废，一支无敌铁骑眼见就这样毁了。驻守北陆的皇长子牧云寒心中忧虑，便将穆如骑军中的精锐之士挑选出来，并从瀚南诸部挑选勇悍少年，组成五千苍狼骑，论单骑之战力，比当初穆如铁骑更加强悍。那之后六七年里，右金军被牧云寒所率的端军击败不下百次，以致右金战马望"寒"字赤旗也惊嘶腿软，不敢上前。

那时硕风和叶带八部少年们苦苦训练，建一支暴雪烈风骑，瀚南诸部已无骑军可比，但唯独敌不过牧云寒的苍狼骑，每每会战，只要苍狼骑出现，右金军便吃败仗，心中又恨又怕，却无人不心服牧云寒是一代英雄。三年前那场决定北陆归属之战，瀚北八部齐出，兵力是牧云寒的十倍之多，将其麾下端军重重围困，仍被牧云寒率苍狼骑军左冲右突，各部精锐遇之即溃，上将被杀无数。但牧云寒四面受敌，孤军奋战，终是杀到身孤粮尽，被八部联军围困于溟朦冰湖之上。那一夜极寒，八部联军凿开冰湖，将他和他的八百苍狼骑困于冰岛上。

草原八部联军向牧云寒喊话命其归降，无人应声。那夜狂风暴雪，八部联军点起火堆无数，仍是冻死冻伤近万众。待到天明，他们发现冰湖复冻，小心翼翼接近冰岛中央时，发现苍狼骑军全部冻死于冰上，人如雪塑，马仍嘶鸣，那面玄黑火焰的战旗，竟还保持着那一瞬飘扬之态。

于是人皆敬畏，硕风和叶命各部退开，不再惊扰死者。那个冬季之后，溟朦海就再也没有化冻过，湖心始终极寒，苍狼骑军身躯永世凝冻不朽。

今天竟又见苍狼战旗！右金骑军们不约而同地想到一个画面：那冻在溟朦海上的铁骑在一声嘶吼后，破冰复生了！

此念一生，人人心胆俱寒，一时竟旗偃无声，刀不敢舞。

“这是假的！”硕风和叶狂喊道，“哪里还来的牧云寒！朔风骑，与我上前杀尽他们！”

他的亲卫精锐朔风五百骑厉声长啸，扬刀随硕风和叶冲了上去。

硕风和叶于驰奔之中，只见对面为首骑将离自己越来越近，那身姿越看越像牧云寒，他握刀之手不由得也渗出汗来。待至两军冲刺近到不过百尺，面目可辨之时，忽然对面苍狼骑齐声高喊：“拔刀！拔刀！拔刀！”

听得这三声高喝，当时就有右金战马惊得长嘶起跳，把骑者掀于马下。原来苍狼骑战时向来不举刀冲锋，只默然无声，手按刀柄，直到离敌最近时，才高喝三声“拔刀”，然后就是一刀取对方首级。这右金战马，有曾经历北陆战争，亲睹多任主人在此三声后即身首分离、血光横飞的，所以惊惧狂跃。

说时迟那时快，对面苍狼骑军中，立时闪出一片雪亮刀光。为首那将已至硕风和叶面前，暗中辨不清面容，只有双目如狼。硕风和叶似乎看到了一个熟悉的眼神，将心一横，高喊一声，举长刀“血色”劈下。

刀光闪过，血光已溅。

硕风和叶栽于马下，重重撞于泥地，险些咬碎了自己的舌头，口中一股血腥，头盔也摔了出去，战马倒在他的身边。他当时一刀砍空，那身影竟像鬼魅一般从他的刀锋边滑了过去，此时一股极寒逼近他的脑后，刀锋未至，寒意就逼入了骨髓。他听到了自己心中惊怖的叫声，急伏身时，所骑战马的头颅已被削去半边，仍向前冲了几十尺，才倾倒下去。

硕风和叶半撑着身体，看着玄甲骑士们从自己的上方呼啸而过，大地在身下震颤着，强风鼓起他的披风。他们冲向朔风骑军，自己的骑士们便如秋日枯叶被寒风扫过一般飞落马下。待这支不过三百人的骑军冲过，自己五百人的朔风骑已经大半成了惊奔的无主孤马。

“牧云寒？他真的魂归而来了？！”

那面牧云氏帝麾在持旗的右金骑士头颅飞上天空之际，就被那玄甲红缨的骑士接于手中，他背束苍狼战旗，手持端朝巨大的帝麾，纵马长驱。八骑近卫紧随其后，齐声高呼道："牧云寒在此！异族跪伏！"

战场之上，他奔过的地方立时变得一片静寂，接着，欢呼之声开始爆发出来。这声音随着他的驰过从东至西，波动南北，那些跟随他的骑士也齐声长喝："牧云寒在此！异族跪伏！"

战场上，那些正苦苦支撑的端朝士卒望着远处飞掠而过的大旗和矫健的骑士们，惊喜莫名，真的是大端北陆的精锐回来了吗？是战无不胜的武成太子牧云寒回来了吗？

他们几乎要哭出来了，举刀疯狂高喊："太子的北陆军回来啦！"

端军的欢呼声很快成为战场上最宏大的声音，压过一切，每个士卒都在狂呼："太子牧云寒！太子牧云寒！太子牧云寒！"

一个人的声威如此，竟足以凭一个名字改变一场战局。

随着端军的欢呼高涨而弱下去的是右金军的啸声。

此时硕风和叶已落马，他的王旗随着朔风骑的被屠也被践踏于泥中。看不到王子旗号，没有领军号令，只有四面端军铺天盖地的欢呼声和那面万军中飞掠的牧云大旗。已经苦战了一天的右金军突然感到疲累无比，挥刀的手也沉重如注铅了。

【39】

天色将明，战场上渐渐平静了下来。霞光于天际初现，如千万人的血气腾上苍穹，使东方云蒸霞蔚，分外妖娆。

方圆几十里的地面，尸横遍野。端军损伤了七万余人，而右金骑军折一万余骑，步军折三万余人。双方均元气大伤。

但端军终是击退了骄横的右金军，守住了帝都天启，士气正高。战场之上，士卒们迎着霞光，望着那面战场上驰过的牧云帝麾，挥舞刀枪，欢呼不止。

太子牧云寒归来的传闻早传遍了天启城，城中居民涌上街巷，涌上城楼，望着远处大军拥着那巨大帝麾而来。

各路勤王将领拥在那大旗旁边，虽都想知道那神秘骑将的真面目，但他戴着头盔护面，不曾摘下。有人上前相见，他也不答话，只握着那旗径直向天启而行。将领也不敢强问，只默默地簇拥在旗畔。

来到城头，城头士兵百姓摇旗挥臂欢呼，城下的端军也顿时情绪高涨，呼应起来。一时"牧云寒殿下！牧云寒殿下！"的狂呼声传数里。忽然不知是谁大喊了一声："牧云寒陛下！"周围的士卒一愣，立刻也跟着大呼道："牧云寒陛下！牧云寒陛下！"官将们心觉不妥，可军心已齐，数万人高呼，哪里挡得住。

天启城百姓听见城头这欢呼声，也纷纷喜极相告道："看来终于打了胜仗，不必担心城破之灾，今夜可以纵酒狂欢，睡个安稳觉了。"

天启城百姓们见军士一路欢呼"陛下"，也不知是哪个陛下，但知道是个打了胜仗，守护了中都的陛下，于是纷纷退到路边跪倒，高呼万岁。楼上早有人按迎得胜军的习惯，采来花瓣高抛撒下。

一时盛况空前，让人隐约误以为重回当年大端繁荣盛世。

牧云笙此刻太过乏累，已趴在寝宫中姬昀璁床榻边睡着。少女醒来，望望这少年，又倾听着欢呼声传来的外城，面色忧郁。

"又来了一个陛下？"她看着梦中的牧云笙，"小笙儿，你的帝王之路要结束了吗？"

【40】

军马一入东华皇城，满城的欢呼关在门外，立刻依然是空旷清冷。

穆如寒江一路跟随在黑甲将军的身后。待他一入皇城，立刻转头命守住皇城大门，请诸侯立刻安顿本部，以防右金夜袭。他独自进入东华皇城，向太华殿而去。

只见那黑甲将军让他的三百骑军歇在殿外广场上，只身进了太华殿。穆如寒江跟上去，请其他几位重臣在殿外稍候，也只身走入殿中，把殿门掩上。

空旷巨大的太华殿中，灯烛不明，沉重的柱影斜映在玉石地面，全不见当年百官来朝的皇皇气象。那黑甲人面对御座站立，怔怔出神。

穆如寒江走近他的身前问道："你究竟是谁？"

那黑甲将军却望着御座，答非所问地说："穆如将军，这个帝位，你说该谁来坐呢？"

【41】

牧云笙从梦中醒来，看见那少女已睁开了眼睛，喜道："你醒了？"

昀璁笑着点点头："看来你们地上还是有些好药的，我虽没什么力气，人却完全清醒了。"

牧云笙听到前殿的喧哗声，愣了一会儿，欲言又止。

突然外面内侍奔来道："陛下，听说您皇长兄、先武成太子活着从北陆回来啦！现在已经入太华殿了！"

牧云笙一跃而起：“我大哥？他没有死吗！”惊喜交加地就要奔出去。

昀璁大骇，探出身去紧抓住他的衣袖：“莫要去！小笙儿，快逃吧。逃吧！”

“你这是何意？”牧云笙一皱眉。

“你怎还如此单纯？难道不知什么事一沾上皇位，就再也没有手足之情了吗？”

牧云笙叹道：“昀璁，我明白你在地下晟国所遭遇的一切，但是，你不明白，我大哥那样的人，他绝不会做那样的事，何况他要是真的回来，我自然把这皇位还给他。”

“那又如何？你肯让皇位，他却未必就不再防你。他不防你，他手下的人却不能容你，又或是有人要借了你的名义来生事端，他们为了清除后患……小笙儿，千万莫去。”

牧云笙冷笑道：“连亲兄弟回来都不能见，这样活着倒不如死了。今日纵是没了性命，我也要去见上一面的。”言毕大步出殿。

他独自向太华殿奔去，却见前方灯笼引路，一行人正向这儿来。

“前面是谁？”他大声问着。

对面的人为首者忽然大步奔了过来，其他随从全部按剑紧跟。

牧云笙忽然感到，那为首之人绝不会是他的大哥，他停下脚步，喊道：“你们到底是谁？”

“你就是我那弟弟小笙儿吗？”

突然响起的，竟是一个女子柔和的声音。牧云笙惊退几步，抬眼观瞧，只见一位紧袖轻衫、习武打扮的少女站在他的面前，也不过二十岁出头的样子，笑吟吟地望着他。

“你是谁？”牧云笙问。

“你不记得我的，”女子拉起他的手，“我上次进东华皇城来时，只有三岁，由我父亲牵着，而你那时，只怕还在你母亲的怀中呢。”

牧云笙只凭和她手相触的感觉，便信任了她全无敌意，只是还是想不起眼前人是谁。

“我是靖王的女儿，牧云严霜啊。”

牧云笙这才恍然大悟。靖王是他的叔叔，明帝牧云勤的四弟牧云诚，一直镇守在北陆。后来右金引八部作乱，靖王与牧云寒一起守卫北疆，却先于牧云寒战死于草原上。

“牧云严霜？你……你可是随我大哥牧云寒一起来的？他现在在哪儿？”

牧云严霜长叹一声：“你大哥……他真的是很想见你的，他一直念念不忘兄弟们，想着回来……”她忽然也呜咽了，“小笙儿，你别怪你大哥，他是真的想对你们好……他……无时无刻……不想着重回故土……”

她再也说不出话来了，只把牧云笙紧紧抱住，泪水从她脸上潸潸而落。

【42】

那夜，牧云笙才确信牧云寒早已死在冰原上了。牧云严霜带了他的旗号和仅存的三百苍狼骑偷偷潜回东陆，昨日在阵前吓退了硕风和叶。

“其实以我的武艺，未必是硕风和叶的对手。只是一看见他，就想起往日仇恨，生死也不顾了。当时手中握着你大哥的战刀寒彻，只觉得他的魂儿也贯注在这刀锋中一般，竟一刀就把硕风和叶砍下马来了。只可惜那时他的朔风骑兵四面杀来，待杀散这些骑军回头去寻他时，却找不着了，没能取了他性命。”

牧云严霜拔出身边佩刀，一股极寒之气立刻就喷向整个殿中。

“这把刀历经百战，刀下不知有多少幽魂，煞气极重，几乎是挥刀必取人性命。也只有硕风和叶那样的枭雄人物，才堪堪抗得过去。平时里，我也轻易不敢拔它出鞘的。”

“让我一握可好？”牧云笙伸出手去。

牧云严霜摇摇头：“你大哥曾对我说过，小笙儿一世莫碰刀剑。”

牧云笙叹了一口气：“百般禁忌，可乱世终是成了，是谁之过呢？”

忽然有将官紧奔而来，在门外道：“不好了！城外右金军袭营了，穆如将军请武成太子速至北门议事！”

牧云严霜猛站起来：“小笙儿，我先去了！”

她收拢长发，戴上头盔护面，掩住自己面容，一群亲卫将士早在门外等候，为她披上战甲。

牧云笙望着他们匆忙奔去的背影，心生悲凉。这城还能守多久？他们又在为谁战斗至最后一刻？

【43】

牧云严霜赶至城下，穆如寒江与一干将领早在那里等候。

“信报刚至，右金军分两路趁夜偷袭，已经攻破城外左右两座大营，勤王军正在溃败中！”穆如寒江怒道，“我早提醒他们不要放纵军士喝酒庆功，要加强戒备，结果还是……硕风和叶是那么容易退败的人物吗？好不容易挽回的一点局面转眼就毁掉了！”

“大量败军拥在城门外，要求入城，快开城门吧！”守城将官说道。

“不可！乱军入城，局面难以控制，若混入奸细，坚城也会功亏一篑。于城门喊话，让他们转身杀回去，右金军军力不如我等，死战还有机会，逃窜死路一条！”穆如寒江望着牧云严霜道，“还请郡主再假扮一次武成太子，去城头激励军心。”

牧云严霜只有点头，戴上头盔，一行人来到城墙之上。数万败军拥在城外，齐声喊骂，要求开城。后面火光冲天，还有败军正不断涌来，城外挤挤挨挨黑压压一片，正自相践踏。

牧云严霜的近卫将领高擎帝麾，大喝道：“牧云寒殿下在此！右金军又有何惧？你等都是血性男儿，手脚尚存，刀枪仍在，脓包样哭喊着要入城躲避，算什么大端的战士？”

城下却有士卒反骂道：“你们躲在城上，却唤我们去拼命！我们无盔无甲，一双肉脚，怎么和右金骑兵相抗？再不开城，我们撞开城门，打进城去，把你们这些狗官尽数杀死！”

顿时许多声音呼应，叫骂不绝。也无法分辨这是混在军中的敌军奸细还是一心保命的军卒。

牧云严霜叹了一声：“现如今，只有我率军杀出城去，身先士卒，才能唤得大军回头死战。”

穆如寒江摇头道：“城外太混乱，城门一开，只怕你还没有出去，乱军先拥进来了。”

牧云严霜道：“我从东门出去，绕至北门来。”

穆如寒江沉思片刻道：“只有如此一试了，但硕风和叶狡诈，你要小心城外伏兵。我须得坐镇城中，不能同郡主一起出城奋战了，千万小心，莫要死拼。”

牧云严霜点头道：“只愿遇上硕风和叶那厮，这次必取他头颅。”

于是她率三百苍狼骑开东门而出。一路上正有败军向东门奔来，牧云严霜命部将举旗高呼：“牧云寒在此！众男儿随我杀回去！荡平右金贼子！”众军士欢呼一声，倒有大半转身跟随，一路上也聚了三五千人。

回到北门下，再次召唤。乱军中正愁约束不得军士的将领立时响应，倒有一两万人重整旗鼓又杀了回去。

行不数里，迎面正遇上一支右金骑军赶来，为首的是速沁部的将领那密达弓，率着本部二千余骑。见苍狼骑军突然逆潮杀出，势如闪电，刀还未抬，已被牧云严霜一箭射落马下。苍狼骑马上齐射，右金军大乱，被后面奔来的端军士卒淹没，连人带马砍成肉泥。

硕风和叶正亲率一万骑兵向天启城下追来。忽见前方战马奔回，杀声重起，道："莫非是苍狼骑出城了？"战刀一挥，命骑军排开，强弓在手。静静等待。

只见茫茫的夜雾中杀声渐近，却突然停了。战场陷入了沉寂，甚至能听见虫鸣，只偶有战马焦躁的嘶啼。

硕风和叶只是盯紧了那雾中，眼神片刻不敢离开。

突然之间，雾幕被疾风撞开，数百劲骑挟云而出。硕风和叶一挥手，右金军万箭齐发。所来之苍狼骑齐齐伏身马侧，手中早搭了弓，待箭雨一过，立刻直身回射。硕风和叶身边，立时就有数十骑栽倒下去。

一支箭直扑硕风和叶的面门，他举刀一挥，砍成两截，大喝："冲！"右金骑兵呐喊疾冲上去。

忽然苍狼骑中一声呼啸，那些骑士立时拨马向回奔去。硕风和叶知是诱计，但大军已冲起，停不下来，只得骂了一声："拼了！"

雾气之中，忽然爆发出巨大的呐喊，是近万人同时的吼叫。不少右金战马当时就惊了。紧接着脚步声隆隆，一支肩并着肩、矛挨着矛的密集步军阵直冲了出来。

骑军作战，最希望的是步军阵势溃乱，可以穿插搅碎，肆意砍杀。而一旦步军形成密集阵势，前排军士不闪不逃，只以尖矛肉身为墙，后面军士紧紧倚住，骑军一冲上去，便如巨浪撞在坚岩上一般，再无法向前。端军此刻横下一条心，拥在一起，呐喊狂冲。右金军顿时像被大船破开的水浪，骑士大片被刺下马来。

但右金军对这种密集阵，也早练过无数次对应之法。前面骑军一落马，后面骑军立刻分成两股，向端军的两侧涌去，发箭攒射。端军便像是从箭雨中穿过一般。且这支军只是各营败军临时杂合起来，凭了一股愤勇之情冲杀，初时阵形尚紧，待地上铺倒了人马尸身，后面又只顾推着前军向前，顿时就有许多人绊倒，才冲了半里，就拉开了空隙。此时右金军早绕到端军的后面，掩杀过来，端军没有统一号令，无法转身重组阵势，只有撒开了腿狂奔，转眼又成溃败之势。

但右金骑军被此一冲，也稍有散乱，正在重聚之时，苍狼骑军已穿插入右金军的缝隙，硕风和叶只听身边雾中连声惊呼，已有不少骑兵落下马去，敌人已渗入这骑流中，正欺近他而来。他握紧长刀血色，提防四处。突然间雾气中杀出一骑，已与他并辔而驰。

硕风和叶紧盯着这个和他并行的影子，他认得那匹战马，正是牧云寒的"乌骓踏雪"。难道眼前这个人真是破冰重生的牧云寒？还是他根本就没有死？正心疑间，那骑将已靠了过来，长刀闪亮，硕风和叶急举血色去格，两刀相击，一股极寒之气顿时从刀刃上直传手心，又直贯至肩，几乎右手都麻木了。那不正是战刀"寒彻"？！

硕风和叶惊怒大呼："牧云寒！果真是你吗？"那将也不答话，又是一刀，硕风和叶再格，右臂如冻僵一般，战刀几乎脱手。亏得血色也是把名刃，于血中淬成，饮血越多，刀刃越是鲜红透明，如翡翠一般，但与寒彻相击这两下，刃上已透出一股白印，像是霜自刃内结了出来。

两人再斗了七八个回合，硕风和叶忽然觉得此人虽然刀法颇像牧云寒的狠辣，却少了些凌人霸气，力道也弱了许多。且刀法急躁，像是恨不得速战速决。他定下神来，认定眼前之人不是牧云寒，不由得大笑道："你不是牧云寒，到底是谁？"

正说间那将一抬手，却是一道袖箭，硕风和叶急仰身，箭正射在头盔眉心中的松石上。他这一躲，那人得了空子，又一刀劈飞了他的马首，硕风和叶再次栽下马来，嘴中全是泥沙腥气，半边脸全被剐破。只听后面马嘶，那将纵马低身就来取他首级，硕风和叶急翻滚间，刀气从颈边滑过，土中现出一道长痕。

硕风和叶跳起来便跑，那将拨马来追，这时一边有人大喊："赫兰铁辕在此！"赫兰铁辕飞马赶来，拦住那将厮杀。但赫兰铁辕的双刀与寒彻相击，当即就折了一把，断刃飞了出去。那将再一挥刀，赫兰铁辕低头时，盔上的翎子也飞了。赫兰铁辕知其再一翻腕，自己头就飞了，急切间离镫一跃，直扑了出去，拉住那将一齐摔落马下。

耳边听得一声惊呼，竟是女子声音。赫兰铁辕不由得一惊，面上早挨了一肘，齿落血流。后面早有跟至的右金骑士把马让给硕风和叶，硕风和叶上马怒道："今日定杀了你！"举刀引着大队骑士复杀回来。那将轻捷跳起，一声呼哨，战马踏雪就奔至身边，她跳上马，策马奔入夜雾中去了。

硕风和叶定定神，忽然哈哈大笑。赫兰铁辕看主将半边脸上嘴上全是泥沙，盔落甲斜，却笑得如此高兴，不由得奇怪。硕风和叶道："原来不是牧云寒！如此我心中无忧也！明日就大举攻城！"

赫兰铁辕小声道："那好像是个女人啊？"硕风和叶一惊，脸上没了笑容，半天才揪住赫兰铁辕说："我被个女流连砍下马来两次之事，绝不许说出去。"

赫兰铁辕龇缺牙之口怒道："我被打成这个样子，还能四处张扬不成？"

【44】

天启城外勤王军十数万人全被杀散，各路诸侯均大伤元气，右金军再次包围天启。硕风和叶望着天启城，心中感慨，最后的胜利终于要到来了。

可就在这时，飞骑传来信报："牧云栾的十万宛州军已到天启南门外十里安营！"

"王子殿下，您真正的敌人终于来了。"康佑成说，"牧云栾经营宛州多年，他的实力，可不是其他诸侯能比的。您入东陆以来，没有和真正精锐的东陆军队作过战，现在，您终于有机会了。打败了牧云栾，天下就再也没有可与右金军争锋的势力了。”

“牧云栾这个老家伙，他按兵不动，放其他郡守诸侯入中州来与我们争斗，直到这时才进兵。现在有实力进取帝都的只剩我们两家……好，就尽早见个分晓！”硕风和叶拔出剑，将桌案一砍为二。

【45】

天启城中，城楼上穆如寒江望着右金大军拔营，向南而去。

“右金军和宛州军要在天启城下交战了吗……现在可真正是两虎相争了。”

“谁会获胜来到天启城下呢？”牧云严霜惨然一笑，“我们不能待在城中等别人来决出谁来用餐。”

“硕风和叶不是鲁莽之辈，他的军师康佑成更是极富心机。我想他们必然在城外留有伏兵，我们不能贸然出城。”穆如寒江凝神望着右金大军远去的烟尘。

“纵然如此，也要闯一闯了。城中尚有四五万军马，若是等右金和宛州军中的胜者来到城下，这四五万人困守城中，也无异等死。但若是在他们交战之时，就会成为决定胜负的力量。”牧云严霜转过头来望着穆如寒江一笑，“当年在北陆，我从你的父兄身上学到很多东西。他们决断果敢，兵势雷厉风行，能以数千精锐，改变数十万人之大战役的局面。今天，重担却在我们身上了。”

穆如寒江很想回报她的微笑，可是却无法笑出来。

牧云严霜察觉了他的心情，也低下了头，轻轻叹息：“当初在北陆，听说你们满门被流放……全军都几乎要炸开了，那么多刀架在眼前也不会眨一下眼的男儿，跪在太子和我父王的帐前痛哭流涕，只一遍遍大声喊：‘穆如将军无罪！’我没看过那样的场面，实在被震撼了，躲在帐后，偷偷地哭泣。那时太子和众将写下血书，连同自己的一束头发送回天启，以示愿用性命担保穆如世家……可是……”她的眼圈又已泛红，忙仰起头来长叹了一声，“皇帝下的旨意，又怎么可以更改呢。”

“没有错。”穆如寒江冷笑着，“如果你还愿忠于这种皇帝的话。”

牧云严霜凝望着城楼外的远方：“穆如将军，你想怎么向我们牧云氏复仇呢？小笙儿……那时他还太小……”

“你不必说了。”穆如寒江一挥手，“当年这江山是我们穆如氏和你们牧云氏一起打下的，现在破碎如此……我们要把失去的都夺回来。”他的目中聚起光焰，“我早已立下志愿，要先破右金，再平宛州，恢复大端朝的江山……到了那时……”他望向牧云严霜，冷笑着，“我要把你们牧云一族流放去殇州，让你们也走一走我们穆如氏走过的路！”

牧云严霜望着远方的目光闪烁，只发出一声悠长叹息。

穆如寒江也转身望向地平线：“在我完成这志愿、重整江山之前，我会把仇恨压在心底最深处，或许……”穆如寒江冷笑着，“你们应该希望我永远都无法达成志愿，或是未捷先死。”

“不，”牧云严霜望向他，“我真的希望你一直活下去，娶妻生子，享受安定与荣华。你们穆如世家，已经没有多少血可以流了。牧云氏所背负与愧欠的，只希望能在我们这一代偿还了结。”

“在强虏未灭之前，忘记我们两族之间的仇恨吧，也忘记你的愧疚。将来若真的四海平定，我们两族再在战场上决一高低也不晚！”穆如寒江向城楼下走去，“我们这就去整点兵马，准备出征！”

【46】

牧云严霜上马出征之时，回头看见那少年皇帝，已经从宫中奔了出来，站在大军后，怔怔地望着他们。

牧云严霜咬咬嘴唇，下马来到牧云笙的身边，扶住他的双肩：“小笙儿，若是我们能回来，你就准备酒宴，为我们庆功。若是我们回不来……你速速换了布衣，逃离天启，忘记自己是个皇帝，忘掉十七年来的一切，忘记牧云这个姓氏……”她有些呜咽，“……去做一个平凡的百姓吧。”

牧云笙望着她的眼睛，却没有哭泣。少年平静地伸出手，抹去牧云严霜面颊上的泪。

“我不在乎做不做皇帝，我只是不想看到你们死去。”

“你不能，小笙儿，你做着这个皇帝一天，只要还有一个人在为这个王朝而战，你就不可以轻易放弃。将军终须阵前亡，有人死在温柔帐中，有人死在风沙地里，其实没有什么不同。”牧云严霜笑了笑，转头上马而去。

巨大的城门缓缓洞开，大军长喝，向门外涌去。少年牧云笙怔怔地站在那里，手指上的泪在风中渐渐干去。

之十 胜利者

ShengLiZhe

【01】

硕风和叶望着地平线上缓缓涌来的宛州大军，暗暗赞叹。这铁甲森严的阵势，和之前的勤王军相比，真有天壤之别。

那各路勤王军虽号称三十万，可倒有二十万是在被袭的混乱中逃散的，诸侯郡守们生怕蚀光了本钱，一看大势不好，全都带着本部逃向守地去了，哪有肯死战到底之人。可如今开来的这支军队，虽然只有十万，却似乎能死战到最后一人。

康佑成在一旁凑近道："你看他们的甲胄，十万士卒均着链甲，这是何等的财力与军工啊。宛州的富庶，不是中州北部可比，宛州军只会越来越强，不在这一仗击溃他们，将来只怕永无机会了。"

硕风和叶长吸一口气："你看若是我们硬拼，杀光他们，我们还剩下几人？"

康佑成凝神想一想道："这宛州军军容之严整，超乎我的想象，我觉得我们杀到他们还剩两万的时候，自己就先全军覆没了。"

硕风和叶笑骂："那我们来这里做什么？趁早回北陆去喝酒看天睡大觉吧。"

康佑成笑道："天下哪有必胜的仗？战争就是赌博，不仅斗勇斗智，最后还要斗运气。"

【02】

宛州军中军大帐中，郸王牧云栾轻呷了一口酒，看着席前的纱袖书生。

"路然先生，你以为康佑成其人，谋略如何？"

"的确是将才，若论天下大略，实与我不相上下。"那年轻人高举酒杯，一仰而尽，略有醉意地将杯伸向一边的侍女道，"再来再来。"

"那若以先生十万军，战康佑成十万军，谁人能胜？"

"当然是我。"年轻人倚在案边，自顾把玩酒杯。

"何以如此自信？"

"康佑成精通兵法，把《武韬》《行略》《兵机》诸十三家兵书要案记得精熟，信手拈来。哪怕对方也同样精熟兵法，但无论如何变阵布兵，他瞬间便可看破。"

"那先生如何胜之？"

“我能胜他，只因我从来不读兵法，不演兵棋，不背阵诀……”书生一挥长袖，向后倒去，惬意地靠在身边侍姬腿上。

“不读兵法，却如何胜精通兵法之人？”

“那么我所行之阵，所布之兵，全部都乱七八糟，一塌糊涂，那康佑成完全无法看懂，自然觉得我高明无比，心生恐惧，然后心理崩溃，不战而降，哈哈哈哈！”年轻人大笑，把住侍姬的手，将她手中酒壶的酒倒入口中。

所有帐中众将却谁也不敢笑，都望着牧云栾的面色。帐外卫官按住刀柄，只等牧云栾说一声“推出去砍了”就立刻进来拿人。

牧云栾虽然脸色绷紧，却终是压下怒气，微露冷笑。帐中众将与谋士心中更加不快，他们早看这年轻人不顺眼，都觉得这人是个骗子或是狂生，却唯有牧云栾相信他，还待为上宾。

“那么，明日会战右金军，就请先生在我身旁，为我出谋划策。”牧云栾举杯道。

帐中众将全看向那军师范裰，这分明是让这年轻人试着代替他的位子。范裰脸上如被巴掌扇过，青中泛红，却也只得慢慢举起酒杯。众将也都随牧云栾把杯举起来，向那青年敬酒。

可那年轻人竟如醉得举不起酒杯一般，只把手在空中摇着道：“我说了我不懂兵书，让我当谋士，输了可别怪我。这里的酒一点也没有路边馆打来的好喝。”

牧云栾和一干大将谋士举着酒杯，就那样生生地僵在那里。

终于有一武将忍无可忍，掼了酒杯拔剑而起：“路然轻，你以为你是什么东西？敢这样轻慢我等！”

路然轻看也没有看他，站起身整整衣冠，拱手正色对牧云栾道：“殿下，宛州军现在之所以还没败，只是因为没有遇到真正的对手罢了。你若真想得到天下，就不可以用一般人的心思去推度事情。士为知己者死，您又想用我，又不信我，周围又全是一群自以为功高的老臣，这样再有才略的人也是无法成事的。这里有三个信封，这次战后，若是我说得准，您用了信封中的计策胜得此役，便请拜我为军师。若是不信我，尽可弃之一边，我便另寻明主去也。告辞。”

他大步而出，把无数恼怒的、忌恨的、惊讶的目光抛在后面。

牧云栾长叹一声，支肘于案，托着额头，久久沉默。

【03】

一日后，宛州军与右金军在天启城南百里处会战。

战事之初，宛州军使铁甲长枪巨盾，分成数个方阵，右金军骑兵一旦靠近，就强弩攒射。这铁弩的射程比右金军的弓要远得多，右金骑军绕阵数周，没寻到任何破绽，只丢下数百骑尸身。

硕风和叶下令：“冲车出阵。”

但大半冲车毁在与勤王军的大战中，只剩八十余辆，加之宛州军弩箭太强，可穿木盾，跟随冲车的步兵冲到三百步内，就被射死无数，溃退回去，冲车没了步兵护卫，立时被宛州军阵中冲出的兵缴获了去，军卒齐声嘲笑，高喊着：“礼重了，礼重了！”

硕风和叶在本阵中苦笑，对康佑成道：“你的冲车原来这么不好用。”

康佑成道：“对付坚营困守之军，冲车是极好用的，但对方兵强弩利，原来的兵法就不顶用了。”

硕风和叶问：“那还有些什么新招法？”

康佑成笑道：“宛州富庶，所以步兵甲厚盾坚，多备强弩。但宛州多水系，缺平原，少养马匹，所以他们缺少精良骑军，只有形成方阵，阵阵相护，欲以不变应万变。我们便偏让他们动起来。”

于是命令把原备攻城用的三十辆攻石车推了出来，放上空心铁弹，那弹中灌满火油，燃着了猛投出去。宛州军抬头看见天空中数十个大火球呼啸而来，心道苦也，方才骑军冲锋之时，只盼大家挤得紧，好让骑兵冲不进来，现在却只恨身边挤满了人，想跑也没处跑。眼睁睁看着火焰泼天而下，一横心一闭眼，暗道天上掉金子的好事老天一回也没给过，这次也不该轮到才是。

巨响连声，惨叫声起，着火的士卒疯狂冲突。投石车未投几轮，宛州方阵已乱。

中军观敌云台上，牧云栾紧皱眉头，不得已下令，全军冲锋。鼓声一起，方阵发一声喊，全冲上去，说是冲锋，倒不如说是快逃开所站的地方。

硕风和叶激动起来：“娘老子的，这帮龟壳兵终于散开了！骑兵准备冲锋！”

康佑成道：“慢着！宛州军久经训练，可速散也可速集，若是骑兵冲近，他们便瞬时就近结成上千个小阵，外置盾枪，内发弩箭，我们还是挨打。”

硕风和叶道：“那么，命前军缓退，让和术部、克剌部分绕敌两侧，然后三面夹击，任他多少小阵，也立时冲垮。”

康佑成拊掌大笑：“殿下用兵日益精妙了。”

硕风和叶微笑起来：“待我把你的招数尽数学来，你便于我无用了，可以回家种田了。”

康佑成的笑容僵在脸上，他知道这位王子所说的话都是真的，当他笑着说要杀掉你时，那也是真的。他不喜欢把话藏在肚子里，从来想到什么就直接说了出来，把一切摆在光天化日之下。所以他的父辈和亲族都不喜欢他，他孤独地争夺着天下，似乎只为了证明什么。

右金军三面夹击，宛州军果然集成无数小阵，呼应为战，战场上烟尘滚滚，混战一场。直杀了近两个时辰。天色将晚，双方都折损数千人，各自鸣金收兵。

【04】

牧云栾回到帐中，忽然看见案边那三个信封，取第一个来打开。

“殿下惯用四形方阵之法，虽克骑军，但右金若使发石火攻，阵必破。请用臣所献之阵图。”

牧云栾将拳猛捶在案上，昨夜为何就赌气没看这信封呢？不过，即便看了，他也未必肯按其所言行事吧。

他拿起第二个信封，想了想，又放下。默坐了一会儿，却又拿起来，缓缓拆开……

【05】

第二日，宛州军摆出了个黄沙万里阵，将数万兵散开在方圆数里的平地上，每人之间相隔数步。硕风和叶一见大笑：“这是怕了我们的投石机了。不过这样一来，怎可抵挡我骠骑冲锋？”

康佑成摇头道：“须防他阵势变化，这阵势看起来最为粗陋散漫，却是万阵之源，可千变万化。臣知暴雪烈风骑曾苦练对骑兵之阵法，但对步兵阵之变化与破解却训练不足。若是对方演练过高妙阵法，只怕要吃亏。”

硕风和叶点点头：“我明白要如何了。”

于是命龙格部骁将龙格敇率部一万冲锋。龙格部突入敌阵，宛州军似乎迅速被撕开了口子，中间步军向后狂奔逃命。龙格部几乎要一路追杀到中军营前，突然中军号炮响起，宛州军瞬息变阵，两面步兵合围而来，迅速聚成密集阵，要将龙格部吞没。

右金阵中，硕风和叶一举刀，赫兰部、和术部冲杀出去，袭向宛州军外围。宛州军中旗帜飞舞，指挥士兵分成前后两阵，一面抵挡右金援军，一面围杀龙格部。同时中军中又杀出两支军，向赫兰部、和术部两翼杀来。

硕风和叶再举刀，亲率剩余诸部冲锋，两军绞杀在一起。但核心龙格部虽在箭雨攒射、枪林合围之下，却越战越勇，龙格敇一马当先，杀出一条血路，渐和赫兰部、和术部会合。宛州军阵形被缓缓撕破。

又杀了半个时辰余，宛州军已被截为两半，由多重合围改成两面夹击。但右金军却集中兵力向西面冲去，西面宛军抵挡不住，败退下来。东面宛军又追不上右金骑军，牧云栾见势不妙，传令收兵。右金军趁机掩杀，战场上留下数千具宛军尸首。

【06】

牧云栾在帐中紧锁双眉，望着那第二封信。

“殿下若不用我所献阵法，必欲用散沙阵诱敌骑军再变双龙绞喉阵，兵法虽如此，但须观实势。右金军强悍非东陆骑兵可比，龙格、赫兰两部尤其勇猛，被合围后必然死战，难以速灭。被右金穿透阵围，则势溃也。”

牧云栾长叹一声。难道不用路然轻这小子之计，就真的打不赢此仗？可用了他献的计，却又怎能保证必胜？这风险太大了。

第三封信已然拆开，放在案上。牧云栾怔怔地望着它许久。

【07】

第三日，宛州军出旗免战，只坚守营中不出。

第四日，还是免战。

第五日……第六日……

“牧云栾这是想做什么？”硕风和叶在帐中踱步，“拖延时日，想与我拼军粮？我有北望直道，军粮十日便可送至军前，他难道不知？”

正在这时信报传来：“北望道上我军军粮被焚，敌军是端军穆如寒江。”

“混账！”硕风和叶大怒而起，“我不是命丹尧部盯住他们的吗？”

“是，但穆如寒江以主力诱丹尧部追击，自己却率两千人袭我粮队。我军虽杀灭端军近万，但是粮草却……”

“一万人的护粮军都挡不住带两千人的穆如寒江吗？”硕风和叶怒拔出刀来，砍断一边烛撑，“我们的大业就要毁在这些废物手里了！”

他举着战刀，呆愣在那里。军粮不继，似乎只有退兵一途了。但他能退吗？他有退路吗？他烧毁了战船，背叛了父兄，用自己和七万右金男儿的命赌一个天下……他不能败，决不能败。

又有一飞骑直冲入营来：“报！探知宛州军中有十万担军粮，即将送至三十里外的澄林。”

硕风和叶望向康佑成。康佑成也微微叹息了一声。

“只有拼死一赌了。”

【08】

沉重的宛军粮车正在道上吱呀行进着。这运粮车却不用木轮，而是车底支着四个空心铁球，不易陷入泥中，更可随意向任何方向推动。这些粮车四周戒备森严，内侧是步兵，外围是骑军，有五千之多。

右金军龙格敕带本部骑兵两千潜行至了澄林西五里之处，这个军令是他和赫兰部赫兰铁辕差点拔刀相向才争来的。龙格部和赫兰部是右金军中最勇猛的两支，每次战前都为谁打头阵争得头破血流，何况是这样重要的袭击。此次若是成功，右金军便胜利在望，进而整个天下都将再难有人与右金争锋，但若是不成功……龙格敕猛地摇头，将这个念头从脑中甩了出去，他龙格敕从来没有在未战时就先想到失败。龙格骑兵这样悍勇，而信报查得明白，护粮军只有五千，又怎能不成功呢?

夜色已沉，时辰已到。龙格敕下令，火箭准备，全军突击!

龙格部冲出树林，向大路狂奔而去。却只听一声响箭，路上突然火把通明，灯球高悬。那些运粮车上，粮袋被推开，里面竟是连射巨弩，马拉的粮车转眼变成战车，在路上排开一线，万箭齐发。龙格部成片栽倒，无人能冲至近前。

龙格敕又急又怒，一只粗长弩箭贯穿了他的肩头，他负痛率军向北退去，却突然伏兵杀出。“冲出去！冲出去！”龙格敕哑着嗓子狂喊，单手挥铁棒，击杀宛军数十。正此时，伏兵身后战马冲突，赫兰铁辕率接应骑军杀到，乱箭之中将龙格敕救出，但他们回望身边，两千骑已所剩无几了。

硕风和叶在大营之中正焦急等待消息，忽然四面杀声俱起，士卒们喊道：“宛州军劫营了！”他冲出帐外，只见天上万千火箭，正划出金色痕迹扑来。

各部将领奔到他身旁，硕风和叶怒道：“巡营队何在，怎会被人偷至营下？”将领道：“是战车无数，来得太快了！”

右金骑军冲出营去，营外却早布了百辆球轮战车，这些球轮弩车远可马牵，战时马匹脱开，由人在后推动，慢慢前进，连弩齐发，最快的马也无法冲至面前。更有缠着火棉的弩箭，将右金军营寨燃着。右金军一时慌乱，四下奔突。

“发火信，让东营莫合至和西营阿骨平所部向中军靠拢！和术部从东面出去，绕袭敌军后侧！”硕风和叶喊。

四个紫色的火球飘上天空。

两刻之后，信骑飞至：“报！东营莫合至在路上被林中大火阻隔；西营阿骨平本营也被袭扰，难以分兵来救；和术部出营之后遇到伏兵，正于黑暗中混战。”

硕风和叶望着四面火光，自己的军令处处都被算到了，对手究竟是什么样的人?

又二刻后，右金军已被大火与弩箭逼得退守本营，有被合围的危险。硕风和叶紧锁眉头，在围着他的众将间穿行，终是把拳重重捶在帐柱上，传令：“向南撤退。”

【09】

牧云笙坐在城楼之上，望着远处天际被火烧红，呆呆出神。少女昀璁来到了他的身边。

“昀璁，你身体未好，不要来吹冷风了，回去吧。”

“大端皇帝陛下倒很懂得关心人嘛。”昀璁笑着，仿佛面色也红润了些，“都休养这许久了，再过几天，我想我就完全没事了。”

她转头看见他身边的桌案上放着一封红翎急报，却未拆封：“这是战场来的急报吗？你……你为什么不打开看？”

“不论信报中右金胜了，或是宛军胜了，都不再重要，因为——最后的胜者，是我。”少年注视着那赤红的天空。

昀璁沉默了许久，才缓缓说：“你终是下定决心了，要做天下的主宰？”

“是的。以前我觉得，我不当大端皇帝，自然有更好的人去当。现在我却明白了，你永远也不能把自己和世人的命运寄托在他人身上。我是大端皇帝，那我只好去主宰天下。”

“那么，我、穆如寒江，只要反对你的人，你都不会再留情？”

“你走吧。”少年望着远方，冷冷说。

昀璁的眼神闪烁迷离，欲再说什么，终是说不出口，猛转身，抽泣着奔下城去。

牧云笙独自张开双臂，靠在坚实的城垛上，望着眼前的高大天启城楼。此时城墙上再没有一个守军，黑暗中只剩他独自一人。

他从来没有这样热烈地渴望过天明。

城下，一支大军正列阵等待出征，截击硕风和叶。

【10】

右金军南退至柳伯河边，前面的战马却突然停了下来。

在河的对岸，有一道长长的奇怪的线，像是什么在微弱夜色下发出光芒。

“是从天启城中出来的军队吗？”硕风和叶观望着，“天启城连营被破后，他们根本再没有可以拦截我们的力量了。众将，冲过去！”

右金军呐喊着催动马匹，将整条河踏溅得如沸腾了一般，杀向对岸。

但当骑兵们冲近那支军队，人马都不禁胆寒。

他们的面前，是一片钢铁的森林。

那是用河络族铸造的战甲武装的，由流民所组建起来的锋甲军。

河络族为牧云笙所造的机锋甲，两片一尺宽的刀形的盾甲附在手前臂的两端，完全伸展时长出手掌约八尺，外侧是极锋利的刃，可以格挡与斩切；盾刀与肩两侧的盾板有机栝相连，人只需要很小的力就可以驱动这巨大的盾刀，发出普通挥刀无法达到的力量。而身周是贴身网丝甲和像叶瓣一般绕着身体的甲片，只有面部前方留空用于观看，从左右、背后、上方都无法被攻击，而如果在并拢前臂使盾刀合起，就几乎无懈可击。整副机锋甲有基座支持，座下有七个球轮。人不必承担甲重，而像是推着甲胄行走。而静止时，可坐在甲中休息。它像一辆能由单人推动的战车，又像是一副钢铁的斩杀工具。

这样的甲胄，人族即使可以画出图纸，也没有这样的工艺和这么多的金属来制造。只有那些在地下终日与矿石与熔岩为伴的河络族，才有可能大规模地成套锻造这些盔甲。但要得到仇视人族的河络族的支持，却很少有人能做出像牧云笙那样的承诺。

锋甲军在天启城下的大战中留守天启城，所以没有出战，但现在，机会终于到来了。

看到右金骑军铺天盖地地冲杀而来，锋甲阵中的许多人下意识地想要转身逃跑——他们记忆中那被骑军追赶、任意砍杀的日子，就在十几天之前。但旁边同伴的甲胄挡住了他们，于是他们突然明白，自己已经是一支军队了，已经可以迎战了。

“左横封，右直弩！”背后的战车上，响起了号令与鼓声。

整个方阵应声而变，每个人将左臂的盾刀横在面前，移动右盾刀，斜斜上挑，扳动机栝，盾刀上的弩箭飞射出去，势可穿甲。敌骑摔倒一片。

骑兵马上眼看就要冲进锋甲阵，“大家立稳了，左斜下反切，右上顶位横挥。”号令传来，甲士们齐声大喊。直听鼓声急处猛地一声重捶，就一齐挥刀。

他们面前的骑军像被无数刀叶绞碎一般化成了血肉块，巨大的盾刀轻松地切断了马腿，也劈开了他们的皮甲。他们刺出的长矛大多数被刀盾挡住或绞断了，而刺入空隙的，也因为被刀盾封住了角度，只能刺到甲士头侧的网甲或肩盾上。这一轮冲击，锋甲阵前倒下了一片尸身，而阵中几乎没有人倒下。

后面赶来的骑军在冲到锋甲阵前时就绝望了，当他们看见前面的枪骑被巨大的刀叶像切菜一样切开，而刺出的长矛就像刺在石头上的时候便明白了：要冲过这样的甲阵，无异于用肉身去撞刀墙。

这时号角响起，右金军改变方向，拨马向锋甲阵两翼掠去。他们在马上搭弓，将飞蝗般的箭支射入阵中。锋甲阵前列的军士们有不少在惊慌中失去平衡，摔倒在地。

“收！”锋甲阵的将官大声喊着。所有的甲士双臂回收，身子蹲下，周身的盾甲立刻拼拢成了一个严丝合缝的三棱角塔。箭支如急雨打在帐篷上，战场上一片清亮的铛铛声。

硕风和叶立马河的对岸，呆呆地看着这一切。他很快明白，要想冲破这道防线，至少需要一个时辰，或是搭上近万右金骑兵的生命。

“转向，向东冲围！”他喊着。右金骑队隆隆转向，沿河道向东冲去。

奔不数里，前面的树林却又腾起了火光，风势已将大营中那巨大的火墙推了起来，右金军从火海中冲过，再没有了队形。待冲过这片山林，硕风和叶回望身边，只剩了数千骑，其余各部都还困在火海中厮杀。

【11】

竟然是败了吗?

硕风和叶在马上呆呆地想着。他原以为他离天下之主的位置很近了，但只是一个晚上，一切就都改变了，十年的努力与奋战，一切又重回为零。四野火光茫茫，烧尽雄心与壮志，纵然是那样勇悍豪爽的壮士，成为白骨也不过是一瞬间。

他做错了什么？没有布巡哨？算不到对方有连弩战车？不，该做的他都做了，他有一半的机会可以成为帝王，但也有一半的机会沦为尘泥，天下没有必胜的仗，但他却不能不战斗。

这时他听见了前方的马蹄声。抬眼望去，一支骑军正直杀而来，火光中隐约看得清旗号上的“寒”字。

是她？硕风和叶心中一震，第三次遇见，难道这次他要死在此女子手中吗?

现在不是恋战的时候。他一声呼哨，指挥骑兵拨马向另一边冲去。

“硕风和叶，哪里走！”牧云严霜紧紧追赶。北陆上的连年厮杀，仇恨像雪一样浸濡大地，使泥土无法化冻。

【12】

宛州军大获全胜，牧云栾下令全营欢饮庆功，他看了看手中捏着的那第三个信封，露出冷笑。

“徐将军，你速带一支军到诡弓营，请路然轻至中军参加欢宴，在来路上，将其诛杀。”

“得令！”那将军出帐而去。

此人太可怕，居然自己设计并暗中出资打造了数百辆球轮连弩车，专克骑军，并把如何进攻、在哪里设伏兵、在哪里点火、敌军若行动我方如何应对写得一清二楚。牧云栾望着信封中的字迹，心道：路然轻，你绝非池中之物，他日你若成我对手，必是大患。这就怪不得我了。既然你已将战车图纸和盘托出，我有了此车，已可横扫天下，再要你有何用呢？

欢宴之中，那徐将军却突然转了回来，在牧云栾耳边低语了几句。牧云栾惊立而起。

诡弓营中早没有了路然轻，只有书信一封。

“郸王殿下钧鉴：既不肯亲自来请我，必是派人来杀我，只怕是觉得战车图纸在手，便可鸟尽弓藏。果然殿下并非明主，看来天下无知己，唯有自立。今日借你天下，他日，却必是要再还给我的。路然轻敬上。”

“将你部五千骑尽派出去，四下搜捕，定要杀了此人！一定要见首级！”牧云栾暴跳着。

就在中军营远处的高坡之上，那年轻人迎风立着，衣袂飞舞。望着大地上无边的灯火和奔驰的军旅，他放声大笑，如同天下已入掌中。

【13】

右金大营已是一片火海，宛州军正四处搜杀右金残军。一队士兵推着连弩车穿过烟雾，直穿过右金大营。忽然，他们看见在火光映照下，远方有什么东西正闪亮着。

他们凝神仔细张望，想看清那是什么。

那线闪光渐渐地近了，他们终于认出来了，那是甲胄的反光。

【14】

探马冲进牧云栾的大帐：“报！我军在右金营后遭遇天启城中的端军，敌方执牧云帝麾！”

牧云栾猛地站起：“是他？他那么点兵力，竟也敢出城？”他仰天大笑，“这不正是天遂人愿？我连攻城之力也免了。传令下去，不论那帝麾下的是谁，全部诛杀！”

前方战场上，宛州军缓缓推动连弩车，形成一列，看着前方齐步推来的甲阵。

他们从未见过这样的甲胄，仿佛那不是一个个的士兵，而是一片连绵的钢铁刀林。

“放箭！”宛州将领下令。连弩车机栝摇动，一片箭幕直上天空，又呼啸而下。

那大阵中的甲胄一下全收紧了，像是大地铺上了一整副巨甲，前方传来了一片铿锵之声，那是箭尖撞在铁甲上的声音，伴随着无数的火星四溅。好一会儿，箭雨停息了。宛州军都屏息望着那军阵，想知道还有几人活了下来。

但那些甲胄缓缓地展开，又开始向前推进了。

“这究竟是些什么？！”宛州军将们大喊了起来。

【15】

穆如寒江立马高坡之上，看着大地上铺满火光。

几位骑士纵马来到了他的身后。

“将军，我们来晚了。”

穆如寒江长长吐出一口气：“所有人都到了吗？”

“三千匹踏火战马，一匹不少地从殇州带到了。三千名最好的骑士，也招募齐了。”

穆如寒江仰首，望着天际的血色浓烟：“硕风和叶，在踏火骑赶到之前你就败了，真是太可惜了。他日待我重踏北陆之时，再与你一决谁是世上最强的骑兵吧！”

他缓缓抬起马鞭前指，远方正是宛州军的大营。

“那么，席卷天下，就从这里开始吧！”

【16】

牧云栾在帐中独坐着，等待前方传回更多的捷讯。但这段时间却似乎变得安静了，没有走马灯似的探马喊声，没有将领急匆匆地挑帘进入请命。这个夜晚一时间变得分外沉寂。

听不见几十里外的杀声，各路军马现在都在做什么？今夜攻破了右金军，明日便可趁势直逼天启城下了。诸侯联军溃了，硕风和叶败了，世间再没有可与自己相抗衡的英雄。只待天启城破，他盼望了几十年的皇位便终于可以到手了。

“父皇，兄长……你们在天之灵不要怨我，这皇位，当年本就该是我的。”他举起一杯酒，缓缓洒在地上。从做皇子之日起，他就和三皇兄牧云勤相争，一转眼已是白头，他终于还是胜了。可惜他一心要赢的人，却看不见这最后的结局，一想便不由得怅然。他几十年处心积虑，却终无法和牧云勤决战。他本想狂笑，却怎么也笑不出来。

“三皇兄，我终是无法亲手胜你……你的几个儿子，也都比我的儿子强，可惜，他们都死得太早了，只剩下一个画痴小六儿……你死得太早，我却终会为我的儿子平定江山，他将是大端未来的帝王，直至子孙万世。”

一支响箭带着凄厉的哨音突然蹿上天空，寂静的夜中猛地爆发出喊杀之声。牧云栾按剑直冲出帐去吼问：“出了什么事？”

却没有人回答。牧云栾惊异地看见，四下营帐已被一片火海包围。火光之中，正有无数骑影奔腾。

“不是所有人都被我打败了吗？哪里来的骑兵？什么样的骑兵可以直冲我的中军？”牧云栾不能相信眼前的一切，暴吼着。

一面火麒麟大旗飘过他的眼前，牧云栾一下子愣在那里。

这面旗他太熟悉了。当年他军精粮足，万事俱备，却迟迟不敢起兵，就是因为害怕这面旗，害怕这面旗下的穆如铁骑。他没有战胜穆如世家的把握。他准备再准备，苦苦思忖，却终是想不出能胜过穆如铁骑的办法，直急得头发都白了。但人算竟不如天算，北陆右金叛乱，穆如铁骑尽数调往北陆。

他明白这是天赐给他的机会，当下起兵，直逼中州，果然无将可挡。大将军穆如槊只得把穆如铁骑留在北陆与右金作战，自己只率十数骑赶回中州收拾起一支残军与他相抗，也正是这样，他才击败了三百年来未曾落败的穆如世家。

那时候他日日害怕，害怕有一天穆如铁骑会从北陆赶回，害怕有一天这面旗会出现在他的眼前，害怕到那个时候，那仇恨与愤怒会冲垮他苦苦积累起的一切。他在无数次梦中，都看见在一片火光之中，那面大旗引着无数战骑冲毁了他的大营。原来，这个梦是真的。

牧云栾呆了一呆，怔怔道：“穆如世家……穆如……”

他突然明白，原来天赐给他的，天也会收去。原来他苦心经营数十年，竟还是要败在穆如世家的手中。他胸中一闷，大叫一声，口吐鲜血，昏厥于帐前。

【17】

穆如寒江立马高岗，望着那火流突进宛州军的内核，整个宛州大营正在变成一片火海。没有什么力量能阻击这炽热的铁流，铁甲骑兵们呼啸着冲过宛州军的身边，用刀风把他们绞碎。

轻敌的宛州军阵脚已乱，没法再组织起密集的阵形，在这样的骑兵面前，只有转身逃奔一途。所有的木栅和鹿角被轻易地踏碎，变成地上的火把。战马驰奔的风势绞动火焰滚滚向前，烟气中闪亮的铁甲犹如神灵天降。在看到这样的一支骑兵的时候，它的对手就已经绝望。

“牧云栾，十年前，你没有机会见到穆如铁骑，今天，在你死之前，好好地放眼看看吧！”

他紧咬牙关，多少年的仇恨在心中奔腾。

“为了这一天，我们在殇州准备了十年！”

突然间无数往事涌上心头，少年将军抬头望着赤红天际，纵声狂喊：“父亲！看一眼吧，穆如铁骑——回来了！”

【18】

无数长长火带被点燃起来，从高空看去，像是有人用笔在地上写下烫金闪烁的大字，描述着那宏大惨烈的战争。

跟着硕风和叶突围的右金骑军们被这些火带阻挡分隔，然后被火焰外射来的弓箭击杀。

硕风和叶催马冲过一道道的火墙，能跟上他的右金骑兵已经不多了。苍狼骑却从火焰中接连地跃了出来，挟风带火，像索命的厉魂。

牧云严霜率她的苍狼骑眼见追近硕风和叶，突然南面树林中枝叶纷飞，数十辆铁连弩现了出来。牧云严霜惊呼：“不好！”以避箭之姿侧伏马上。一声梆子响，宛州军乱箭齐发，苍狼军和右金军一并被射倒马下。

没有时间痛惜这些从北陆跟随她杀回的勇士，牧云严霜纵马跃过前面翻倒的马匹，只追硕风和叶不放。

又追了半个时辰，杀声零落了，他们已冲出战场之外，天色渐明，天际露出一丝曙光，硕风和叶却缓缓停了下来，像是奔逃得累了。

牧云严霜也在距他近五十步时勒住马匹，防他有诈。

硕风和叶也不看牧云严霜，呆呆望着天际的云色，一面是霞光，一面是烈火。他突然喃喃自语着：“跟随我出来的八部子弟都没有了，我也许不能回到北陆去了……”

“硕风和叶，你命数到头了！”牧云严霜举刀厉喝。

硕风和叶叹一声：“我知道你是谁了。而你知道为什么前两次，我都会输给你？”

牧云严霜并不答话，只是握紧寒彻。

硕风和叶长吐一口气：“那是因为我之前怕死。我以为我离天下霸业只差一步，我不想在那个时候死去。从前我带队冲锋从来不会犹豫，但在天启城下我却不愿以死相拼了。”

他转头望向牧云严霜，“而你，背负着国耻与家仇，早就不惜性命了吧？”

“少废话，拔刀吧。”牧云严霜催动马匹，绕硕风和叶缓行着。

“但我不能死。”硕风和叶嘴角竟露出一丝笑意，“你杀不了我。因为现在我胸中的恨与怒比你的更猛烈。没人能杀我硕风和叶，总有一天我要卷土重来。我当年来到东陆之时，烧毁了战船，对将士们说我们没有退路，他们相信了我，跟随着我从来没有退后过……但……”硕风和叶叹息了一声，目光却像绝境中的恶狼，“没错，我没有颜面回北陆了，但我要回去，所有的耻辱我要一个人背下来，直到重整大军的那一天！”

牧云严霜第一次这么近看到这北陆狼主的脸，看到他的眼睛。她的心却被狠狠扎了一下。

这个眼神，她分明见过。

当年极北雪原之上，那右金少年拔下她的银箭，放走了狼王。被穆如铁骑围住，面临绝境之时，他也是这个眼神——凶狠，冰冷，绝不服输。

硕风和叶也突然明白了一切，十年前，他在雪原上狂奔，那一千下的倒数像猎手的嘲笑，紧紧扼住他的心胸。他终于力竭倒在雪地上，仰望天空，想着自己逃不过去了。

但一切却并未来临，最后的数字，永远停留在了那少女的口中。

十年前的一丝怜悯，却使无数人因此而死去。

“今天……我不会再让你活着……”她颤抖着，缓缓举起刀。

“今天，你也无法再决定我的生死。”硕风和叶冷笑着。

牧云严霜咬紧嘴唇，再不答话，猛地催动马匹，像箭般射向硕风和叶。

硕风和叶紧皱眉头，大喝一声，驱马向前，长刀血色出鞘，那刀中的血腥怨恨之气直逼而来。这次他再不格挡劈下的寒彻刀，而是直挥向牧云严霜的腰间。

牧云严霜没有想到他真的再不畏死，不惜同归于尽，第一反应便是收刀斜身闪避，两马交错那一刻，她似乎看见了硕风和叶脸上冷酷的笑意。她明白自己在先机上已是输了，那一刻她竟然还是惧怕了死亡。

拨转马来第二回合，她一横心，马上斜探身直割向硕风和叶的喉间，硕风和叶却也探出身来，她的刀掠过硕风和叶的耳间，硕风和叶的刀却直扑向她的面门。牧云严霜一闭眼，心中空荡一片。然而寒风掠头顶而过，她再起身时，满头青丝披散了下来——硕风和叶劈掉了她的束发玉冠。

牧云严霜气得浑气颤抖，举刀再次冲刺。硕风和叶这次却不举刀，不催马，只目不转睛地注视着她。牧云严霜有了一丝悲哀的预感，她听见了箭支破空的声音。

一支箭正射中她的胁下，牧云严霜不甘地睁大着眼睛，冲近硕风和叶的面前，举刀的手颤抖着，挥下时却再也没有了力道。硕风和叶一把抓住她握刀的手腕，将她拖离马鞍，扔在了自己战马下。

一支骑军从林中奔了出来，为首的正是赫兰铁辕：“德诸[1]我险些来晚了啊，王子。”

“狗屁！”硕风和叶骂着，“你不来我难道就会死吗？一看这臭不可闻的箭法，就知道是你这个草包！”他突然又笑了，举马鞭佯抽向赫兰铁辕，“真高兴你这狗东西还活着。”

“宛州军什么东西！我们早晚杀他个哭天号地……王子，我们现在怎么办？”

硕风和叶平静地发令：“收拾军队，撤回北望郡。”

“这个女人呢？”

硕风和叶望了望地上挣扎不起的牧云严霜，叹了一声：“一并带走。”

硕风和叶带着残军特意经过了天启城下，他想再望一眼这城关，不知何年他才能重新回到这里。他不知道那少年是否也正在城楼上眺望，但他却有种预感，那少年才会是他真正的敌人，而他所想拆掉的这座宏伟都城，却会一百年、一千年地继续立在这里。

“驾。”硕风和叶终于催动了战马，横越城前，向北而去。

“这天下，我终是要再回来夺的。而这天启城，我也终有一天要将它拆掉！”

【19】

牧云栾于昏厥中惊醒，直坐起来喊着：“快收阵，护住中军！”

眼前却是一片漆黑，听不到杀声也看不到火光。

“怎么回事？有谁在？我在何处？”他惊恐地大吼着。

一个身影缓缓从暗处走了出来。

“墨先生？”牧云栾凝眉打量着那个影子，“现在战事如何了？有没有挡住穆如骑军？绝不能让他们冲乱大营。”

影子一笑：“若是普通骑兵，是冲不进大营来的。可惜，那是稀世的马种——踏火，而他们的主将，又是穆如寒江。”

“那现在大营如何了？”

“已是火海一片。踏火驹所到之处，火流奔涌，何人能挡？”

“不能就这么败了！”牧云栾跃起，“我还有十万大军尚可调度，我要亲自出

---

[1] 德诸：蛮族有自己的语言，“德诸”即蛮族语的“兄弟”。

去督战！取我剑来！”

“不必了。”

“不必？”牧云栾缓缓转身直望那个影子，“你说不必了？什么意思？”

“世子会处理好一切的。”

“世子？他怎么行？胡闹！他懂个屁的指挥战事？”

“世子是不懂，不过殿下您死在火海之中了，世子只能代理一切了。”

“你说什么？你说……我死于火海之中？”

“殿下一直身体康健，帐下各将对您忠心耿耿，您大可花二十年来打天下，再花二十年来坐天下，只是世子从小被您所忽略，您给他的只有斥责辱骂，觉得他贪心纵欲，不成大器，世子于是暗暗决心，终有一天，要在您活着之时，就证明给您看：没有您，他也能称霸天下。”

“哈、哈哈哈哈……”牧云栾已经明白了正在发生的事情，他怒极反笑，“他……他这就要把我苦心经营三十年得来的一切毁于一旦，只为他想早一点替了我的位子？我……我怎么会生出这样的一个蠢货？！苍天啊，哈哈哈哈，哈哈哈哈哈！”

“殿下又错了，世子并不蠢，他只是太贪心了，在欲望与野心上，他只比殿下您更强，所以才是我们辰月教[1]所中意的人选。”

“辰月教……辰月教？”

“是，想必殿下也知道辰月为何物吧？千年来，我们一直奉行着墟神的意旨，要让天下陷于纷争与动乱，绝不容许有凝聚与统一长存，这样才可以阻止天地的再合、混沌的复生。是靠了我们的力量，你才能在十年内使宛州成为端朝第一富庶的州域。但这一切，都不过是为了让你能尽早反叛，分裂端朝。而现在，你却又想着把天下重新一统，这可就违背了当初我们扶助你的初衷。”

“辰月……”牧云栾纵然一世英雄，听到这个名字也不由得全身凉透。他当然听说过神秘可怕的辰月教，不过他以为这个教派早在几百年前就消失了，没想到，自己竟不知不觉间成了他们暗中控制的傀儡。

“只要你渴望力量、权势，你就自然会落入我们辰月的掌中，因为这一切我们都可以给你。但你永远只能是一颗棋子，而世间这局棋，是永远不可以有胜利者的，因为对局双方都不过是在我们的控制之下，上演永远无尽的纷争，以你们的血

---

[1] 辰月教：九州古老的神秘组织，其成员主要是秘术师。辰月教徒信仰精神的主神“墟”，向往战乱和分裂，但他们不公开传教，在重大的历史关节点出现时又往往暗中操控，并不现身，所以知道的人不多，关于他们的零星传闻也往往失实。

与痛苦、仇恨，来给墟神增添力量。”

“仇恨……”

“是的。我们的力量源泉就是仇恨。你现在正无比仇恨我吧？可你的仇恨也会成为我的力量。你们父子间的仇恨、你所杀的平民对你的仇恨、你与你敌人间的仇恨、你们家族间的仇恨……这么多的仇恨啊。绑紧你们的灵魂，就会使世人乖乖成为我们的囚徒。”

“可纵然你们处心积虑，这世上仍然会有统一，会有强盛的王朝和伟大的王者！”牧云栾大吼着。

“不。”墨先生轻描淡写地说，“欲望是无止境的。你成了一国之主，就会想成为天下之主；你统治了一族，就会想统治万族；你得到了一块黄金，就想再占有一座金山。这天下有多大？权力与野心是无尽的，我们所要做的，只是挑动人们的欲望，就像我精心培育了世子一样。”

“混账！”牧云栾狂怒着挣扎下地，抽出悬托上的剑，向墨先生砍去。然而那个影子一抖，他的剑砍入了虚无之中。

“你终究会发现，你们所恨的、所爱的，都只是一个泡影而已。呵呵呵呵……”那声音冷笑着，从帐幕外传来。

牧云栾挑开帐幕追出去，但黑帐之外，竟还是一重黑帐；他再冲出去，外面还是黑帐。他惊慌地向外奔，可只有无尽的帐幕、无尽的黑暗，那笑声永远从外一层传来。这一世的枭雄，不由得也发出了绝望的号叫。

【20】

牧云笙率着锋甲军缓缓推进，脚下踩着连弩车的残骸，来到宛州军大营前。

这里已经变成一片火海，不畏火的神驹在其中往来奔驰，追杀着奔逃的宛州军。

他一挥手，下令锋甲军缓缓展开，呈长长数行。

他要做的，就是截杀逃出大营的宛州军，以及阻止战场上的宛州其他部队回援。

一探报驰奔到他的面前。“前方战况如何？”少年缓缓地问。

“穆如将军的军队正四下搜索，只是找不到叛军主帅的身影，不知是否葬身火海了。”

牧云笙摇摇头，策马向前，来到火线边缘。他取出一幅画轴，猛地向前一抖。那长卷在空中化成一道白练，直铺下去，向前滚动，无穷无尽，在火海中推展出一条路来。他纵马直奔了进去。

在大营的中心，他看见了一片火不曾烧到的地方，那里却什么也没有，只是一片黑色。但那不是烧焦的黑色，而是法术光焰扫过的痕迹。

他跳下马来，慢慢走入那黑色的中心，弯下腰去，轻捻着地上的泥土。忽然他转身跳上战马，那战马辔上插着雪羽翎，如乘风一般远去了。

【21】

山林小道上，十几骑正缓缓行走。

“幸亏墨先生你用幻术骗过了敌军。这次小小偷袭，伤不了我等元气，却给了我们个机会收拾老头子。等回到衡云关，等诸军前来会合，那时重整旗鼓，看我烧平天启城。”说话的正是郓王世子牧云德。

“别人都不会察觉我们的踪迹，我只怕一人……”墨先生缓缓道。

“你说牧云笙？他敢追来正好，上回没杀了他我正懊恼呢！”牧云德正说着，却看见墨先生勒住了马，直望着前方。

他吓得忙转头四望：“他来了吗？在哪里？”

四下静寂无声，只有参天古木的巨大影子。

静默中，只有许多树叶正缓缓飘落。

一片黄叶落在了盼兮的马首上，她伸手将它轻轻拈了起来，在手中把玩着。

突然风势一变，空中的无数落叶，突然旋飞而下，利刃一般扫过众骑者的身体。一阵风后，马上的骑者都接连地栽倒了下去。

只有三骑还立着。盼兮仍然低头把玩着手中的黄叶，仿佛刚才风只是拂动了她的轻衫。墨先生将长袖从面前放下，拍打了一下身上的叶子。牧云德还保持着缩头的姿势，但所有冲向他的叶子都在离他几寸处突然焚成了灰烬。

牧云德回头向盼兮望了望：“美人，多谢了啊。等度过此劫，保我登了帝位，你就是皇后了。”

盼兮却像是没听见他所说的一般，只是轻轻举起那黄叶，一松手，它又向天空飘去了。

墨先生对着那一片空旷中说：“我以为你不会杀人的法术呢。”

许久，少年的声音缓缓传回：“如果有了杀心，世上有什么不可以用来杀人呢？”

猛然间周围的古木全部爆出巨响，从腰间崩断了，它们发出巨大的呼啸，直倒下来。

“快走！”墨先生和牧云德催马直冲出去。盼兮却没有动，她只是抬头望望，轻摇缰绳让马向前走了几步。

几棵巨树正倒落在她的周围，但连一片叶子也没有落到她的身上。

牧云德大喊："他在哪儿？把他找出来，杀了他！"

墨先生低声说："这却不容易。这里不可久留，我先护你回衡云关，这未平皇帝，自然会死得其所。"

牧云德唇边露出一丝冷笑，回头喊着："盼兮！杀了他！我在衡云关等你。"

他们策马逃去。只有盼兮还静静地伫马在山道间。

渐渐地，夜色里，少年长袖负剑的影子现了出来。

盼兮从马上轻轻一跃，越过横倒的树干，飘落在山道间。她望着那少年，想上前却又停下，想开口却又无言。

"风婷畅在哪里？"少年却只是冷冷地问。

这句话却使盼兮的眼中恢复了冷漠："你是来救她的？如果我不放呢？"

少年对着夜幕，叹了一声："我不知道怎么才能救你。但我却知道，你想杀我，我却不能把命给你。"

"救我？"盼兮冷笑着，轻轻把手抬了起来，"你们都说要救我，都说要对我好，我却知道全是假的，全部该杀！"

她只是轻轻将指一弹，少年便直摔了出去，倒在落叶间。

他咬牙慢慢撑起身体："风婷畅在哪儿？你不能杀她。"

"想救她？先杀了我。"盼兮手一摇，少年脚下的落叶突然腾空而起，像平地起了一阵龙旋风，把他紧裹了进去。

少年却一声喝，砰地光华一闪，那些树叶全部一瞬间燃成了灰烬，纷纷撒落地上。

盼兮冷冷笑道："你学我的本事，学得倒快。"

少年轻轻地说："那只是因为……这所有的一切，都是你教给我的。"

盼兮一愣，复又怒道："又是谎话！"再一摆手，地上火焰腾起，把少年包裹进去。烈火之中，少年的身子片刻成了灰烬。

火焰散去，盼兮呆呆地走向灰烬，轻轻跪下身去，捧起那黑色尘土。

背后却有一把冰凉的剑，轻轻架在了她的颈上。

"盼兮，"少年在她身后说着，"告诉我，她在哪儿？"

盼兮却不回头，沉默了许久，才轻轻说："为了她，你会杀了我吗？"

"她曾舍了性命救我。"

"你不记得那天的事……"少女怆然笑着，"是啊，谁会那么傻，自己不活，也要救你。"

她猛地转过身来，手指上凝聚起光芒，直指到少年的额前，却又停下了。

但胸前一凉，剑已没入她的身体。

她叹了一声，轻轻将手抚在少年的脸上。

“你终是……”

她的身体软倒下去。少年丢下剑，紧紧地抱住了她。

“终于有一天，我们可以这样……真正地相拥在一起了。”少年轻轻地说，“盼兮，我不会再让你离开我。”

【22】

他能感到少女的身体在轻轻地颤抖。

“是啊……很奇怪……很温暖的感觉。”

她的身体却在变冷。

“你可知道，我为什么要来到这个世间？”

“你说过的……因为，你要像一个真正的人一样活一次，用五官去感受这个世界。”

盼兮摇摇头：“我只是一颗种子。”

“种子？”

“这个世界，终会开满同样的花朵。最美丽的，不会有其他。”

少年突然想起了，那盼兮孕育身体的地方——七海原上的情景。无数银色的花朵绽放，没有一株杂色。那种令人恐惧的美。

“我知道有人将灵鬼注进了我的身体，控制住我的心魂。但是，我的心中，其实早有一把更巨大的锁，那里面所藏的……将会毁灭一切。”

少年想起了风婷畅当初拼死要杀死盼兮时所说的话。

“你最好立刻杀了她……那颗牧云珠只是颗种子，当这个灵魂被束在珠中时候，她还是天真烂漫的，但当她真正凝出身体，她的力量就会给世间带来灾祸。……世人将来会责难于你，要你为所有的灾难承担责任。”

“趁现在……杀死我吧……”

少年仍是点点头，像当日一样地喃喃说着：“我不会让你死……一切让我来承担。”

他轻轻取出那牧云珠，放在掌心，和盼兮的手掌交握在一起。光芒渐渐涌出，将他们融化。

尾声，也是开始

WeiSheng YeShiKaiShi

【01】

硕风和叶回到北陆之时，正是暴雨之夜。

他回望自己的部下，只剩最后两千余骑了。

“当年，我对你们说，男儿志在天下，不能死于家园，你们相信了我……我们七万骑出征东陆，攻破帝都天启……你们真他妈的是好样的，好样的啊……”

硕风和叶抿紧嘴唇：“但是……我没有告诉你们，如果战败了，会怎么样。”

他长叹了一声，抬头望着黑暗的天空，雨水狂泻在他的脸上。他忽然摘下头盔，狠狠地往地上一掼，“你们以为……战败了，不过是一死！可是不对！”

他口中喷出的热气在雨水中凝结：“我没有带着你们一起死，我把你们带回了北陆，我把你们带回来……回来承受耻辱，承受嘲笑，你们的父亲会抽打你们，你们的母亲会哀哭你们没有带回你们兄弟的尸首……这一切都比死还要难以忍受！”

他望了望眼前最后的两千骑兵：“但是，我不会死，你们也不能死！我们要活着，不管背负多么大的耻辱！我们做错了吗？没有！我们是瀚北八部的光荣，我们用七万人打败了东陆几十万人，我们几乎攻取了帝都……但我们还是太弱了，我们没有力量守住我们所攻下的土地，因为我们的草原太穷困了，因为我们瀚州各部还没有真正统一起来。我要你们背负着马鞭去见你们的父兄，请求他们责打你们，就像我将要去做的一样。但是你要告诉他们：只要你还有一口气，一听到号角，你就会再骑上战马出征，而且还会带上你最小的兄弟、你刚学会射箭的长子，我们终会卷——土——重——来！”

到了最后，他已然是在竭力狂吼。这声音盖过了暴雨的声响，盖过了厉鬼的哀鸣。两千骑士齐齐拔刀，冷雨打在他们的铁盔上、刀锋上，只是让他们更加热血沸腾。

“卷土重来！卷土重来！卷土重来！”

【02】

“王子殿下，你看！”忽然一名骑将挥刀前指。

硕风和叶回过头，前面是一片黑茫茫，雨夜中什么也看不见。

仔细看时，似乎有一点微弱的光影在闪着，像是暴雨中仅存的火苗。

可是突然那一个光点变成了两个，像是有人用它点燃了第二根火把。

两个变成了四个，四个变成了八个……在无边无际的黑暗中，好几处这样的火光从点变成群，迅速蔓延开来，像是油在草野上泼过，无数的火把正不断点亮着周围新的火把。黑暗中，一支无边无际的大军轮廓正在显现出来。

“是他们……是我们八部的人！”有将领兴奋地吼着。

“他们是来杀我们的……”却有人冷冷地说，“别忘了，我们当初跟随了二殿下，就相当于背弃了我们的部族。我们也曾立誓说过绝不回来。”

硕风和叶缓缓策马，向那片越来越广大的火光走去。

“殿下，不要去！”将领们都急吼着，催马要挡在硕风和叶的前面，却被硕风和叶挥手拦住了。

他单枪匹马走向那大阵，还有两里……一里……如果有骑射冲出一轮箭雨，他就会栽倒在北陆的草地上。

当他离大阵只有半里的时候，突然阵中传来了齐声的呼吼。

“速沁部迎接二殿下回到北陆故土！”

“索达部迎接二殿下回到北陆故土！”

“和术部迎接二殿下回到北陆故土！”

“克剌部迎接二殿下回到北陆故土！”

“龙格部迎接二殿下回到北陆故土！”

“赫兰部迎接二殿下回到北陆故土！”

“丹尧部迎接二殿下回到北陆故土！”

“右金部迎接二殿下回到北陆故土！”

冷傲的笑意那一瞬间又回到了硕风和叶的脸上，他忽然猛地一催马，于大阵之前横掠而过，高呼：“只要纳莫罕大河的水不干！我硕风和叶就一定会再破天启！”

他奔过的地方，黑暗中的火把就亮起来。随着他的狂奔，像是整个瀚州草原被燃着了，狂野的呐喊从北响到南，三十万铁骑正在会聚。

【03】

穆如寒江回到了天启城中。

未平皇帝竟也在战场上失踪了。他莫非也死于阵前了吗？

诸侯连营破了，硕风和叶退了，宛州军败了，连牧云笙也不见了。突然之间，这天启城空空荡荡，再没有了争夺者。

他此刻站在帝国的荣耀的最中央——太华殿上，却和站在殇州雪山上一样孤独。

穆如寒江缓缓地转身，看见大殿门口同样孤单站立的影子。

他走下御座前的玉阶，来到她的面前，轻轻执起她的手。

“我再也没有亲人了，只剩下你，肯陪在我的身边了。”

苏语凝望着他的眼睛：“当年……你答应过……有你在，就不会再让我受委屈。”

“是的，我答应过……”将军身经百战，此刻却流泪了。上天从他身边夺走了所有的东西，亲人、家园，只剩下一个年少轻狂的誓言，却难得有一个人帮他记住，天天地念，时时地念。不论他去了多远，这个人不会忘记他的名字。他为了复仇，可以毁去一切，这个人却从来不会怀疑他说过的话。

“苏语凝，”他轻轻地拥住了她，“做我的皇后吧。”

苏语凝伏在他的怀中，手紧紧抓着他的衣襟。可是，她却轻轻摇了摇头。

“当年，硕梓郡守纪庆纲逼我与假未平皇帝成婚，我为了拒婚，发了一个誓：只有有人得到三样至宝——龙渊剑、鹤雪翎、牧云珠，用它们为聘来迎娶我，我才出嫁，不然……就死于断心草下。”

“断心草？”穆如寒江痛心道，“你怎么这么傻……”

“我那时候……怎么知道……你……还会重回到我的身边……”苏语凝紧紧握住他的臂膀，仿佛心已经开始被绞碎。

突然穆如寒江一把将她拉到身后，对着殿口喊道：“什么人？”

殿前的那个影子笑了起来：“龙渊剑、鹤雪翎、牧云珠，这三件宝贝并非是不存在的，而且若是有这三样珍奇在手，得到的又何止是女人，而是整个天下，连大端朝的铁骑都不曾踏足过的天下。”

“你是谁？你知道这三样东西的下落？”

“未来的陛下，您也知道的。您难道不知牧云珠在何处吗？而得到了牧云珠，自然也就得到了鹤雪翎的秘密。如果再寻得开启龙渊之剑，那么，前人所不曾到达的世界将在你面前敞开。”

那影子慢慢走近，显出他的面目，“在下路然轻。只要我们一同打败未平皇帝和他身边的那个小魅灵，我们就能掌握天下的命运。但是如果我们做不到，世间就要陷于灾难了。”

“灾难？”

“那魅灵心中被烙着不可抗拒的使命，要毁掉这片大地，把它改变成另一个样子。一个可怖的天象——辰月之变终会来临，那时暗月距大地只有数百里，海水会吞没一切，万物都失去重量。你们现在对天下的争夺，完全没有意义。”

“辰月之变？怎么阻止？”

“也许无法阻止……本来在七百年前，它就该来了。但当时的英雄们凭着周密的星相计算和无畏的牺牲阻止了它。那颗牧云珠中，记载着关于这一切的记忆。但现在……星辰引力间的平衡已经到了尽头，积蓄了千百年的力量将爆发出来，带来整个天海间的震荡。而那魅灵的使命，是维护这一切的发生，并化生出新的生灵。”

“谁？谁给她的使命？”

“我不知道是谁造就了牧云珠，也不知道是谁把那些记忆和奥秘封存在了珠中。”

“那么……我们还有几年的时间？”穆如寒江问。

“按推算，最多七年吧。”

“七年……”

【04】

牧云笙一直向海中沉去，不知过了多久，他终于穿破了海面，下面是浩渺的云山。

再穿破云雾，他看见了，那巍峨的皇城，他出生的地方。

“小笙儿醒啦！”她们欣喜地喊着，“小笙儿，来玩捉迷藏哦。”

这些熟悉的面孔，她们原来都还在，原来那一场血火不过是场梦，她们从来不曾离开过他。

他欣喜地笑着，追着她们的脚步，穿过重重光影的纱幕，向外走去。

可身影一晃，一个稚气的孩子从他身边跑过，奔向花园中的那些女孩。他金冠玉带，目光纯净，却似在何处见过。

“小笙儿……捉得到我，便许你帮我画一张画哦。”她们围住那孩子欢笑着。

牧云笙在一旁呆呆地看着这一切，那孩子却注意到了他，走近前来。

“你是谁？为什么在这里？”

“小笙儿？”他低下身去，扶住那孩子，“你未来……会成为一位皇帝。但你登位之时，就是天下血火降临之时。”

“你是谁？却凭什么来预言我的命运？”那孩子眼神倔强，“我不要做什么皇帝，我只要和她们在一起，永远这样。”

“没有永远的……你将来会遇见一个人，她让你懂得什么是你真正要寻找的。你会为了她，甘愿抛弃一切。”

“她在哪儿？”

少年愣了愣，伸手探入怀中，怀中的珠儿竟不知何处去了。他一惊，才恍然想起，自己现在就在珠境之中。

他继续向前走去，天空变得越来越可怖，像是鲜血在漫流。

“那灵鬼，你在哪里？”

“你救不了她。”那空中的鲜红扭转狰狞着，“纵然你有强大的法力，但我已与她的灵魂锁绑在一处，你杀死我，也就会同时杀死她。”

“没有任何其他可能吗？”少年低下头，缓缓地说。

“只有一种方法，那就是——用你的自由，换取她的自由。让我游入你的魂魄之中，她才能清醒。你选择吧。”

“那我会再也感觉不到自己吗？”

“不，你仍然是你。但我会教给你什么是仇恨，什么是残忍，打碎你那些可笑的仁义与同情，为了你的志向把任何阻挡你的人碾碎。我也因为这些仇恨而有了力量的源泉。”

“那她呢？”

“我能解开她的心锁，却解不开她的宿命。她告诉过你吧，她不过是被人或是神造出的一颗种子，要倾覆这个天下。她将来会成为世人所痛恨的灾祸象征，维护她的人，也会被愤怒一同吞没。”

牧云笙摇摇头：“我不会让任何人伤害她。哪怕天下世人都恨我，我也不会退后。”

少年缓缓抬头：“现在，给我你的冷血，而给她以自由吧。”

【05】

战马嘶鸣，火流翻涌，穆如寒江的踏火骑军正在进发。大雨忽然倾盆而下，雨水与火焰相激撞，腾起白色烟雾，像无数魂灵直冲天际。

他们只有七年的时间，七年之内，有一个人必须被打败。男人总是为了一些女人无法理解的事情而战斗，比如天下、家族和荣耀。可有时他们心中深藏的秘密，却连最爱他的女子也不会得知。不论世上存在过多少英雄，最后却只能有一个胜利者。而黄沙之下，总有相拥的白骨，没有人会记得曾经的风华绝代和年少轻狂。

这个时代，终于来临。

天下未平
TianXia
WeiPing

【01】

这是帝都天启城之夜。

整座城市都在黑暗之中，零星的几点灯火，也像是一眨眼就能抹去了似的。于城中北望，隐约可见一道巨大的黑色影子横贯在视野中，与夜色融为一体。那是天启的百丈皇城，这个帝国曾经骄傲的伟岸身影。当年大端朝的一代代帝王们就在这城楼之上听万民欢颂，听大军呼啸。

然而，一切都是故影旧事了。

此时的城楼上，只站着两个寂寥的身影。

一位青年站在城堞之后，远望大地，任寒风吹动他的冠带与长袖。

他是这个帝国的第二十一位君王，年方二十的牧云笙——未平皇帝。

他登基之时，翰林院本拟年号承平，但那时还是少年的牧云笙摇头说：“天下战乱如此，还粉饰什么。”故改年号未平，以示不忘平复天下的决心。

只是要一统天下，却还有太长的路要走。

他的身边，站着一位女子。她裹着雪茸毡袍，像是不禁风寒。但她的美丽，却连黑夜也无法遮掩，连风雪也要在她身边旋舞缓行，似为她而流连。

那是盼兮，珠魂凝结成的魅灵。她的美丽使天下英雄折腰。传言北陆狼主硕风和叶不惜倾瀚北之骑南下，不是为了天下，而是为了能一睹她的容颜。当年少年牧云笙也是为了她，不惜和父皇决裂，从最有望继位的皇子，到被囚废园。直到多年后，牧云皇族几乎在战乱中死亡殆尽，外敌已包围天启，皇位成为人人逃避的畏途，他才不得不登上太华殿，接下这乱世的残局。

天启城下一战，硕风和叶折戟沉沙，退回北陆，大伤元气，数年内无法再谋图天拓之南。但牧云笙治下的大端朝，也几乎为此流尽了最后一滴血。

未平皇帝牧云笙眺望着这萧瑟帝都，轻轻叹息。

“太安静了。我记得当年我还是皇子时，初元节随父皇于皇城远眺，大地一片灯海，烟花连天，万户舞乐。可现在，一切都不复存在了。皇皇帝都，只剩了不到三百户，晚上人们不敢出门，恐被饿犬所食。那些犬在战乱时吃惯了人肉，已同虎狼一般。”

他轻抬手，在这大地上轻轻拂过，像是在触及它的伤痕。

“不知有生之年，能不能看到这个国家的复兴。”青年皇帝叹息着。

盼兮紧紧挽住了他的臂膀，为他心痛：“你忘了那个跟随我的诅咒了吗？我是天下祸乱之源，我若在你身边，你便无法平复天下。”

“不。”牧云笙转身，凝视她的眼。纵然在黑暗之中，他的目光也执着热切。

“是你忘了，我从不信命。为了你，我烧了瀛鹿台；为了你，我举剑指骂苍天。如今，我要证明，那诅咒多么荒谬。你和这天下，我一样也不会放弃。”

她知道这是多么难的事情，纵然是千万人，以千百年，也未必能使天下复兴。她也知他立下此誓，便不会悔弃——正如当年，他立誓护卫她一生，便也再不曾退后。

“那么……让我也许上自己的寿命，我只愿与你同生共死。”

她闭上眼，倚在他的肩头，在心中暗暗许愿。

“此生只要他志愿得偿，上天便请将我的残年尽数取去，我决不顾惜。”

他这一生，只怕注定要为天下而活。她这一生，却只为他一个人而活。

天空中一声尖啸，一只哨箭带着火焰升入天空。数里之外，忽有燧台扬起了烽火。

牧云笙的脸色却沉重了。

“穆如寒江，攻破西都了。”

此时此刻，千里之外的山巅，也正立着两人。

那英武将军贯着铁甲，按着宝剑，大红的披风迎风展着，望着西方最后一抹血般浓的霞色。

暮色中，西都城中股股浓烟升起，旗号乱舞。他的踏火骑军终于攻破了这西南首府、天下富甲之都，从此宛州已尽握在手，九州已得其一。有了这九州最丰饶之土，天下便已在望，将来的大业直可一马平川。

“天启城中，此时已经看不见霞光了吧。”穆如寒江这样叹着。

他的死敌牧云笙，此刻在想些什么呢？他已得了金玉之城的宛州首府，而他却还苦守着残破的帝都。他日穆如大军重回天启城下之时，他很希望再看到他的表情。

“语凝，当初你劝我弃天启而图宛州，果然是对了。宛州若定，天下已得一半也。”穆如寒江放声大笑。

但他身边的女子，望着这城中火光，眉间却只有忧惧。

那是苏语凝。当年她出生之夜红霞贯天，世人皆言是至荣至尊之象，此女若为皇后，必能辅佐君王，兴荣天下。也为此，她自小便被选入宫廷作为皇子侍读，以观德才。但造化弄人，她还没有长大，天下已乱，四方群雄并起，诸皇子或死于战场，或死于争位，竟只有六皇子牧云笙一人独存，继了帝位。

但苏语凝所爱却并非未平皇帝牧云笙，而是他的死敌，要与他争天下的大将军穆如寒江。

苏语凝指向远方："三个月的奋战，终于攻下了西都，士兵们只怕都喜极而狂，但现在城中四处火起，若有人趁乱烧杀抢掠，必定民心尽失。还请大将军即刻约束。"

穆如寒江听得女子之言，猛然警醒，握住她的手道："语凝，若不是你在我身边，穆如寒江只怕走不到今时今日。"

他转身要下山，却又回身望她："今夜只怕又是无眠了。语凝，真盼早日平定天下，那时我可以好好陪伴着你，弹剑歌舞、大醉方休。"

苏语凝看着他，只是轻轻地笑。

穆如寒江也孩子般笑起来，三步并作两步奔下山坡去了。

她喜欢看他挥斥方遒，喜欢看他拔出剑来，率万军冲阵，喜欢他在大胜之后那豪迈的笑，也喜欢他醉卧在她的怀中，孩童般的梦呓。

只是，她也无时无刻不在害怕。怕有一天，她再也看不见他的笑。怕有一天，他倒卧在她的怀中，却永远地不能再与她说话。

为什么一定要争天下，她不懂，她只知道这个男人要做到的事，就会义无反顾地去做。每次他率骑军冲锋之时，她都好怕这是最后的一面，她想大喊，让他回头望她一眼。但她知道她不能那样做，他也绝不会回望。

北陆瀚州，硕风和叶大营。

无边的大草原。

这里的风更厉，这里的夜更阔，这里的酒更烈。

这里的男人们，此刻却在注视同一个地方。

随着一声闷响，一个黑影被从那金帐中摔了出来，在地上仰面朝天。

北陆汉子们狂笑着，指着那地上的身影，笑得捶胸顿足，笑得大牙乱飞，笑得酒也洒了，马也惊了。

他们笑的是他们的大王，北陆的狼主，一咳嗽可令天下丧胆的硕风和叶。

此刻，这位狼主仰面朝天，喷着白气，不服气地手抱胸前，望着星星，眨着眼睛，似乎在纳闷一些事情。

突然，他一个鲤鱼打挺跳了起来，稳当当地站着，手还是抱在胸前，连草叶都没有扶一下。

周围的人突然不笑了。

他们全都仰望着这个人。这是草原上他们最敬服的英雄，无论被打倒多少次，他还是能一跃而起。这就是硕风和叶。当他摔跟头时，人们可以尽情地笑他，像笑自家的兄弟，但当他站起来时，他就是北陆之王，人人必须仰视。

“狼主，今晚又没有戏了……已经好几个月了……您要用力啊。”

说话的是一个胡须头发扎成无数辫绺的粗野家伙，随着他这一句，周围的人又都狂笑起来。

硕风和叶不怒也不恼：“笑吧笑吧，我终有一天会让她变成我的女人。”

帐帘一抖，突然又是一只陶碗飞了出来。硕风和叶吓得一蹦，碗飞出老远碎了。笑声更是四下狂溢。

帐篷外的是北陆最强悍的男人硕风和叶，帐篷里的却是连他也驯服不了的女子——大端郡主牧云严霜。

半年前天启城一战，硕风和叶眼看就要破城，霸业就要成功。就在这时，远方冲来一支骑兵，一面“寒”字大旗高高飘扬。北陆骑兵以为是武成太子牧云寒到了，人人心惧。为首那员骑将黑甲银刀，冲至硕风和叶面前，手起刀落，将他劈下马来。幸得众将拼死护卫，硕风和叶才保住性命，天启城却得而复失。

那一晚，他趁夜袭破城外勤王军大营，眼见又要得胜，结果又是“寒”字旗至，那骑士至，快刀至，第二次把他打落马下，袭营又是告吹。

第三次，硕风和叶被牧云笙、穆如寒江联军夹攻，几乎全军覆没，亡命狂奔之时，他又看见了那位骑士。

这一次，他看清了她。他也记起了她是谁。

许多年前，北陆还属于大端皇朝，许多年前，牧云、穆如还是铁打的兄弟。而他硕风和叶，属于一个因为叛乱而被穆如铁骑诛灭的部族。那个雪夜，他在草原上被端军的骑兵围住，将要被杀死之际，是这个女孩笑着说：“我们不如来玩捕猎的游戏：我数一千个数你们再追，看他能跑多远。”

硕风和叶于是没命地狂奔，跑得几乎要断气，一如许多年后兵败的这一夜。但是他活下来了。他知道他是赤脚，而端军骑着快马，纵然那女孩数一万下，他也逃不脱。他活着，只有一个原因。

那个女孩只数了九百九十九下。

她想让他活下去。

多年前这女孩因为一丝怜悯而饶了眼前的少年，却没有想到他长大后变成了颠覆她家国的仇敌。

她愤怒地抽出战刀，这一次她要亲手补偿自己当年犯下的错。

但她没有做到，赶来救援硕风和叶的护将从远处放箭射中了她。硕风和叶将她俘回了北陆。

也许是因为有当年那九百九十九数之恩，硕风和叶不肯为难她，不肯恃强欺辱她。他渴望击败她，渴望占有她，但他一定要让她心甘情愿，那才是真正的征服。

于是他为她松绑，让她养好箭伤，然后把战刀亲自交还给她，说："我每天会来见你一次，你若有本事胜过我，就杀了我报仇。但你若没本事，败给了我，就要死心塌地地做我的女人。"

牧云严霜接过刀，咬紧嘴唇，默认了这个约定。

结果这两个人都太自信了。九十七天过去，她没能杀了他，他也没能打败她，每次都以刚才发生的那一幕——硕风和叶被踢出帐篷而告终。

硕风和叶被摔出来，仰躺在地望着星空时，他在想什么呢？

他在想，也许他真的爱上这个女子了。因为她是这样凛冽而美丽，就像最傲的马，最辣的酒，最快的刀。

但牧云严霜在想什么呢？他不知道。他只知道，她一定会属于他，会爱上他，就像所有的野马最后都会温顺地依偎他，所有的烈酒最后都会被他大口吞咽，所有的快刀最后都会被他握在手中。因为他硕风和叶，是北方最强悍、最狂傲的男儿。

这样的一个夜晚，这样的六个人。天下三分，天下又总会一统，胜负终会决出——牧云笙、穆如寒江、硕风和叶，注定只能有一个胜利者，而另外两人将死去。男人们期待那个结局，好快意恩仇。女子们害怕那个结局，害怕心中所爱消逝。时光却电光石火，不可遏挽地带着无数人奔向那揭晓的一刻。

【02】

一队骑兵在路上疾驰，精壮的战马践踏起泥浆。路却是越来越难走，两边山林逼来，最后，已经无路可行。

"不要再向前找了吧。"马上一名校尉打扮的人摇头，"还会有人住在这样的深山里吗？"

"连年战乱，逃进深山的人只怕不在少数。"年老些的骑将道，"相比奔逃于那些兵家必争的城郡之间，能在深山中隐居，只怕倒是幸运的了。"

他扬鞭前指："看，那里草间有条小路，显然山里还有人家。我们下马步行吧。"

这深山中几户竹檐茅舍的人家，惊慌地看着突然出现在屋边的贯甲兵士，纷纷逃回房中，紧紧掩了门户。

“问一下，这里可有叫苹烟的？”兵士在户外喊着。

无人应答。

“有没有一个女子叫苹烟的！”兵士不耐烦地又喊了一遍。他们已经奉命搜寻了数月，对于能在茫茫乱世中找到一个人丝毫不抱希望，不过例行公事而已。

一双惊恐的眼睛，隔着用树枝绑成的木门缝隙张望着。

“他们在找的是……小五儿？”那鹑衣少年回头，望着墙角缩成一团的家人们。

“小五儿还做过什么事？当年不知从哪里收留了一个野小子，想来定是个逃犯吧，还带回家里来。我们哪有饭给他们吃，于是我又把他们骂走了。后来那男人跑了，五丫头自个儿回来了。从此她也老实了，整天不说不笑只干活，我还当这事儿过去了……结果现在……哎呀！”那四五十岁的妇人低声骂着。

“五姐上山砍柴去了，若是现在回来，岂不正好被撞见？”妇人怀中的小女孩睁大眼睛着急。

“这小五儿从来就没给家里带来过一点儿好事！现在又连累全家，真该让她死了清静！”妇人咬牙咒骂着。

年轻校尉见无人回答，叹了口气。

“走吧。再去别处。”他招呼着手下，不由得抱怨，“这大端朝的皇后怎么这么难找！一应声就是极致的荣华，偏偏所有人都当我们是来抓丁的一般。”

那老年骑将笑道：“你这样凶地呼喝，纵然人在，哪里又敢应声？”

“以前我可是好言好语，生怕吓着了未来皇后娘娘，吃不了兜着走。但这几个月下来，我也想明白了：这天下这么大，哪里找去？没准早死了也不一定。陛下要找这当年落难时救过他的女人，也不过是想报个恩，并没有什么真情意。真找着了，难道真立为皇后？那陛下身边的美人儿怎么办？倒不如去找了，没找到，反而最好——陛下也圆了报恩之心，又不用为了后宫的事为难。你看是不是我说的这个理？”

老年骑将笑道：“偏你懂事！我只知道食君之禄，忠君之事。既然上面吩咐下来要找，便认真找去，怎么倒猜度起陛下的心思来了？若陛下只是想做做样子，天下本无人知道还有这么一回事，他又何必大费周折、多此一举？我倒听说，陛下身边那美人是魅，不能生育[1]。所以陛下为了立嗣大计，还是要寻一个皇后的。”

---

[1] 不能生育：魅族的身体是后天凝聚的，即使外观完好，内里也往往有不为人知的缺陷，因而往往不能生育。同时魅在怀孕时必须将自己的精神分离出一部分赋予胎儿，这个过程极为危险，很容易母子俱亡，所以魅也往往不会选择尝试生育。牧云笙的母亲早逝即与他的出生有直接关系。

“咦？叫我不要猜度圣意，您老倒猜度得挺来劲。那你说，陛下若只为求个后代，天下那么多女子，怎么偏发了疯，要找这一个？”

“要我说啊，那些什么贵族大臣的女儿，凡是背后有家世的，入了宫，再生了小孩，必连同诸世家斗个你死我活。前朝历代出了多少这样的事儿，陛下能不看在眼里？所以故意要找一个平民出身的女子，没有什么权贵外戚闹心。”

“我明白了，这只怕是为了让那小美人儿放心。一个平民出身的皇后，自然没有人帮她与陛下争宠，她才能常伴陛下身边啊。”

这两人在外面聊得起劲，被柴扉后的人听得真真切切。那年轻男人回头道：“娘，我怎么听得……好像……好像那些人是来接五妹进宫的？说是什么她当年救了皇帝，现在陛下要报恩……说要立她为皇后呢！”

那妇人正抖如筛糠，听得此言，嘴咕噜一下，两眼翻直，好似被堵了心窍，就要憋死过去。一帮孩儿忙抓了她又摇又晃，掐人中、打耳光，才让她醒转过来。

“那死小子……当年那死小子……当皇帝了？我当年骂他不知哪儿来的浪荡子……我还骂皇后娘娘是……不中用的赔钱货！”

“皇后娘娘在我们家砍了十几年柴啊……”众姐弟突然全觉内疚。

“我昨天还让皇后娘娘给我打洗脚水来着……”大姐恨不得从此不洗脚。

“皇后娘娘昨天做的饭晚了些，我还揪她耳朵骂她懒娘儿们……”二姐护住自己的耳朵。

“娘，谁是皇后娘娘啊？”五岁的幺妹摇着妇人问。

“就是昨天晚上抱你撒尿的那个！”

“五姐姐？五姐姐是皇后啊？为什么她从来就不告诉我们呢？”

“她要是知道，就该我们给她洗脚了！”

“那些兵要走了啊！”在门口窥望的四哥着急地喊。

全家人安静了下来。

外面果然人声渐远。

“娘，要喊住他们不？”

那妇人心里也犹豫着急，手里紧紧掐着幺妹，直把幺妹掐得哇哇喊痛。

“娘，他们走远啦！”

“豁出去了！”妇人跳起来，“老娘穷了一辈子，生了这么多女儿，好不容易有一个攀上了富贵，就算出去被杀了，也要试一试！”

这妇人赤了脚，奔出门去，追到山坡边，运了运气，朝着正走远的士兵们大声喊了一嗓子：“苹烟——！军爷！你们是要找一个叫苹烟的吗？”

片刻后。这家人挤成一团，惊慌地看着围住他们的士兵。

“苹烟姑娘现在在哪里？”老年骑将问。

“你们不是该叫她皇后嘛！”幺妹脱口而出。

妇人一把捂住小丫头的嘴，赔笑道：“不必，不必，免礼平身。”

老年骑将想乐，向帝都的方向遥遥拱手道：“陛下找这位姑娘去做什么，我们做属下的不敢胡言。我们只负责将人带回天启都城。”

“那我们呢？我们也能一块儿去吗？”二姐忍不住凑上前，又被妇人抓住头发一把拽了回来。

“这……陛下未曾吩咐。不过既是苹烟姑娘的家人，只要苹烟姑娘难舍，自然该一并接去。”

六妹哇一声哭出来：“娘，昨天我和皇后娘娘打架，揪她头发。你可千万叫五姐别把我丢下。”

老年骑将有些不耐烦了：“请问人究竟在哪里？”

“上山砍柴去了……这就回来！这就回来！”

苹烟背着柴草吃力地往回走，正下山坡，突然听见村里喧哗。她抛了柴草奔到一棵大树边，向下一看，士兵们围住了自家草舍，正在与家人说着什么。

她心中慌乱，俯身藏在草间，只盼那些兵士早些走了，又怕他们动手伤害家人，一时心乱如麻。身子渐渐紧缩成一团，觉得手心冰冷。

但半个时辰过去，天色也渐黑，那些士兵还没有走的意思。而且，家人竟然走到村边来呼喊了。

“小五儿……不，皇后娘娘……你在哪儿啊？皇上派人来接你啦——”

苹烟心里如电光触动，不由得落下泪来。

是他……他竟然还记得自己吗？

她还记得当年与他在一起的最后时刻。

“这个天下曾经是我的，”那少年说，“而且以后也将是我的。这也不是谎言。”

“为什么？”苹烟望着少年却觉得如此陌生，“为什么你又决心去重新争夺天下？”

“因为从前，我以为我逃开了，一切都会过去。但现在我发现我错了。我逃走，只不过是让别人把本属于我的一切拿去毁坏践踏。我再也不会容忍他们这样做，我要打败所有曾想毁掉我、从我手中攫取一切的人。我心爱的女子，还有我的皇朝，所有我失去的一切，我都会夺回来。每一个企图抢夺走我心爱之物的人，都会付出代价！”

他转过头，“以后我的一生也许都会在戎马征战中度过，我的身边只会有死亡与鲜血。苹烟，你不要再跟随我了。”

“他有他心爱的一切，有他必须守护的一切。只是……那与我无关。”

苹烟流着泪，不知自己是在哭还是在笑。手紧握着，看着天空若隐若现的星辰。

“我以为我能把你忘记了，我的心已是死灰，现在，又何必让我活过来？让我再悲伤一次。”

夜幕已来临，苹烟还是没有回来。

“这是怎么了？平日里早该回来了啊！”妇人顿足，嗓子早喊哑了。

“娘，山上太黑，我找不到五妹啊。”四哥从山坡上滑下来，浑身都是被树枝剐出的血痕。

“不会……不会偏这个时候，掉到山崖下头去了吧……”二姐呆呆地说，被妇人一巴掌打哭。

“既如此，我们在此休息一夜，继续等候吧。”老年骑将摇摇头。

第二天，晨光已现。苹烟还是没有回来。

“要不要上山去找？”年轻校尉问。

老年骑将叹了一声，摇摇头：“你觉得她为何不回来？”

“或许真是在山中迷路了吧。”

“她天天上山砍柴，怎可能迷路？若不回来，自是已听见我们呼喊，却不想回来了。”

“怎么还有这种人？皇上要召她入宫，却还不肯来？”

老年骑将笑着：“你还太年轻，不知道世上福祸相依的道理。只怕这女子，却比你看得通透。”他一扬马鞭，“我们走吧！”

妇人扑上来：“官爷！官爷！你们不带我们走了吗？我们一定把小五找回来的，我们这就去找！”

“她不肯去，难道我们把她绑回去不成？”

“这小五不懂事理，我定要狠狠训她！但你们莫丢下我们啊！当年那小子……不，那皇上，还在我们家住过，吃过我给他做的饭呢！”

老年骑将问：“你们走了，那苹烟姑娘回来怎么办？”

“这……这……我们给她留话！她看见了，自然就会下山来找我们。她老娘和姐妹都进了宫，她怎么可能还不跟来？”

老年骑将叹了一声：“你们倒真是好父母、好姐妹。走吧走吧！你们是皇亲国戚，我哪敢不带你们？这就请上路吧。”

苹烟就站在山坡上，注视一行人远去了。

都走了，终于一切都清静了。

风吹动竹林，喧哗如海。她就这么望着自己的家人乘车远去，眼泪在颊边慢慢地流，心却静如这寂静空山。

“那天你要我离开你，我答应了。我既答应你的事，便不会反悔。”

她愿为他付出所有。而此刻，她付出的，是一生的孤独。

【03】

西都，西靖皇城。

穆如寒江看着大殿外走来的这个人。

他脸形瘦削，留着怪异的两撇长胡，袍子上尽是补丁，头发上全是油渍，拖着一口巨大的滚轮木箱。木轮都缺口了，一路噪声让人皱眉。

“木箱不可带入大殿！”门口卫士拦住。

“狗屁！你知道这里面装的什么？这里面是整个天下！”那怪人跳脚，把唾沫喷了卫士一脸。

卫士揪住他的衣领，掣出腰刀。穆如寒江喝一声：“不要管他了，让他进来。”

怪人费了吃奶的劲，满头大汗才把那箱子搬到门槛里，其中砸中自己脚数次。卫士偷笑就是不帮忙。

然后他又一路巨响着把箱子拖到殿中，殿上文武都忍不住想掩耳。

“宇文慎谨参见陛下。”怪人唱个喏，却不跪拜。

“我不曾称帝，只是殿下。”

“有我在，你很快将成为陛下了。”

“听说你满街大喊，自称可以为我献上九州三陆？”

“是。”

“狂徒为何不跪？”一旁有将领忍不住斥责。

宇文慎谨把头一扭：“不跪，请赐座。”

穆如寒江摇头：“我的所有臣将都要行礼，你寸功未立，我不能为你破例。”

宇文慎谨转身就走。

卫士上前要拦，穆如寒江一挥手：“让他去吧。”

宇文慎谨又费了好半天把箱子搬出门，最后还把殿门重重一摔，穆如寒江哭笑不得。

旁边谋士廉茂道：“殿下，宇文慎谨是个狂徒，但万一真有本领，也不可落入他人之手。此人这一走，必投东端牧云笙，不如除之。”

穆如寒江摆手：“由他去。我的天下，岂会因为一人而倾覆。”

宇文慎谨来到中州，同样满街大喊：“出售天下一个，有意者出价。”

中州也有人知道宇文慎谨这个狂徒的，于是又把他带到牧云笙面前。

“狂生为何不跪！”卫士吼道。

宇文慎谨一扭头：“不跪，请赐座。”

牧云笙笑：“我所有的臣将都站着，我不能为你破例。”

他站起身，走下阶来：“不过，我也可以站着听先生的高见。”

宇文慎谨打量着走过来的牧云笙，好像是他在决定要不要录用此人一般，突然尖声说：“在东端牧云治下沿途，听市井草民高谈政事，提及陛下名讳，毫无恭谨，甚至直呼其名，而衙吏充耳不闻，在下极为惊异。”

牧云笙笑着问：“那么在西端穆如治下如何？”

宇文慎谨说：“在穆如治下，众人谈及穆如寒江，皆拱手敬畏，目之为天下第一英雄，欲投军报效。踏火骑军威望极高，所到之处人人夹道欢迎，凡军士饮食行宿，皆免银钱。”

牧云笙问：“既如此，先生为何来我这里？”

宇文慎谨大笑说：“在西端我若敢言君王的不是，只怕被激愤民众当场乱棍打死。而我来东端，一路指摘弊端，言必提西端强于东端，闻者多含笑听之，官员还将我引荐来见陛下，故知此处才是良臣报效之所。”

牧云笙于是问宇文慎谨：“请问清明之政，如何治理？”

宇文慎谨道：“不过十二字。”

“哪十二字。”

“垦农田，兴工坊，通商贸，行法度。”

牧云笙摇头：“都是虚浮之词。我且问你，贪官如何治？”

宇文慎谨道：“人为兽化，私心长存，是故我眼中所有官吏，俱为贪官。”

牧云笙问：“如此说来，世上岂不是无一官吏你肯相信？”

宇文慎谨道：“正是。自古以官治官，行监察，监察者与贪官勾结一气；用御史，御史也同流合污。故我不信官，只信法度。”

牧云笙大笑：“法度也要人行。自古都立法度，却也一样因人而废，我却要看你能行何法制。”

宇文慎谨道：“我不信良心道德、示心明誓，只信堂上宝剑、案前权印。世间贪腐横行，只因吏权过大，同样罪行，可轻可重，可杀可免，如此自然贿赂不绝。若百姓也能行律，也能判案，也能治国，也能审官，又何如？”

牧云笙摇头道：“这却是闻所未闻。”

宇文慎谨打开那大木箱，里面竟全是纸卷。他拿出一卷深躬举起：“我观世间炎凉，十年苦思，编有律法一部，数千万言。请陛下用我变法，我愿肝脑涂地，换大端万世太平。”

牧云笙取过，展开看了许久。点点头：“好。”

“谢陛下与我大理寺卿之位！”宇文慎谨扑通跪下。

“不，先给你个县你去试试。”

宇文慎谨于是来到中州松风县，得未平皇帝的特许自定县中律令，将原《大端律》三百十一五条增至一千七百一十条，每条又多附详解。从征兵调粮到妯娌分家，事无巨细，一一规定处置方法，官员照律施行即可。《大端新律》厚厚数十本，要求所有官吏熟诵于心，常有考试，若错背一条，扣罚薪俸。举县官员叫苦不迭。

有乡民王老吉与邻争地，投状官府。王老吉事先请读书人查过大端律典，认为必胜，但县尉竟当堂判为其邻得地。王老吉怒起：“你怎不按律判？”说着就要去翻案上律典。原来《大端新律》规定：官员必须把《大端新律》摆在案前，若是受审者认为官员错判，可当堂要求翻查。

县尉怒了，命人把王老吉打了二十大板，此举又与《大端新律》上所言不符——新律中有云：若仅为言语之过，不可以肉刑罚之。又因新律中规定，刑曹为县尉第一候补，县尉所有拘审，刑曹必须在旁参与；倘若见错不参，被他人举发，先罚刑曹。这刑曹一看这可不能怪我了，下堂就找了证人，上书参劾。于是此县尉成为新律实施后被罢免第一人。

松风县本来颇为穷乱，乡民天天斗殴闹事，这边压下，那边又起。宇文慎谨命豪强把地租给流民，命人将新律宣读给不识字者听，每村设一流外文职，专门负责帮人按律打官司。于是后来村民都学刁了，以前什么事都要动拳头，现在什么事都要打官司。县衙挤满了人，忙不过来，于是宇文慎谨就在每村都设一堂，教授村民按律判决。若有发现律法疏漏不公之处，当夜修补，第二天就将修改处告谕全县。

宇文慎谨治理松风县半年，民风大变，声誉极高。于是牧云笙下令，将宇文慎谨调任御史中丞，新律试行于中州。

新律一行，因为规定凡告倒官者，平民可得重赏，有功名者可替其位，一时间各地参奏官员的本子铺天盖地，真假难辨。其中一半是大家上本互参，另一半是参劾同一个人的，那就是一步登天的宇文慎谨。诸如他在西端期间去向穆如寒江献策煽动东端民众谋反，到了东端之后头一件事先去逛了天启城风月坊中最大的青楼，这类的事全部被人揭发了出来。

未平帝牧云笙拿着《大端新律》一查：投诚者原为敌国效力之事，免罪。非官员出入公开经营的娱乐场所，不究。原来这位编法典时早就算计好了。

未平帝牧云笙每天上朝，都有好几车官员互相揭发的奏章运来，哗啦啦往大殿上一倒，堆得官员们都没处站脚。牧云笙天天看这些奏章，自己看不过来就发给百官看，百官看不过来就发给内侍和宫女看。

汤承恩是端朝三朝元老，从未平帝的爷爷毅帝的时代就为官了。他愤怒地上本痛斥宇文慎谨是西端派来的“匪谍”，乱施法令，目的就是要搞垮东端。要按照他的做法，天下没有一个官是干净的，人人自危，谁还敢当官，谁还敢管事？

未平帝把这个奏章也转发百官，宇文慎谨当晚就回奏说我这人什么都怕，就是不怕天下找不到愿当官的人。不信你把官位让出来，我第二天就找一千个愿顶你这个位置的，其中必有一百个比你强。

汤承恩气得半死，第二天在朝上痛骂宇文慎谨，挥着拐杖要打死他。百官分成两派互殴，打得满地都是牙。未平帝也不生气，谁也不罚，下令以后想上朝打架的自带枕头，可以互掷，不准用牙咬。

这事传到西端，被引为笑谈。虎贲卫将军郎士效对穆如寒江说：“牧云笙果然是昏庸之辈，哪里有这样治国的，现在东端官员一片混乱，正是我们出兵的机会。”

谏议大夫廉茂却说：“不可。现在东端变法之初，看似混乱，却只是因为之前无人治理，官员昏聩无能；宇文慎谨一到，好似狼惊羊群，所有的羊都拼命跑起来了，面上乱作一团，实则睡者已醒，我们已经失去时机。当初宇文慎谨来献国策，我们以为他不过是个狂徒，现在看来是错了。何况东端变法只在文政，军队仍然严整，孤松直也是当世名将。有这两人在，我们并无取胜的把握。”

郎士效说：“东端州郡多于西端，若如你所言宇文慎谨是个良臣，此时无机会，等他日后变法完成，岂不是更无机会？”

穆如寒江只是沉默不语。

【04】

这是一个沉寂的夜晚，大地上遍布篝火，像倒映的星河。火光照耀着困倦士兵的脸，忽明忽暗。

在山脚下到处坐卧着人，他们许多人没有盔甲，没有武器，浑身伤痕与泥污。这是一支刚从战场上溃散的败军。大多数人不顾地上泥泞，倒头就睡着了。一些老兵愁容满面地烤着火低声说话。

一个躺在营地边缘脸贴地睡的伤兵突然被惊醒了，他的耳朵挨着泥土，像是感到了什么震动声。

他慢慢支起身体，站了起来，紧张地注视着前方的黑暗。

越来越多的败兵感到了什么，都站起身来，向同一个方向看去。

远处，有什么声音渐渐可闻了。

那像是整齐划一的脚步声，虽还微弱，但若知其是从数里之外传来，便可想象是怎样一支庞大的军阵在推进。

“那是锋甲军进军的声音吗？”

“锋甲军！锋甲军进攻了！”

“未平皇帝来了！”

人们大喊起来，惊慌得转身奔跑，整个营地的人像退潮一样向后逃去。

一位将官疾冲进营地内那唯一的一座营帐，跪倒在地。

“将军！端军夜袭，已至一里之外。营中骚乱了。一个月来败退数百里，士兵们疲惫怯战，已无斗志，将军如再不行约束，大家就要溃逃了。”

“轻声。”却是一个女子淡淡的声音。

那年轻的女将军早穿戴好了盔甲，细铜丝锁甲紧紧包裹住她的身躯。她勒紧护腕上的束带，提起剑，转身来到床边，一个十来岁的孩童正在那里睡着。

“母亲。”那孩子睁开了眼，他的目光纯净如水，看不到恐惧与迷惑。

“涣儿，你醒了？”女子笑着，轻抚他的头发。仿佛这只是一个普通的静夜，并没有近在咫尺的敌军。

孩子却伸出手，凝望着她的头顶。

女将军抬头望去，星光正从那帐篷顶上的破洞中泻下来。

她笑着抱起那孩子，带他来到帐后的草地上。

孩子站在草间，仰头贪渴地望向那星河。深色天空中银带流淌，无阻无拦，扑面而来，奔腾而去。巨大的星晕散出无可描述的绚丽色彩，缓缓地旋转着。

他伸出手去，踮起脚来，仿佛想触到天穹。

他脚下的山野中，那最后的军队正在崩溃，漫山都是奔逃的人和呼喊的声音，被丢弃的火把、兵器、旗帜一片狼藉。

可孩子却无动于衷，他只关注天上的奇景，仿佛听不到人世间的声音。

那女将军也蹲在他的身边，拥着他向天上看去，似乎不论他看多久，她都愿意陪着。

那震动大地的脚步声越来越近了。他们的背后，看不到边际的黑色甲胄的闪光正缓缓移来。

“涣儿，我们该走了。”女将军抱起那孩子，将他扶上马背。

她自己也翻坐上去，喝一声，那战马踏扬草叶，消失在夜色间。

山顶大营。

“大胆菱蕊！你为何不战而败退，还放纵士兵逃跑？丢了山脚大营，敌人便可直趋本王主营，你罪该万死！罪该万死！”

那王者对着带着孩子奔回的女将咆哮，早失去了首领应有的镇静，只因眼前的形势让他疯狂。

女将跪在座前，缓缓说：“商王殿下，我手下只剩三千余伤兵，他们怎么可能再与牧云笙的锋甲对抗？逼这三千人送死，于战局何益？不如让他们各自逃生。”

“混账！你的意思是我们已必败无疑，当弃剑速降？”

女将的嘴唇轻动了几下，终于沉声说：“殿下，的确是必败了……还请速撤！”

商王暴跳着，上前一脚把她踢倒：“撤？我还有何处可撤？所有城池全被你们这些废物丢了，难道要我再换上低贱污衣，再去做逃难流民？”

女将慢慢撑起身子，重新跪正：“殿下，你我大家本就是流民，为了有口饭吃而聚义起兵，大家也是因为你能让大家活命才拥你为王。现在敌远强于我，只有让大家先撤退保得性命，才能再图将来。此时王位衣着，都只是虚荣。”

“保命？只怕是你想保得性命吧！”商王大吼，“来人，将菱蕊推出去，斩首！”

四下将领齐齐跪下，铁甲叩响地面，喊着“殿下开恩，此时斩不得大将”。

“你们全是一党！”商王涨红了面孔，“再有劝者，一并斩首！此时不斩不战而逃者，还有何军心可言！刀斧手！”

行刑的兵士围上前来，却被菱蕊一把推开。

她跪伏在地：“殿下，菱蕊愿受严刑责罚，但请留菱蕊一条性命。”

“你果然是怕死！”商王一口啐下，“斩你是太便宜了——来人，将她拖出，乱棍打死！”

“不许伤我母亲！”突然一声孩童的喊叫。那一直安静无言的孩子突然冲了出来，倔强地拦在菱蕊身前。

商王暴怒地望向他，像疯狼看向猎物，那孩子的眼神却毫不退缩。

商王点点头，忽然冷笑起来："你乞饶一命，就是为了能养这孩子。他的父亲是谁，军中早有传闻，都言你与牧云笙曾有一番密会，你腰间还有他赠的玉佩，这孩子莫不是……好啊！来人，将这小畜生与这叛妇一同拖出去乱棍打死！"

菱蕊震惊地抬起头，正有士兵上前拉那孩童，她猛跃起身，将那孩子拢在自己臂弯中，抽出宝剑："谁敢伤他！"

"果然反了！"商王气得颤抖，"给我杀！"

四下士兵围住女子，却畏其威严，不敢上前。

商王血涨面庞，暴吼一声，抽出自己的宝剑，直向菱蕊斩去。

菱蕊格住那剑，眼中射出冷芒："早知你是冷酷绝情之人。今日谁想伤这孩子，我便要谁死！"

她左手遮在了孩子的眼前，右手执剑一滑，向上一撩，商王惨呼声中，血冲天而起。

周围将佐惊叫起来，抽出佩剑，将这对母子围住。

那孩子慢慢移开挡在他眼前的手，望着地上血泊中的尸身，眼神中却只有漠然。

菱蕊看着商王的尸身，任血从剑上一滴滴落下。

好一会儿，她抬起头，向周围拱手："众位，当年此人与我等一同逃难，一同起兵，约好同生共死，同享富贵，我等这才拥他为王；如今他为了这王位，要赔尽所有人的性命。"她目光从众人脸上一一扫过，"今天菱蕊不惜一死，也一定要让这孩子活着离开这里。"

众将沉默半晌，忽然有人将宝剑掷于地上。

"战局如此，商王却还要我等送死。杀了你，我们也要死于锋甲军阵。菱蕊将军，你带我们突围出去吧。"

四下皆喊："菱蕊将军，我们跟随你！"

菱蕊转头望向那孩子。一片剑光之中，他却自顾走到了一边，专注地看着远处山下的火光，仿佛身后的喧喊都与他无关。

她的眼中，突然有了一丝悲凉。

【05】

数里外，另一座庞大的连营，营火之光密如星海。一面巨旗高高舞动，上书"牧云"二字。

一健骑踏溅泥土，飞奔入营，穿营高呼道："敌将菱蕊提了商王首级，率残军来降！敌将菱蕊提了商王首级，率残军来降！"

营中欢声雷动，士兵们冲出帐来，挥刀高呼。牧云军与割据越州的流民叛军缠斗这许久，终是到了胜利之时。越州至此重归皇域版图。

菱蕊带着那孩童与归降军将在牧云军的押送下来到了营前，他们身边，是满营的欢呼声。

只有那孩童没有被绑，他只是慢慢地走着，神色平静，像是听不到这巨大的喊声，毫不在意身边的一切。

一员战将正立马高处，望着这归降的队伍。

他周身包裹在泛着青光的铁甲之下，他的战马也一样身贯重甲。即使是在全军欢庆的时刻，即使是敌人已全部受缚，他仍然紧握战刀，一刻也不松懈。

一位将官从中军大营中冲了出来，奔到他的面前。

“孤松将军，中军大帐中不见陛下，末将正在遣人四处寻找。这受降庆典，是否要推迟？”

孤松直抬头望望营边的山岭，微微笑道：“我知道陛下在哪儿。他从来不喜欢什么典仪大会、致辞献酒的，不必寻了，所有一切，他正看着就行。”

未平皇帝牧云笙正坐在峰顶，遥望着山下火蛇星海一般的连营。

远处海潮般的欢呼，倒仿佛只是节日的观景。

胜了，他却并不欢喜。他只是不能失败，他要打败天下人，却不是为了自己。

一个时辰后，御营中军大帐。

未平皇帝牧云笙，还有他的锋甲军，是这世上最可怕却又最不可捉摸的。万众见他，都要跪伏。

现在，他的眼前却站着一个孩子，神情平静，坦然直对他的目光。这孩子不知道他是谁吗？或者，他根本不在乎？

当牧云笙看见这孩子时，却恍惚似曾相识。

“当年……你曾用这把旷世奇珍的菱纹剑，从我手中换走二皇兄的玉佩。”未平皇帝抚着那把暗青玉鞘的宝剑，鞘身冰凉而润洁，“从那时我就知道，牧云陆这个名字，对你多么重要……而现在，看见这个孩子，我更明白了，这个名字不仅仅是重要……你们的血脉也早已相融……”

“不。”菱蕊跪倒在地，“陛下误会了，这个孩子是罪将从乱军中拾来的，并非您兄长的骨肉。”

“不是吗？”牧云笙淡淡地说，“我几乎误会了。”

他挥一挥手："你带着他，下去休息吧。"

"陛下，"旁边有将领上前低声道，"当将这女子先行囚禁才是，那个孩子也有些古怪……"

"不用了。"牧云笙淡淡笑道，"她要逃走，又何必来？我知道她想去哪里。班师，回京。"

【06】

天启城，凡琳宫。

穿过重重帘幔，她隐在幽暗之中。

"纵然用玉石之镜挡住所有的日月星光，但又能阻挡星辰的力量多久呢？我能感到它们正在寻找我，想把我带走。"

盼兮幽幽地叹着，她有着凌绝世间的美，却注定短暂。

"我们的一生并不长，也许能阻挡一百年，足够我们老迈死去。"年轻的皇帝说。

"你总是不相信命运，这会毁了你自己。"

"我自己，其实早就不存在了。"

"是的……在这玉殿之外，你对所有的人都冷酷绝情。"女子低下头。

"这次平商军之乱，大军斩了十万的头颅。越州之地，百里难见人烟。但我终是胜了。看见满地的血我不会再悲哀，看到人们为胜利而狂欢我也不会喜悦……我只有回到这里来，听到你的声音，看见你时……心才会动一下，感到一丝温暖。"年轻的皇帝轻轻握住她的手，她的手却是冰凉的，正如那玉石。

"可是你已经成为天下的仇敌，包括……你的亲族。"

"你知道了？"

"是的，我能感知你的所思所想，能知道你心中正想着的那件事情。我看到了那孩子的脸……他一定是你兄长牧云陆的骨血。"

"你却这么肯定？"年轻的皇帝笑着。

"因为他眼中的那种目空一切……你的眼中也有。"

"可这一点并不像我二皇兄，二皇兄是会为了天下牺牲他自己的人，我们其他人都做不到。当年他才是太子……如果他不是死守衡云关不退，与关同殉，现在这皇位应该是他的。"牧云笙叹息，"以他的才华，他才是能开创治世的真正的帝王。"

"所以你觉得歉疚？你觉得欠那个孩子的？"

牧云笙默然无语，许久，才缓缓说："这皇位，本该是他的。"

女子望着他，许久，轻轻问："假如你有一个孩子，你不愿意让他继承这个天下吗？”

“盼兮，你不是凡人，不能生育。我的母亲就是魅灵凝成之躯，体质极为虚弱，为了生育我，她耗尽了自己的生命，我方年幼，她就逝去了。”牧云笙摇头，“我绝不能让你再走这条路。”

盼兮凝望着他，轻轻笑着：“可我恨自己不能为你生一个孩子，我多想有我们的孩子啊。”

他摇头：“可是，如果因为这个，你也早早就离开我……那时我会多痛苦？”

盼兮沉默了：“是啊，我也想能永远陪在你身边……为什么世上的事，总让我们无法选择？”

牧云笙将她紧拥：“盼兮，这些年我率兵征战，不知杀了多少人，又有多少人为我而死。我能感觉到，他们的灵魂和痛苦深入我的骨髓，我闭上眼就能听到他们的号哭。我不知道我还要这样苦战多久。只有在你这里，我才能得到安宁，才能安然睡去。盼兮，永远不要离开我……好吗？”

女子闭上眼，流着泪默默地点头。

他的眼中闪出光芒：“我做皇帝，只是为了替我的父兄守护大端王朝，我不能让它在我这一代倾覆。但现在好了，我们找到了二皇兄的孩子，十年之后，他就会长成。我会找最好的武将和文士教授他，他一定会有我兄长那样统御天下的气度和才华。之后，我会把皇位传给他，让他得到本就该属于他父亲的天下。那时，我们就可以从这无休止的征战中解脱出来了。”

牧云笙抬起头，目光穿过重重楼阁直达远方：“而这天下……我会在他长成前，就为他一统。”

【07】

天启城，火光点点。因为获胜之师的回归，这座因战乱而萧条的帝都重获了一些暖意光彩。得以归家的军士们带着庆功宴的酒气，跌跌撞撞地匆匆奔向城市的各个角落，敲门声、呼唤声、惊笑声四处传来。一场战争终于结束，他们居然还活着。然而，谁也不知道是否太阳还未升起，下一场战火就已点燃。

但此刻，因为一个孩子的到来，这皇皇帝都也正人心浮动、杀机重重。

“传闻那员归降女将菱蕊带来的孩子是庄敬太子的骨肉，是真的吗？”

书阁中，油灯照亮着三个人影。战乱时节民生凋敝，纵然在重臣府第，蜡烛也是奢侈之物。而且今夜的话题，也并不适合秉烛高谈。

问话之人，是内史侍郎方枯荣。

“只怕……是真的。”宇文慎谨微笑，端起茶杯，轻抿一口。

“我和左仆射、孤松直，以及诸多臣将，都是庄敬太子的旧臣，曾立誓一世追随殿下。只可惜他英年早逝，我们这才辅佐了当今。但如今既知庄敬太子留有血脉，我们该如何做？”

“你在问我吗？”宇文慎谨放下茶杯，杯中水纹微微漾动。

“是的。”

“很简单，杀掉那个女人。”

“什么？”灯影在方枯荣眼中一跳。

“杀掉那个女人。因为她显然希望那孩子继承他父亲所失去的一切，她终会把往事都告诉这孩子，这会害死他，害死先太子唯一的骨血。”宇文慎谨看着方枯荣，“正如你所说，军中有那么多将领是庄敬太子的旧部，如果他没有儿子，他们都会忠于他的兄弟，但假如他有了儿子……对皇位的争夺会引起新的动乱，这会彻底毁掉大端朝。你想看着曾和你一起奋战，亲如兄弟的人彼此拔剑相向吗？”

“陛下会怎么想？他也会想用‘杀’来永绝后患吗？”左仆射问。

“不论陛下怎么想。陛下也许宽容，也许无情。关键是天下人会怎么想。”宇文慎谨轻弹着茶杯，看着杯中水纹震荡愈急，“这孩子活着一天，动乱的隐患就存在一天。就算将来我们辛苦平定了天下，也随时会重回乱世。如果你真的忠于端朝，就早早行动。陛下若想留这孩子，那是陛下纯良到了糊涂的地步。陛下若想杀他，那么你就更不用等陛下发话。”

“若是如此……”方枯荣沉吟着，“我们只需杀掉那女人，孩子却可留下，毕竟他是庄敬太子唯一的后人。只要将他远送，让他再也没有机会争夺皇位即可。”

“不可以。将来只要有人想起兵作乱，都会去找到这个孩子，以他为旗号。他不死，祸患就不会根除。”

方枯荣摇头：“杀死庄敬太子的遗孤，我做不到。”

“是吗？那么你只能做另一件事。”宇文慎谨冷笑。

“什么？”

“杀了陛下。”

“你……”方枯荣惊立而起，“宇文慎谨，你究竟在为哪边立策？”

宇文慎谨也立起，遥向远方拱手：“我在为大端朝立策。天下容不了两条苍龙，一定要选择其一，然后将另一条彻底杀死，否则必然再兴乱世。”

方枯荣脸色苍白：“若是弑君，岂不是现在就搅乱了天下？”

“现在兴兵，只是变乱一夜。重臣们多是庄敬太子的旧部，若陛下崩逝，他们必然就会扶庄敬太子之子登基；若是庄敬太子无嗣，他们也必然就此死心塌地地跟随陛下。现在最可怕的，就是世人心中疑虑不定，那么天下就不会有真正的安宁。”

“所以，我们现在就必须做出选择？”左仆射轻轻抬手，拭去额上冷汗。

“是。”

方枯荣沉默了许久，直到油灯都渐渐暗了，灯影在他脸上明暗不定。

“那孩子现在在哪里？”

【08】

天启城外，锋甲军大营。

“孤松直，你是先太子的旧部，我问你，先太子在时，待你如何？”菱蕊按剑站在帅帐之中，目光凌厉，注视帅案后的铁甲将军。

孤松直仍然身贯重甲，几乎没有人看过他脱下那甲胄后的样子。世人传言，孤松直此人是穿着战甲生下来的，也会穿着战甲死去。只要在军营中，他永远在准备随时应战。所以从没有人去偷袭孤松直的大营，哪怕他睡着了。

“庄敬太子对我有知遇之恩，肝脑涂地难以报答。”孤松直语气沉静，如无风古潭。

“若是先太子牧云陆与其六弟牧云笙同在你面前，你会忠于谁？”

“先太子。”

“那么，假如牧云笙令你杀先太子，你会做吗？”

“不会。”

“那么，先太子令你杀牧云笙呢？”

“你想说什么？”孤松直望着菱蕊，却只如听家常絮语。

“如果先太子的孩子在你面前，你会如何待他？”

“事之若主公。”

“有人想杀你主公呢？”

“我必拼死相护。”

“很好。现在你面前的这个孩子，就是先太子的骨血。”

孤松直抬起头，平视着菱蕊的眼睛：“你终于承认了吗？”

菱蕊低下头：“我本想隐瞒以保他性命，但这孩子的面貌，只怕所有认识二皇子的人都已看出他的身世，牧云笙更应该早就了然于胸。他为求帝位安稳，必杀我母子以绝后患。就算他不杀，忠于他的人也会杀。我今天把这孩子带来这里，就是把我们的命交给你。你若是也忠于牧云笙，现在就杀了我们。”

“我不会杀。”

“好！那你若要保小殿下性命，就起兵立誓护卫他！”

“我不动兵。”

菱蕊惊疑道：“你不杀他，也不护他，为何？”

孤松直语气平缓，没有一丝慌乱：“若有人要杀小殿下，我必然拼死相护，但是，我蒙陛下以重兵相托，男儿有信，我也绝不会为了小殿下而背叛陛下。”

“你不可能同时效忠于两个人！若是牧云笙下旨要你杀我母子，你待如何？”

“不杀。”

“那岂不就是背叛？”

“我不杀你们，但也不会容你们再有机会争夺皇位。我会把你们留在军中，没人能杀你们，但你们也不可能出去。”

菱蕊喝道：“这就是你对先太子的忠心？这皇位不本就该是他的吗？不本就该是他儿子的吗？”

“不错，庄敬太子若在，我必会誓死跟随于他。但现在殿下已逝，他在天之灵，难道还会希望自己的兄弟和自己的儿子相残，使大端朝再陷乱世？庄敬太子待我如手足，我比你知他更深，他绝不是会为了让自己的血脉承袭皇位，而不惜使大端皇族自相残杀的人。”

菱蕊冷笑：“孤松直，世人皆言你极有谋略，但如今看你，真幼稚如孩童。你以为你不起兵，却又收容我们母子，他人还能信你？你要忠于未平皇帝，只怕他却不再容你。我想此刻，讨伐的兵甲就要到了。”

“若陛下不信臣，为臣者也只有一死明志。倘若大军真至，我会亲自护卫你们突围，直到我战死。”

【09】

侍郎府。

“那小孩已被菱蕊带去孤松直的大营，怎么办？假若孤松直有异心，只怕随时都会起兵。”方枯荣举着刚得来的信报。

“好，来得真快。”宇文慎谨笑着，“要么现在就去他的大帐，跟随于他；要么立刻禀告陛下，并点兵防备。现在就是我们选择要忠于谁的时刻。”

“这……却是让人难以选择。庄敬太子是当年的主公，待我们皆有重恩，我们是因为他才跟随陛下，但陛下也待我们不薄。一个是庄敬太子的兄弟，一个是他的儿子，这让我们如何是好？”

“不要想了，我们都不是会背叛主公的人，我们现在的主公就是陛下。为人臣将，忠君之事，血腥留在自己战袍上即可，这骂名就由我们来承担。”

方枯荣一咬牙：“你说的是，一切的错，由我们来承担！把战乱结束在这里。”

“时间紧迫，我们分兵两路。你去奏报陛下，我去传诏，令各营点兵戒备，然后率一支兵马径去孤松直大营，就说奉圣命，要他交出那母子，看他如何应对。若不肯交，必是反了，我立率大军攻之。”

“假传圣命？！”方枯荣惊问。

“怎么是假传？若陛下得知，难道不也会立刻下此令？时间紧急，来不及请旨而后动了。你要先行决断。”

“我知道了。”

大军调动的脚步声惊破了天启之夜。

【10】

凡琳宫。

“如果你有个孩子，会让他叫什么？”盼兮依偎在牧云笙怀中。

牧云笙沉思不答。

盼兮微笑：“你年号‘未平’，是因为生不逢时，遭罹乱世。如果希望孩子能平和无忧过一生，不如叫牧云平吧。”

“太祖的长子不也是这个名字？他那一世可不平顺，看来名字是要反着来才好。所以就叫牧云未平吧。”

“和你的年号一样？那么以后天下人提到未平皇帝，指的是哪一位？”

“我若有儿子，我只希望他一生快乐，能找到心中至爱，为什么一定要继承皇位？当皇帝，真的没有什么好。”

“做皇帝虽然凶险，但平民百姓不是更命如浮尘嘛！”盼兮叹着。

“如果有无尽之陆，田米充足，那就没有人会再争夺土地，也没有人想当皇帝了。”

“可惜啊，人心是不知足的。纵有无尽之土，只怕也容不下一颗野心。”

宫外忽传来内侍的禀报声：“内史侍郎方枯荣有急事求见陛下。”

“急事？”牧云笙摇头，“盼兮，看来又是一个无眠夜了。你先睡吧，处理完政事我就来。”

“嗯，你快去吧，国事要紧。”

牧云笙起身向外走去。

“小笙儿。”盼兮忽然在身后喊。

他回头：“怎么了，盼兮？”

她微笑望着他：“没什么，我要笑着看你离开。”

【11】

天启城外，锋甲军大营。

营前两军对峙。铁甲森森，映着月光。

“孤松直，将那孩子交出来！”宇文慎谨高喊。

孤松直在马上轻轻摇头：“我若交出，你必杀他。”

“那你是想造反吗？”

孤松直又摇头：“陛下若要我死，我立时自尽。但庄敬太子待我恩重如山，要我杀他的后人，我做不到！要我看着别人杀他，我也做不到！”

宇文慎谨知道再没有什么好说，他缓缓抬起了手。

三千弓弩兵齐齐举弩。

孤松直身侧，锋甲军举起铁网盾刃，月色下的原野上耀起一片寒光。

血战在即。

“陛下驾到！”远处传来喊声。

宇文慎谨、孤松直知道，决断的时刻到了。

牧云笙策马轻骑而来，身边竟只有几个虎贲卫士。

他穿过宇文慎谨的军阵，径直来到锋甲军阵前。

牧云笙扫视着这支他亲手创建的军队，此刻，他们却对他举着兵刃。

他缓缓抬起了手，指向这支军队。

“跪下。”

他的声音并不大，但在安静的夜里格外分明。

一万锋甲军齐齐放下盾刃，跪倒在地，高呼：“吾皇万岁，万岁，万万岁！”没有一丝犹豫。

锋甲军士全部来自当年流离失所的难民，当他们被骑兵冲踏、辗转哀哭之际，是少年牧云笙站出来，对他们喊：“你们还准备逃下去吗？几万人、十几万人被几千骑军追着跑，你们和一群猪有什么区别？”

他举着剑，那上面流着屠杀者的血。

“任何人想砍我们的头之前，他们的头就会先落地！”

那一天，人群如海啸般狂吼起来。他们甘心相信他，等着为了一声召唤而成为英雄。他们跟随着少年打回了天启城，驱逐了右金军。他们从匹夫变成了让人畏惧的勇士。这世上的诸侯看到锋甲军的旗号就会颤抖。这少年给了他们尊严与勇气，他们不会背叛他，绝不会。

只剩了孤松直一人还在马上。

他不下马，不跪伏。

牧云笙平静地望着他——这曾经为自己出生入死的将领。

“陛下，你打算如何对待你兄长的骨血、牧云氏的后人呢？”孤松直高声问。

似乎全天下人都正等待着这个回答。一句话便是千万人头颅落地，一句话便是百年的战乱。

牧云笙缓缓地说出了答案。

“我会立他为太子。”

这声音并不大，但所有人都听得分明。

孤松直长叹一声，下马跪倒，深深跪伏，高呼：“陛下万岁，万岁，万万岁。”

方枯荣和宇文慎谨也跳下马跪拜在地，高呼：“万岁，万岁，万万岁！”

万军跪拜，那甲胄的寒光像波浪推向天际。他们齐声高呼：“万岁，万岁，万万岁！”

牧云笙环顾他的大军。他终于真正成了这支军队、这些将领的主人。他也明白，自己终于成了真正的帝王。为了这个国家，他只能放下私情，换得万众的拥戴。

“盼兮，对不起。”他低下头，轻轻地说。没有人听见。

【12】

北陆，火雷原。

硕风和叶金帐。

硕风和叶从帐篷里被踢了出来。

“王子殿下，又输啦？”草地上喝酒的将领们开心地问。

硕风和叶揉揉摔痛的腰：“嗯，今天天色已晚，回营休息，明日再战。”

在部将们的大笑声中，他一个人走回自己的营帐去了。

硕风和叶回到自己帐里，部将龙格敕正等着他。

“现在又有三个小部落的年轻主将愿意跟着我们再征东陆，如此，瀚北八部内大多数的年轻人都支持我们了……我们也许能召集起五万骑。只是，老头们也越来越不高兴。”他凑近硕风和叶，“他们没有勇气再南征一次……听说，几个部落的汗王们正在谋划着要把你捉起来，这里面也包括我的父亲。他们怕你威望越来越高，就连您的父亲，也不希望过早地被儿子取代吧。我们要早做准备。”

“明天你就和赫兰铁辕他们带着我的信去各部，让他们见信后带齐人到朔方原集合，也通知那些老头儿来，到了谈清楚的时候了。大不了就分疆，愿意跟老头们的留下，愿意跟着我的南迁。”硕风和叶望着火光，凝起眉头。

第二天夜里，硕风和叶营外，一名巡夜的骑兵正缓缓而行，一支利箭却突然射穿了他的咽喉。他没来得及喊出一声便落于马下。

几个持弓黑影潜至近前，观察一下营中的动静，然后转身发出暗号。

远方草影摇动，现出无数身影。他们牵着蹄包软布的战马，潜近了没有栏杆的营地。

一声呼哨响起，袭营者猛地全部翻身上马，狂啸着疾冲而入。

大帐中，硕风和叶猛睁开眼睛，便听到了喊杀声。他翻身而起，顾不上穿甲胄，披了皮袍，拔出战刀冲出大帐去。

几乎就在同时，远处射来的火箭穿破了他的营帐，钉在他刚刚安睡的地方，燃烧起来。

凄厉的号角响了起来，骑兵们冲出营帐翻身上马，四面的杀声已响成一片。火蛇在空中弹过，许多营帐已变成巨大的火堆。袭营的军队似乎有数千之多，而硕风和叶营中此时不过一千余人。

“来得好！”硕风和叶大喊，“老头子果然心够狠。但今天你们杀不了我，明天就该我踏平你们！”他挥舞战刀，指挥军马合成一路突围。

赫兰铁辕等将领带兵聚拢来，这千余人都是经过东陆血战回来的，悍不畏死，袭营军也似敬畏这些勇士，不敢逼近死战。眼看就要冲出包围。硕风和叶忽然拨转马头，向回奔去。

赫兰铁辕大吼道：“殿下你疯了！你是为了那个女人吗？她比你的天下霸业还重要吗？”

“滚你的蛋！带上人到凛风原上等我，少一个我踹死你。”硕风和叶的声音远远传来。

“我……”赫兰铁辕本想跟着杀回去，但又不能违令，一咬牙对骑士们喝道，“跟我走！”

牧云严霜在帐中，看外面火光人影疾动，心中忽觉轻松了。

解脱终于来临了。

她慢慢穿好衣服，来到铜镜边。帐篷已经燃烧起来，她却只安然对镜梳着头发。

战马嘶鸣，燃着的幕布被一把扯开，现出天空星辰，杀声与寒风一齐扑来。

牧云严霜站起身来，看见硕风和叶勒马而回，扯着那片熊熊的火焰，对她笑着：“想死，没有那么容易。”

牧云严霜怒咬银牙。此时背后一名袭营骑兵纵马飞至，挥刀砍来，牧云严霜头也不回，只怒视硕风和叶，直接一扬手抓住那骑兵手腕，将他扯下马来，夺了刀飞跑几步，跳上战马，冲向硕风和叶：“你想死倒是容易得很！”

硕风和叶叫声不好，拨马就跑。牧云严霜催马挥刀大喊：“硕风和叶，我一定要杀了你！”

当年在这片草原上，她是猎手，他为猎物，但她放过了他；一年前，在天启城外的战场，她想杀了他，却反为他所俘。他为报恩，不肯杀她，她却觉得是耻辱。现在，他们又一次追逐在风沙呼啸的战场，仿佛有一根线早将他们拴在了一起。

他们一前一后追逐，周围骑兵们追来，都被他们砍落马下，两人在火光之中左冲右突，视乱军为无物。

有袭营将领远远看见，对身后骑射手道：“放箭！”

“但汗王说不能杀殿下，要抓活的……”

“我没说要射死他。但你箭法不好误杀了，就不算违背汗王军令。”

“明白！”

射骑手乱箭齐发，夜空中尽是令人胆寒的尖啸。

牧云严霜伏身马侧，战马却中箭摔倒。她摔落于草地上，刚翻身跳起，后面骑兵拥来，向她甩出套马长索。牧云严霜挥刀拨开几根，却终被一根套中脖颈，拉倒在地。

追兵将领飞马至前，细看了方道：“这个不是硕风和叶……”话未说完，却猛地摔下马去，喉间扎着一支箭。

硕风和叶放了缰绳，纵马持弓，连连发射。牧云严霜身边的追兵一个个应声而倒。

硕风和叶冲至牧云严霜的面前，喊：“还不跳上马来？”牧云严霜一愣，眼看乱箭又射来，不及思索，一纵身坐到硕风和叶背后。她脚下无镫、手中无缰，情急之下只好抓住硕风和叶的腰带。硕风和叶带着她向外冲去。

终于冲出重围，杀声渐远，四周安静下来，只听到虫鸣与风声。

他们来到一条河流边，放马饮水歇息。两人坐在草地上，都不说话，只看着月光下战马在银色水流中缓行。

“你要是我的女人多好，”硕风和叶说，“现在我们会在一起又笑又跳的，可以一起在草原上打滚。”

牧云严霜只是抱膝沉默，汗水在她的发上凝亮。

硕风和叶突然抱住了她。两人在草地上扭打起来。

这一夜很快过去了。

朝霞初现，硕风和叶猛睁开眼。

“奶奶的……我竟然被打晕了……”他一咧嘴，痛得抽凉气，“牙都打掉了，这女人下手太狠了……”

他惊跳起来，看向四周，牧云严霜以及两匹战马已经都不见了。

“奶奶的，女人都是这样的，想飞走的时候比天上的大雁还急。不仅带走了我的心，还要带走我的马……”

【13】

“母亲，我们去哪儿？”

摇晃的马车中，牧云涣问着。

“去你应该去的地方。那里有你的宝座，将来你要在那里君临天下。”

“为什么他们要我当皇帝？”

“这世上的人，没有不想成为皇帝的。这个位置本就该属于你。”

“我怕。”牧云涣贴住母亲，“我不想他们都看着我。”

“不用怕。当了皇帝，才可以主宰自己的命运、天下人的命运。你的父亲本该是皇帝，可惜他没有来得及登上那个位置，你一定要继承他应有的一切。”

牧云涣不再说话。

大殿之中，牧云笙看着走上前来的这对母子。

“参见陛下。”菱蕊伏身跪拜。牧云涣却只是好奇地望着大殿的穹顶。

“平身吧。”牧云笙走下丹墀，看着牧云涣。

菱蕊紧张地偷视着青年皇帝的眼神，那眼神中并没有凶险。他似乎正看着自己的孩子。

“你就是牧云涣？我兄长的孩子？”

牧云涣点头：“我母亲说，你的位置本来是我的。”

百官静默无声，不敢喘息。牧云笙大笑起来。

“等你长到十五岁，就可以坐在那个位置上了。如果你喜欢，现在也随时可以去坐一坐。”

“陛下叔叔，当皇帝好玩吗？”

“实在是没有什么好玩。”牧云笙摇头。

“所以你想把皇位给我，你自己去玩对不对？”

“做皇帝需要承担很多事，天下的兴亡……很累很累。我不适合当皇帝。”

“不是人人都想当皇帝吗，为什么不选一个来当？”

“因为……皇帝只能姓牧云。”

“为什么？”

“其实也没有什么道理。但这是先祖留给我们的帝国，我们就只能接过它，把它传续下去。”

“但它总会亡的啊。那是不是像击鼓传花一样，传到谁手里谁倒霉？”

牧云笙大笑：“你这么小小年纪，倒是看得透彻。可惜天下其实很小，皇帝只能有一个，所以天下人就争啊抢啊，朝代换了又换，都只不过是换个家族当皇帝，也没有什么旁的区别。”

“如果天下很大很大，大到没有边，那人人都可以当皇帝，就不用打仗了。”牧云涣高兴地说。

“哪里去找无穷大的天下呢？”牧云笙叹着，“何况，天下再大，也容不下人心。”

【14】

宇文慎谨并不赞同牧云笙把皇位传给牧云涣，所以一直物色人选，要为牧云笙充实后宫。牧云笙只想守着盼兮，当然不允。宇文慎谨干脆直接选了美女送进宫去，牧云笙又把她们送回家，却有一些死也不肯走的，哭喊着被送出宫就是名节扫地，死路一条，牧云笙也只好任由让她们在后宫住着，只是自己每天只在凡琳宫居住，不理会她们。这些未承恩泽的妃子和苹烟家的“皇后家眷”闲极无聊，为了那谁也得不到的虚荣恩宠斗得死去活来，牧云笙也无心去管，只要不烧房子就行。

再说宇文慎谨。因为新政卓有成效，宇文慎谨已被牧云笙升为都御史，监察百官，推行新律。昔日的重臣在天启战后跑的跑，死的死，还有一些在观望不归，所以朝中极缺人才。丞相等职位俱空缺，没有资历威望足够的人担任，宇文慎谨便已成为牧云笙最器重的臣子，官员的任命处置都要经过他手，人事监察、立法执法一把抓，俨然无印丞相，权倾朝野。

他当年本也立志要肃清贪腐，推行法治，然而不知不觉间自己就变成了最大的权臣，却还自诩清廉。他任用官员号称不看履历，只看能力，但既然无据可依，实际上官员升调只靠他一句话。自然有无数想当官者投其所好，宇文慎谨只当是天下人都景仰自己，颇为受用。自己有了门生，门生又有门生，渐渐形成庞大一党，人称“谨慎党”。而身边的下属门人甚至家丁借他威势收取贿赂，他更是管不过来了。

掌管锋甲军的上将军孤松直曾是庄敬太子牧云陆的部下，菱蕊是现太子牧云涣的母亲，还有众多武将都曾追随牧云陆，这些人便成了“太子党”。宇文慎谨极力反对牧云笙立牧云涣为太子，一直想铲除亲牧云陆的势力，太子党人始终担心宇文慎谨为祸，动摇牧云涣的太子之位，看到宇文慎谨专权，极为忧虑；而宇文慎谨手无兵权，也担心太子党发难，便调十率[1]日夜监视众人。两派对立越发严重。

其实两派互斗，每天都有互相指责的参本奏折，牧云笙心中明了，但此局却并非只有黑、白二色棋子。两派也无法以忠奸来简单分辨，关系错综复杂，根叶勾连，牵一发而动全身。他此时才明白当年父皇终日眉头紧锁，不见笑容之烦忧，这皇帝果然不是人干的。

宇文慎谨见送去的“妃子”俱被冷落，心里一急，干脆把自己的女儿宇文静也送进宫去。他女儿才十二岁，正好牧云笙生病，看到她还以为是新来的宫女，还叹息说你这么小就进宫，太可怜了，你们家一定很穷吧？病好了才知道是来当童养媳的。牧云笙心想宇文慎谨你还嫌这后宫不够乱啊，又不好给退回去，只好继续养着。

宇文慎谨巴不得女儿能快点跟牧云笙有个儿子，可惜宇文静年纪太小，虽然听老父庭训天天围着牧云笙转，但张口都是“皇帝叔叔你陪我玩跳皮筋好不好”。牧云笙心想我怎么多了这么大一女儿啊，尤其哭笑不得。

虽然宇文静啥也不懂，但“皇后系”和“妃嫔系”都把她当成了大敌。不过因为宇文慎谨势大，加上牧云笙把她当女儿宠，也没有人敢对她不恭，只是都盼着宇文慎谨失势，好把这“独得帝心”的小丫头也一道整死。

关于“谨慎党”和“太子党”的争斗，牧云笙一想就睡不着觉，心想这权力有什么好争？当了皇帝又如何，还不是要天天陪着都御史的女儿跳皮筋、花一整天听

---

[1] 十率：中卫率，旅贲率，左、右坊率，左、右墟门率，左、右荒门率，以及左、右警巡率的合称，属卫尉寺。十率负责天启城的治安城防以及太子、大将军和重臣的护卫，但不属于军队，更类似警察，常与羽林八卫被合称为“卫率”。宇文慎谨是文官，没有兵权，只能调动率丁。

朝中两派互骂。为了让两系都消停，表示自己立储的决心，他干脆直接让牧云涣上朝，每天坐在自己身边听百官奏事。

但牧云涣此人有自闭症，而且间歇不定，高兴了就是个话痨，不高兴半个月都一字不说。而且他极为恋母，每天往椅上一坐就跟入了定一般神游天下，一听“退朝”便撒腿跑去找妈妈。牧云笙无法，只好把菱蕊也接进宫来。

宇文慎谨听说菱蕊入宫，又担心起来——就算牧云涣是白痴，他妈可不是省油的灯，菱蕊这一在宫里，宇文静还能有好吗？

果然菱蕊最看不得宇文静天天围着牧云笙转，一听宇文静天真无邪地叫“皇帝叔叔”就觉得全身发麻。找了个机会，她便对牧云笙说：“这小女孩太可怜了，陛下反正也不打算真娶她，不如准她出宫，也好另行婚嫁。”

牧云笙知道菱蕊看不得宇文家的人在宫里，但他也不能去打宇文慎谨的脸。于是牧云笙说：“这事不好强求。等宇文静长大了，若有喜欢的人，那时再说。”菱蕊也无话可说。

牧云笙却开始有意疏远宇文静，要她去读书学画，总不让她有空来找自己。宇文静没有人玩，宫女们又不敢和她太亲近，闷在宫中十分无聊。

那天宇文静正在郁闷地独自瞎逛，踢草扑虫，突然看见一个少年坐在台阶上发呆，正是太子牧云涣。

宇文静很高兴地冲过去：“你是牧云涣吧？我是宇文静。”

牧云涣看着天边的云彩，不理她。

宇文静说：“你看什么哪？”

牧云涣不理她。

宇文静说：“我们来玩吧。我追，你跑。或者我扔树枝，你捡回来。”

牧云涣不理她。

宇文静生气了，说：“你怎么不理人啊。”把牧云涣一推，牧云涣就骨碌碌从台阶上滚下去了。

天启皇城的宫殿都修在高台上，台阶有好几十级。牧云涣一路滚到底，跌坐到地面上，呆呆地看着远处的云，还是不说话，头上一股血慢慢地流了下来。

事儿闹大了。

菱蕊提着剑去找宇文静，宇文静吓得在宫里到处找地方躲藏，最后被菱蕊赶到太漪池边。她吓傻了，扑通一声跳下池去。

菱蕊看着小女孩在湖里挣扎着慢慢下沉，几次想救，但咬咬牙还是没动。

突然湖面起了奇异的变化，仿佛变成了弹性的球面，托住了宇文静，她陷在其中，却挣扎不出。

菱蕊惊讶回望。她身后不知何时站了一个女子，容颜绝美，仿佛不属于这个尘世。

这是盼兮这么久以来第一次在白日里走出凡琳宫。菱蕊之前从来没有见过盼兮，只是听过她的传说。她一直不懂有什么样的女子可以让人甘愿放弃一切甚至皇帝的权力，但今天她明白了。

她也曾自负美貌，却比不了这女子分毫。她突然感到恐惧：如果这女子和牧云笙有一个孩子，自己与涣儿哪里还有容身之地？

牧云笙听闻消息匆忙赶来，看见宇文静两眼紧闭，已吓晕过去。

他望望盼兮，盼兮对他轻轻一笑，牧云笙便点点头。两人的眼神无比默契，并不用语言多说什么。

牧云笙抱起宇文静向远处走去，始终没有看菱蕊一眼。

菱蕊看着牧云笙抱起宇文静关切看她的样子，像是抱着自己的女儿，她再一次感到深深的孤独。虽然牧云涣已经是储君，离极致的权力只有一步之遥，但她仍觉得如处冰渊。

她不相信权力会这么顺利地来到自己手中，也许一切最终还是要用剑来夺取。

【15】

牧云笙退了朝，径直向凡琳宫而去。

这是他每天的习惯。在大殿上，他必须听各种消息，大多数都不太好：北陆右金又在聚集兵力；穆如寒江又夺取了新的郡县；某地洪水泛滥；某地滴雨不落；难民们又在四起；军队征粮困难；官员贪污赈粮；有人在煽动造反……每天都有几百人的处斩名单送上来签批，各种奏折堆成小山，一半是地方官吏叫苦连天，一半是派系臣工互相弹劾，根本不可能一一看完，更不用说详细调查奏章中所言诸事，是否有冤情谎报。

当皇帝有什么好，牧云笙想不通——难道所有人都以为当皇帝只需要应对三宫六院就行？事实上，你会忙得连自己的名字都记不起来，更不用说妃子们。

但是幸好还有盼兮。

她的身边是他唯一能感到温暖与宁静的地方。

至少他知道，哪怕全天下都背叛他、唾骂他，但有一个人不会。她会永远陪伴在他身旁，直到……

直到那一刻的来临。

很多魅灵寿命短暂，若要用秘法延寿，便往往会急速衰老，甚至变得怪异丑陋。牧云笙不知道这延寿的法子，也许盼兮知道，但牧云笙却知晓她不会用。

那一天随时都会来临。就像当年他的母亲离去那样。他还记得那天，母亲对高楼下的他说："小笙儿，你自己安静画画吧，我累了，要睡一会儿。"之后，便倚栏睡去。

那是一个宁静的下午，静得让人心中不会去想任何事。牧云笙看着睡去的母亲，在画上偷偷画下她熟睡的模样，只想着等她醒来便拿给她看，听她笑着说："小笙儿画得真好看。"

但是母亲再也没有醒过来。

那一天以前牧云笙不懂得什么叫失去，不懂得什么是忧愁。他以为生活会永远快乐美好，他可以在这重重宫阙之中和美丽的女孩们追逐笑闹，将她们的容颜一一描绘下来，直到永远。

但是当年他画过的那些女孩，现在竟一个都不在了。

这仿佛是一种诅咒，她们的美丽只留在了画纸上，却无法长存于人世。

牧云笙一直想为盼兮画一幅像，这将是他一生最重要的作品，甚至会比维护一个帝国更重要。

但他却总是画不好。事实上每次画到一半，他便开始害怕，终于自己将其毁去。

他害怕画完成的时候，就是盼兮离开他的时候。

牧云笙总对盼兮说他不相信神灵，不相信什么注定的命运。但他一个人时，也会望着星辰犹疑：是否生命中的美好，都要用另外一些东西去换取？是否执掌一个帝国，和陪伴在爱人的身边不可能兼得？如果必须要做出选择，他该选哪一个？

他明白，他必须尽早做出选择，因为盼兮的时间不多了。

幸好如今，一切有了转机。他找到了皇位的继承者，这个孩子有足够有说服力的血统，使那些他皇兄当年的旧部臣服。事实上，牧云笙已经等不及他长成，他恨不得现在就把皇位交给牧云涣，好立刻带着盼兮远走。

但如果这样，他一样会内疚。因为他抛弃了这个国家，抛弃了本来属于自己的责任，将整个帝国的命运都丢给了别人。

似乎有些选择，是永远没有办法做出的。

所以他才急着去凡琳宫，他每天能陪在盼兮身边的时间太少了。而只有在她身边，他才能忘记自己是个帝王，摆脱那些虚伪的礼仪和无边的事务，不用顾及复杂的人情世故，把心中的话尽情倾吐。在她身边他可以跳脚大骂某个庸官，可以敲打着奏章说此人以为我不知道他贪了多少？她微笑着看他，注意地倾听。虽然他知道在这个时候不该再谈公事，她的时间如此之少，却每天都要浪费大部分时间看着光影流转，自己的生命一点点逝去，盼着他的到来。

她为他而活着，为他而尽力地想多活一分一秒，只为能微笑着等他归来，听他倾吐。

生命中能有这样的爱人，他真的不应该再奢求什么。

有了这么美好的女子却还放不下一个帝国，也许他注定要为自己的执迷付出代价。但代价是什么？她，还是这个国家？如果可以选择，他宁愿失去哪一样？

“盼兮，我回来了。”他收起忧虑，笑着大步走进宫中，不想让她看到这惶惑。

但这次，没有人应答。

一种巨大的不安突然紧紧抓住了牧云笙。

不，不会。不会是在今天。离别不该来得这么突然。

他觉得喘不过气来，他高傲得不肯信神，此时却在向所有神灵祈祷：让她活着！让她活着！作为交换，我可以立刻放弃其他的一切！

他冲进帷幔之后，那里空无一人。

盼兮不在这里，桌案上却放着一幅画。

那是当年的那一幅，他在幻境之中邂逅了她，便想画出她的容颜，却总是不满意。画中人的神采不及她真人的万分之一。

但这幅画，她却视为珍宝。

今天，她一定打开了这幅画，看了许久。

牧云笙上前，缓缓展开画轴。

画的背面，却多了几行字。

“小笙儿，我骗了你。我此生只骗过你这一次，希望你不会怪我。

“我对你说魅灵无法生育，其实是我们凝聚的身体太脆弱，生育孩子会让我们更快衰弱老去。但容颜总会苍老，我不想让你看见那一天。我终会离开，却只有一个心愿：能有一个我与你的孩子。在他身上我会看见你的影子，他会将我们的血脉与爱流传。

“这孩子若生在宫中，又要经历血雨腥风，就算终成为皇帝，也不过是重复着你们家族一代代的痛苦。所以我要离开。你的孩子不会知道他的父亲是谁，我会远走海外，让他快乐平静地度过一生。看着他长大，是我的心愿。我的余生都会这样度过。在阳光下，看着这孩子尽情地奔跑，回想着当年的你的样子，这一生还有什么企求？何必非要等到生离死别？我不想看到你伤心的样子，也不想让你看到我再也不能对你笑的那一刻。”

信在这里结束了。牧云笙呆坐着，灵魂已从身体中抽离。

没有人听到他之后痛苦的狂喊，没有人知道发生了什么。

【16】

九州三陆都听到了那个令人震惊的消息。

未平皇帝下诏传位于太子牧云涣，改年号启临，设两文两武四位辅国大臣。

太华殿上，他唤过牧云涣，扶他在金蛟宝座上坐下，遥指着殿外说：“以后，你就是这个国家的君王。”

众臣跪倒，高呼万岁。

牧云涣却还是没有表情，不知在想着什么。

牧云笙指着宇文慎谨对牧云涣道：“他当初曾想杀你，但那是忠心为国。现在你已是这帝国之主，他也必忠心待你，同待我一般。不可因旧怨而误国事。”

牧云涣看着宇文慎谨，点点头。

牧云笙又对宇文慎谨道：“你女儿年幼，我一直待她如自己的女儿一般。如今我将宇文静许与牧云涣为后，你看可好？”

宇文慎谨痛哭流涕，重重叩首。

牧云笙像是终于了结了长久的心愿，长长出了一口气，说：“我要出去走走。”

他迈步便向宫外走去，目中再无他人。百官不知如何是好，只得远远步行跟随。

牧云笙来到天启城外，一步步走上那百丈占星台，仰头观望漫天繁星，独少了那一颗。

他想起当年，就是因为众人皆言与魅灵相恋违逆天意，会带来乱世，他一定要和盼兮在一起，才一怒烧了瀛鹿台，愤与天争。

而如今这么多年过去，他一直在苦苦平定战乱，想证明自己可以战胜命运，但盼兮终于还是离开了他。这一生却还要为何而活？孤独一生，还有何快乐？

他不回头，只挥挥手：“你们走吧。”

这是未平皇帝最后的旨意。

所有人都离去了。牧云笙独自留在占星台上凝望苍穹，任凛风扑面。第二天黎明之时，人们再登上台顶，却不见了未平皇帝。从此无人知其去向。

【17】

西都。

将军推开持着火把的士兵，顾不得自己贯甲持剑，直奔入行宫中，吼着：“殿下，一统九州的时机到了！请即刻下旨东征！”

穆如寒江坐在殿中，却不言语。殿前已经跪倒近百官员。

郎士效再喊：“请殿下即刻下旨东征！”

百官齐呼：“请殿下下旨东征！”

穆如寒江似乎想了很久，终于下了决心。

他笑了笑：“此人与我少时相识，算是故友，当年我第一次见他，他在废园中沉醉于自己的画技与法术，我也想不到会与他争夺天下。我知他本不想当皇帝，讨厌争斗，现在终于解脱了……他既离去，我犹感伤。此时征讨，却是乘人之危，天下人将不齿。”

郎士效顿足道：“天赐良机，此时不取，只怕成千古之憾！”

穆如寒江却只是挥手，命百官离去。

【18】

苹烟扛着高过头顶的大堆柴火，踩过溪流上的石块。

忽然她停下了脚步，她看见了溪边的那位女子。

她容颜美丽，却消瘦虚弱，腹部隆起，显然怀有身孕。

苹烟关切地走上前：“你还好吗？”

女子抬起头，对她微微一笑。她的美让苹烟自惭形秽，和她相比，自己就像沙尘在珍珠旁一样暗淡无光。

那女子望着苹烟，却像早已认识她一般亲切：“这里人迹罕至，你为何要独自居住在这大山深处？”

苹烟一笑：“那你呢？你又为何来此？”

“我想找一个没有人能找到的地方，安静地生活。”

“我也一样。”

数月后。

苏语凝为穆如寒江生下一子，名唤穆如深。深仇的深，也是深爱的深。

孩子降生之时，穆如寒江在殿外独行，有人听他舞剑而歌，歌声感慨，虽有喜悦，却也叹时光逝去，豪情易老。

此时，远离天启千里的小山村中，也有一个孩子诞生了。

“是个男孩呢……”苹烟欢喜地抱着婴儿，来到那虚弱的女子身边。

女子接过孩子，轻轻拥住，听他啼哭。泪水落在他的脸上。

“给他起个名字吧。”苹烟说。

女子望着怀中的孩子，感慨万千。

“如果你有个孩子，会让他叫什么？”她曾问牧云笙。

牧云笙沉思不答。

她微笑：“你年号‘未平’，是因为生不逢时，遭罹乱世。如果希望孩子能平和无忧过一生，不如叫牧云平吧。”

牧云笙却说：“太祖的长子不也是这个名字？他那一世可不平顺，看来名字是要反着来才好。所以就叫牧云未平吧。”

“他的名字叫……”女子轻轻说，“云未平。”

“云未平，好名字啊！”苹烟抱着婴儿问，“这孩子的父亲是谁？却怎么这般狠心，让你至此境地。”

盼兮摇摇头笑：“不要怪他，是我自己要离开他。人生百年终有离别，无人能相守永远。只愿这孩子这份血脉能流传万世，能证明我们曾经相爱过。”

心愿已了，耗尽了最后一丝力气的盼兮闭上眼睛，不再醒来。

牧云未平在襁褓中放声啼哭，这世上再无人知晓他的身世。他的父母希望他远离这个未平的天下，可惜人总是不能控制命运。

此刻，天启城中，牧云涣正在听宇文慎谨讲着治天下的道理。

北陆草原上，硕风和叶在怀念着远去的姑娘，计划着再一次的南征。

而澜州海边，牧云严霜远望北方铁青色的云层，怀中也抱着一个婴儿。

地下王朝，姬氏的后人以为终于迎来了复国的时机。

西南宛州，穆如寒江正为他新出生的长子欣喜不已。

东北宁州，羽族的鹤雪士们立誓要屠尽踏火骑，报当年辰月之变屠国之仇。

新生的孩子们，注定要代替自己的父辈，决定这个朝代的兴亡。

天下未平。这个时代，才刚开始。

后人传说，未平皇帝用魔法在太漪池（后世被称为未平湖）中造了一艘帆船，风起时，船升向天空，直入云际。他乘船远走，去海上遍寻各洲，游历万国，寻找他深爱的女子，哪怕走遍她曾描绘过的无尽世界。

她曾说，海之东几万里的地方，有一个空颜国，那里的人没有脸面，没有五官，也就没有表情。

又向南几千里，有一个万象国，那里的人可以任意变换面孔，于是无所谓美也无所谓丑。

再向南几千里，是不动国，那里的一切动作极慢，有如静止，一百年对他们来说不过是一瞬间。

而西方几万里处，有一个倏忽国，那里的人寿命极短，黑夜生的不知有天明，天明生的不知有黑夜。爱与苍老只在一瞬间。在这里，旅人也会快速地生长衰老，包括欢喜与厌倦。

再向北几千里，是相对国，一面的大地是另一面的天空，相对国的人仰望可以看到头顶的对方，但他们被牢牢吸在自己的大地上。

又向东几千里，是逆转国，那里的人由土中而生，生来便苍老，渐年轻，变为孩童，身子缩小，寻一女子作为母亲，钻入其脐中，重归虚无。

在南方万里之外，有冰人国，人由冰中生，寒冷时为冰的身体，春季阳光一出即化了。

之西几千里处，是影子国，那里人和影子伴生，光消逝时影子死去了，人也就孤独而死。

又之南几千里，是轻鸿国，那里的一切没有重量，飘在天空中。

又之东几千里，是双生国，男人和女人相爱后，就并生在一起，无法离弃。一旦分开，也就死去了。

世间流传着牧云笙与飞行船的故事，关于他如何遍访那些神奇的国度，在这些故事中，少年永不老去。一代又一代，孩子们都憧憬着也造出那样一艘船，去探寻世界的尽头，因为他们相信，自己绝不是孤独地活在这浩瀚汪洋中。直到有一天，飞船已经遍布天空，迷雾散去，新的大陆不断被发现，人们终于明白，这世界有多么广大。故事被不断地续写，有想象，也有真实。有人把它们汇成了一本书，名叫《海上牧云记》。

设定附录·

苏　冰

附文1　九州世界简说

/

九州，是一个传承东方文化基因，借鉴西方幻想架构，从而具备独特气质和蓬勃张力的奇幻世界。它拥有一套映照现实世界却又迥异于现实的设定体系：洪荒的世界从两位创世主神的永恒争斗中诞生，众生的命运由十二颗主星的无尽升落里得到兆示，广袤大陆在万年时光中沧海桑田，六大种族在家国兴亡里离合悲欢。

创世理论

九州所在的世界是二元的，即有物质和精神两个本元。

最初虚空中只有一团由无数粒子组成的混沌物质。粒子间凝聚和排斥的力量使得混沌中产生了运动，一个偶尔出现的排列使得混沌中出现了第一个微弱的意识，这就是世界的第一个主神——“墟”。墟的延续的、可积累的认知活动称为“醒”；断续的、不积累的意识活动称为“梦”。在积累了足够对抗混沌能量、强大到足以辨别自身后，墟从“梦”进入“醒”，开始试图分裂混沌去创造一个理想中的世界。此时与墟相对的混沌就被称为“荒”。墟是精神的主神，荒是物质的主神。荒本身没有意识，只有使世界凝聚为一体、重归混沌的本能。

墟强大的精神体撞击在荒的中心，导致了空前绝后的大爆炸。荒的一部分被震碎为尘埃，主体碎片则形成了一个被称作“大地”的球体。而墟的精神在撞击中完全粉碎，碎片却被荒无所不在的凝聚力抓在大地的周围，被称为“星辰”。

星辰继承了墟的部分意识，是九州世界的次神。为了对抗荒的凝聚力，阻止世界重归混沌，星辰诸神将独立意识赋予生物，其中得到了较多精神意志的便逐渐发展成为具有文明的种族。只要生物之间保持着冲突的力量，荒的碎片就不能彻底融合，新的混沌便不会到来。

星辰与秘术

九州世界的天体是主神墟的碎片。

天体分为“星辰”和“星象”。星辰是单一的星体，星象则是由一颗以上的星体组成、不可分割的一组星辰。九州的智慧种族按照白昼在天空中的清晰程度，又将星辰分为主星和弼星：弼星在白昼很难看到，而主星则在白昼也清晰可见。主星对大地上的生物影响更为直接和明显，因而智慧种族对主星的研究更为集中和深入。

关于主星的认识因种族而各有差异，并且不断发展演化。九州范围内最普遍被接受的理论为羽族元极道的“十二主星”说，即以太阳、明月、密罗、印池、岁正、亘白、谷玄、暗月、裂章、填盍、寰化、郁非为主星。

天体围绕大地不断运动。天体的分布、运行、位置、周期、组成彼此影响，被称为“星文”。天体运行情况、彼此影响与世间人物事件存在着对应关系，通过观察星空和计算星辰在一定时间后的位置及彼此关系，来预测人世间的事件发展，这种学问被称为“星相”。星相学有一条著名的“第零定律”，认为诸星都曾汇聚在一个奇点上，这个点称为“星流之源”，它的爆裂，造就了时间和空间、世界和历史。学者们推算了大爆炸发生的日期，称那一年为“星流元年”，这便是九州的“星流纪年法”。研究对比多种族的历史，常常需要用到这种纪年方法。

星辰作为墟的碎片，是生物精神力的重要来源。精神力强大到一定的程度后就可以感应到星辰的力量。通过修炼精神力来引导和利用星辰的力量，施放出的具有各种神奇效果的法术，称为“星辰秘术”，是九州秘术的主流。等级越高的秘术，施放时的条件越高，需要的精神力也越强，因此精神力的强弱决定了秘术师的层级。由于身体与精神的相对性，强行施放超出自身精神力的秘术，会导致精神不能控制身体，这种现象称为“溢出”。溢出非常痛苦，可能造成死亡。

太阳

又称为“日”。直径为周天的三百六十分之一，是天空中最大、最明亮的星辰，自东向西围绕大地运行。没有人能说清太阳的颜色，一般笼统地称为“金色”，但事实上它的光芒似乎包含了所有的色彩。

太阳代表光明、生长、建立。万物的生息都离不开太阳。

太阳系秘术大致分为两部分，一部分是帮助动物（包括智慧种族）肌体生长、伤口愈合、生命力恢复的秘术，主要用于治疗，这是九州治疗秘术的主流，也是唯一不会给施术者造成反噬伤害的秘术，达到最高阶的太阳系秘术师可以使刚刚死去的生物起死回生。这类秘术还有一个重要功能是易容，通过对组织生长的控制改变人的容貌和身体特征。另一部分则主要用来控制光线和因光而产生的热能，是太阳系的攻击秘术。高阶太阳系秘术师可以通过扭曲光线，在不知不觉中影响其他人的视觉，从而达到隐身的效果。

由于太阳极为耀眼，星文学家以“肉眼能否在太阳光下看清”作为区分主星和弼星的标准。

太阳围绕大地运行的周期被称为“一日”，或者一天、一昼夜，是九州世界最基本的计时单位。一日分为十二时辰，各族、各个时代对十二时辰的称谓并不相同。

明月与暗月

双月是天空中特别引人注目的星体，它们的直径几乎与太阳相当，而且在夜晚，天空中最显眼的就是明月。

明月又称“月”，暗月又称“影月”，它们的大小和运行轨迹差不多，但颜色有着明显的区别。明月为皎洁的银白色，暗月为灰黑色，虽然在白昼看得十分明显，但在夜幕下，尤其在被明月掩映时，常常不易看清。

明月和暗月相互环绕旋转，在大地上看去它们互相遮蔽，每三十日为一个周期，称为“月”。在这三十日中，有十五日是暗月运行到明月后方，这十五日都可以看到完整的一轮明月，眼力好的人可以看到明月旁边灰黑色的暗月边缘。每个月明月之力最强的时刻也出现在这十五日中，一般是明月完全遮挡暗月的日子，即每月初七或初八（明月完全不被暗月遮挡的第一天即初一）。而另外十五日，暗月运行到明月前方，明月的一部分被暗月遮挡，出现新月、半月、残月等月相。其中在暗月完全遮挡明月的日子，明月月力被暗月极大抵消，这一天对羽族影响巨大，因为除了极少数体质超优者，绝大多数羽人都感觉不到明月之力，从而无法凝出羽翼。其他种族对羽族的进攻，往往都选择这样的时刻进行。

双月的运行中，每一年有一次相对靠近大地，每十三年有一次离大地最近的“近地日”。在近地日时，暗月对生物的影响达到十三年来的最高峰，最直接的表现就是使黑翼的暗裔羽人展翼。

明月代表爱情和魅惑，暗月代表怨恨和衰老。这两颗星的明暗交替，是造成世间忧乐纷扰的源头。明月影响着两性的结合生殖，暗月则作用于贯穿家族的血缘，这一发现使得双月的秘术内容更加丰富。

对明月依赖性最强的羽族感应明月的能力也最强，研究出的明月秘术最多、最精深，但其中大多都只能由羽族使用，也只对羽族有效。例如，鹤雪术就常常被认为是羽族特有的明月秘术。

双月星力此消彼长，两系秘术的效果也是相对的：

明月系祝福秘术强化五感、增强活力和肢体灵活度，魅族束魂过程往往需要太阳秘术与明月祝福配合；暗月系诅咒秘术则蒙蔽五感，令机体迅速衰老，丧失活力。

明月系的魅惑术令人产生爱慕、信任、愉悦；暗月系精神攻击秘术则使人产生烦躁、憎恨等负面情绪，进而分散注意力，导致战斗力下降。

明月秘术可以促进生殖，尤其魅族要怀孕生育，没有明月祝福几乎无法完成；而暗月秘术可以使人丧失生育能力。

明月祝福可以清除暗月诅咒的影响，暗月诅咒也可以反制明月祝福。

与明月秘术对羽族的影响相对，暗月秘术可以降低羽族对明月的感应，从而降低其凝翼能力。但从另一方面看，羽族中最特别的一支——感应暗月之力凝翼的暗裔羽人，其凝翼能力也可以借助暗月秘术增强。

由于暗月对血缘有直接影响，暗月秘术中还有最歹毒的血缘秘术——与被攻击者有血缘关系的人也会受到秘术影响，甚至被灭门。

岁正

岁正是一颗青色的大星，直径略小于太阳。它在天空中的位置不同，导致大地上出现分明的四季：它照耀在天空的时候气候和暖，万物生长，它隐没于地平线下则严冬来临，万物萧条。岁正围绕大地的运行周期是恒定的，为三百六十日、十二月，被称为“岁”或“年”。每一次岁正重新从地平线下升起，新的一年就开始了，几乎所有的种族都将这一天作为元旦，举行祭祀和庆典。每一年岁正升起的方位是变化不定的，它升起的方向，春天来得最早。这对农业有深刻的影响，所以以农耕为主要经济方式的人族对岁正的运行规律了解得最为精深。

岁正代表平衡和循环。

岁正系秘术主要分为两个支脉：控制气候和温度；控制植物生长。生活在森林中、吃穿住用全部来自各种植物的羽族对岁正秘术的钻研仅次于明月秘术。在与其他种族尤其是人族的争斗中，羽族每攻下一地，便用岁正秘术催生大片林木，将此地变成羽族可以轻松生活的疆土；而人族夺下一地，也会马上砍伐和烧毁树木，将土地改造为草场或开垦成良田，这种反复拉锯的情况在两族的史书中屡见不鲜。岁正祝福可以增强目标的攻击力和防御力。此外岁正秘术还有神奇的治疗功效，甚至可以借助植物的生命力来挽救动物的生命，只是这个治疗过程需要漫长的时间。

填盍

填盍的大小介于岁正和印池之间，是一颗土黄色的星辰，商人们因为它的色彩与黄金相近而将它当成会带来金钱财富的神祇膜拜。事实上填盍代表谨慎、细致、周密，是一颗内敛之星。

填盍系秘术也分为两个分支，一支秉承填盍“谨慎、周密”的内涵，使受术者心中迟疑消极、动作变慢，是通过给敌手造成负面效果来辅助战斗的秘术；另一支则是填盍系秘术的主流，即用于控制金属之外的非生命实体，如土壤、岩石等。如果战斗中出现飞沙走石的秘术效果，却并未伴有疾风，那肯定是填盍系秘术师在起作用。

印池

印池是一颗暗蓝色的星辰，比郁非略大。印池代表思考和冥想，引导大地上的智者探索未知和神秘的事物，由此得到无尽的智慧。

印池系的精神祝福秘术十分有效，可以强化受术者的精神力，降低其精神力损耗，这对魅族尤其重要。同时，所有与控制水（液体及液体凝结成的固体，如冰）相关的秘术都属于印池系。大海中的鲛族自然是印池秘术的佼佼者。

郁非

火红色的郁非代表雄心与志向。它的大小约为岁正的一半，但鲜艳的颜色使得它在天空中格外夺目。

郁非引发生物体内炽烈的心志和欲望，星相学家们认为这些心态是世间各种冲突争端的来由，而武士则将郁非视为战神。

郁非系秘术主要是火系秘术，河络族对此最有心得，而厌恶明火的羽族则很少修习这类秘术。生活在水中的鲛族只修炼郁非系的辅助秘术，用以强化受术者的战斗意志和攻击力。

亘白

亘白直径与郁非相仿，为纯正的白色，西升东落，与太阳、双月逆向而行。

亘白代表沉静、镇定和坚毅的精神。在诸神中，它以严格的约束而闻名。

亘白系秘术主要与气流有关，如制造暴风，或者以风为刃伤人。“御风而行”，借助快速运动的气流加快行进速度，这也是亘白系秘术。

寰化

寰化看上去是一颗略呈椭圆形的橙黄色大星，实际上它与双月一样并不是“星辰”，而是“星象”——由两颗靠得极近、难以分辨的星辰组成。寰化的精神定义为“游荡、偏离、旁观”，从另一个角度来看，这也就意味着跳出窠臼，保持距离，更利于观察、分析、了解和应对。

寰化系秘术主要分为两脉，一脉是着力于对动物进行精神控制，另一脉则强化观察、辨析的能力，用来进行准确的占卜和预测。寰化秘术师因善于观察，往往能看破各种秘术的奥秘，从而能对其他系的秘术师进行指导。在各系秘术中，寰化秘术是破解密罗幻术的首选。但修炼寰化秘术对先天体质要求比其他秘术高，拥有寰化体质的人很少见，而资质不足者强行修炼也很难大成。

密罗

密罗是由四颗星组成的三角锥形星象，四颗湖绿色的星环绕公共的中心以极为复杂的方式旋转。

密罗代表组织和结构。密罗系秘术源流复杂，“五流十三派”都不足涵盖，但一言以蔽之，密罗系秘术主要是幻术。

“幻兽召唤”是密罗系最强大的秘术之一。这种秘术需要以“兽图”为根基，最为精密的兽图称为“原兽图”，只有七张。幻兽也是一种幻觉，但因为十分逼真，看到它的人会认为它真的存在，并会因相信确实受到它的攻击而产生肢体的伤残甚至死亡。

裂章

裂章由三颗紫红色的紧密相绕的小星组成，三颗星的相互作用使得裂章的光芒呈三角形。与密罗不同，裂章注重群体中个体本身，因而它所代表的精神是合作。

裂章系秘术，一是控制金属——即包括改变金属的形状、位置，也包括使非金属物变为金属，用来临时强化防御力再好不过。河络族对裂章系秘术研究颇深，因为他们整日与金属为伴。第二种裂章系秘术是控制雷电，其威力不容小觑。

谷玄

谷玄是不可见的，没有人知道它的大小，只能通过它对其他星辰运行的影响，计算出有这样一颗星辰存在，它与太阳以近乎相同的周期和轨道围绕大地转动，分别处于天空几乎对称的两端。夜晚当太阳转到地平线下，谷玄便隐藏在夜幕深处君临大地，所以推测它应当是纯黑色，或其他尚无法理解的颜色。

谷玄代表黑暗、终结、消亡。作为太阳的对立面，谷玄秘术与太阳秘术，就像明月与暗月一般彼此对立、相互抵消。与太阳系治疗秘术相对，谷玄秘术能直接吞噬人的生命力和精神力，造成死亡；太阳秘术能控制光线和热能，谷玄秘术能吞噬光线、造成低温，等等。有趣的是，高阶的谷玄秘术师却像受到了太阳祝福一般能青春长驻。反用谷玄秘术，可以出现与太阳秘术相似的效果，比如谷玄系秘术也能用于治疗，但是它不像太阳系秘术那样温和正大，而是必须以更大的伤损为代价。例如，谷玄秘术的起死回生之术，是必须用另一个人甚至几个人的生命去交换的。

作为一颗无法观测的星辰，谷玄有着数不尽的神秘、奇异之处。有一种谷玄秘术可以从虚空中召唤出墟荒世界从未见过的怪兽，这使自古以来就有一些学者相信谷玄以某种形式联结着不可理解的力量或完全不同的时空。

地理

荒的主体形成的球体极为巨大，九州所在的大陆只是其中很小的一部分，这导致九州大陆所在的区域可以被视为一个平面。

九州的周围被名为“浩瀚洋”的广大水域包围。九州大陆不一定是大地上唯一的大陆，但受限于九州智慧种族的航海技术，历史上并未有发现其他大陆的记载。

在远古，九州大陆是浑然一体的。那时也没有“九州”这个称谓。人族的晁帝国建立后，开国皇帝举行了“星瀚大典”，正式将帝国已探知的疆域分为九个部分，称为“九州”，即殇州（西北）、瀚州（北）、宁州（东北）、澜州（东）、越州（东南）、宛州（南）、雷州（西南）、云州（西）、中州（中），其边界形状大致如“井”字。此后疆域虽经扩展，各州的分界也多次变动，但九个州的格局始终未变，“九州”这个名词也保留下来，用以称呼各族蕃息的这片大陆。

晁朝末年，经过一系列地理大灾变，地中三海出现了，它们将九州大陆分隔为北陆、东陆和西陆。潍海以北，是殇州、瀚州、宁州所在的北陆；涣海和滁潦海以西，则是云州和雷州所在的西陆；中、澜、宛、越四州组成的东陆面积最大、人口最多，也最为富庶繁华。

经过赍朝数百年的战争，各智慧种族的势力分布大致成型：夸父族独占殇州；羽族在与人族争夺澜州的过程中落败，被迫北渡宁州，东陆仅余澜州擎梁半岛一处羽族聚居地；河络族撤出宛州，生活在北邙山和越州山区的地下或隐蔽河谷；人族的一支——以游牧为生的蛮族生活在北陆瀚州水草丰美的草原，而另一支——以农耕生活为主的华族则控制了几乎整个东陆，建立起数个强盛王朝。人数最少的一支生活在西陆雷州雨林，以渔猎为生，被华族称作“戎族”。由于滁潦海水文复杂和鲛族的阻挠，戎族与东陆种族几乎长期隔绝，这也使得西陆的物产在东陆和北陆都十分罕见和珍贵。

除了滩海、涣海、滁潦海这三大内海，浩瀚洋靠近大陆的近海也是智慧种族的活动范围。宁州以东称为溟海，澜州以东称为滞海，越州附近称为溯洄海，宛州附近则称为湄海。这四大近海与较浅的三大内海并称为“七海”。七海中生活着鲛族，陆地种族中，羽族因为有沟通宁州、澜州的现实需要，航海技术最为领先。

九州大陆北陆向北是生物无法长久停留的高寒冰原，云州以西则为无法攀越的赤华山脉隔绝，因而智慧种族对世界的认识仅限于九州七海，无法尽知整个大陆的面积与地貌。

东陆

中州被认为是九州大地的中心，是人族中的华族最为看重的领地。北有天拓海峡，西临涣海，与澜州之间是高峻的锁河山，唯有一条峡谷可供两州交通，向南则有黯岚山脉、兰缀江与宛州相隔。整个中州的地势中间高，称为“中央高地”，东抵锁河山，西、北、南三侧较低，西侧为海西丘陵和海西平原，北侧是菸河平原，南侧则是帝都盆地，“万年帝都”天启城就坐落在这里。天启城被认为是九州正中，所以历代人族王朝都在此建都，是人族的政治中心，也是整个九州最大的城市。

澜州多山，北部形势如弓，盛产黄金的销金河如弦横跨南北，东陆最高峰的擎梁山就架在弓脊上。这一地域平均海拔超过三千尺，是东陆平均海拔最高的地区。中部的夜北高原人称“东陆屋脊”，是一个地垒性地块，把澜州划为南北两块，九州最有名的湖泊——朱颜海就在高原上。东南部临海，又有雷眼山在越州边界挡住水汽运动，降水较多，导致澜州南部形成九州最大的沼泽——夜沼，黑森林和云水二泽神秘可畏，但也蕴藏着无数珍禽异兽和宝石。晋北走廊是锁河山一个奇怪的断裂带，除了起沟通中州的作用，也是一片极为富饶的土地，民谚有称“晋北熟，澜州足”。澜州最著名的城市是坐落在擎梁山麓的秋叶，这里曾是羽族的旧都，后被人族占据，因而建筑呈现人、羽两族混合的特色。

宛州地形相对平坦，水网密布，气候温和湿润，非常适合农作物的生长，北部的兰缀平原和西部的宛南平原都是著名的天下粮仓。中部有与夜沼齐名的湿地梦沼，东部的北邙山是河络族的圣地，主峰被河络族称为“无诺峰”，意为“太初之山”，山巅建有河络族最重要的神殿。北邙山顶的积雪融水经地下长河汇集成东陆第一大湖——雁返湖，是兰缀江、鬼怒川、西江、建水、建河……宛州所有的大河的发源地。宛州自古有重商传统，“商会”一度成为宛州的代名词。蓬勃发展的商业带动了众多城市的兴起，其中最重要的城市青石是由河络族兴建，因扼守中宛交通要冲，被称为“宛州门户”。因农业与商业都十分发达，宛州虽然在东陆四州中面积最小，却富甲九州。水软风轻，地灵人杰，多出红颜与才子。

越州在九州大陆东南，北有雷眼，西有北邙，境内还有中白山和清余岭两座险恶的大山，这使越州的交通成为所有种族的噩梦。越州也因而成为东陆人口最稀少的一个州，这里的人族虽然也是华族，却因闭塞的交通而发展出与其他三州完全不同的习俗，具有与重礼仪教化的华族格格不入的野性。北邙山、雷眼山、清余岭中和地下都生活着河络族，越州地面以下有数不尽的河络地下城。河络族生产的武器和机械冠绝六族，但一向只有北邙河络肯与人族交往，世间流行的河络制品也多半出自北邙山。越州西南部的大雷泽也是九州一处著名的湿地，比夜沼、梦沼更美，但并不为世人所知。

北陆

宁州东、南、东北三面临海，西北接无人冰原，西与瀚州隔勾弋山脉相邻。勾弋山脉绵延高峻，只有通过由罔象林、铁剑峡、灭云关组成的“登天廊”方可翻越山脉到达瀚州，是宁州唯一的陆上通道。与勾弋山脉相接的是西部戈壁，中部和东南部则为丘陵带，生长着占宁州总面积近二分之一的广袤林海，是羽族世代的栖息之地。羽族的都城——青都（羽族语称“齐格林”）就在林海深处。南流入海的三寐河因下游三条河道中的河水分别呈青绿、淡紫和绛红三种颜色而被视为九州奇景。另一处著名奇观当数北部莫若山下的戎灿原，每年七夕前夜，仙茏花开放，巨大的花冠包裹着闪耀的花蕊缓缓升上天空，呼唤着羽族风翔大典的到来。由于陆路交通不便，羽族海运发达，三寐河口的厌火城是九州最大的海港之一。

瀚州东连宁州，西接殇州，地形如同马鞍状，两端高、中间低。西部受到殇州高原地形带的影响，平均海拔较高。中部地区地势平坦，一马平川。东部为狭长的山地。向北是高寒的无人冰原，西南临涣海，下端指向潍海，东部由天拓海峡与中州隔开。草原超过整个瀚州面积的三分之二，养育了逐水草而居的蛮族。蛮族不习惯定居，因而草原上城市并不多见，最大的城市北都，是蛮族的王者之城。

殇州东部与瀚州以火雷原为界，北部为高原区，其中蛮古山脉为北陆已探知区域内的最高部分，平均海拔将近两万尺，终年积雪，绝大多数地方属于无人区。西北、西、南三面有绵长的海岸线，但基本都是高达千尺的悬崖峭壁，想从海上进出殇州，唯一的途径是沿珠链海的边缘驶入晶落湾。珠链海是殇州西南近海的火山岛群，曾是冰炎地海的一部分。冰炎地海是一条火山带，分布有数十座较大的活火山和更多小型或休眠的火山。晁朝末年夸父族凿穿冰炎地海，引发强烈地动和大地塌陷，浩瀚洋倒灌，北陆和西陆被撕裂，这才出现了涣海。沿河城在殇州西部，北倚天池山脉的冰峰，南靠冰炎地海的火山，这座冰与火之城，是夸父族政治、文化、宗教的中心。

西陆

雷州两边临海，气候多雨潮湿，森林茂密，植物多样。虽然滁潦海是晁朝末年浩瀚洋倒灌才形成的，但雷州与中州、宛州的物种似乎被某种无法形容的力量隔绝，雷州雨林中数千种动、植物，东陆从来没有。这使得许多华族典籍中记载的、数千年来被认为只是想象的珍禽猛兽、仙草奇葩，在戎族与东陆恢复交往之后，被证明是先民对故土的记忆。雷州是人族的发祥之地，人族的第一个王朝——夒王朝就建立在这里。后来因为灾异频仍，夒王朝东迁，雷州逐渐被荒废，但密林深处仍然偶尔可见古时村落城市的遗址。留在雷州的人族人口稀少，经济和文化发展都落后于东陆的同胞，却保留着古朴而略带神秘的上古风格。

云州是九州大陆最为神秘的区域，船只在靠近云州附近百里的海域就会迷失方向或沉没，因而几乎无法到达。从来没有一张云州地图被证明是可靠的，连被称为“西极”的赤华山脉也仅见于夸父族的古老传说。相传云州有许多不可思议的天然奇迹，但也仅仅是传说而已。

智慧种族

被星辰诸神赐予了较多精神碎片的生物，能够发展出自己的文明，就成为智慧种族。九州已知的智慧种族有六个，分别是人、羽、河络、夸父、鲛、魅。传说中还有一个极为长寿且能力超强的“龙族”，但大量关于“英雄屠龙”的传说，又似乎在说明龙并非智慧种族，而是一种极具攻击力的猛兽。但无论如何，龙都只存在于传说中，“没人见过真的龙。没人能证明龙的存在。没人能证明龙的不存在。”这就是关于龙的三定律。

九州是一个维护平衡性的世界。任何种族和个体，如果在某一方面具有优势，就必然在另一方面具有劣势。例如羽族，作为唯一能飞翔且身体灵活性和视力都超出他族的种族，却因为适应飞翔的中空骨质，导致身体相对脆弱，在短兵相接时无法与他族比拼体魄。同理，能力越强大的人，出现的概率越低。杀伤力越强大的招式、效果越惊人的秘术，使用时的限制条件或不利后果也越多。

生物同时具有荒赋予的身体和墟赋予的精神，而墟与荒的力量此消彼长，因此生物无法同时具有强大的武力（身体的力量）和精神力。体力最为强大的夸父族中，具有秘术能力的个体最少；而精神力最强的魅族身体协调性最差，绝少能出现肢体强健灵活的武士。这也是平衡性的一种体现。

每个智慧种族都有鲜明的文化和个性名片：夸父族崇拜祖先，朴实、粗放而忠诚；羽族崇尚天空与自然，优雅而高傲；对创造真神的笃信铭刻在每一个河络的血脉里，他们单纯和善，以创造为荣；鲛族保守孤僻，厌恶陆地种族，只肯与他们保持最小程度的接触；魅族渴望与其他种族真正融合，具有特别的牺牲精神；而人口最多的人族，占据最广大的领土，创造了浩博辉煌的文化，但在其他种族眼中他们最大的特点是狡猾而好战，充满勃勃野心。

人族

人族是九州人口最多的种族，外观与现实世界的东方人类相似，肤色淡黄，黑发，黑褐色虹膜。在六个智慧种族中，人族的能力最为均衡，体质、体能、身高、精神力均适中，生殖能力也处于中游。

均衡的同时也就意味与其他诸族相比，人族并没有独特的优势。但也正因如此，人族在六族中最为平和包容，文化吸纳能力出众，极具进取精神和危机意识，时时刻刻都在学习与提升。

人族热爱扩张，九州的种族势力格局，本质上是由人族的扩张决定的。而人族能够在不断扩张中赢得胜利，除了天性善战，更得益于其他种族无法比拟的庞大人口基数。

人族的发祥地在雷州。后来因瘟疫和其他灾变，大部分人族向东迁徙并定居中州。自晁朝末年地中三海出现后，地理的隔绝使人族内部分化成风俗和文化特征完全不同的三支：留守在西陆雷州的遗民部族，以渔猎为主要经济方式，保留着巫傩等独特而神秘的古老信仰和习俗，被称为“戎族”；生活在东陆的一支，以农耕为主要经济方式、庄重昂扬，崇礼重律，被称为“华族”；而生活在北陆瀚州以游牧为主要经济方式的一支，融合了夸父祖先崇拜和羽族自然崇拜思想，彪悍勇武，被称为“蛮族”。大部分时期，人族的历史是华族与蛮族争斗、华族、蛮族与其他种族争斗的历史。

人族的寿命为七十到八十岁，长寿者可至百岁。但战乱和统治压迫往往使人难享天年。

羽族

羽族是九州唯一能飞翔的种族，平均身高略高于人族，由于要适应飞行，骨质中空，体形偏瘦，身体轻盈，体重往往只有相同身高人族体重的一半。但也因此而力量偏弱，无法搬动重物，也不擅肉搏，因而注重发展以远程武器，弓弩轻巧而精准。不擅长骑行，日常以借力跳跃和快速步行为主。

羽族肤色比人族浅，眼瞳颜色也比人族浅，有相当于第二层眼皮的透明瞬膜。发色多样，纯血者通常为白或浅金等偏淡的颜色，但乌发黑瞳的纯血贵族也不少见。

羽族的羽翼并不是天生的，也不是实体。羽族天生对明月或暗月存在感应，如果感应到足够的月力，就会从肩胛后的展翼点迸发出光华，并最终凝成能够带动身体飞行的光之翼。

羽族依据飞行能力区分社会地位：大多数羽人体质较差，只能在每年明月之力最强的七月初七才能感应到足够的月力凝成羽翼起飞，称为“岁羽”；约占人口五分之一的羽人可以在每月明月之力最强的日子凝翼，称为“俜羽”；约占人口十分之一的羽人每天甚至随时都可以凝翼，他们被称为“至羽”。在至羽中选择体质最优者，以特殊方法严格训练，得到随时起飞、长途飞行、在飞行中战斗，并拥有极为精准的箭法和彼此配合的技巧的精锐武士，这便是“鹤雪士”。他们是羽族的精华、其他种族的噩梦，但是因为体质要求严苛而数量极少。

飞行能力越强者在羽族的地位越尊崇。纯正至羽血统的后代中出现至羽的比例较大，所以贵族往往不与血统芜杂的平民通婚，更反对异族联姻。

羽族以天空为尊，越能接近天空者地位越高。以鸟为图腾，所以虽然擅长弓箭，但不射猎飞鸟。对天空的崇拜使他们建立了以星辰为核心的宗教——元极道，对历法、星相、星辰秘术的研究都冠于六族。崇尚自然，衣食和日常用品皆自植物取材。传统的羽族民居是树上的巢屋。森林就是羽族的家园，所以他们保护树木，厌恶明火。

羽人早期实行城邦联合议事的政体，每个城邦有自己的领主，各城邦共同推选出有任期的羽王。即使后来建立了世袭的羽皇制度，但仍未形成强大的集权体制，各城邦拥有许多权力。

羽族实行对偶婚。人口约为人族的十分之一。最高寿命在一百二十岁上下，百岁左右较为常见。

夸父族

夸父是巨人的种族，身高是人族的两到三倍。他们身体巨大，因为血脉丰富炽热，所以惧怕炎热，同时也令皮肤呈现肉红色。多为栗色或浅棕色头发，黑瞳。皮肤厚而韧，能有效减少损伤。肌肉发达，动作速度比人族缓慢。

肢体强健、高大有力，荒的力量从根本上排斥了夸父发展精神力。所以夸父族多武士、少秘术师，萨满往往苍老而憔悴。

夸父族的宗教信仰包含了三层崇拜：星辰崇拜、神兽崇拜和祖先崇拜。每个夸父部族都有一种猛兽作为图腾，代表他们崇尚力量。他们的宗教建立在神秘主义信仰之上，认为星辰之力可以在战斗中降临在夸父战士身上，使之爆发出强大的力量，这种理论称为“星降术”。

夸父有自己的语言，词汇量少，语句简洁。通常不会说人族语言。

夸父人口稀少，数十个部落散布在殇州，各部酋长都由选举产生。部落间实行共和制，推举有威望的勇士做大酋长，各部和平相处。

夸父没有明确的婚姻关系，女性夸父不同时期有不同的配偶，孩子一般由母亲抚养，男性夸父只要把猎物的大部分交归部族分配。夸父无法与其他种族通婚。

夸父族人口很少，只有人族的百分之一。生理寿命六十到八十岁，但因恶劣的环境和常年作战，平均寿命只有三十到四十五岁。年老体弱或者病入膏肓的夸父往往独自走入雪山，在跋涉或与兽群搏斗中死去。

河络族

河络是九州文明启蒙最早的种族，其科技水平也始终保持领先。平均身高约为人族的三分之二，肤色有棕白之分，眼睛大而黑，发质出色，外貌相当匀称可爱。爆发力强，短跑速度快，四肢有力，擅长攀登和挖掘。在地下生存太久的河络往往不喜欢日光，却能在黑暗中视物。河络在亮处的视力并不逊于其他种族，只是对光线变化的适应较慢，这使河络常常戴着墨晶眼镜。

河络族对知识科技的注重和天分远超过其他种族。在开采、冶炼铸造、工程建筑等方面，河络族走在了其他种族的前头。擅长手工艺品的制作，石刻、金银饰、机关术和铸剑十分有名。

河络主要居住在越州和宛州南部的丘陵和多山地区，地下河络是主要分支，他们依凭地势挖掘和开凿出巨大的地下城市，令其他种族叹为观止。此外还有火山河络、水河络、溪谷河络等族群。

阿络卡制度是河络社会的根基。各部族均以真神选择的女性河络为最高领袖——阿络卡；阿络卡之下的权力机构为部族长老会；部族中的一切重大事务都须经长老会民主评议，但作为最高决策者的阿络卡享有最终的决定权。所有的河络只信仰唯一的真神——创造真神，男性河络的一生都要不断进行创造来荣耀真神，女性河络则承担维系整个部族运转的生活资料的生产。

河络族以女性为尊，但并不歧视男性。不实行对偶婚，成年女性河络独居，男性河络征得同意后即可登堂入室。子女出生后即被母亲送到新生殿堂，由专人抚养，所以河络族父母子女间亲缘淡薄。

绰号是河络文化的一大特色，河络通常不称姓氏，日常使用的名字包括绰号和本名两部分，河络谚语说“名字可能取错，绰号绝不会错”，可见绰号对河络的意义。

河络族人口约为人族的五分之一，寿命在五十到六十岁。

鲛族

鲛族又称“蛟族”，人身蛟尾，身材修长，以蛟尾盘地站立而起时高度近似人族。男性鲛人背上有角质鳍，女性则是透明软质，因此男性看起来凶恶而女性柔美。男性鲛人平时皮肤和人族一样，但遇敌时会迅速转变为战斗体质，在身体外形成如同盔甲的坚硬鳞甲状皮肤，女性则无此能力。

鲛人的头发色彩多样。下层男性为劳动与战斗需要，多从幼时就将头发剃去，并在头顶刺青，女子则紧束起或配以绡帽。鲛人男子留发往往是贵族的标志。鲛人的发音方式十分独特，语言类似于吟唱，被陆上种族称为“鲛歌”。

鲛人很难在水外生存超过一天。如果要长期逗留在陆地上，就必须先用法术化生双腿，但仍需每日服用药物，并且每日在水中恢复体力。陆地生活会使鲛族的寿命缩短。

鲛国多为城邦制，领袖为世袭鲛王，男女皆可为王。由于海底洋流的变化，大多数鲛人的城邦和村落会跟随洋流的走向迁徙，平均十几年迁移一次。也有少数部族占据了上佳海流地带，开始驯养鱼类及海中植物，定居生活。

鲛人厌恶陆地，对陆上种族也无好感，经常倾覆船只禁止陆上种族在海域通行，导致与陆上种族产生冲突。

鲛族男女平等。不实行对偶婚，都是由门户相当的男性到女性家走婚，完成繁殖后自然分手。鲛人和人族可繁衍后代，只是成功概率极低，后代全部为人族。

鲛族平均寿命为七十岁。

魅族

很多人认为魅不能算作一个种族，而是拥有智慧的另一物种。因为其他种族的身体和精神都是与生俱来的，是荒和墟的恩赐；而魅是自行生成的，身体更是完全按照自身意愿来构造。而且魅没有自己的社会和成型的独特文化，凝聚成哪个种族，就依从哪个种族的风俗和生活习惯。魅彼此间无血亲关系，虚魅无法繁衍后代，形魅所生的后代不再是魅。这种种情形都说明魅与其他五族不同。但由于魅与陆上四族的交往远多于鲛族，甚至四族的历史中都常常能找到魅的影子，所以通常还是会将魅视为智慧种族之一，称作“魅族”。

生物的精神活动如思考、梦境都会产生精神游丝，死亡后也会遗留一时尚未消散的精神残片，这些发散在自然界中的精神力源不断积累、融合，在一定条件下便可能产生有全新的自我意识的生命体，这便是魅。魅最初是纯精神体，有智慧和独立的意识，但没有肉身，也没有五感，只能在精神层面与其他种族交流，这时的魅叫作“虚魅”，寿命可达五百年。虚魅大多不满足于自己的现状，希望能够具有实体、融入人群、感知世界，于是他们会以其他种族为模板，通过吸收外界物质为自己制造一个身体，这个过程称为“凝聚”。凝聚出肉体的魅叫作“形魅”，寿命与所凝聚的种族大致相当。由于魅的身体不是与生俱来的，所以他们对身体的操控总是不及其他种族，这限制了魅成为武士，但比其他种族更强大的精神力使得他们有成为秘术师的先天优势。

九州没有鬼。智慧生物死亡后精神体会散逸，即使有些片段成为魅的精神力源，魅也并不会拥有那些精神游丝本体的记忆，只可能具有某种类似的气质或模糊的欲念。魅是一个新的生命。

魅凝聚时必须选择宁静、安全、有机物质丰富的环境。选择的模板越强大复杂，凝聚需要的时间就越长，出现意外的风险也越大。在凝聚过程中，魅很容易受到其他精神力的干扰，特别强烈的影响有可能在凝聚后的魅身上展现出来。比如在魅附近特别思念一个人，魅凝聚出的身体就可能与那个人相似。凝聚的最后三分之一时间，是精神与肉体相结合的阶段，称为“束魂”，此时的魅最为脆弱，稍受惊扰就有可能受到严重伤害。

形魅对凝聚前虚魅状态的记忆印象十分模糊，但精神力源所决定的魅的气质和行为倾向凝聚后仍会保留。

虚魅自身的力量只能凝聚一次，但受到强大外力护持者则不在此限。虚魅可以直接占据其他生物的身体，但必须有外力引导，且生物体自身的精神体已极为虚弱，并且要经过相当长的时间才能适应。魅自己凝聚身体则可与精神体结合得更加自然，但因为虚魅没有五感，对作为模板的种族了解有限，而且凝聚过程中可能受到干扰，凝聚出的身体常常有不可预知的缺陷，甚至凝聚失败，外形丑陋怪异，寿命也可能因此缩短。

魅无法十分精确地控制后天制造的身体，所以身体平衡性、准确性、协调能力等都稍欠，使得魅很难成为优秀的武士。但先天强大的精神力让魅更容易成为秘术师。与其他种族相比，魅对身体的依赖程度低，身体受损时，魅可以用类似凝聚的方式来修复。用同样的方式，魅可以改变自己的相貌。

虚魅对融入人群、体验世界和人生的欲求比其他种族更加炽烈，为此他们放弃了五百年的生命，凝聚实体。为了更容易被其他种族接受，魅总是使自己的相貌尽可能美丽，但往往过犹不及，容貌过于艳丽甚至妖冶，反而更容易被识别和憎恶。

虚魅的本质为精神体，因此容易对其他生物的思想产生一定影响，这与操纵人产生信任和爱慕的明月系法术“魅惑术”十分相似。因此通常认为魅天生具有魅惑术——“魅惑术”这个名称就来源于此。但除这种本能外，魅的精神力虽强，却并不天生懂得秘术，必须经过学习才能掌握。

魅没有社会，凝聚成哪个种族，就按照哪个种族的方式生活。魅没有自己的语言文字，虚魅之间直接在精神层面进行交流，形魅使用其他智慧种族的语言交流。形魅可以识别同类，彼此心照不宣。

由于其他五族认为自己是神的造物，而魅是由精神游丝自行积聚产生，身体也是后天自造的，所以魅总是受到其他种族的歧视，他们在人世中行走时总是隐藏自己的身份。这使魅的人口数量很难统计。

☆本简述参考以下宗本编写：

1.《九州幻想世界基础设定》(2004年4月5日版),作者为九州幻想世界设定组（ShakeSpace、水泡、今何在、江南、潘海天、斩鞍、多事）。

2.《新概念九州魔法书》，作者胤祥。

3.《天然居地理杂志》，作者水泡。

☆编写者根据个人理解对《九州幻想世界基础设定》(2004年4月5日版)进行了增删，系个人表述版本，非属官方版、权威版。

附文2　端：凤与麟

/

《海上牧云记》开启了九州一个全新的朝代：端朝。后续所有关于端朝的作品——小青的《大端梦华录》、楚惜刀的《天光云影》、天平的《锁河山》、燕然的《灵犀劫》以及众多中短篇小说，都是依托《海上牧云记》的描述而细化设定、设计年表，进而创作成篇的前代故事。从这个角度说，《海上牧云记》更大的意义在于终结了九州故事集中于胤朝末年的现象（此前虽然早有斩鞍的《朱颜记》，但没有引起创作资源的转移），九州世界的历史线被切实地铺展开了。参与九州题材创作的作者有了更多的选择和更开放的思路，比如塔巴塔巴和尾指银戒等作者开始写作贲朝的故事，水泡开始撬动上古，大角动工营造末日。

得益于今何在《海上牧云记》中的独特设计，端朝是一个基因里就带着故事的朝代。所以作者们的创作思路也十分清晰，大多都集中在朝堂风云，脱不开牧云氏与穆如氏的是非恩怨。牧云和穆如，三百年间两次以天下为赌注，从约为兄弟的推心置腹，到终成寇仇的至死不休，端朝本就是他们的时代——凤与麟的时代。

从雪炽原到太华殿

九州六族中，魅族没有自己的社会，自然也就谈不到王朝与邦国；鲛族有世袭政权，但一向不大与陆上种族发生联系；河络族和夸父族有实质上的王者，但社会制度中并没有王朝的概念。于是九州大陆上的王朝全部都是人族和羽族建立的，而作为人数最多、疆域最大的种族，人族的王朝自然就更加赫赫扬扬、引人注目，甚至在各族横向比较时，往往被作为统一的纪年标识。

按照老妖们的设计，九州人族王朝的顺序为：籛、晁、贲、胤，其后有燮、晟，代晟而立就是端。但端朝与以往的人族王朝相比有一个最大的区别：从籛朝开始，所有的人族王朝都是由人族中的华族建立的（燚、晁时还没有形成蛮族，按照斩鞍的设想，那时的人族甚至就自称“华族”），富饶而广袤的东陆一直就为华族所占据，并渐渐将势力范围从中州推向澜、宛、越，唯有端，是北陆蛮族渡海南下，以武力推翻了晟朝政权，在华族腹地建立了自己的统治，横跨三陆，势雄六州（端朝曾占领过雷州部分领土，重新恢复了与西陆戎族的交通）。这是自晁朝末年三海分隔三陆以来最大规模的三陆种族融合，在端朝以后，三大内海不再是天堑，各种族尤其是人族的三个分支流动性增强，各族自贲朝以来大致成型的势力范围开始发生变化。而这一切，都源于晟朝末年北陆瀚州雪炽原上，凤与麟的一次结盟。

晟朝末年，瀚州大地上两个最强盛的部落，被时人称为“东牧云长弓落日，西穆如烈火燎原”。它们分别完成了对草原东、西两侧的统一，不可避免地碰撞在一起，要进行一场大决战，决定谁是草原唯一的主人。

这场史称“雪炽原之战”的大战历经十五昼夜，双方共投入兵力近四十万，十几位名将殒身疆场。在血淋淋的伤亡数字面前，牧云部狼主牧云雄疆终于率先发出羽书，晟思帝仁康十三年十月初二，两大部落的首领在鲜血染红的疆场上举行了决定九州三陆此后三百年命运的峰会。牧云雄疆向穆如部首领穆如天彤提出：两部势均力敌，继续搏杀下去，无疑只是白白牺牲大好儿郎的性命、削弱部落实力，而这样做的后果，有可能导致两部各自失去对现有属地的控制，瀚州重新变为一盘散沙。与其如此，不如换一种一决雌雄的方式——两部各率精锐，向南跨过天拓海峡，兵取东陆，哪一部先攻入天启城，便是这场决战的胜利者，另一部认输称臣。穆如天彤也不愿将祖辈、父辈数十年磨练的精锐之师消耗在蛮族的内战上，于是同意了牧云雄疆的提议，两部结盟，联兵南下，相互策应，在争夺天启城之前，先共同建立一场令蛮族名扬天下的不世功业。

牧云部的族徽是火凤流云，穆如部的族徽是麒麟踏风。雪炽原之盟使凤与麟第一次站在同一面大旗之下，随着南指的旌麾，汇聚成摧枯拉朽的铁流。

由于天拓海峡的阻隔和潍海鲛族的阻挠，东陆历代华族王朝对北陆瀚州都只有名义上的占有，或者连名义上都不曾占有。而基于同样的原因，蛮族尽管骁勇善战、有开疆拓土称霸天下的雄心，却始终只能止步于海峡以北，无法纵马南下。这一切限制在晟朝末年都被打破了。此前一年，潍海鲛国在与涣海鲛国的冲突中遭遇重创，暂时在一定程度上放松了对天拓海峡来往船只的监控；东陆的晟朝政权大厦将倾；而这一年的极寒天气令天拓海峡部分水域出现了千年不遇的封冻，加上事先准备的船只，兵精粮足的牧云、穆如两部有惊无险地渡过天拓海峡，开始逐鹿东陆。

按照事先的抽签结果，牧云部为东路军，进攻中州；穆如部为西路军，兵取澜州。牧云部的行军路线虽然距离天启更近，但也承受了更大的军事压力。穆如部在突破锁河山天险之前完全没有遭遇过晟军主力——驻守澜州的经世军不战而降，进入中州后，穆如部也只捞到一个已经基本被牧云部击溃的长鹰军的尾巴。牧云部独自扛住了晟军五大主力中的三个。后来穆如部阻击晟军最后一支主力部队——明体仁的犀照军时，三分之一的兵力被牢牢拖在衡云关，血战数月，损兵折将才获得惨胜，所以尽管东陆四州穆如部独下其三，而牧云部实际只拿下大半个中州，穆如天彤毕生却都在强调牧云部的战力出众，率先攻入天启并非只靠运气。

但客观地评价，牧云部先于穆如部进入天启，确实是运气使然。当时两部联军围困天启已超过一年，天启城兵尽粮绝，最终晟朝末代天子自焚于元霈殿，大臣开城投降。大臣们打开的城门是牧云部的防区，所以牧云部率先入城，在两部的首领尚未反应过来之前，牧云部就已经赢得了这场赌约。穆如天彤闻讯大怒，丢下天启出衡云关直下宛州，细想起来仍是丈夫性情，输了也没有当场翻脸。

两位首领再次相见时，局势更加微妙，甚至令华族遗臣们感觉到由衷的兴奋——牧云雄疆已经登基称帝，立国号为“端”，年号宸极，天启尽在囊中，六军枕戈待旦；而穆如天彤横扫宛越，坐拥天南之兵，以百胜之师剑指中州。无数人断言接下来必是一场血战，用不了一年就可以看到蛮族两败俱伤、在各地义军的打击下被迫撤回北陆，那时东陆仍是华族的一统河山。然而，预言中的一切并没有发生，凭借过人的政治智慧，穆如天彤解下佩剑向牧云雄疆俯首称臣，而牧云雄疆也亲授天子剑“辟天”，赋予穆如氏比肩皇族的政治地位，两家共享端室江山。这次端朝历史上最有名的盟约被称为“太华殿之盟”，以皇城最高殿堂之名，见证两个部族和两个家族互相扶持、互相守望的誓言。

太华殿之盟的大意为：

第一，穆如氏承认牧云氏为皇帝，服从牧云氏的统治。

第二，牧云氏承认穆如氏对端朝的建立居功至伟，如果没有穆如部的浴血奋战，仅靠牧云一部的力量绝不可能夺取东陆，建立蛮族政权。

第三，牧云氏虽为皇帝，但端朝的江山并不仅属牧云氏一家，而是由牧云、穆如两家共有；对关乎国家前途的大事，穆如氏有与牧云氏相同的话语权和决定权，这意味着天子在做出重大决定前必须征求穆如氏的意见；同时，既然共有天下，穆如氏自然不需要再裂土封王。

第四，穆如氏独享麒麟族徽。

第五，穆如氏交出部下军队，同时获得可随时号令端朝全部军队的权力，这意味着除天子外，穆如氏家主是全国最高军事首长。

第六，穆如氏家主持天子佩剑“辟天”，如果牧云氏子孙中出现不堪为君者，包括对穆如世家不敬者，穆如氏可持辟天剑斩之，自立为帝。

由于太华殿之盟的订立，牧云、穆如两部的决战没有发生；由于功劳最大、兵锋最盛的穆如天彤放弃封地，开国功臣们只获封爵位官职，并不裂土，新生的端朝政权避免了藩镇割据的可能。不过短短数年，华族的反抗势力被陆续歼灭，遗老们还偶尔念及元霈殿的焦土，百姓们却早已忘记故国。

太华殿之盟后，牧云雄疆陆续确立了穆如世家所享有的无上尊荣和礼遇，其中包括：

职务方面，穆如氏家主世代承袭“大将军”一职，这一职务在品秩上列入超等，高于所有王公。大将军是皇帝以外的最高军事长官，其公署端初称“大将军府”，宸极十九年改称“麟阁”，是中央最高军事机关。穆如氏其他将领并不享有世袭职务或爵位，但大将军有权任用武官，所以后世穆如氏子弟多从行伍出身。

军队方面，在原穆如部所辖军队划归国家统一指挥的同时，穆如氏可拥有一支独立的骑兵，称为“穆如铁骑”，满建制十万人，常建制七万人。这支军队由穆如氏私募，军官由大将军任命，饷银开支由国库拨付。除大将军之外，包括皇帝在内的任何人都不得调动穆如铁骑。同时，大将军可随时调用全国军队，有紧急需要时也可持辟天剑有限制地调动作为皇帝亲军的“天子六军”。

礼仪方面，在非正式朝会的场合，穆如氏家主夫妇见皇帝、皇后无须跪拜，只施常礼；在后宫和私邸，除帝后和太后之外，两家不称官职，只按亲属辈分称呼，礼节也根据辈分和年纪来决定；牧云、穆如两姓分别以“凤”和“麟”为专属的象征，牧云氏的徽记“火凤流云”，除近支皇族外，只在大将军和大将军夫人的礼服上使用，而穆如氏的徽记“麒麟踏风”为穆如世家子裔专享，即使皇子、王公也不得妄用。两家的子弟一起抚养教育，穆如氏长房的子女与皇族近支一样被尊称为“殿下”，一应礼仪冠服皆比照诸皇子。

“穆如世家”，是与牧云帝裔比肩的存在。在端朝的诗词中，与“凤”对仗的总是“麟”。那些纵金伐鼓的战歌，那些轻拢慢捻的咏叹，从雪炽原唱到太华殿，在三陆六州萦绕了三百年。

图书在版编目（CIP）数据

九州·海上牧云记 / 今何在著. — 北京：北京联合出版公司，2017.1（2017.11重印）
ISBN 978-7-5502-9384-7

Ⅰ.①九… Ⅱ.①今… Ⅲ.①长篇小说—中国—当代 Ⅳ.①I247.5

中国版本图书馆CIP数据核字（2016）第295103号

九州·海上牧云记

作　　者：今何在
选题策划：北京磨铁图书有限公司
责任编辑：杨　青　徐秀琴
装帧设计：Violet　刘珍珍

北京联合出版公司出版
（北京市西城区德外大街83号楼9层　100088）
三河市冀华印务有限公司印刷　新华书店经销
字数386千字　700毫米×980毫米　1/16　印张21.5
2017年1月第1版　2017年11月第3次印刷

ISBN 978-7-5502-9384-7
定价：36.00元